ÖSTERREICHISCHES LESEBUCH

ÖSTERREICHISCHES LESEBUCH

Herausgegeben von
Anton Thuswaldner

Piper
München Zürich

ISBN 3-492-04216-3
© Piper Verlag GmbH, München 2000
Umschlaggestaltung: R.M.E., Roland Eschlbeck, Katharina Steinmetz
unter Verwendung eines Bildmotivs von Gustav Klimt (Attersee)
Satz: EDV-Fotosatz Huber/Verlagsservice G. Pfeifer, Germering
Druck und Bindung: Graphischer Großbetrieb Pößneck, Pößneck
Printed in Germany

INHALT

Vorwort 9

Dagegenleben: Anpassung und Rebellion 13

Antoni Fian	*Die Büchermacher*	15
Franz Nabl	*Charakter*	25
Anton Kuh	*In der Filmkantine*	42
Fritz von Herzmanovsky-Orlando	*Pater Kniakals erbauliche Predigt*	45
H. C. Artmann	*Auftritt eines rowdys*	51
Franz Kafka	*Das Urteil*	56
Heimito von Doderer	*Neun Kürzestgeschichten*	69
Gert Jonke	*Tischrede*	73
Manfred Maurer	*der sieger*	76
Christoph Ransmayr	*Kaprun*	85
Radek Knapp	*Julius geht nach Hause*	99
Gerhard Amanshauser	*Generalsanierungsplan für Salzburg*	110
Peter Handke	*Das Umfallen der Kegel von einer bäuerlichen Kegelbahn*	113
Monika Helfer	*Saba*	124
Josef Haslinger	*Der Ingenieur*	128

Wüste Landschaft Seele: Österreichische Innenansichten 145

Carl Merz/ Helmut Qualtinger	*Das Schreckenskabinett des Dr. Österreicher*	147
Arthur Schnitzler	*Ich*	152

Elfriede Jelinek	*Die Kinder der Toten*	160
Joseph Roth	*Barbara*	166
Ingeborg Bachmann	*Das Gebell*	176
Robert Musil	*Grigia*	195
Robert Schindel	*Der Spazierstockjohnny*	219
Clemens Eich	*Zustände*	225
Josef Winkler	*Wenn es soweit ist*	227
Hertha Kräftner	*Die Versuchung*	234
Melitta Breznik	*Die Spinnen*	236
Christian Fuchs	*Die Katze*	245
Reinhard P. Gruber	*Das Wunschkonzert*	250
Elisabeth Reichart	*Die Narbe*	252
Barbara Frischmuth	*Glück*	260
Christian Futscher	*Kürzestgeschichten. Die armen Frauen/Ein Nachruf/ Ein Traumtag/Das weise Ei/ Der Ball und der Baum/ Ein gelungener Abend/ Die Bücher*	268
Daniel Kehlmann	*Auflösung*	270

Geschichtsbilder: Zurichtung und Auflehnung   277

Karl Kraus	*Die letzten Tage der Menschheit*	279
Leo Perutz	*Das Gespräch der Hunde*	286
Elias Canetti	*Ausbruch des Krieges*	298
Alois Brandstetter	*Weltkriege*	304
Ödön von Horvath	*Der Vater aller Dinge*	308
Veza Canetti	*Drei Helden und eine Frau*	319
Walter Toman	*Die Geschichtsstunde*	324
Werner Kofler	*Mutmaßungen über die Königin der Nacht*	328
Marie-Thérèse Kerschbaumer	*Tonschi*	338

Fritz Kalmar	*Mei Zwölferl und i*	346
Michael Köhlmeier	*Rosenkranz und Radio*	355
Marlene Streeruwitz	*Manons Exilierung*	361
Ilse Aichinger	*Zweifel an Balkonen*	367
Fritz Popp	*Schlechte Jahrgänge*	372
Biographien		381
Textnachweise		389

VORWORT

Österreichische Autoren und Autorinnen kommen nicht umhin, über ihr Land zu schreiben. Sie denken sich Geschichten aus über Liebe und Gewalt, über Natur und private Probleme, und immer schreibt ihr Land mit. Es kontrolliert seine Autoren, und sie wehren sich dagegen. Sie lieben ihr Land, sie hassen ihr Land, sie fürchten ihr Land, sie beobachten es aus der Ferne, sezieren es, stellen es neu zusammen, und jedes Bild von Österreich ist ein ganz individuelles.

An Literatur interessiert die Abweichung, weil wir über sie herausbekommen, was ein Individuum zu einem Individuum macht. Keines dieser Bilder von Österreich erhebt den Anspruch, allgemeingültig zu sein, jedes aber führt in den Mittelpunkt eines Bewußtseins und eines Herzens. Autoren bauen Phantasieräume auf, erschaffen sich eine Welt, die anders ist als das Land, das sie hervorgebracht hat. Und all ihre Phantasien reagieren auf dieses Österreich, vergrößern es ins Unheimliche, verschönern es ins Friedliche, verniedlichen es ins Spaßige.

Österreich war nie ein Land, das von revolutionären Umbrüchen gezeichnet war. Die Obrigkeit zählt etwas bis heute. Doch solch ein Milieu bringt Widerstandsgeister hervor, die auf verlorenem Posten stehen oder gefeiert werden. So wie die Autoren mit ihrem Land nicht fertigwerden und sich an ihm abarbeiten, es verteufeln und doch nicht von ihm wegkommen, so schätzt die Öffentlichkeit diese inneren Feinde. Thomas Bernhard und Elfriede Jelinek, was haben die beiden doch bewegt. Ein ganzes Land spricht von literarischen Neuerscheinungen, weil es ahnt, daß es in ihnen unmittelbar um sie selber geht.

Als in den sechziger und siebziger Jahren die österreichische Literatur den deutschsprachigen Markt eroberte, kam unverhofft frischer Wind in die Szene. Wenn man gewollt hätte, wären schon vorher große Entdeckungen zu machen gewesen.

Nach dem Krieg gab es eine offizielle Literatur der Beachteten und Geachteten, der Geehrten und Verehrten, auf sie hörte man, sie machten Literatur und Literaturpolitik. Sie liebten die Erotik der Macht – aber von der Erotik der Literatur und der Sprache blieben sie weitgehend verschont. Wenig ist von ihnen heute geblieben, ihr Werk, wie umfangreich es sich im Rückblick auch immer darstellen mag, ist in Vergessenheit geraten. Hans Weigel und Friedrich Torberg hat man noch im Kopf, Bücher von ihnen sind im Handel, gelegentlich werden sie gelesen, aber eine Spur haben sie nicht gezogen. Von einem Rudolf Henz wollen wir heutzutage gar nichts mehr wissen.

Aber im Windschatten der geförderten Literatur entstand eine rebellische, widerständische. H. C. Artmann, Walter Toman, Helmut Qualtinger, Hertha Kräftner sind Namen, mit denen man heute noch gut leben mag, ja, deren Literatur ihre Sprengkraft bis heute bewahrt hat.

Auch die Literatur, die Schluß macht mit der Gemütlichkeit, die dem Leser zumutet, Literatur als ein Mittel zu sehen, sein Ich ständig neu in Frage und auf die Probe zu stellen, kann sich auf Vorläufer aus Österreich berufen. Joseph Roth und Robert Musil, Arthur Schnitzler und Franz Kafka färbten die Welt nicht bunt ein. Sie stiegen bei Strafe der Welt- und Selbsterkenntnis in die Abgründe der österreichischen Wirklichkeit hinab, dorthin, wo sich die Heimlichkeiten und Unheimlichkeiten einer Gesellschaft ereignen. Aber die österreichische Literatur hat seit jeher etwas Heimtückisches. Sie stellt sich quer und verfügt über sinnliche Qualitäten, sie serviert Sprengstoff in der Sachertorte.

Wie soll eine Anthologie mit dem Anspruch, ein verbindliches Bild von der Literatur eines Landes im Verlauf eines Jahrhunderts zu zeichnen, fertigwerden? Jeder Versuch, Objektivität walten zu lassen, muß scheitern. Deshalb darf der subjektive Faktor, der immer angreifbar ist, entscheiden. Es gibt Vorlieben des Herausgebers, die keine Anstalten machen, sich zu verstecken.

Die Ordnung der Texte in drei Abschnitte spiegelt österreichische Gegenwärtigkeiten und Befindlichkeiten.

Dagegenleben ist eine österreichische Version, sein Leben mit den Ansprüchen, die an einen herangetragen werden, in Einklang zu bringen. Deshalb setzt sich ein Kapitel mit den Spielformen von Anpassung und Widerstand auseinander. Wie wird Menschen mitgespielt, wie reagieren sie darauf, wie werden sie kleingemacht, was unternehmen sie, um ihr Ich zu retten? Von Sonderlingen und schrulligen Querköpfen ist hier die Rede und von den Anstrengungen der Macht, aus Menschen Untertanen zu machen. Hier ist nachzulesen, wie Menschen leben, aber mehr noch, wie sie gegen etwas anleben oder – im schlimmeren Fall – gelebt werden. Es sind nicht die geradlinigen Lebensgeschichten, nicht die rundum geglückten Biographien, die hier interessieren, es geht um die Malaise des Alltags.

Sigmund Freud, der in Wien sein gewaltiges Projekt der Psychoanalyse entwickelt hatte, hat im 20. Jahrhundert Spuren hinterlassen. Die österreichische Literatur ist durchdrungen von diesem analytischen Blick, der das Innenleben durchleuchtet und die Abgründe des ganz gewöhnlichen Lebens sichtbar macht. Arthur Schnitzler, der Zeitgenosse Freuds, beschrieb die Landkarte der Seele mit den Mitteln der Literatur und kam zu vergleichbaren Ergebnissen wie die wissenschaftlichen Kartographen menschlicher Psyche. Die Seele ist aber keine statische Größe, die, einmal definiert, auch schon für alle Zeit auf den Punkt gebracht worden wäre. Jede Zeit drückt der Seele ihren Stempel auf, jeder Mensch reagiert auf seine Weise, um sich den Zumutungen seiner Zeit zu stellen. Ist die österreichische Seele anders als die von anderswo? Gewiß, und davon handeln einige Geschichten.

Zur österreichischen Identität gehört österreichische Geschichte. Die ist deshalb problematisch, weil zwei verheerende Kriege ihre Vernichtungskapazität entfalteten. Der eine ging vom Boden der damaligen Großmacht Österreich-Ungarn aus, der andere von einem Deutschland, das sich Österreich längst zu eigen gemacht hatte. Was ist das für eine Mentalität, die solche zerstörerische Wut zuläßt oder gar fordert? Wie dachten die Täter, was widerfuhr den Opfern, was ereignete sich in den

Reihen der Widerstandskämpfer? Von der Zurichtung und der Auflehnung gegen die von der Zeit legitimierte Gewalt erzählen Texte des dritten Kapitels.

Österreich ist anders als jedes andere Land auf dieser Welt. Davon erzählen die hier versammelten Geschichten. Eine Anthologie kann ein Anfang sein, Neugier auf den einen Autor, die andere Autorin zu wecken. Jeder Text macht nur einen kleinen Teil im Kosmos des Ganzen aus, hat man einmal Feuer gefangen, möchte man mehr, wenn nicht gar alles. Schön, wenn das Konzept so aufgehen könnte.

Anton Thuswaldner, Salzburg im Januar 2000.

DAGEGENLEBEN: ANPASSUNG UND REBELLION

Antonio Fian
Die Büchermacher

(Freitag, der 17. Februar 1989, nachmittags. Der Kritiker Reich-Ranicki und der Verleger Unseld betreten den Grinzinger Friedhof. Beide in dicken Wintermänteln, die Hüte tief ins Gesicht gezogen. Unseld hat den Kragen hochgestellt und trägt eine dunkle Brille.)

REICH-RANICKI *(ist im Tor stehengeblieben)*: Was, hier? In dieser muf –
UNSELD *(unterbrechend)*: Es sieht ganz so aus. Ich hatte von Anfang an Derartiges befürchtet. In diesem ganzen geschmacklosen Österreich sind die Kirchhöfe das Geschmackloseste.

(Kurze Pause. Sie beginnen zu gehen.)

UNSELD: Dabei hat er mir immer wieder versichert, der Grinzinger Friedhof sei anders. Auf dem Grinzinger Friedhof, behauptete er, seien die Geistesmenschen begraben.
REICH-RANICKI: Geistesmenschen! Der einzige Geist, der einen hier anweht, ist der Weingeist. Sie brauchen sich doch nur die Grabsteine anzusehen! Veltlinertote! Schnapsleichen!
UNSELD *(beflissen)*: Sie haben völlig recht, Reich-Ranicki. Es ist unerträglich. Ich halte es für das beste umzukehren. Sie könnten doch dieses eine Mal –
REICH-RANICKI *(streng)*: Herr Unseld! Ich bin hier in Ausübung meines Amtes, und ich werde meine Pflicht tun, auch unter den widrigsten Umständen!
UNSELD: Natürlich. Verzeihung.

REICH-RANICKI: Auch wenn es für Sie vielleicht schmerzlich ist.

UNSELD: Aber ich bitte Sie! Ich dachte nur –

REICH-RANICKI: Schweigen Sie! Ich weiß, was Sie denken! Ich mache Ihnen auch keinen Vorwurf deshalb. Sie haben Ihre Verpflichtungen, ich habe meine. Die Menschheit darf nicht im Ungewissen gelassen werden.

UNSELD: Ich verstehe. Aber, bitte, Reich-Ranicki, stellen Sie wenigstens den Mantelkragen hoch. Sicher wimmelt es hier von Fotografen, von Rundfunkreportern und ähnlichem Gesindel. Ich kenne die Österreicher. Vor dem Tod sind sie alle gleich, sie wittern das Geschäft ihres Lebens. Man darf Sie keinesfalls erkennen. Wenn unser Besuch hier bekannt wird, macht man noch eine Fernsehdokumentation daraus, oder wir finden uns als Figuren auf einer Vorstadtbühne wieder, die Österreicher sind zu allem fähig.

REICH-RANICKI: Ich fürchte, es wird nicht mehr möglich sein, unser Inkognito zu wahren. Heute vormittag, als ich dem Kellner im Ambassador –

UNSELD *(wie vom Donner gerührt)*: Sagten Sie Ambassador? Der Kellner im Ambassador? Ein Herr ... warten Sie ... Alois, ja, Alois war der Name, Herr Alois, meinen Sie diesen Kellner?

REICH-RANICKI: Alois, ganz recht. Ein abstoßender Mensch.

UNSELD *(eine Spur zu verzweifelt)*: Dann war es also kein Zufall ... Gestern – ich wollte Ihnen nichts davon erzählen, um Sie nicht zu beunruhigen –, gestern also, beim Abendbrot, kam dieser Herr Alois an meinen Tisch, um die Bestellung aufzunehmen, und wollte mich partout zu einem sogenannten SUHRbraten überreden, Sie werden sicher unseren SUHRbraten probieren wollen, sagte er, und dazu natürlich ein PILS, nicht wahr? Einmal SUHRbraten und ein PILS also, ich sehe schon. Sie sind ein Kenner, ein SUHRbratentyp, und so weiter, in einem fort SUHRbraten, SUHRfleisch, PILS, aber natürlich bestellte ich keinen

SUHRbraten, sondern Scampi, und er zog beleidigt ab, aber als er mir schließlich meine Scampi brachte, ging es wieder los, ob mich das SUHREN des Ventilators nicht störe, die meisten Gäste beschwerten sich über das SUHREN des Ventilators, der Ventilator SUHRE ja tatsächlich etwas laut, es war zum –

REICH-RANICKI: Bei mir war es noch schlimmer. Wie Sie wissen, hatte ich vor, heute vormittag die Toiletten im Ambassador zu besichtigen, und suchte also dieses Lokal auf und bestellte Kaffee und, weil mir das am unverdächtigsten erschien, ein Stück Sachertorte. Unglücklicherweise geriet ich ebenfalls an diesen Herrn Alois. Um Himmels Christi willen, rief er, tun Sie das nicht! Ich weiß, Sie wollen nichts Böses, Sie wollen nur unsere angeblich weltberühmte Sachertorte versuchen, aber ich muß Ihnen von dieser angeblich weltberühmten Sachertorte dringend abraten. Diese Sachertorte, müssen Sie wissen, ist nämlich in Wahrheit überhaupt keine Sachertorte, sondern das genaue Sachertortengegenteil, ein Klumpen Dreck ist sie, ein Häufchen Elend! Essen Sie etwas anderes oder gehen Sie anderswo hin, in jedem Kaffeehaus in Ottakring oder Fünfhaus, sogar im Krug in Knittelfeld oder im Silbernen Bären in dem mir ansonsten zutiefst verhaßten Wörgl werden Sie erstklassige Sachertorten serviert bekommen, hier aber, im Hotel Ambassador, hat es noch nie eine auch nur akzeptable Sachertorte gegeben, sondern immer nur diesen Nazikuchen, wie ich schon an meinem ersten Arbeitstag, beim ersten Anblick dieser Sachertortenperfidie gedacht habe! Nicht Sachertorte, habe ich gedacht. sondern Nazikuchen, nicht Wien, sondern Bielefeld, ich habe nicht gedacht, Café Ambassador, sondern Backpulverstraflager, Oetker-KZ, diese sogenannte Sachertorte, habe ich gedacht, ist in Wahrheit nichts anderes als eine durch und durch niederträchtige Konditorkunstvernichtung und dadurch naturgemäß Kunst- und Menschen- und Weltvernichtung, und ich habe es nicht mehr ausgehalten im Ambassador und bin hinausgerannt auf den Neuen Markt zu meinem geliebten Donnerbrunnen und habe meinen Kopf in mein geliebtes Donnerbrunnenwasser getaucht, um mich von diesem Sachertortenwahnsinn reinzuwaschen, und so immer fort und fort, er war nicht zu bremsen, erst als ich ihn anbrüllte: Fruchtschnitte! Dann bringen Sie mir in Gottes Namen eine Fruchtschnitte – fast hätte ich gesagt: Brandteigkrapfen, erst im letzten Augenblick korrigierte ich mich auf Fruchtschnitte, nicht auszudenken, was geschehen wäre, wenn ich tatsächlich gesagt hätte: Brandteigkrapfen –, erst also, als ich rief: Fruchtschnitte!, beruhigte er sich wieder und verschwand und kam kurze Zeit später mit meiner Fruchtschnitte wieder, ein ganz normaler Wiener Ober nun, und mit einer ganz köstlichen Fruchtschnitte übrigens, sehr zu empfehlen.

UNSELD *(der erschaudert ist, hält Reich-Ranicki zurück)*: Ich flehe Sie an, Reich-Ranicki, lassen Sie uns von hier verschwinden, solange noch Zeit ist! Lassen Sie uns zurückfliegen nach Frankfurt! Sie können das doch auch von Frankfurt aus erledigen, ich verstehe Ihre Zweifel nicht! Allein durch Ihr Zusammentreffen mit diesem Herrn Alois müßte Ihnen doch klargeworden sein, welch tiefgreifenden Einfluß –

REICH-RANICKI: Für wie dämlich halten Sie mich eigentlich, Unseld? Haben Sie im Ernst geglaubt, daß ich auf einen so billigen Trick hereinfallen würde? Mir war von Anfang an klar, daß dieser Herr Alois einer von Ihren Leuten war, ich weiß doch, wie Ihr Suhrkampgeheimdienst funktioniert, schließlich bin ich kein Anfänger! Nicht einmal in den finstersten Tälern Kärntens oder Tirols ist man vor Ihren Agenten sicher, in allen Kaffeehäusern Wiens lungern sie herum! Aber ich erkenne ein Suhrkampgesicht unter tausenden, bei mir sind Sie an den Falschen geraten. Geben Sie es getrost auf, mein Lieber, die endgültige Entscheidung wird von niemandem als mir getroffen, und zwar nicht in Frankfurt, sondern hier, gerade in diesem Fall ist

die Atmosphäre von entscheidender Bedeutung. Warum machen Sie sich überhaupt solche Sorgen? Haben Sie kein Vertrauen mehr in Ihre verlegerische Arbeit?
UNSELD: Sorgen? Aber ich bitte Sie, Reich-Ranicki! Sie liegen völlig falsch! Ich habe niemals –
REICH-RANICKI: Schweigen Sie! Und nehmen Sie den Hut ab. Ein Mindestmaß an Pietät ist doch wohl nicht zuviel verlangt.
UNSELD: Aber man wird mich erkennen …
REICH-RANICKI *(unwirsch)*: Den Hut runter!

(Unseld nimmt den Hut ab. Pause.)

REICH-RANICKI: Sind Sie bereit?
UNSELD: Momentchen noch. *(Er konzentriert sich.)* Bereit.
REICH-RANICKI: Dann wollen wir es hinter uns bringen. Fangen Sie an.

(Pause. Lichtwechsel: Die Sonne bricht durch die Wolken, ein einzelner Lichtstrahl fällt auf die beiden und auf Thomas Bernhards Grab.)

UNSELD *(mit Grabesstimme)*: In hora mortis.
REICH-RANICKI: Nein nein nein nein. Ganz schlechter Beginn.

(Lange Pause)

UNSELD *(seufzt)*
REICH-RANICKI *(seufzt)*

(Pause)

UNSELD *(mit Grabesstimme)*: Der Weltverbesserer.
REICH-RANICKI: Ja.

(Pause)

UNSELD: Der Untergeher.
REICH-RANICKI: Ja.
UNSELD: Der Stimmenimitator.
REICH-RANICKI: Natürlich, ja.
UNSELD: Am Ziel.
REICH-RANICKI: Am Ziel.

(Pause)

UNSELD *(breitet die Arme aus. Pathetisch)*: Über allen Gipfeln ist Ruh!
REICH-RANICKI: Nein.
UNSELD: Nein?
REICH-RANICKI: Nein.
UNSELD: Die Macht der Gewohnheit?
REICH-RANICKI: Nein.
UNSELD: Der Präsident doch aber? Vor dem Ruhestand?
REICH-RANICKI: Nein und abermals nein.
UNSELD: Die Jagdgesellschaft?
REICH-RANICKI: Nein.

(Pause)

UNSELD *(fest)*: Holzfällen.
REICH-RANICKI: Holzfällen ja, Holzfällen wird bleiben.
UNSELD: Alte Meister.
REICH-RANICKI: Wird bleiben.
UNSELD: Amras. Frost.
REICH-RANICKI: Werden bleiben.
UNSELD *(immer sicherer)*: Beton. Die Billigesser. Watten.
REICH-RANICKI: Jawohl.
UNSELD: Prosa. Erzählungen. Gehen. Das Kalkwerk. Korrektur.
REICH-RANICKI: Werden bleiben.
UNSELD: Ungenach.
REICH-RANICKI: Wird ebenfalls bleiben.

UNSELD: Wittgensteins Neffe.
REICH-RANICKI: Wird bleiben.
UNSELD *(wie beiläufig, schnell)*: Elisabeth II., Der Theatermacher, Ritter, Dene –
REICH-RANICKI: Werden nicht bleiben.

(Pause)

UNSELD *(vorsichtig)*: Midland in Stilfs?
REICH-RANICKI: Midland in Stilfs wird selbstverständlich bleiben.
UNSELD: Und die Berühmten? Immanuel Kant?
REICH-RANICKI: Nein. Wird nicht bleiben.
UNSELD: Aber Minetti! Minetti wird bleiben! Bitte! Minetti!
REICH-RANICKI: Wird nicht bleiben.
UNSELD *(resigniert, zu sich)*: Minetti also auch nicht.

(Pause)

(Ein weißhaariger Mann erscheint. Er blickt sich kurz um, tritt dann, für sein hohes Alter überraschend flink, zu Unseld und Reich-Ranicki, lüftet vor beiden den Hut und schüttelt erst Unseld, dann Reich-Ranicki die Hand.)

DER WEISSHAARIGE MANN *(zu Unseld)*: Mein allerherzlichstes Beileid. Ich bin aufrichtig erschüttert. *(Zu Reich-Ranicki:)* Mein allerherzlichstes Beileid. Ich bin sehr, sehr traurig. *(Zu Unseld:)* Er war ein wilder, undisziplinierter, aber genialer Autor. *(Zu Reich-Ranicki:)* Tödlicher Beruf, sage ich immer, Schriftsteller in Österreich, ich sage immer: Tödlicher Beruf. *(Zu Unseld:)* Ich bin ihm ja sehr nahegestanden. *(Zu Reich-Ranicki:)* Unendlich nahe. *(Zu Unseld:)* Ich habe mich zweimal publizistisch für ihn eingesetzt. *(Zu Reich-Ranicki:)* Publizistisch, wissen Sie? Zweimal! *(Zu Unseld:)* Wußten Sie das? *(Zu Reich-Ranicki:)* Als der ORF die Ehrungen zu seinem Geburtstag abgesagt hat. *(Zu Unseld:)* Die Ehrungen! Abgesagt! Eine Ungeheuerlichkeit! *(Zu Reich-Ranicki:)* Ich habe mich natürlich sofort publizistisch für ihn eingesetzt, zweimal insgesamt. *(Zu Unseld:)* Wußten Sie das? *(Zu Reich-Ranicki:)* Wußten Sie das? *(Er schüttelt den beiden verwirrt Dastehenden neuerlich die Hand und entfernt sich in die Richtung, aus der er gekommen ist.)*

DER WEISSHAARIGE MANN *(im Abgehen, gelegentlich vor den Zuschauern, wie vor Passanten, stehenbleibend, halb zu sich)*: Abgesagt! Die Ehrungen! ... Eingesetzt! Sofort eingesetzt! ... Zweimal! ... Wilder, undisziplinierter Autor ... Aber doch: genial ... Genialer Autor ... Undiszipliniert, vor allem undiszipliniert ... Aber: Genial ... Tödlicher Beruf ... Ich sage immer: Tödlicher Beruf ... *(usw.)*

(Unseld und Reich-Ranicki blicken ihm eine Zeitlang schweigend nach, dann:)

UNSELD: Der Kulterer?
REICH-RANICKI: Der Weigel.
UNSELD: Der Weigel, ach ja. Ich dachte erst, der Kulterer.

(Pause)

UNSELD: Wo waren wir? Was war das letzte?
REICH-RANICKI: Der Weigel.
UNSELD: Vorher.
REICH-RANICKI: Der Kulterer.
UNSELD *(zu sich)*: Der Kulterer. *(Zu Reich-Ranicki:)* Der Kulterer?
REICH-RANICKI: Wird nicht bleiben.
UNSELD: Ein Fest für Boris? Der Ignorant und der Wahnsinnige?
REICH-RANICKI: Werden nicht bleiben.
UNSELD: Heldenplatz aber. Heldenplatz wird bleiben.

REICH-RANICKI: Wird nicht bleiben.
UNSELD: Der Schein trügt.
REICH-RANICKI: Wird ebenfalls nicht bleiben.
UNSELD: Ave Vergil. Einfach –
REICH-RANICKI: Hören Sie auf! Der Weltverbesserer wird bleiben, Am Ziel, sonst nichts.

(Pause)

UNSELD *(bissig)*: Die Geschmacksverbesserer werden bleiben.
REICH-RANICKI *(bissig)*: Die Luftverpester werden bleiben.

(Pause)

REICH-RANICKI *(boshaft)*: Die Autobiographie! Vor allem die Autobiographie wird bleiben. Die schönen Residenzausgaben, eine unschätzbare Kostbarkeit! Ein Kind. Die Ursache.
UNSELD *(abschätzig)*: Nicht mehr als eine Andeutung.
REICH-RANICKI: Der Keller.
UNSELD *(verärgert)*: Eine Entziehung!
REICH-RANICKI: Die Kälte.
UNSELD *(erregt)*: Eine Isolation!
REICH-RANICKI: Der Atem.
UNSELD *(wütend)*: Eine Fehlentscheidung! DIE Fehlentscheidung seines Lebens! Ich werde –
REICH-RANICKI *(genüßlich)*: In – der – Höhe!
UNSELD *(außer sich)*: Rettungsversuch! Unsinn! Aufhören!
REICH-RANICKI *(beschwichtigend)*: Verstörung wird bleiben.
UNSELD *(zu sich kommend)*: Verstörung wird bleiben? Sind Sie sicher?
REICH-RANICKI: Absolut sicher.
UNSELD: Gut. Wenigstens Verstörung. Ich kann mich doch verlassen?
REICH-RANICKI: Sie können sich verlassen.
UNSELD: Gut.

(Pause)

UNSELD: Auslöschung?
REICH-RANICKI *(überlegend)*: Auslöschung? *(Kurze Pause.)* Auslöschung wird bleiben.
UNSELD: Gut.

(Pause)
(Es beginnt zu dämmern.)
(Pause)

UNSELD: Ja?
REICH-RANICKI: Ja.

(Pause)
(Es wird Nacht.)

UNSELD: Und wir? Bleiben wir?
REICH-RANICKI: Wir bleiben.

(Sie bleiben. Pause. Nacht.)

Franz Nabl
Charakter
Aus einem Erinnerungsbuche

Es war im Juni jenes denkwürdigen Jahres, in dem ich den Entschluß gefaßt hatte, ein paar Wochen an irgend einem anderen Fleck der Erde zu verbringen als auf meinem Gute. Aus mir selbst heraus hätte ich diesen Entschluß wohl kaum gefaßt, aber in bestimmten Zwischenräumen überkommt mich eine ganz merkwürdige Stimmung, in der es mir geradezu unmöglich erscheint, mein Leben nach meinem eigenen Willen zu leben. Jedes Vertrauen zu mir selbst verschwindet aus mir, ich verliere die Fähigkeit, mich zu meinen Mitmenschen in irgend ein Verhältnis zu setzen und Wert gegen Wert zu halten. Ich sehe mich – nur mir selbst überlassen – immer tiefer und tiefer sinken und zuletzt gänzlich verkommen. Es ist begreiflich, daß ich in solchen Zeiten von jedermann sehr leicht zu beeinflussen bin und daß ich mich an jedes Wort, an jeden hingeworfenen Rat anklammere, als könne ich mich dadurch vor dem sicheren Verhängnisse retten.

Damals, in jenem denkwürdigen Jahre, wurde dieses Wort von meiner Tante ausgesprochen. Von der freundlichen Exzellenztante, die die Herzensgüte selbst war und nur die Gewohnheit hatte, ihr Haar – obwohl sie schon fünf- oder sechsundsechzig Jahre alt war – noch immer rotblond zu färben und ihr liebes, faltiges Gesicht mit einer ganz feinen, beinahe bläulich schimmernden Schicht zu überziehen. Ich konnte niemals herausfinden, ob diese Schicht nur aus Puder oder aus ganz zart hingehauchter Schminke bestand.

Ich war nach Wien gefahren, ohne einen bestimmten Zweck, ohne daß irgend eine Besorgung mich hingerufen hätte, wohl nur aus kaum bewußter Angst vor mir selbst und aus Sehnsucht, wieder einmal unter Menschen zu kommen. Und nun saß ich bei meiner Tante und hatte mit ihr schon eine gute halbe Stunde von meinen gottseligen Eltern gesprochen und von allerhand Menschen, Tieren und leblosen Gegenständen, die mit uns und unserer Vergangenheit in irgend einem Zusammenhange standen.

Eine Zeitlang war es dann still zwischen uns, und endlich blickte mich die Tante aufmerksam, ja beinahe prüfend an.

»Ich verstehe dich eigentlich nicht, Erich —« sagte sie mit einem leisen Kopfschütteln.

Es gibt aber nichts Qualvolleres, als wenn einem zu einer Zeit, in der man sich selbst nicht versteht, auch noch ein anderer zuruft: »Ich verstehe dich nicht!« Man sieht darin eine Bestätigung der eigenen, geahnten Nichtswürdigkeit und Bedeutungslosigkeit, und man versinkt noch tiefer in seine Selbstverdammung und Verzweiflung.

Trotzdem fragte ich mit einer Art von verbissener Rechthaberei:

»Wieso?«

Meine Tante hielt den Blick noch immer auf mich gerichtet.

»Ich begreife nicht, daß du das Leben da draußen auf die Dauer aushältst.«

So lächerlich es auch klingen mag, diese Worte genügten, um mich förmlich zusammenzureißen. Ich konnte nichts mehr sagen und saß ganz still und geduckt wie ein Kind, das sich einer Unart überführt sieht und jetzt voll Ergebenheit alle Vorwürfe und in Gottes Namen auch Prügel abwartet. — — —

»Du mußt dir ja doch zum Ekel werden! ...

Was machst du denn eigentlich die ganze Zeit? ... Für Bücher hast du ja nie eine besondere Vorliebe gehabt! ... Irgend eine Liebhaberei kennst du auch nicht! ... Was treibst du denn? – Du wirst mir doch nicht einreden wollen, daß du dich mit der Bewirtschaftung des Gutes beschäftigst!«

»Nein.«

»Du empfängst einmal in der Woche oder ich weiß nicht wie oft die Berichte deines Verwalters, und gibst dann Verfügungen und Anordnungen, die dir in den Mund gelegt werden.

Und das ist alles!«

Die Tante hatte recht. Sie war ja einige Mal mit dem Exzellenzonkel bei mir zu Gast gewesen und hatte die ganze Wirtschaft kennen gelernt ... Ich schwieg noch immer.

»Wenn die gottselige Johanna« – das war meine Mutter – »sehen könnte, wie du lebst, sie würde sich im Grabe umdrehen! ... Wenn du schon nach keiner ernsten Beschäftigung Verlangen hast, so schau dich doch wenigstens in der Welt und unter den Menschen um! ... Du warst ja noch nirgends, du hast ja noch nichts kennen gelernt! ... Und je älter du wirst, desto schwerer beweglich wirst du auch! ... Wer weiß denn, ob nicht vielleicht doch irgend eine –« die Tante konnte für das, was ihr vorschwebte, keinen geeigneten Ausdruck finden und schnalzte ungeduldig mit dem Mittelfinger gegen den Daumen der rechten Hand – ».... ob nicht irgend etwas in dir verborgen liegt, was deinem Leben einen tieferen Gehalt geben kann, wenn es aufgeweckt wird und Anregung findet! ... Aber wenn du immer nur da draußen sitzt, ... wenn du keine anderen Verhältnisse aufsuchst, keine anderen Menschen! ... Von selbst kann so etwas natürlich nicht kommen, mein lieber Erich!«

Da glaubte ich wieder einmal den Grund meiner Unzufriedenheit, meiner seelischen Verstimmung gefunden zu haben und eine Rettung erschien mir nur dann möglich, wenn ich den Rat meiner Tante befolgte. Und zwar lieber heute als morgen, denn ich hatte den Eindruck, als könne es schon in kürzester Zeit zu spät sein, und dieser Gedanke trieb mir das heiße Blut in die Wangen.

Drei Tage später saß ich in Duino. Es war erst Ende März und noch sehr kalt und rauh, weil ich aber um jeden Preis schon in die Welt hineinfahren wollte, mußte ich mich nach Süden wenden. Um nun wenigstens nicht gleich und ohne jeden Übergang in die fernste Fremde verschlagen zu werden, wollte ich für diesmal die Grenzen meines Vaterlandes nicht überschreiten. Ich graste also die Küste der Adria ab, machte ein paar ganz überflüssige Bekanntschaften, lernte alte Ruinen und neue Hotels kennen, und dann im Mai, als es mir dort unten zu heiß und zu staubig wurde, fuhr ich nach Wien zurück. Dort wollte ich diesen Monat verbringen, der die Stadt noch schöner werden läßt, als sie es an sich schon ist, der ihre letzten großstädtischen Merkmale verwischt und ihre mächtigsten, prächtigsten Gebäude zu heiteren, in blühende Gärten eingebetteten Lustbauten macht.

Ich ging zu den Rennen in den Prater, ich nahm teil an geselligen Veranstaltungen und mußte mit Leuten, die ich längst vergessen hatte, so verkehren, als hätte ich sie gestern oder vorgestern zum letzten Male gesehen. Bei einem Frühlingsfeste aber fuhr ich mit meiner Tante in einem blumengeschmückten Wagen und die fünf- oder sechsundsechzigjährige Frau trug zu ihrem rotblonden Haar und ihrem geheimnisvoll überhauchten Gesicht einen ganz hellen, mit blaßlila Flieder bekränzten Hut und ein weißes, durchsichtiges, spitzenüberrieseltes Kleid. Wir warfen kleine Sträußchen nach den Wagen vorbeifahrender Bekannter, und ebensolche Sträußchen wurden uns zugeworfen, aber die meisten Blumen verfehlten ihr Ziel und fielen auf die staubige Fahrbahn. Dort wurden sie zermalmt und zerstampft, wenn nicht Kinder und halbwüchsige Vorstadtmädchen aus den Reihen der Zuschauer hervorbrachen und die welken Sträuße mit Lebensgefahr zwischen Wagenrädern und Pferdehufen herausholten.

Die Tante, der es vor einigen Wochen offenbar ein Triumph gewesen war, mich bekehrt zu haben, fragte plötzlich mit unverkennbarer Genugtuung:

»Wie fühlst du dich jetzt, lieber Erich?«

Ich war aber jetzt ein ganz anderer als damals. Ich hatte alles Vertrauen zu mir selbst wiedergewonnen und war im Augenblick ein sehr zufriedener Mensch. Ich lehnte mich also ganz behaglich im Wagen zurück, und während ich irgend ein paar Komtessen Skalowitz einen Maiglockenstrauß zuwarf, sagte ich:

»Wie kann ich mich schlecht fühlen, wenn ich weiß, daß ich morgen um diese Zeit wieder zu Hause sein werde!?«

Nach einem langen Stillschweigen sagte die Tante:

»Mit dir ist nichts mehr anzufangen.«

Dann sagte sie überhaupt nichts mehr.

Als ich am nächsten Tage in die Nähe meiner Station kam und die längst bekannten Baumgruppen, Wiesen und Ackerstreifen wieder erblickte, als mein Schloß wieder vor mir auftauchte, sich scharf abhebend mit seinem roten Ziegeldache von dem schwarzblauen Hintergrund des leicht ansteigenden Föhrenwaldes, da klopfte mir das Herz wie einem dummen Buben, und ich hatte ein Gefühl, als müsse ich im nächsten Augenblick in Tränen ausbrechen. Als aber auf dem Platz vor dem Stationsgebäude der alte Peter auf mich zutrat, der schon meinen gottseligen Vater gefahren hatte, da konnte ich mich nicht länger beherrschen und streckte ihm in überquellender Herzlichkeit die Hand entgegen. Obwohl ich wußte, daß ich ihm kaum etwas Ärgeres antun konnte. Denn er war noch einer von den ganz Alten. Tief eingefressen in den steifen Brauch und bis auf Blut und Knochen überzeugt von der Notwendigkeit einer haarscharfen Rangeinteilung der Menschen. Diener war Diener, Herr war Herr, und da gab es kein Hinüber und Herüber. Und nun war es sehr seltsam anzusehen, wie er eine Sekunde lang seine beiden Arme eng an den Leib angepreßt hielt und erst dann ganz langsam und nur mit krampfhaft überwundenem Widerwillen mit seiner Hand die meine berührte. Dabei blickt er aber verstohlen nach allen Seiten, ob nicht jemand diesen ganz ungehörigen Vorgang beobachte.

Der kleine Ort, zu dessen Häupten mein Schloß liegt, hat zwei Hälften. Die eine ist ein armseliges, schmutziges Dorf. Niedrige, schiefe Häuser mit durchfaulten Schindeldächern stehen zu beiden Seiten der Straße, ihre Fenster sind vielfach zertrümmert und die Löcher in den Scheiben nur mit ölgetränktem Papier verklebt. Zwischen den Häusern ziehen sich halbverfallene Mauern oder Bretterplanken hin, und steht einmal ein Einfahrtstor offen, dann sieht man immer das gleiche: einen morastigen Hofraum mit einem Misthaufen, aus dessen Wurzeln eine jaucheartige, braune Flüssigkeit bis auf die Straße hinaus sickert. Und in diesem Unrat bewegen sich ein paar Hühner von unbestimmter Farbe oder ein schmutzstarrendes

Schwein. – Die zweite Hälfte des Dorfes, am Fuße des Schloßberges, hat saubere Häuser mit netten, bis an die Straße reichenden Vorgärten, hat auch ein paar zierlich aufgebaute Villen und liegt ganz eingebettet in einen scheinbar zusammenhängenden, einzigen Obstgarten.

An jenem Tage der Heimkehr aber erschien mir auch die untere, schmutzige Hälfte des Ortes freundlich und anheimelnd. Und als aus einem der Gehöfte ein Köter herausfuhr und hinter dem Wagen herkläffte – was mich sonst wahnsinnig machen kann –, schnalzte ich ihm sogar aufmunternd zu. Dann weiter oben, zwischen den netten Häusern und den ordentlich gehaltenen Gärten kam ein schmerzliches, wehmütiges Gefühl über mich. Denn all die zahllosen Obstbäume standen schon in sommergrünem Laubschmuck und ich hatte sie – wenigstens in diesem Jahre – nicht blühen sehen. Das aber kam mir jetzt wie eine Sünde vor, und ich tröstete mich nur in dem Gedanken, daß ich dieses wunderherrliche, endlose Blütenmeer all die Jahre hindurch gesehen hatte und daß ich es in Zukunft nie wieder versäumen wollte.

Ich erkannte aber ganz deutlich, daß der Mensch nur an einer Stätte leben soll, daß er diese Stätte kennen soll zu allen Zeiten und allen Stunden. Im Winterschnee und im Lenzerwachen, in Sonnenglut und im Herbststerben. Dann wird jeder Baum, jede Wiese, jeder Stein und jeder Wasserlauf zum mitlebenden und mitfühlenden Wesen und wandelt und neuert sich und altert und stirbt so wie der Mensch selbst mit den Menschen. Wem die Natur nicht so wird und wer sie nicht so kennt, der darf niemals sagen: Ich habe eine Heimat.

Am nächsten Tage nahm ich das Gewehr und ging in meinen Wald. Während ich die Wiesenlehne, die den Schloßpark begrenzt, langsam hinanstieg, brannte die Sonne so heiß auf mich herab, daß ich meinte, die Hitze käme nicht von außen, sondern dränge aus meinem Innern heraus und sammle sich auf meiner Rückenhaut zu einem sengenden Glutherd. Im Föhrenwalde wurde es nicht kühler, nur war die Hitze hier dumpf und tot und nicht so lebendig wie draußen unter freiem Himmel. Aber ich fühlte es nicht und war sehr glücklich, denn hier konnte ich die versäumten Frühlingstage nachholen. Hier gab es keine Bäume und Sträucher, die ihre Blüten schon verloren hatten, und kein Krautwerk, das schon zu müdem Sommergrün aufgewuchert war. Die Föhren mit ihren Nadeln standen nicht anders da, als wohl vor einem Monat und das scharfe, harte Gras am Boden blieb immer das gleiche. Neu und jung war nur der prachtvolle Geruch, den der Föhrenwald und nur der Föhrenwald – ausstrahlt, wenn die Sonne zum ersten Mal wieder mit voller Glut auf ihn niederbrennt. Dieser Geruch, der aus dem innersten Lebensmark der Bäume herauszuquellen scheint und tiefer in die Brust und die Lungen eindringt als jeder andere Hauch, ja der beinahe mächtiger ist als unser Atem, weil wir zu fühlen meinen, wie er noch weiter ausstrahlt in unsere Gliedmaßen, bis in die Zehen und Fingerspitzen.

Die endlosen Getreide- und Kartoffelfelder haben keinen Reiz für mich. Ich bekümmere mich nicht um sie und betrete sie nicht, außer im Spätsommer und im Herbst, wenn über den Stoppeln die Feldhühnerjagd anhebt. Alles, was zu ihrer Bewirtschaftung gehört, überlasse ich meinem Verwalter, und sollte ich auch von vorn und hinten betrogen werden, wäre es mir noch immer lieber, als ich müßte mich selbst mit Aussaat und Schnitt und Dreschmaschine abgeben.

Meinen Wald aber liebe ich. – Ob ich ihn recht bewirtschafte, weiß ich nicht. Ich glaube sogar kaum. Aber ich liebe ihn, er ist mein, und ich beschütze ihn. Und als mir einmal mein Förster den Vorschlag machte, die Bäume zur Pechgewinnung zu verwerten, hätte ich ihn beinahe entlassen. Denn es gibt nichts Jammervolleres als diese armen, halbentblößten Stämme, die in eine Schüssel von ihrer eigenen Haut ihr Blut aufsaugen und sammeln müssen. Nur ein schmaler Streif ihrer Rinde wird ihnen vergönnt, wie eine einzige, schmächtige Ader, und durch sie soll aller Lebenssaft aufsteigen zu den Kronen und sie müssen verkümmern, ohne sterben zu können.

Wenn ich über eigenen Grund und Boden durch meinen Wald gehe, dann habe ich ein Königsgefühl. Alle Stämme, die rings um mich aufragen von der Wurzel bis zur Krone, sind mein Eigentum, und weil ich sie so ganz genau kenne, daß sie mir zu mitlebenden Geschöpfen geworden sind, erscheinen sie mir als Menschen, als meine Untertanen. Ich liebe sie, aber wenn ich wollte, könnte ich sie auch zu Boden schlagen, und niemand dürfte dazwischen treten, denn ich bin der Herr. Ich habe Macht über Leben und Sterben. So gehe ich durch meinen Wald wie durch mein Reich und alles, was man meinen Bäumen antun will, erscheint mir wie ein Verbrechen, das an einem lebenden Menschen begangen werden soll. Darum bedarf ich auch aller Selbstbeherrschung, wenn ich Kinder und arme Leute beim Abbrechen von Ästen oder zur Erdbeerzeit beim Betreten einer jungen Baumschonung überrasche. Ich könnte sie schlagen und mit einer Peitsche vor mir hertreiben. Denn ich habe das Herrengefühl in mir. Ein Gefühl, als ob es hier auf meinem Grund und Boden, in meinem Wald, keine Richter über mir gäbe.

Ich war auf einen weiten, rechteckigen Schlag ausgetreten. Die ›alte Eicht‹ hieß es an dieser Stelle, weiß der Himmel, woher die Benennung kam. Eichen hatte es hier jedenfalls seit Menschengedenken nicht gegeben. Vor drei Jahren war der Föhrenwald geschlagen worden, und ich hatte die Blöße nur zum Teil mit jungen Bäumchen bepflanzen lassen, die jetzt kaum handbreit über den Boden aufragten. Dafür hatte ich ein paar Wildäcker angelegt, leuchtend grüne, regelmäßige Streifen, sonst aber mochte wuchern und wachsen, was wollte und konnte. Da kam denn all jenes verfilzte, dichte Buschwerk und Kraut, darin sich das Wild am liebsten seine Äsung sucht. Erdbeeren hatten den Boden wie mit einer Decke überzogen – sie trugen jetzt zahllose weiße Blüten –, Krauseminz und Wermutkraut wucherte darüber hinaus, und um die alten Baumstöcke waren Brombeerstauden gewachsen mit weitverzweigtem Geranke. Wo aber der Unterwuchs ein wenig höher und schattender stand, da streckten Maiglocken ihre Blütenstiele aus hellgrünen Blättertüten, wie kleinwinzige Telegraphenstänglein mit zierlichen, weißen Porzellanknöpfen.

Als ich nun auf dem Wege stand, der den Schlag in zwei beinahe gleiche Hälften teilt, und über das sonnenbeschienene Blühen hinblickte, hörte ich plötzlich im Walde Hundegebell. Jenen unverkennbaren Laut, den der Hund nur dann ausstößt, wenn er einem Wild auf frischer Fährte folgt. Und im Augenblick war alle Heiterkeit und Zufriedenheit aus mir geschwunden. Eine plötzliche Wut überkam mich, ich riß das Gewehr von der Schulter und spannte beide Hähne.

In der ersten Zeit, nachdem das Gut in meinen Besitz übergegangen war, hatte ich auf meinen Waldgängen sehr viele jagende Hunde niedergeschossen. Die Ortsbewohner, denen die Tiere meist gehörten, haßten mich deshalb geradezu, aber als ich ihnen dann anderweitig manches Gute tat, mußten sie einsehen, daß ich die Hunde nicht zum Vergnügen, nicht aus Bosheit niederknallte. Sie begannen ihre Köter besser zu überwachen oder überhaupt im Hofe an die Kette zu legen, und mein Wald mit seinem Wild hatte Friede. Und jetzt, gerade jetzt in der Stunde der besten Freude an meiner Wiederkehr, an meinem Wiederbesitz mußte so eine Bestie daherkommen und mir alles zerstören.

Das Gebell verstummte für ein paar Augenblicke, und gleichzeitig kam rechts von mir ein Hase aus dem Wald heraus, lief quer über die Wildäcker und dann in einer Entfernung von kaum dreißig Schritten an mir vorbei ins Unterholz. Und wieder schlug der Hund an – diesmal in nächster Nähe – und dann sah ich ihn auch auf der Hasenfährte aus dem Wald herauskommen. Es war ein semmelbrauner Dackel, und wie er so mit seinen kurzen Beinen, die Nase am Boden, forthaspelte, hatte sich sein linkes Ohr umgestülpt und lag fest an den Kopf gepreßt.

Als er, noch immer Laut gebend, an mir vorbeikam, schoß ich ohne einen Augenblick zu überlegen, und da war es, als hätte er mit einem flachen Gegenstand der ganzen Länge nach einen Schlag erhalten, der ihn aus seiner Laufrichtung heraus und zu Boden warf. Nur ein kurzes, jäh abbrechendes Geheul stieß er noch aus.

Während ich auf ihn zuging, hörte ich aus dem Walde den Ruf einer hellen, angstvollen Stimme.

»Kraps! Kraps!«

Also Kraps heißt die Bestie, dachte ich, als ich vor ihm stand. Er fletschte mir, ohne sonst eine Bewegung zu machen, die Zähne, dann rückte er noch ein paar Mal den Kopf hin und her, als wolle er sich in die Erde einwühlen, und ein feiner Blutfaden rieselte aus seinen Nasenlöchern. – Er war verendet. Das linke Ohr aber lag noch immer umgestülpt und an den Kopf gepreßt, so wie zuvor während des Laufens ... Plötzlich hatte ich, ohne hinzusehen, zu meiner Rechten die Empfindung eines lichten Gegenstandes. Als ich mich umwandte, sah ich kaum zehn Schritte von mir entfernt ein junges Mädchen auf einem Baumstrunk sitzen, die linke Hand gegen einen vorspringenden Teil des Baumstockes gestützt, die rechte von rückwärts gegen das Genick gepreßt. Sie war trotz des hellen Sonnenscheins, der ihre ganze Gestalt umfloß, blaß bis in die Lippen und starrte an mir und dem verendeten Hund vorbei ins Leere.

Ich ging sogleich auf sie zu und lüftete den Hut. »Sie müssen verzeihen, aber ...«

Sie schüttelte, noch immer ohne mich anzusehen und mit hart aufeinandergepreßten Lippen, den Kopf. Dann sagte sie ziemlich leise:

»Bitte ... lassen Sie mich allein ... Mir wird schlecht.«

Wenn einem Menschen in meiner Gegenwart unwohl wird, dann wird mir meist auch übel, oder ich bekomme doch zum mindesten ein sehr elendes Gefühl. Krampfhaft trat ich noch einen Schritt näher an sie heran.

»Kann ich Ihnen nicht helfen?«

Sie schüttelte wieder den Kopf, und endlich sagte sie, schon mit einem deutlichen Ton der Ungeduld in ihrer Stimme:

»Bitte, lassen Sie mich in Ruh!« Ich zuckte hilflos die Achseln.

»... Wenn Sie erlauben, werde ich Ihnen die Frau meines Waldhegers schicken. Mit einem Glas Wasser ... oder Milch.«

Dann ging ich nach dem etwa zehn Minuten entfernten Wohnhause meines Waldhüters. Ich hatte aber beim Weggehen das Grüßen vergessen. – – –

Nach Hause zurückgekehrt, erfuhr ich von meinem Diener, der sich während meiner Abwesenheit zur Genüge im Dorf herumgetrieben hatte, daß das Mädchen jedenfalls die Tochter eines verwitweten pensionierten Offiziers sei. Er sollte Kleinert heißen und sich in einem der besseren, villenartig ausgebauten Bauernhäuser am Fuße des Schloßberges zum Sommeraufenthalt eingemietet haben.

Am Nachmittag erschien auch der Waldheger im Schloß und berichtete, seine Frau habe das Mädchen auf dem Schlag nicht mehr angetroffen, nur der Hund sei noch dort gelegen und von ihm selbst verscharrt worden. Dabei überreichte er mir das vernickelte Kettenhalsband des Dackels, auf dessen Schild eingraviert stand: Kraps, – Major Kleinert.

Noch an demselben Tage schickte ich das Halsband an den Major und legte einen Brief bei. Ich entschuldigte mich nicht – denn dazu hatte ich ja durchaus keinen Grund –, ich drückte nur mein Bedauern aus, seiner Tochter und wahrscheinlich auch ihm einen Kummer zugefügt zu haben.

Schon am nächsten Tage erhielt ich die sehr höfliche, nur ein wenig förmliche Antwort des Alten. Einer Entschuldigung – er mußte es also doch so aufgefaßt haben – hätte es durchaus nicht bedurft, er selbst stehe als leidenschaftlicher Jäger vollständig auf meinem Standpunkte, und im übrigen seien ja an vielen Stellen meines Reviers Warnungstafeln angebracht, die das freie Umherlaufen von Hunden verböten. Wenn seine Tochter nicht darauf geachtet habe, so sei dies nur ihre eigene Schuld, und ich könne in keiner Weise für das Geschehene verantwortlich gemacht werden.

Somit schien nach außen hin alles erledigt zu sein, aber innerlich konnte ich mit der leidigen Geschichte nicht fertig werden. Ich mußte immer daran denken, daß die Verhältnisse im Hause des pensionierten Majors jedenfalls keine besonders glänzenden waren und daß ich dem Mädchen wahrscheinlich sein einziges, bescheidenes Vergnügen geraubt hatte. Ich konnte die Erinnerung an ihr blasses, entstelltes Gesicht nicht loswerden, dabei plagte mich aber unausgesetzt das Verlangen, dieses Gesicht auch dann kennen zu lernen, wenn es froh und ungequält in die Welt blickte.

Der Zufall wollte es, daß meine Dachshündin Senta vor etwa fünf Wochen Junge geworfen hatte. Mit einem raschen Entschluß suchte ich den schönsten Rüden aus der kleinen Gesellschaft heraus und wanderte mit ihm den Schloßberg hinunter ins Dorf.

Der alte Major saß gerade im Vorgarten des Häuschens, wo er sich eingemietet hatte, und las irgend ein sehr konservatives Blatt. Als er mich eintreten sah, wußte er sogleich, wen er vor sich hatte, und empfing mich sehr höflich, aber doch mit stark merkbarer Zurückhaltung. Wie man eben einen Menschen empfängt, den man im Recht weiß, der einem aber eben dadurch, daß er sein Recht behauptete, irgend einen Schmerz zugefügt hat. Erst als ich ihn ersuchte, seiner Tochter den jungen Dachshund als Ersatz anbieten zu dürfen, wurde er etwas wärmer und rief das Mädchen aus dem Hause. Auf seinen Ruf erschien Susanne – so hieß seine Tochter – in der Tür. Sobald sie mich erblickt hatte, blieb sie stehen, und ich fühlte ganz deutlich, daß sie nicht gleich wußte, wie sie sich mir gegenüber benehmen solle. Aber bevor sie sich noch in irgend einer Weise entschließen konnte, trat ich auf sie zu und hielt ihr den Hund entgegen.

»... Vielleicht kann er Ihnen für den Verlust einen kleinen Ersatz gewähren ...«

Sie schüttelte wieder den Kopf, genau so wie damals auf dem Schlag, als ich ihr meine Hilfe angeboten hatte. Dabei blickte sie aber freundlich auf den Hund, und ich fühlte, wie froh sie war, für ihre Augen einen Anhaltspunkt gefunden zu haben.

»Es ist sehr lieb von Ihnen«, sagte sie dann ganz langsam, »aber ich kann den Hund nicht annehmen.«

»Warum?«

»Ich will überhaupt kein Tier mehr haben. Nie mehr ... Man hängt sein ganzes Herz an so ein Geschöpf, und schließlich geschieht dann doch wieder etwas ... und es steht weiß Gott nicht für den Kummer, den man hat.«

»Wollen Sie also, daß ich mir die ganze Zeit wie ein Verbrecher vorkomme?«

Jetzt schlug sie zum ersten Mal die Augen voll zu mir auf.

»Wieso? ... Sie waren doch im Recht.«

»Ja! Leider! ... Aber trotzdem – bitte, tun Sie es mir nicht an.«

Dabei drängte ich ihr den Hund förmlich auf.

Und sie nahm ihn. Sie senkte wieder die Augen und sagte ganz einfach:

»Danke.«

Ich fühlte mich geradezu erleichtert und fuhr mir wie nach einer glücklich vollbrachten, schweren Arbeit mit der Hand durchs Haar.

»Vielleicht können Sie ihn so lieb gewinnen wie den Kraps.«

»O nein! Das nicht!« – und dann fügte sie gleichsam begütigend bei: »Wenigstens nicht gleich.«

Der Major hatte während unseres ganzen Gespräches schweigend, die Hände auf den Rücken gelegt, dagestanden. Er mußte fühlen, daß es eine Angelegenheit war, die nur wir beide miteinander ins reine bringen konnten. Aber jetzt, nachdem wir unser Geschäft glücklich zum Abschluß gebracht hatten, forderte er mich auf, doch einen Augenblick bei ihm Platz zu nehmen. Ins Haus wollte er mich nicht führen, denn die gemietete Wohnung sei nicht genügend repräsentabel. Wir setzten uns, auch Susanne blieb bei uns und hielt den jungen Hund am Schoß, wo er unter leisem Streicheln bald eingeschlafen war.

Da der Major mir in seinem Schreiben mitgeteilt hatte, daß er selbst Jäger sei, brachte ich das Gespräch natürlich gleich auf die Jagd, und da schien es, als hätte ich auf einen Knopf gedrückt, der einen ganzen Mechanismus in Bewegung setzt. Der Alte begann zu erzählen ohne jemand anderen zu Wort kommen zu lassen, aber es war ganz unterhaltend, zuzuhören. Sein Regiment hatte während seiner Dienstzeit auch in Bosnien gestanden und so wußte er manches Neue und Merkwürdige von der Jagd in diesen damals gleichsam noch auf einem anderen Erdteil gelegenen Ländern zu berichten.

»Wenn ich hoffen dürfte, Sie gelegentlich einmal in meinem bescheidenen Wiener Heim zu begrüßen«, meinte er schließlich, »könnte ich Ihnen meine Trophäen zeigen. Es sind wirklich ein paar sehr schöne Stücke darunter.«

Ich pflege sonst bei derlei flüchtigen Bekanntschaften sehr vorsichtig zu sein und alle Anspielungen auf ein Weiterspinnen des Verkehrs zu überhören. Aber damals sagte ich sogleich zu und war auch tatsächlich entschlossen, den alten Offizier einmal im Herbst oder im Winter zu besuchen. Dabei streifte ich Susanne mit einem Blick, aber sie hatte unser Gespräch, das ja eigentlich nur aus den ihr jedenfalls schon zum Überdruß bekannten Jagdgeschichten des Alten bestand, nicht mehr verfolgt und spielte mit dem Hund.

Beim Abschied forderte ich den Major auf, wenn es ihm Vergnügen bereite, in meinem Revier ein paar Rehböcke abzuschießen. Ihre Gehörne würden zwar einen Vergleich mit den von ihm in Bosnien erbeuteten Trophäen nicht aushalten, aber immerhin könne er sich auf eine ihm angenehme Weise ein paar Stunden im Tag vertreiben. Da geriet er ganz außer Rand und Band, wollte meine Hand gar nicht mehr loslassen, erkundigte sich nach Tod und Teufel, und schließlich versprach ich ihm, noch heute einen Jäger zu schicken, der ihn zur Pirsch abholen sollte.

Als mir Susanne die Hand zum Abschied reichte, sah ich sie endlich so, wie ich sie während dieser ganzen Tage hatte sehen wollen: heiter und zufrieden, ja sogar mit einem Schimmer von Freundlichkeit im Gesicht.

Ich will jetzt ganz kurz bemerken, daß ich mich nach wenigen Wochen mit der Majorstochter verlobte. Die Einzelheiten unseres Näherkommens tun hier nichts zu Sache, auch dürfte es dabei nicht anders zugegangen sein wie in neunundneunzig von hundert ähnlichen Fällen. Im übrigen war ja nicht meine Verlobung mit Susanne Kleinert der Grund, um dessentwillen ich diese Aufzeichnungen niederschreibe.

Nach meinem Wunsche hätte unsere Hochzeit schon im Sommer gefeiert werden sollen, der Alte aber und das Mädchen baten, die Vermählung bis zum Herbst aufzuschieben, da sie noch manches in Ordnung zu bringen hatten.

Sie waren jetzt häufig meine Gäste, der Major kannte mein Revier schon in- und auswendig und rannte den ganzen Tag mit dem Gewehr herum, Susanne und ich – wir sprachen von unserer Zukunft. Und da war es mir eine herzliche Freude, daß sie meinen Wunsch teilte, den größten Teil des Jahres hier auf dem Lande zu verbringen. Auch im Winter.

Wir saßen halbe Tage lang im Schloßpark oder gingen im Schloß von Stockwerk zu Stockwerk, von Zimmer zu Zimmer und besprachen, wie wir alles einteilen und benützen wollten. Und hatten wir schließlich nichts mehr zu beraten, dann zogen wir durch den Wald und ich zeigte ihr meine schönsten Bäume, meine liebsten Plätze.

Während einer solchen Wanderung gelangten wir auch in die Nähe jenes Schlages, wo ich den Dachshund Kraps niedergeschossen hatte. Ich wollte den Platz um keinen Preis betreten und fühlte, daß auch Susanne widerstrebte und ihren Schritt verlangsamte. Und doch gingen wir beide hin. Beide aus jenem verbissenen Trotz, der einen oftmals zwingt, – auch wenn man es durchaus nicht nötig hat –, etwas Unangenehmes und Peinliches aufzusuchen. Und ganz so, wie es uns mit unseren Bewegungen ergangen war, erging es uns auch mit unseren Gedanken und Worten. Wir mußten um jeden Preis von jener leidigen Geschichte zu sprechen beginnen.

Und da geschah es, daß Susanne mich fragte:

»Hättest du den Hund damals auch niedergeschossen, wenn du gewußt hättest –?«

Sie vollendete nicht und sah mich ruhig an.

Und ich antwortete, ohne zu überlegen:

»Nein. Was fällt dir denn ein.«

Dann gingen wir weiter durch den Wald und sprachen wieder von ganz anderen Dingen. – –

Und am nächsten Tage kam dann das Merkwürdige, das Unverständliche; kam jener Brief, den ich bis zu meiner letzten Stunde aufbewahren werde und der auch jetzt, während ich diese Aufzeichnungen niederschreibe, vor mir auf dem Tische liegt.

›Lieber Freund!
Du magst Dich gestern gewundert haben, daß ich auf dem Heimwege vielleicht etwas schweigsamer war als sonst und daß ich mich auch früher von Dir trennte als an anderen Tagen. Sei mir deshalb nicht böse und verzeihe mir auch, wenn ich Dir mit den folgenden Zeilen vielleicht einen sehr großen Schmerz zufüge. Es fällt mir am leichtesten, wenn ich es Dir gleich und rund heraus sage: ich hebe meine Verlobung mit Dir auf.

Ich bitte Dich inständigst, mache keine Versuche mich umzustimmen. Denn wenn es Dir auch gelingen könnte, noch eine Annäherung zwischen uns zustande zu bringen, so wäre sie nur eine rein äußere und nur für den Augenblick. In meinem Innersten würde immer ein Stachel zurückbleiben, der in unserer Ehe ein vollständiges Aufgehen des einen in dem anderen – ohne welches ich mir ein Zusammenleben nicht vorstellen kann – unmöglich machen müßte.

Es fällt mir furchtbar schwer, Dir die Gründe für meinen Entschluß auseinander zu setzen, ja ich habe einen förmlichen Widerwillen dagegen, aber ich fühle, daß ich es Dir schuldig bin.

Als ich Dich gestern abend fragte, ob Du den Hund auch dann niedergeschossen hättest, wenn Du gewußt hättest, in welchem Verhältnisse wir einmal zueinander stehen würden, antwortetest Du mir mit: Nein ... Im Augenblicke erschien mir diese Antwort auch ganz natürlich. Aber schon auf unserem Heimwege drängte sich mir die Überlegung auf und ich erschrak förmlich über die Selbstverständlichkeit, mit der Du mir geantwortet hattest. Mir wurde plötzlich ganz kalt beim dem Gedanken an dieses: ›Nein! Was fällt dir ein!‹ ...

Du hast damals eine Grausamkeit begangen. Denn eine Grausamkeit ist es unbedingt, wenn man ein Tier, das einem Naturtriebe folgt, einfach umbringt. Eine solche Grausamkeit kann nur dann entschuldig werden, wenn sie aus einem Rechte heraus verübt wird. Aus einem Recht, welches in Vernunftgründen wurzelt. Und das glaubte ich von Dir. Bis gestern. Aber gestern erkannte ich, daß Du meinen Hund nicht aus Rechtsgefühl, sondern nur aus Laune erschossen hast. Denn wenn jemand irgend etwas das eine Mal tut, das andere Mal aber ganz dasselbe, aus was immer für Gründen, nicht tut – dann ist dieses Begehen und Unterlassen kein Recht, sondern nur eine Laune. Und ich würde niemals den Gedanken loswerden können, mit einem Menschen zusammenzuleben, der imstande ist, aus Laune eine Grausamkeit zu begehen.

Du wirst jetzt vielleicht sagen: Gott sei Dank, daß ich mich mit dieser Person noch nicht fürs Leben gebunden habe. Und das wäre mir eigentlich sehr lieb, denn dann wüßte ich, daß ich Dir keinen allzu großen Schmerz bereite. Es würde mich aber doch auch freuen, wenn Du mich verstehen oder wenigstens nur ahnen könntest.

Leb' wohl, Erich, und wenn Du manchmal an die Susanne denkst, dann tu es nicht mit allzu viel Spott und Geringschätzung!

P.S. Den Dackel, den Du mir geschenkt hast, behalte ich trotz alledem.‹

Dieser Brief verblüffte mich derart, daß ich an dem Tage, an dem ich ihn empfing, gar nicht daran dachte, eine Aussprache mit Susanne zu suchen. Als ich am nächsten Morgen hinging, erfuhr ich, daß der Major mit seiner Tochter schon zeitig am Morgen abgereist war.

Ich weiß nicht, wie sie ihren ganz nüchtern und alltäglich denkenden Vater so vollständig auf ihre Seite ziehen konnte, daß er nicht einmal durch einen Brief wenigstens seinerseits eine Verständigung herbeizuführen suchte. Ich bin den beiden nie wieder im Leben begegnet und weiß nicht, was aus ihnen geworden ist. Ich weiß seit jenem Erlebnisse nur, daß es zwischen dem sogenannten Charakter und zwischen Überspanntheit keine deutliche, unverrückbare Grenze gibt.

Anton Kuh
In der Filmkantine

Der Mann mit dem violett gekalkten Gesicht, der im Kostüm eines Spaniers aus dem 16. Jahrhundert – schwarze Pluderhosen, Spitzschuhe, Zierdegen – vor einer Portion Rinderbraten mit Spaghetti sitzt, muß, denken wir, ein Komparse sein. Im Näherkommen erkennen wir, daß es der weltberühmte N. N. ist. Ein spanischer Grande kann auch Spaghetti essen – wer aber zwang diesen Spaghetti-Esser dabei, das Kostüm eines spanischen Granden auf dem Leib zu haben ... Er wird doch nur ein Komparse sein!

*

Manchmal erscheint ein Herr in Baskenmütze, spricht laut und ist zur Kellnerin jovial. Das ist der Aufnahmeleiter, der Haremswächter über der Statisterie. Die violette Schar schaudert bei seinem Wort. Er kann aber auch der Kameramann sein, wenn nicht gar der Produktionsleiter. In jedem Fall vergickst sich das Lachen ringsum bei seinem Erscheinen. Bloß wenn es der Manuskriptautor ist, geht die Unterhaltung zwanglos weiter. Daß der das letzte Rad am Wagen ist, wissen sogar dessen Zughunde.

*

Es riecht nach Staub und schlechten Saucen. Es klingt, bang-raschelnd, nach Schulpause vor dem Examen. Es wirkt wie durchfrorenes Warten. Und was wird daraus? Die Wonne des Mittelständlers für 8 Kronen 50.

*

Frauen in der Filmschminke zeigen ihren Ehrgeiz, ihre Angst um Gage und Regisseur-Gunst, in fröstelnder Bloßgelegtheit. Das Mysteriöse ist ihnen wie weggeblasen. Der dicke, versteinte Fettbelag im Gesicht läßt sie durchsichtig, reizlos erscheinen.

Erst wenn sie heimgehen und sich das Violett vom Gesicht gewaschen haben, sind sie wieder geheimnisvoll. Dann haben sie wieder ihre Maske: das Antlitz.

*

Der Vamp bestellt sein Menü. Wir bemerken bei diesem Anlaß, daß ihm die Schminke besonders blöde Augen macht und einen Mund, der an die Kehrseite des Huhns erinnert. Über seine mageren Schultern hat er einen Feh-Pelz geschlagen – Erinnerung daran, daß er außerhalb des Ateliers und der Kantine Dame ist. Aber der Pelz rutscht jetzt. Es ist ihm kalt vom Vamp.

*

Eine Frage bestürmt uns alsbald im Mittagsraum: Was tun diese Menschen in ihrem Hauptberuf? ... Sie werden doch nicht bloß ihr Gesicht hertragen und wieder heimgehen?

*

Demokratisch, das muß man gestehen, geht's in der Kantine zu. Manchmal nimmt der Oberregisseur unter den Seinen Platz. Eine schnippische Komparsin, Herzklopfen bis zum Hals, spricht mit ihm ungarisch. Er nickt väterlich, abgelenkt. Wir erinnern uns des Klassenausflugs der Tertia, wo der Vorzugsschüler mit einer Primula veris auf den Professor zugetänzelt kam: Is' das, bitte, eine Monokothyledone?

*

Blick ringsum und errechne dir die Kunst jedes einzelnen! Sie besteht aus: 60 Prozent Warten, 25 Prozent Geschminktsein, 14,8 Prozent Photographiertwerden und 0,2 Prozent Gestaltungskraft. Dieser letzte Prozentsatz steigt in manchen Fällen – Charles Laughton, Greta Garbo – bis auf 7,2. Er sinkt aber, wenn dem Star Vornamen wie Willy, Lili, Puzzi, Hedi, Heidi, Günther, Ralf, Rolf, Wulf und Grit vorangehen, ohne daß wir's merken, bis auf Null.

*

Ein Beleuchter im Arbeitskittel geht durch den Raum. Er sieht blaßgelb aus (eine realistische Charge), frohgelaunt und unbefangen. Er ist Privatperson, also Fürst. Die Violetten, in der

Habtachtstellung ihrer Gesichter, die Berühmten wie die Unberühmten, wirken gegen ihn als Proletarier; wie Fabriksarbeiter der Mimik. Ihre Prominenz weilt indessen in den Porträt-Ansichtskarten ihrer Verehrer.

*

Wer ist denn der junge Mann mit Sporthosen und ditto Kappe, der so wichtig zwischen Tischen und Sesseln durchflitzt, als ob er vor lauter Zum-Bau-Gehören keine Zeit hätte, sich niederzusetzen? Einer, der vor lauter Zeithaben zum Bau gehört; der Volontär auf Empfehlung.

*

Fremde sollten in Filmkantinen keinen Zutritt haben. Nach der Mittagspause haben sie keine Ideale mehr.

Fritz von Herzmanovsky-Orlando
Pater Kniakals erbauliche Predigt

Die Fürsten Auersperg, Erbmarschalle in Krain und auf der Windischen Mark, eines der vornehmsten Fürstengeschlechter Österreichs und den Habsburgern ebenbürtig, besitzen in Kram ein Schloß unfern der nie ganz erforschten Friedrichsteiner Eishöhle, an das sich eine romantische, auch nie ganz erforschte Geschichte knüpft, nämlich die der bildschönen Gräfin von Cilly, Veronica von Teschnitz. Diese graziöse Traumfigur aus der Goldbrokatzeit der Gotik und Gemahlin eines der mächtigsten Dynasten neben der Familie der Habsburger; wollte die düstere Kaiserin Barbara – Gemahlin Karls IV. – beseitigen und Kaiserin von Deutschland werden. Barbara starb in Königinhof an der Pest, und so bereitete der Schwarze Tod der bezaubernden Veronica den Weg zum erhabensten Thron Europas. Doch auf einem Zug nach Ungarn wurde sie verräterisch gefangengenommen und schließlich in der Burg Hochosterwitz in einer Zisterne ertränkt.

Im Munde der Minnesänger lebte sie weiter, genauso geheimnisumwebt wie die Sage, daß die unheimliche Eishöhle aus ihrem Besitz der Eingang zum Tartaros der Antike war, in der auch Helena und die Helden Trojas verschwunden sind. Tartaros – »der Wunschformen Land«, dem die Wissenden der Heroldskunst sogar ein Wappen gegeben haben.

Auerspergs besitzen auch ausgedehnte Güter in Tyrol und in Böhmen. Sie sind die Herren auf Matray und Sprechenstein in Tyrol, auf Nassaberg, Tupadl, Kralowitzy und Slatinan in Böhmen – einem Schloß, das in einer wunderschönen, waldreichen Gegend liegt, inmitten des meilenweiten fürstlichen Besitzes.

Einem Vetter meines Vaters – Auerspergischer Hofrat und Generaldirektor – unterstand dieses ganze weite Land, und in einem Sommer brachten wir einige Wochen bei ihm und seiner bildschönen jungen Frau zu. Hans Canon hatte sie gemalt als eine Beauté von Hofe Karls I. von England. Der Meister hatte ihrem Bild das Timbre der englischen Renaissance gegeben. Sie stand neben einer mit flachen Reliefs geschmückten Marmorsäule, gelehnt an eine Balustrade. Im fernen Hintergrund zog eine Jagd vorüber – im letzten Tageslicht leicht verschleiert.

Ich mit meinen fünfzehn Jahren war sehr verliebt in sie und freute mich auch der herrlichen Entourage, die sie umgab, des üppigen Reichtums köstlicher Dinge, wie sie das reiche Böhmen der damaligen Zeit hervorbrachte.

Die Tafel bog sich! Was gab es da an Rebhühnern und Fasanen und allem möglichen Guten! Und beim Souper immer das goldene Licht vieler Kerzen in silbernen Kandelabern. Alles war eben dem Fürstenhof angepaßt, bei dem sogar die Kuhställe mit echten alten Delfter Kacheln geziert waren.

Von diesem Schloß aus machten wir viele Ausflüge zu interessanten Dingen. Etwa in die uralte Stadt Chrudim, wo der Renaissancepalast des großen Astronomen Tycho de Brahe steht. Oder nach Kuttenberg, dem Zentrum des uralten Silberbergbaues mit der berühmten Barbarakirche, einem der glänzendsten gotischen Bauwerke der Welt, 1388 von Peter von Gmünd geschaffen. Dort ist ein vielfiguriger Brunnen, neben dem es in die unheimliche Nacht des Abgrundes geht. Brennende Pechkränze werden hinunter geworfen, die man noch geraume Zeit als kleine, glühende Punkte entschwinden sieht. Aber, neben all dem Schönen bescherte diese liebreizende, dudelsackdurchdrungene böhmische Landschaft auch ein bemerkenswertes Satyrspiel: das amüsante geistliche Abenteuer mit dem ehrwürdigen Pater Kniakal in der Kirche von Kalk-Podol.

Der hochwürdige Eusebius Kniakal, der sogar mit dem Titel eines Domherrn geziert war, der lohnte sich einer Reise, selbst von fern her. Sicher war er vom heiligen Geist mit vielen Zungen begnadet. Aber, in allen diesen böhmelte er heftig, von der Resonanz eines dicken Bauches und quälender Atemnot schwer behindert.

Dadurch kam es, daß er – leider! – recht selten predigte und so die fromm lauschende Welt um viele unersetzliche geistliche Blumensträußchen brachte. Sein ehrwürdiges Alter, seine leiblichen Gebreste, zu denen sich auch geistige Ramponiertheiten harmonisch gesellten (er litt wie selten einer am sogenannten Wortsalat), erheischten Schonung, die ihm auch von seiten eines ehrwürdigen Episkopates anerkennenswerterweise ohne weiteres zuteil wurde.

Wehe, wehe, dreimal wehe – ja selbst viermal wehe! wenn der würdige Kniakal bei der heiligen Messe niederzuknien hatte – wie es die Liturgie vorschreibt –, da schlief der ehrfurchtgebietende alte Herr fast immer ein und mußte vom Ministranten am Meßgewand gezupft werden.

Der fromme Mann wachte wohl meist sofort auf, fand aber – er träumte regelmäßig vom Tarockspiel – stets böse, bitterböse Worte seinem vermeintlichen Partner gegenüber ... na, erwähnen wir sie lieber nicht.

Aber das schadete ihm alles nichts. Erstens war er eine anerkannte Leuchte der Predigtkunst und zweitens war er mit dem berühmten Prager Selcher Chmel nahe verwandt. Und niemand im damaligen Böhmen wollte sich es mit einem solchen Mann verderben.

Da hieß es eines Tages bei den Auerspergischen Fürstlichkeiten, daß morgen Don Kniakal predigen werde. Der Telegraph spielte sofort zu den eingeweihten Kennern in Böhmen hinüber. Zusagen zum Zusammentreffen zu diesem geistlichen olympischen Spiel funkten zurück, und am Nachmittag des großen Tages begaben sich zahlreiche Equipagen, ja selbst berittene Kavaliere nach Kalk-Podol, wo man zuerst einmal einen vorzüglichen Imbiß zu sich nahm und Tupadler Bier und die herrlichen, bukettreichen Melniker Weine dazu trank. Dann ging es in die alte, schöne Barockkirche, die bald zum Erdrücken voll war. Denn es war ein heißer Tag, und bei dieser tropischen Temperatur, die Kniakals Hirn zum Phosphoreszieren brachte, konnte man auf einen ungewöhnlichen frommen Ohrenschmaus gefaßt sein. Also: da saß man mäuschenstill. Bloß ab und zu das Rauschen eines Fächers oder hie und da ein erwartungsvolles Räuspern.

Jetzt gab der Mesner diskret ein Zeichen.

Rumpelnde Schritte, ein schweres Schnaufen ertönte.

Sogar die Fliegen stießen sich an und schüttelten den kleinen Finger im Ohr. Kniakal tauchte auf. Das fromme, fettwattierte, unendlich ausdruckslose, eigentlich ins Gesäßhafte hinüberspielende Antlitz mit den weit auseinanderstehenden Äuglein – rot wie eine Pfingstrose. Er wischte reichlichen Schweiß von der Stirne, über der ein viel zu kleines schwarzes Jesuitenbarett wackelte. Seine Ehrwürdigen stöhnte halboffenen Mundes wiederholt: »Esch, esch«, hielt sich an, wo etwas zum Anhalten da war, und verschwand im Stiegenraum der Kanzel, dessen Türlein der Mesner, eine mit Schnupftabak gepuderte Intrigantenfigur mit verkniffenen Lippen, schloß. Im Auditorium hielt man den Atem an.

Auf der schmalen Holztreppe zur Kanzel hinauf rumpelte und trampelte es. Dann ein Poltern – ein dumpfer Krach und unartikulierte Klage- oder Schimpflaute. Der fromme Mann war – wie immer – gestürzt.

Alles atmete erleichtert auf. Denn so mußte es an guten Tagen kommen.

Nach wahrhaft entsetzlichen, gequälten Lauten und Geschlegel dicker Füße am sommertrockenen Holz des Stiegleins tauchte es wie ein glühender Kürbis über dem Kanzelrand auf.

Der hochwürdige Herr wischte sich den Schweiß ab, jappte ein paarmal nach Luft, sah bitterbös auf das Kruzifix, das ein geschnitzter Arm in seiner Kopfhöhe in das Gotteshaus hinausstreckte, und sah halb wie ein gestochenes Kalb, halb voll Ingrimm auf die Andächtigen und begann: ›Geliebte in Christo. Esch. Andächtige Gemeinde, fromme Firschtlichkeiten und ein hoher Adel. Esch ... esch. Wir feiern heite das Andenken an den heiligen Erzmärtyrer Sebaschtian, der wo was ein k. k. reemischer Offizier gewesen ist und klarerweise als einzig anständiger Mensch in diesem hundsgemeinen, miserablichten reemischen Offizierskorps, verdechtigen, heimlich getauft war. Die anderen

waren eigentlich bloß qualifiziert zur Gewölbwache im verschitteten Pompei oder als Kondukteere bei der Affentramway in E-gipten oder als Kutscher für Kameelkomfortabeln ebendaselbst.
Wie das von der heiligen Taufe herausgekommen ist, weiß natierlich heut niemand mehr. Vielleicht hat er sich bei Liebesmahl verplauscht ... oder hat sein Oberscht, der hundsgemeine Klachl, richtiger; stinketer Sauknochen, so ein verfluchter, reemischer, ihm gesagt: ›Herr Oberleitnant, morgen treten S' an zu die Herbschtmaneever.‹ Worauf ihm unser geliebter Heiliger heeflich, aber bestimmt, erwidert hat: ›Melde gehorsamst, Herr Oberscht, das ist unmeeglich, weil ich morgen mit der Wallfahrt nach Mariazell muß.‹ Schaut ihn drauf der Oberscht bees an und sagt: ›Mariazell? Was plauschen S' da? Das is ja noch gar nicht entdeckt worden ... und ieberhaupt: Sie scheinen mir ja ein Christ zu sein! Sie, Oberlaitnand, das geht nicht ...‹ Darauf der heilige Oberlaitnant: ›Das leigne ich auch gar nicht. Ich bin kein so heidnischer Schweinehund wie iebriges Offizierskorps! Glauben S', ich bin der Sau vom Hintern gefallen?‹
– ›So, so‹, murrte der Oberscht. ›Jetzt treten S' sofort an in die Offiziersmesse und opfern S'‹ – und zieht ein Schkarnizel aus hinterem Togataschl – ›da is sich k. k. Weihrauch – und opfern S' Prise voll – nicht in die Nase! sakra noch einmal – und opfern S' das dem Bild Seiner Majestät des Kaisers.‹«
Hier standen sonderbarerweise ein paar Herren im Auditorium auf. »›An Schmarrn!‹ erwiderte drauf unser Heiliger. ›Nicht amal um zwei Kreuzer Wanzenpulver kriegt der heidnische Fallott da als Opfer!‹« Ein Seufzer der Befriedigung ging von der andächtigen Gemeinde aus, und verschiedentlich wurde mit dem Kopf genickt. Auch ein Knall ertönte wie zur Bestätigung. Ein eingeschlafenes Kind war aus einer Bank gefallen. Pater Kniakal schnupfte mit einem kleinen Hornlöffel, schneuzte sich mit einem riesigen roten Sacktuch und fuhr fort: »›Wos?‹ brillte der Oberscht, ›ich werd Ihnen erschießen ... ich werd Ihnen zeigen!‹ und ruft den Auditor und läßt Todesurteil fällen ... und unser lieber Heiliger ist von denen Heiden mit Fidschipfeilen

derschossen worden.« Allgemeines Seufzen setzte ein. Beklommene Laute wurden hörbar.

Auch Schluchzen auf czechisch und deutsch.

Drauf schnupfte der dicke Pater noch einmal. Er dampfte so, daß es deutlich nach heißen Würsteln roch. Und dann ertönte seine Stimme: »Weinet nicht, Geliebte in Christo! Fromme Gemeinde, firschtliche Gnaden und hoher Adel! Wer weiß, ob wahr is ...«

Ein Seufzer der Erleichterung schwebte über der frommen Gemeinde, die sich rasch zu einer üppigen Jause in den »Schwarzen Adler« begab. Dort brauchte Pater Kniakal nie etwas zu bezahlen.

H. C. Artmann
Auftritt eines rowdys

Ein sonntag beginnt nicht, er bricht aus, grausam, unbarmherzig, roh wie eine dumpfe bestie, und zwar schon am samstag, wenn die läden schließen.
Ein ausbrechender sonntag fängt mit bewölkungszunahmen an, versucht sich später in sonnigen perioden, die indes doch nur einen tinnef wert sind, setzt sich in regenschauern fort und endet fast immer mit halbschwülen abenden, derer man sich jahre nachher noch wie eines unauslöschlichen alptraums entsinnt. Gräßlicher sonntag gräßlicher!
Er entsann sich ebenfalls eines sonntags, der ihm wie ein verschwitzter fremder hut vorkam, ein hut, der einem gar nicht gehört, den einem ein straßenrowdy in die stirne drückt, mit vorgehaltener pistole, unter todesdrohungen, die er zwischen zuchthäuslerisch zusammengepreßten lippen hervorstößt, *den hut auf oder es knallt, schwager!*
Eine ziemlich unsinnige vorstellung das, aber es kann passieren; was nicht alles passiert oder sogar schon geschehen ist, die welt gefällt sich in wiederholungen, manches passiert drei viermal, duplizitäten, triplizitäten, alles blödsinn, aber wie sich dagegen wehren? man dürfte ja geradezu nicht mehr ins freie hinaus, luftholen, atemschöpfen, sich die beine vertreten ...
Oder der rowdy dringt unter einem lächerlichen vorwand in das zimmer ein, das man eben bewohnt; sie wissen doch: verzeihung, bin ich hier recht bei schningsdangs oder so? Und schon sitzt ein schuh zwischen tür und angel, es ist kein engel, kein vertreter, kein gottsucher – es ist der rowdy mit dem verschwitzten hut und der seltsamen vorstellung noch seltsameren humors – er verpaßt einem einen ekelhaften filz, den man nicht ums verrecken zu tragen gewillt ist, den zu tragen aber der wille eines berevolverten unterkerls ist, so eine hirnrissige

vorsehung in das haus, die treppen hoch, vor die türe, in das zimmer geschickt hat. Den hut auf oder es knallt! Eine schlechte kinophrase – oder eine gute? Jedenfalls überaus übel mitspielend, wenn in natura angewendet ... Mein herr, ich frage sie mit der hand auf dem herzen: wie würden sie in solch einem falle reagieren? Edle haltung? Nonsens! Her mit dem revolver? Selbstmord! Freundliche unterwerfung ins unvermeidliche? Scheiße! Was hinterher mit diesem makel auf dem brustlatz der seele? Oh, man ist ausgeliefert; warum hat man das karate nach drei kursstunden wie einen romantischen säbel an die wand gehängt? Warum ist man kein gefürchteter maffioso, ein mann mit sardonischer havanna namens Calogero Dingsbums? Oder der papst in panzerwagen mit kugelsicherer weste? Warum nicht der rowdy persönlich, dem so was nie zustoßen kann, weil er es selbst schon eher an anderen ausführt? Man kommt aus dem lichtspielhaus Alhambra, eine dunkle straße des nachhausewegs, die wenigen besucher verlieren sich in londonähnlichen fogs und spärlichen neonlichtleins ... plötzlich schritte! Der asphalt oder das katzenkopfpflaster glänzt, man will sich nicht umdrehen, dreht sich aber um ... Da ist keiner – aber mit dem ängstlich herausgedrückten gesäß rempelt man an den aus nebel und nässe auftauchenden rowdy, ihn so der ohnedies geringen mühe enthebend, einen plausiblen grund für sein nefastes eingreifen erfinden zu müssen. Autsch, schreit der rowdy, autsch, sie lümmel, haben sie keine augen im kopf? ... Oh, pardon, ich dachte eben schritte hinter mir zu hören, stammelt man perplex, es war völlig unbeabsichtigt von mir! ... Der rowdy grinst sein hämisches rowdygrinsen, man kennt das aus hundert kinovorstellungen. Wie, beabsichtigen wollten sie das auch noch, sie gangster? Hören sie mal gut zu, freundchen (oder: hör mal gut zu, freundchen!). An einem tag, so wie heute, bei nacht und nebel, da mache ich meistens nicht viel faxen, wenn mir einer auf den wecker geht ... Und du gehst mir auf den wecker, freundchen, ich habe es satt, auf schritt und tritt von deinesgleichen angepöbelt zu werden, ich werde dir schon beweisen, was es heißt, einem unbescholtenen menschen mit dem arsch in den bauch zu fahren!

Und er zieht den bewußten hut aus dem inneren seines zwielichtigen jackets, fuchtelt mit jenem nauseaten, schweißdurchtränkten filz durch die dunkelheit der vorstadt, kein mond, kein stern, keine blendlaterne eines hilfreichen privatdetektivs, kein treuer hund, der böses ahnend nachgefolgt ist und nun eingreifen wird ...

Für dich gibt es nur eine wahl, freundchen: entweder du setzt das ding hier auf deine birne, oder, hol mich der teufel, ich pfeffere dir ein halbes schock blauer bohnen zwischen die rippen (oder: in die kaldaunen)! Neben der ungustiösen hutkrempe hebt sich ein kaum erkennbarer schemen ab – die mündung eines häßlichen, bulligen revolvers.

Man ist selbst kein rowdy, man hält alles, wie das eben hierorts vorfallende für einen albernen scherz, für den kurz aufkommenden maulhelden in der psyche eines trunkenbolds, für einen verspäteten karnevalswitz. Ein stoppelrevolver, eine moderne plastikattrappe – aber da klickt es so gefährlich, da funkelt es in den gnadenlosen augen des rowdys wie von kalten streichholzflämmchen, aus der herbstlichen straße zieht der schlammige moder der kanäle, kein hund knurrt zu deiner befreiung, keine blendlaterne schießt wie kühne seide in die fratze des unholds, kein stern besänftigt, kein mond verscheucht ... Der schuldlose passant ist *ausgeliefert* und der rowdy erklettert genüßlich die letzten sprossen der magirusleiter seines billigen triumphes. Hier, der hut, und aufgesetzt oder es kracht!

Ja, leicht hat es so ein rowdy. Wie aber hat es der überfallene? Von schwer haben kann da überhaupt nicht die rede sein – eben noch aufatmend der traumhaften halsklammer eines horrorfilms entronnen, jetzt schon wieder in der klaue eines herzbeklemmenden würgegriffs. Wo bleibt die wahrheit, wo die dichtung? Die grenzen ziehen verschwommen durch sein hirn wie tinte, die auf eine lache milch gerät ...

Der hut, eine waagerechte gloriole aus schlechtem dunst und juckenden transpirationsflecken, schwebt über dem haupte des überfallen, um sich auf dessen mögliches affirmativ bereitwilligst zu senken, was auch sollte man sonst, denn ja sagen; eine revolvermündung an den nieren ist kein eis am stiel, freunde! Oder doch! Ha, Moribundo, die ehre! Selbst ist der gentleman, er kennt keine hinterlist, seine sprache ist die faust von vorne, nicht die bierflasche von hinten; ein mann, der in der Gascogne gelebt hat, einer der die kymrischen gebirge in gummistiefeln überquert hat, einer der die sumpfigen lande der donaumündungen mit der botanikerlupe erforscht hat – und nun: würde er sich tatsächlich dem bündigen diktat eines nokturnen stracholders fügen? Wenn doch noch ein mond auftauchte, ein stern erschiene, eine blendlaterne trost böte, ein treuer hund aufträte, um die absicht des rowdys zu vereiteln! Ihr Götter der abenteuer, ihr letzteminutisten, ihr derzufallwolltessohabens, ihr dochnochhappyenders, wo seid ihr? was hat man von euch schlußendlich zu erwarten, wenn nicht rettung vor einem diabolisch besudelten stinkfilz?!

Noch schweigt das opfer, ohnmächtiger grimm zerfasert während bruchteilen einer sekunde sein pochendes herz; wie in solch kurzen phasen rat zu halten über das, was zu tun bereits zu spät ist? Wie ein meteor, der aus dem all ins all schießt, würde ein ja an der zustimmung vorbeigehen, der unglückliche ephemär durch einen ungewollten hut bekleckert, der rowdy durch einen blitzsieg aufs äußerste befriedigt, kein kugelwechsel aus kaltem metall in warmes fleisch, ein toter weniger, ein steckbrief weniger, ein erwachen mit dem schönen ausruf *mein gott, ich lebe ja noch!* oder *ich muß das alles geträumt haben!*

Ich leg ihn um, meiner treu, ich leg den burschen um, er hat mich beleidigt, ich leg ihn um! Die milch des zornes des rowdies ist am überkochen, der tee seines gräßlichen hasses brodelt nahezu über den topfrand seiner finsteren psyche, ein galliges gurgeln entringt sich seiner kehle – die suppe ist gar, ruft er schrecklich, jetzt löffle sie aus! Und mit dem, was sein kleiner revolver erbrechen wird, gedenkt er die speise zu salzen. Doch da glitscht er aus, ärschlings schlägt er hin, ungezielt steigt ein projektil gen himmel, ein feuerstrahl, senkrecht wie ein ehrlicher mann, dann die detonation: dumpf oder grell? was weiß man nachher? ...

Wer unrecht tut, steht auf scheiße, ohne es zu wissen – eine unbedachte bewegung des betroffenen fußes, eine durchaus minimale wendung der gummisohle, ein gleiten, ein glitschen – hilfe!!

Mit dröhnendem kopf erhebt sich, nein, rappelt sich der rowdy auf. Er ist der gelackmeierte, dies war sein erster fall von hoher leiter, ein höllensturz in hundedreck und menschenpisse, ein huttrick, der zum ersten mal versagt! Im osten graut ein übler mundgeruch von morgen, ein vogel miaut, eine katze piepst im traum, in neuen tavernen knipst man neue lichter an, in alten löscht man alte aus – ein verschweißter hut bleibt einsam auf der strecke.

Franz Kafka
Das Urteil
Eine Geschichte

Es war an einem Sonntagvormittag im schönsten Frühjahr. Georg Bendemann, ein junger Kaufmann, saß in seinem Privatzimmer im ersten Stock eines der niedrigen, leichtgebauten Häuser, die entlang des Flusses in einer langen Reihe, fast nur in der Höhe und Färbung unterschieden, sich hinzogen. Er hatte gerade einen Brief an einen sich im Ausland befindlichen Jugendfreund beendet, verschloß ihn in spielerischer Langsamkeit und sah dann, den Ellbogen auf den Schreibtisch gestützt, aus dem Fenster auf den Fluß, die Brücke und die Anhöhen am anderen Ufer mit ihrem schwachen Grün.

Er dachte darüber nach, wie dieser Freund, mit seinem Fortkommen zu Hause unzufrieden, vor Jahren schon nach Rußland sich förmlich geflüchtet hatte. Nun betrieb er ein Geschäft in Petersburg, das anfangs sich sehr gut angelassen hatte, seit langem aber schon zu stocken schien, wie der Freund bei seinen immer seltener werdenden Besuchen klagte. So arbeitete er sich in der Fremde nutzlos ab, der fremdartige Vollbart verdeckte nur schlecht das seit den Kinderjahren wohlbekannte Gesicht, dessen gelbe Hautfarbe auf eine sich entwickelnde Krankheit hinzudeuten schien. Wie er erzählte, hatte er keine rechte Verbindung mit der dortigen Kolonie seiner Landsleute, aber auch fast keinen gesellschaftlichen Verkehr mit einheimischen Familien und richtete sich so für ein endgültiges Junggesellentum ein.

Was wollte man einem solchen Manne schreiben, der sich offenbar verrannt hatte, den man bedauern, dem man aber nicht helfen konnte. Sollte man ihm vielleicht raten, wieder nach Hause zu kommen, seine Existenz hierherzuverlegen, alle die alten freundschaftlichen Beziehungen wiederaufzunehmen –

wofür ja kein Hindernis bestand – und im übrigen auf die Hilfe der Freunde zu vertrauen? Das bedeutete aber nichts anderes, als daß man ihm gleichzeitig, je schonender, desto kränkender, sagte, daß seine bisherigen Versuche mißlungen seien, daß er endlich von ihnen ablassen solle, daß er zurückkehren und sich als ein für immer Zurückgekehrter von allen mit großen Augen anstaunen lassen müsse, daß nur seine Freunde etwas verstünden und daß er ein altes Kind sei, das den erfolgreichen, zu Hause gebliebenen Freunden einfach zu folgen habe. Und war es dann noch sicher, daß alle die Plage, die man ihm antun müßte, einen Zweck hätte? Vielleicht gelang es nicht einmal, ihn überhaupt nach Hause zu bringen – er sagte ja selbst, daß er die Verhältnisse in der Heimat nicht mehr verstünde –, und so bliebe er dann trotz allem in seiner Fremde, verbittert durch die Ratschläge und den Freunden noch ein Stück mehr entfremdet. Folgte er aber wirklich dem Rat und würde hier – natürlich nicht mit Absicht, aber durch die Tatsachen – niedergedrückt, fände sich nicht in seinen Freunden und nicht ohne sie zurecht, litte an Beschämung, hätte jetzt wirklich keine Heimat und keine Freunde mehr, war es da nicht viel besser für ihn, er blieb in der Fremde, so wie er war? Konnte man denn bei solchen Umständen daran denken, daß er es hier tatsächlich vorwärtsbringen würde?

Aus diesen Gründen konnte man ihm, wenn man noch überhaupt die briefliche Verbindung aufrechterhalten wollte, keine eigentlichen Mitteilungen machen, wie man sie ohne Scheu auch den entferntesten Bekannten machen würde. Der Freund war nun schon über drei Jahre nicht in der Heimat gewesen und erklärte dies sehr notdürftig mit der Unsicherheit der politischen Verhältnisse in Rußland, die demnach also auch die kürzeste Abwesenheit eines kleinen Geschäftsmannes nicht zuließen, während hunderttausende Russen ruhig in der Welt herumfuhren. Im Laufe dieser drei Jahre hatte sich aber gerade für Georg vieles verändert. Von dem Todesfall von Georgs Mutter, der vor etwa zwei Jahren erfolgt war und seit welchem Georg mit seinem alten Vater in gemeinsamer Wirtschaft lebte, hatte der Freund wohl noch erfahren und sein Beileid in einem Brief mit einer Trockenheit ausgedrückt, die ihren Grund nur darin haben konnte, daß die Trauer über ein solches Ereignis in der Fremde ganz unvorstellbar wird. Nun hatte aber Georg seit jener Zeit, so wie alles andere, auch sein Geschäft mit größerer Entschlossenheit angepackt. Vielleicht hatte ihn der Vater bei Lebzeiten der Mutter dadurch, daß er im Geschäft nur seine Ansicht gelten lassen wollte, an einer wirklichen eigenen Tätigkeit gehindert, vielleicht war der Vater seit dem Tode der Mutter, trotzdem er noch immer im Geschäft arbeitete, zurückhaltender geworden, vielleicht spielten – was sogar sehr wahrscheinlich war – glückliche Zufälle eine weit wichtigere Rolle, jedenfalls aber hatte sich das Geschäft in diesen zwei Jahren ganz unerwartet entwickelt, das Personal hatte man verdoppeln müssen, der Umsatz hatte sich verfünffacht, ein weiterer Fortschritt stand zweifellos bevor.

Der Freund aber hatte keine Ahnung von dieser Veränderung. Früher, zum letztenmal vielleicht in jenem Beileidsbrief, hatte er Georg zur Auswanderung nach Rußland überreden wollen und sich über die Aussichten verbreitet, die gerade für Georgs Geschäftszweig in Petersburg bestanden. Die Ziffern waren verschwindend gegenüber dem Umfang, den Georgs Geschäft jetzt angenommen hatte. Georg aber hatte keine Lust gehabt, dem Freund von seinen geschäftlichen Erfolgen zu schreiben, und hätte er es jetzt nachträglich getan, es hätte wirklich einen merkwürdigen Anschein gehabt.

So beschränkte sich Georg darauf, dem Freund immer nur über bedeutungslose Vorfälle zu schreiben, wie sie sich, wenn man an einem ruhigen Sonntag nachdenkt, in der Erinnerung ungeordnet aufhäufen. Er wollte nichts anderes, als die Vorstellung ungestört lassen, die sich der Freund von der Heimatstadt in der langen Zwischenzeit wohl gemacht und mit welcher er sich abgefunden hatte. So geschah es Georg, daß er dem Freund die Verlobung eines gleichgültigen Menschen mit einem ebenso gleichgültigen Mädchen dreimal in ziemlich weit auseinanderliegenden Briefen anzeigte, bis sich dann allerdings der

Freund, ganz gegen Georgs Ansicht, für diese Merkwürdigkeit zu interessieren begann.

Georg schrieb ihm aber solche Dinge viel lieber, als daß er zugestanden hätte, daß er selbst vor einem Monat mit einem Fräulein Frieda Brandenfeld, einem Mädchen aus wohlhabender Familie, sich verlobt hatte. Oft sprach er mit seiner Braut über diesen Freund und das besondere Korrespondenzverhältnis, in welchem er zu ihm stand. »Er wird also gar nicht zu unserer Hochzeit kommen«, sagte sie, »und ich habe doch das Recht, alle deine Freunde kennenzulernen.« »Ich will ihn nicht stören«, antwortete Georg, »verstehe mich recht, er würde wahrscheinlich kommen, wenigstens glaube ich es, aber er würde sich gezwungen und geschädigt fühlen, vielleicht mich beneiden und sicher unzufrieden und unfähig, diese Unzufriedenheit jemals zu beseitigen, allein wieder zurückfahren. Allein – weißt du, was das ist?« »Ja, kann er denn von unserer Heirat nicht auch auf andere Weise erfahren?« »Das kann ich allerdings nicht verhindern, aber es ist bei seiner Lebensweise unwahrscheinlich.« »Wenn du solche Freunde hast, Georg, hättest du dich überhaupt nicht verloben sollen.« »Ja, das ist unser beider Schuld; aber ich wollte es auch jetzt nicht anders haben.« Und wenn sie dann, rasch atmend unter seinen Küssen, noch vorbrachte: »Eigentlich kränkt es mich doch«, hielt er es wirklich für unverfänglich, dem Freund alles zu schreiben. »So bin ich und so hat er mich hinzunehmen«, sagte er sich, »ich kann nicht aus mir einen Menschen herausschneiden, der vielleicht für die Freundschaft mit ihm geeigneter wäre, als ich es bin.«

Und tatsächlich berichtete er seinem Freunde in dem langen Brief, den er an diesem Sonntagvormittag schrieb, die erfolgte Verlobung mit folgenden Worten: »Die beste Neuigkeit habe ich mir bis zum Schluß aufgespart. Ich habe mich mit einem Fräulein Frieda Brandenfeld verlobt, einem Mädchen aus einer wohlhabenden Familie, die sich hier erst lange nach Deiner Abreise angesiedelt hat, die Du also kaum kennen dürftest. Es wird sich noch Gelegenheit finden, Dir Näheres über meine Braut mitzuteilen, heute genüge Dir, daß ich recht glücklich bin und daß sich in unserem gegenseitigen Verhältnis nur insofern etwas geändert hat, als Du jetzt in mir statt eines ganz gewöhnlichen Freundes einen glücklichen Freund haben wirst. Außerdem bekommst Du in meiner Braut, die Dich herzlich grüßen läßt, und die Dir nächstens selbst schreiben wird, eine aufrichtige Freundin, was für einen Junggesellen nicht ganz ohne Bedeutung ist. Ich weiß, es hält Dich vielerlei von einem Besuche bei uns zurück, wäre aber nicht gerade meine Hochzeit die richtige Gelegenheit, einmal alle Hindernisse über den Haufen zu werfen? Aber wie dies auch sein mag, handle ohne alle Rücksicht und nur nach Deiner Wohlmeinung.«

Mit diesem Brief in der Hand war Georg lange, das Gesicht dem Fenster zugekehrt, an seinem Schreibtisch gesessen. Einem Bekannten, der ihn im Vorübergehen von der Gasse aus gegrüßt hatte, hatte er kaum mit einem abwesenden Lächeln geantwortet.

Endlich steckte er den Brief in die Tasche und ging aus seinem Zimmer quer durch einen kleinen Gang in das Zimmer seines Vaters, in dem er schon seit Monaten nicht gewesen war. Es bestand auch sonst keine Nötigung dazu, denn er verkehrte mit seinem Vater ständig im Geschäft, das Mittagessen nahmen sie gleichzeitig in einem Speisehaus ein, abends versorgte sich zwar jeder nach Belieben, doch saßen sie dann meistens, wenn nicht Georg, wie es am häufigsten geschah, mit Freunden beisammen war oder jetzt seine Braut besuchte, noch ein Weilchen, jeder mit seiner Zeitung, im gemeinsamen Wohnzimmer. Georg staunte darüber, wie dunkel das Zimmer des Vaters selbst an diesem sonnigen Vormittag war. Einen solchen Schatten warf also die hohe Mauer, die sich jenseits des schmalen Hofes erhob. Der Vater saß beim Fenster in einer Ecke, die mit verschiedenen Andenken an die selige Mutter ausgeschmückt war, und las die Zeitung, die er seitlich vor die Augen hielt, wodurch er irgendeine Augenschwäche auszugleichen suchte. Auf dem Tisch standen die Reste des Frühstücks, von dem nicht viel verzehrt zu sein schien.

»Ah, Georg!« sagte der Vater und ging ihm gleich entgegen. Sein schwerer Schlafrock öffnete sich im Gehen, die Enden umflatterten ihn – ›Mein Vater ist noch immer ein Riese‹, sagte sich Georg.

»Hier ist es ja unerträglich dunkel«, sagte er dann.

»Ja, dunkel ist es schon«, antwortete der Vater.

»Das Fenster hast du auch geschlossen?«

»Ich habe es lieber so.«

»Es ist ja ganz warm draußen«, sagte Georg, wie im Nachhang zu dem Früheren, und setzte sich.

Der Vater räumte das Frühstücksgeschirr ab und stellte es auf einen Kasten.

»Ich wollte dir eigentlich nur sagen«, fuhr Georg fort, der den Bewegungen des alten Mannes ganz verloren folgte, »daß ich nun doch nach Petersburg meine Verlobung angezeigt habe.« Er zog den Brief ein wenig aus der Tasche und ließ ihn wieder zurückfallen.

»Nach Petersburg?« fragte der Vater.

»Meinem Freunde doch«, sagte Georg und suchte des Vaters Augen. – Im Geschäft ist er doch ganz anders, dachte er, wie er hier breit sitzt und die Arme über der Brust kreuzt.

»Ja. Deinem Freunde«, sagte der Vater mit Betonung.

»Du weißt doch, Vater, daß ich ihm meine Verlobung zuerst verschweigen wollte. Aus Rücksichtnahme, aus keinem anderen Grunde sonst. Du weißt selbst, er ist ein schwieriger Mensch. Ich sagte mir, von anderer Seite kann er von meiner Verlobung wohl erfahren, wenn das auch bei seiner einsamen Lebensweise kaum wahrscheinlich ist – das kann ich nicht hindern –, aber von mir selbst soll er es nun einmal nicht erfahren.«

»Und jetzt hast du es dir wieder anders überlegt?« fragte der Vater, legte die große Zeitung auf den Fensterbord und auf die Zeitung die Brille, die er mit der Hand bedeckte.

»Ja, jetzt habe ich es mir wieder überlegt. Wenn er mein guter Freund ist, sagte ich mir, dann ist meine glückliche Verlobung auch für ihn ein Glück. Und deshalb habe ich nicht mehr gezögert, es ihm anzuzeigen. Ehe ich jedoch den Brief einwarf, wollte ich es dir sagen.«

»Georg«, sagte der Vater und zog den zahnlosen Mund in die Breite, »hör einmal! Du bist wegen dieser Sache zu mir gekommen, um dich mit mir zu beraten. Das ehrt dich ohne Zweifel. Aber es ist nichts, es ist ärger als nichts, wenn du mir jetzt nicht die volle Wahrheit sagst. Ich will nicht Dinge aufrühren, die nicht hierher gehören. Seit dem Tode unserer teueren Mutter sind gewisse unschöne Dinge vorgegangen. Vielleicht kommt auch für sie die Zeit, und vielleicht kommt sie früher, als wir denken. Im Geschäft entgeht mir manches, es wird mir vielleicht nicht verborgen – ich will jetzt gar nicht die Annahme machen, daß es nur verborgen wird –, ich bin nicht mehr kräftig genug, mein Gedächtnis läßt nach, ich habe nicht mehr den Blick für alle die vielen Sachen. Das ist erstens der Ablauf der Natur, und zweitens hat mich der Tod unseres Mütterchens viel mehr niedergeschlagen als dich. – Aber weil wir gerade bei dieser Sache halten, bei diesem Brief, so bitte ich dich, Georg, täusche mich nicht. Es ist eine Kleinigkeit, es ist nicht des Atems wert, also täusche mich nicht. Hast du wirklich diesen Freund in Petersburg?«

Georg stand verlegen auf. »Lassen wir meine Freunde sein. Tausend Freunde ersetzen mir nicht meinen Vater. Weißt du, was ich glaube? Du schonst dich nicht genug. Aber das Alter verlangt seine Rechte. Du bist mir im Geschäft unentbehrlich, das weißt du ja sehr genau, aber wenn das Geschäft deine Gesundheit bedrohen sollte, sperre ich es noch morgen für immer. Das geht nicht. Wir müssen da eine andere Lebensweise für dich einführen. Aber von Grund aus. Du sitzt hier im Dunkeln und im Wohnzimmer hättest du schönes Licht. Du nippst vom Frühstück, statt dich ordentlich zu stärken. Du sitzt bei geschlossenem Fenster, und die Luft würde dir so gut tun. Nein, mein Vater! Ich werde den Arzt holen, und seinen Vorschriften werden wir folgen. Die Zimmer werden wir wechseln, du wirst ins Vorderzimmer ziehen, ich hierher. Es wird keine Veränderung für dich sein, alles wird mit übertragen werden. Aber das alles hat Zeit, jetzt lege dich noch ein wenig ins Bett, du brauchst unbedingt Ruhe. Komm ich werde dir beim Ausziehn helfen, du wirst sehn, ich kann es. Oder willst du gleich ins Vorderzimmer gehn, dann legst du dich vorläufig in mein Bett. Das wäre übrigens sehr vernünftig.«

Georg stand knapp neben seinem Vater, der den Kopf mit dem struppigen weißen Haar auf die Brust hatte sinken lassen.

»Georg«, sagte der Vater leise ohne Bewegung.

Georg kniete sofort neben dem Vater nieder, er sah die Pupillen in dem müden Gesicht des Vaters übergroß in den Winkeln der Augen auf sich gerichtet.

»Du hast keinen Freund in Petersburg. Du bist immer ein Spaßmacher gewesen und hast dich auch mir gegenüber nicht zurückgehalten. Wie solltest du denn gerade dort einen Freund haben! Das kann ich gar nicht glauben.«

»Denk doch einmal nach, Vater«, sagte Georg, hob den Vater vom Sessel und zog ihm, wie er nun doch recht schwach dastand, den Schlafrock aus, »jetzt wird es bald drei Jahre her sein, da war mein Freund bei uns zu Besuch. Ich erinnere mich noch, daß du ihn nicht besonders gern hattest. Wenigstens zweimal habe ich ihn vor dir verleugnet, trotzdem er gerade bei mir im Zimmer saß. Ich konnte ja deine Abneigung gegen ihn ganz gut verstehn, mein Freund hat seine Eigentümlichkeiten. Aber dann hast du dich doch auch wieder ganz gut mit ihm unterhalten. Ich war damals noch so stolz darauf, daß du ihm zuhörtest, nicktest und fragtest. Wenn du nachdenkst, mußt du dich erinnern. Er erzählte damals unglaubliche Geschichten von der Russischen Revolution. Wie er zum Beispiel auf einer Geschäftsreise in Kiew bei einem Tumult einen Geistlichen auf einem Balkon gesehen hatte, der sich ein breites Blutkreuz in die flache Hand schnitt, diese Hand erhob und die Menge anrief. Du hast ja selbst diese Geschichte hier und da wiedererzählt.«

Währenddessen war es Georg gelungen, den Vater wieder niederzusetzen und ihm die Trikothose, die er über den Leinenunterhosen trug, sowie die Socken vorsichtig auszuziehen. Beim Anblick der nicht besonders reinen Wäsche machte er sich Vorwürfe, den Vater vernachlässigt zu haben. Es wäre sicherlich auch seine Pflicht gewesen, über den Wäschewechsel seines Vaters zu wachen. Er hatte mit seiner Braut darüber, wie sie die Zukunft des Vaters einrichten wollten, noch nicht ausdrücklich gesprochen, denn sie hatten stillschweigend vorausgesetzt, daß der Vater allein in der alten Wohnung bleiben würde. Doch jetzt entschloß er sich kurz mit aller Bestimmtheit, den Vater in seinen künftigen Haushalt mitzunehmen. Es schien ja fast, wenn man genauer zusah, daß die Pflege, die dort dem Vater bereitet werden sollte, zu spät kommen könnte.

Auf seinen Armen trug er den Vater ins Bett. Ein schreckliches Gefühl hatte er, als er während der paar Schritte zum Bett hin merkte, daß an seiner Brust der Vater mit seiner Uhrkette spielte. Er konnte ihn nicht gleich ins Bett legen, so fest hielt er sich an dieser Uhrkette.

Kaum war er aber im Bett, schien alles gut. Er deckte sich selbst zu und zog dann die Bettdecke noch besonders weit über die Schulter. Er sah nicht unfreundlich zu Georg hinauf.

»Nicht wahr, du erinnerst dich schon an ihn?« fragte Georg und nickte ihm aufmunternd zu.

»Bin ich jetzt gut zugedeckt?« fragte der Vater, als könne er nicht nachschauen, ob die Füße genug bedeckt seien.

»Es gefällt dir also schon im Bett«, sagte Georg und legte das Deckzeug besser um ihn.

»Bin ich gut zugedeckt?« fragte der Vater noch einmal und schien auf die Antwort besonders aufzupassen.

»Sei nur ruhig, du bist gut zugedeckt.«

»Nein!« rief der Vater, daß die Antwort an die Frage stieß, warf die Decke zurück mit einer Kraft, daß sie einen Augenblick im Fluge sich ganz entfaltete, und stand aufrecht im Bett. Nur eine Hand hielt er leicht an den Plafond. »Du wolltest mich zudecken, das weiß ich, mein Früchtchen, aber zugedeckt bin ich noch nicht. Und ist es auch die letzte Kraft, genug für dich, zuviel für dich. Wohl kenne ich deinen Freund. Er wäre ein Sohn nach meinem Herzen. Darum hast du ihn auch betrogen die ganzen Jahre lang. Warum sonst? Glaubst du, ich habe nicht um ihn geweint? Darum doch sperrst du dich in dein Büro, niemand soll stören, der Chef ist beschäftigt – nur damit du deine falschen Briefchen nach Rußland schreiben kannst. Aber den

Vater muß glücklicherweise niemand lehren, den Sohn zu durchschauen. Wie du jetzt geglaubt hast, du hättest ihn untergekriegt, so untergekriegt, daß du dich mit deinem Hintern auf ihn setzen kannst und er rührt sich nicht, da hat sich mein Herr Sohn zum Heiraten entschlossen!

Georg sah zum Schreckbild seines Vaters auf. Der Petersburger Freund, den der Vater plötzlich so gut kannte, ergriff ihn wie noch nie. Verloren im weiten Rußland sah er ihn. An der Türe des leeren, ausgeraubten Geschäftes sah er ihn. Zwischen den Trümmern der Regale, den zerfetzten Waren, den fallenden Gasarmen stand er gerade noch. Warum hatte er so weit wegfahren müssen!

»Aber schau mich an!« rief der Vater, und Georg lief, fast zerstreut, zum Bett, um alles zu fassen, stockte aber in der Mitte des Weges.

»Weil sie die Röcke gehoben hat«, fing der Vater zu flöten an, »weil sie die Röcke so gehoben hat, die widerliche Gans«, und er hob, um das darzustellen, sein Hemd so hoch, daß man auf seinem Oberschenkel die Narbe aus seinen Kriegsjahren sah, »weil sie die Röcke so und so und so gehoben hat, hast du dich an sie herangemacht, und damit du an ihr ohne Störung dich befriedigen kannst, hast du unserer Mutter Andenken geschändet, den Freund verraten und deinen Vater ins Bett gesteckt, damit er sich nicht rühren kann. Aber kann er sich rühren oder nicht?« Und er stand vollkommen frei und warf die Beine. Er strahlte vor Einsicht.

Georg stand in einem Winkel möglichst weit vom Vater. Vor einer langen Weile hatte er sich fest entschlossen, alles vollkommen genau zu beobachten, damit er nicht irgendwie auf Umwegen, von hinten her, von oben herab überrascht werden könne. Jetzt erinnerte er sich wieder an den längst vergessenen Entschluß und vergaß ihn, wie man einen kurzen Faden durch ein Nadelöhr zieht.

»Aber der Freund ist nun doch nicht verraten!« rief der Vater, und sein hin und her bewegter Zeigefinger bekräftigte es. »Ich war sein Vertreter hier am Ort.«

»Komödiant!« konnte sich Georg zu rufen nicht enthalten, erkannte sofort den Schaden und biß, nur zu spät, – die Augen erstarrt – in seine Zunge, daß er vor Schmerz einknickte.

»Ja, freilich habe ich Komödie gespielt! Komödie! Gutes Wort! Welcher andere Trost blieb dem alten verwitweten Vater? Sag – und für den Augenblick der Antwort sei du noch mein lebender Sohn –, was blieb mir übrig, in meinem Hinterzimmer, verfolgt vom ungetreuen Personal, alt bis in die Knochen? Und mein Sohn ging im Jubel durch die Welt, schloß Geschäfte ab, die ich vorbereitet hatte, überpurzelte sich vor Vergnügen und ging vor seinem Vater mit dem verschlossenen Gesicht eines Ehrenmannes davon! Glaubst du, ich hätte dich nicht geliebt, ich, von dem du ausgingst?«

Jetzt wird er sich vorbeugen, dachte Georg, wenn er fiele und zerschmetterte! Dieses Wort durchzischte seinen Kopf.

Der Vater beugte sich vor, fiel aber nicht. Da Georg sich nicht näherte, wie er erwartet hatte, erhob er sich wieder.

»Bleib, wo du bist, ich brauche dich nicht! Du denkst, du hast noch die Kraft, hierherzukommen, und hältst dich bloß zurück, weil du so willst. Daß du dich nicht irrst! Ich bin noch immer der viel Stärkere. Allein hätte ich vielleicht zurückweichen müssen, aber so hat mir die Mutter ihre Kraft abgegeben, mit deinem Freund habe ich mich herrlich verbunden, deine Kundschaft habe ich hier in der Tasche!«

›Sogar im Hemd hat er Taschen!‹ sagte sich Georg und glaubte, er könne ihn mit dieser Bemerkung in der ganzen Welt unmöglich machen. Nur einen Augenblick dachte er das, denn immerfort vergaß er alles.

»Häng dich nur in deine Braut ein und komm mir entgegen! Ich fege sie dir von der Seite weg, du weißt nicht, wie!«

Georg machte Grimassen, als glaube er das nicht. Der Vater nickte bloß, die Wahrheit dessen, was er sagte, beteuernd, in Georgs Ecke hin.

»Wie hast du mich doch heute unterhalten, als du kamst und fragtest, ob du deinem Freund von der Verlobung schreiben sollst. Er weiß doch alles, dummer Junge, er weiß doch alles! Ich schrieb ihm doch, weil du vergessen hast, mir das Schreibzeug wegzunehmen. Darum kommt er schon seit Jahren nicht, er weiß ja alles hundertmal besser als du selbst, deine Briefe zerknüllt er ungelesen in der linken Hand, während er in der rechten meine Briefe zum Lesen sich vorhält!«

Seinen Arm schwang er vor Begeisterung über dem Kopf. »Er weiß alles tausendmal besser!« rief er.

»Zehntausendmal!« sagte Georg, um den Vater zu verlachen, aber noch in seinem Munde bekam das Wort einen todernsten Klang.

»Seit Jahren passe ich schon auf, daß du mit dieser Frage kämest! Glaubst du, mich kümmert etwas anderes? Glaubst du, ich lese Zeitungen? Da!« und er warf Georg ein Zeitungsblatt, das irgendwie mit ins Bett getragen worden war, zu. Eine alte Zeitung, mit einem Georg schon ganz unbekannten Namen.

»Wie lange hast du gezögert, ehe du reif geworden bist! Die Mutter mußte sterben, sie konnte den Freudentag nicht erleben, der Freund geht zugrunde in seinem Rußland, schon vor drei Jahren war er gelb zum Wegwerfen, und ich, du siehst ja, wie es mit mir steht. Dafür hast du doch Augen!«

»Du hast mir also aufgelauert!« rief Georg.

Mitleidig sagte der Vater nebenbei: »Das wolltest du wahrscheinlich früher sagen. Jetzt paßt es ja gar nicht mehr.«

Und lauter: »Jetzt weißt du also, was es noch außer dir gab, bisher wußtest du nur von dir! Ein unschuldiges Kind warst du ja eigentlich, aber noch eigentlicher warst du ein teuflischer Mensch! – Und darum wisse: Ich verurteile dich jetzt zum Tode des Ertrinkens!«

Georg fühlte sich aus dem Zimmer gejagt, den Schlag, mit dem der Vater hinter ihm aufs Bett stürzte, trug er noch in den Ohren davon. Auf der Treppe, über deren Stufen er wie über eine schiefe Fläche eilte, überrumpelte er seine Bedienerin, die im Begriffe war, hinaufzugehen, um die Wohnung nach der Nacht aufzuräumen. »Jesus!« rief sie und verdeckte mit der Schürze das Gesicht, aber er war schon davon. Aus dem Tor sprang er über die Fahrbahn, zum Wasser trieb es ihn. Schon hielt er das Geländer fest, wie ein Hungriger die Nahrung. Er schwang sich über, als der ausgezeichnete Turner, der er in seinen Jugendjahren zum Stolz seiner Eltern gewesen war. Noch hielt er sich mit schwacher werdenden Händen fest, erspähte zwischen den Geländerstangen einen Autoomnibus, der mit Leichtigkeit seinen Fall übertönen würde, rief leise: »Liebe Eltern, ich habe euch doch immer geliebt«, und ließ sich hinabfallen.

In diesem Augenblick ging über die Brücke ein geradezu unendlicher Verkehr.

Heimito von Doderer
Neun Kürzestgeschichten

Das Frühstück

Heute morgens frühstückte ich im Bade, etwas zerstreut. Ich goß den Tee in das zum Zähneputzen bestimmte Gefäß und warf zwei Stücke Zucker in die Badewanne, welche aber nicht genügten, ein so großes Quantum Wassers merklich zu versüßen.

Unser Zeitalter

Meine Hausmeisterin hat sich von ihrem Manne scheiden lassen, was für mich insofern eine gewisse Erleichterung bedeutet, als jenem die Kragen-Nummer mit mir gemeinsam war. Seit jedoch ihr neuer Freund darauf gekommen ist, daß man im Sommer die Hemden auch offen tragen könne, sind schon wiederum zwei neue seidene, die ich erst kürzlich in Gebrauch nahm, in der Waschanstalt verloren gegangen.

Die Liebe

Schon griff sie nach meinem Herzen, um ihre Nägel in dessen Blute zu röten; aber diese waren eigentlich schon rot, wovor mir glücklicherweise im entscheidenden Augenblicke derart grauste, daß ich den Korb, welchen sie mir vielleicht nicht gegeben hätte, mit einigen Komplimenten geschwind vor ihre Tür gesetzt habe.

Charaktere

Wenn jemand des öfteren nach nassem Hund riecht, so ist das eine Charaktersache. Aber nicht jedermann hält Charaktere dieser Art aus. Besonders jene, die nach Spiritus riechen (und nicht nur gelegentlich und aus dem Mund) sind dagegen hochempfindlich. Derart also waren die Fundamentalien eines Streites beschaffen, welcher auf der Linie 6 der Münchener Straßenbahn ausbrach, so daß der Schaffner beim Schillerdenkmal beide Beteiligten aus dem Wagen wies. Auf der Straße schimpften sie weiter und gingen erst, als ein Dritter, ölig Riechender, sich hineinmischte, von äußerstem Abscheu gegen diesen erfüllt, nach verschiedenen Richtungen rasch davon.

»Hurrah! Die Alte kriegt kein Kind!«

Glücklicherweise hat die alte Dame, meine Nachbarin – sie ist im Dreiundsiebzigsten – kein Kind bekommen. Ein Stein fällt mir vom Herzen. Ich war schon in größter Bangnis gewesen. Sie wollte eines von den herzigen holländischen Ferienkindern übernehmen, um welche die Wiener sich geradezu rissen, aber man gab natürlich solchen Familien den Vorzug, die jemand haben, der holländisch spricht. Das süße Buberl konnte zum Glücke kein Wort deutsch. Eine Wolke möglichen Lärms, die verdunkelnd über den Manuskriptblättern meines Romanes stand, ist vorübergezogen.

Das Verhängnis

Sie war noch jung, sie war hübsch und drall, gesund und froh. Nun gut, aber irgend ein Haken wird dabei sein, sonst wäre ja keine Geschichte daraus geworden. Wohlan! Sie war in fester Stellung, bei den Damen ihrer Kundschaft sehr beliebt, sie hatte auch Freude an ihrer Tätigkeit, der sie in modernen, hellen und gelüfteten weißgekachelten Räumen nachging. Nun ja, aber wir wissen doch. Sie lernte einen jungen Mann kennen, er war ein neuer Bursche, ein wohlanständiger Kerl, ebenfalls fix angestellt. Die beiden hatten einander erst zwei- oder dreimal in einem Parke getroffen. Aha! Beim dritten Male fragte er sie anteilnehmend, welchen Beruf sie denn ausübe? »Ich bin Toilettenfrau«, sagte sie, blickte durch einige Sekunden verzweifelt vor sich hin, und fügte, gleichsam entschuldigend, hinzu: »Am Hauptbahnhofe.« »Das geht nicht«, sagte er. Und verließ sie zur selben Stunde.

Vorsicht auf Reisen!

Vor vielen Jahren geriet ich auf dem Schwabinger Postamt in der Münchener Leopoldstraße in eine Prügelei hinein, die dort wegen irgendeiner Nichtigkeit ausgebrochen war – es hatte wohl jemand von den Wartenden die Reihenfolge vor dem Schalter nicht einhalten wollen – und habe bei dieser Gelegenheit einer älteren Person, die mir just nicht zu Gesichte stand, ohne eigentlichen Anlaß ein paar Ohrfeigen gegeben. Drei Jahre später wurde ich bei einem Straßenhandel in der ›Au‹ von mehreren ›Luckis‹ (münchnerisch für das berlinische ›Lude‹, das wienerische ›Pülcher‹) entsetzlich verprügelt, welche eine in die Gasse herabkeifende Stimme auf mich hetzte. Erst hintennach und in der Erinnerung erkannte ich, daß jene vom Fenster Schreiende niemand anders gewesen war, als die Person aus dem Schwabinger Postamt. Man sieht im ganzen, daß auch ein vollkommen harmloser und friedlicher Reisender in fremden Städten mitunter bedeutenden Unannehmlichkeiten ausgesetzt ist.

Die nackte Wahrheit

Unsere Hausmeisterin, eine hübsche, große und üppige Frau, wurde neulich von mir völlig unbekleidet im Treppenhause erblickt. »O Nacktheit ohne Grund!« rief ich aus. Sie aber, von dem Doppelsinne meiner Worte anscheinend tief getroffen, eilte in die Portiersloge hinab und kleidete sich vollständig an. Die Hausmeisterin ist eine beschränkte Person, von geringen intellektuellen Mitteln. Doch muß sie in allen Fällen eben auf Grund dieser geringen Mittel Stellung nehmen. Wie lebte sie denn anders? Nicht alle Torheiten, welche die Schwachköpfe glauben, werden von diesen nur aus bösen Willen verteidigt. Es scheint zudem, daß Frau Hawelka, die Hausmeisterin, deshalb nackend über die Treppe wandelte, um der Wahrheit zum Siege zu verhelfen, deren zwangsläufiges Verdunkeltwerden durch die eigene Dummheit sie also doch irgendwie gefühlt haben muß.

Quassi's Haus

Quassi baute bei uns (obgleich seiner Meinung nach die Mädchen des Dorfes ihn durch Nichtachtung beleidigt hatten), um sommers hier zu wohnen. Ich sah das kleine Haus im Rohbau. Es war nichts besonderes daran zu erblicken. Türen, Fenster und die Veranda befanden sich an den gewöhnlichen Stellen. Später bemerkte ich noch mehrere ausgesparte Luken. Erst ein Jahr nachdem er eingezogen war, ging das Geschrei im Dorfe los. Offenbar hatten die Leute bis dahin Quassi im Hause immer nur gesehen, wenn er beim Fenster heraus schaute oder in der Türe stand. Den zahlreichen Luken nach allen Seiten war von ihnen kaum Aufmerksamkeit geschenkt worden. Quassi schwor denn auch hoch und teuer, alles sei Lüge, und er habe niemals den Hintern aus einem der Fenster seines neuen Hauses gestreckt.

Gert Jonke
Tischrede

Meine lieben Damen und Herren!
Umwälzende Veränderungen bahnen auf allen Linien sich an! Immer wieder gilt es, neuerlich die Frage zu stellen: Wer sind wir eigentlich? Wer waren wir? Was wollen wir? Was soll hinkünftig weiter aus uns werden? Einige von Ihnen werden sich noch gern an die guten alten Zeiten zurückerinnern, als es um unsere Köpfe noch ganz still gewesen war, kein Ton, alles ganz ruhig. Dann aber hat eines Tages alles ganz leise begonnen. Ich erinnere mich noch gut und gern, meine Gemahlin und ich saßen eines Nachts beisammen und lehnten unsere Köpfe aneinander, sei es aus zärtlichen Gründen, sei es, daß sie uns so schwer geworden waren, daß wir sie einander stützen wollten. Da meinte ich, hinter ihrem Kopf eine Art rauschendes Singen oder singendes Rauschen vernehmen zu können, und sagte zu ihr, da ich zunächst ganz der Meinung gewesen war, die Dienstboten hätten schon wieder einmal das Radio abzustellen vergessen: »Die Versorgung der Bevölkerung mit Musik durch den Sender Rotweißrot ist wirklich vorbildlich!«

»Wie kommst du denn nur darauf«, fragte meine Frau darauf.

»Weil ich das Radio höre, obwohl ich längst schon den Sendeschluß vermutet hätte«, antwortete darauf ich.

»Da läuft kein Radio mehr«, sagte meine Gemahlin, »das kommt, ich höre es deutlich, direkt aus deinem Kopf heraus, mein Lieber!«

Sie hatte recht, nur war ich zunächst durchaus der Meinung, nicht aus meinem, sondern vielmehr direkt aus ihrem Kopf käme das rauschende Singen, beinahe wäre ein heftiger Streit entbrannt, aus welchem unserer beiden Köpfe es denn so singend herausrausche oder rauschend hervorsinge, bis wir beide dann endlich erkannten, daß sowohl aus ihrem als auch aus meinem Kopf Verschiedenes vernehmbar wurde, ähnlich wie aus einem Kofferradio, das eines Batteriewechsels dringend bedurft hätte. Gottseidank waren wir dann bald in der Lage, die Musik aus unseren Köpfen in der Klangqualität zu verbessern, zu steuern.

Wir beide waren damals natürlich nicht die einzigen geblieben, vielen Verwandten und Bekannten war ähnliches widerfahren. Unsere Köpfe waren plötzlich in die glückliche Lage versetzt worden, verschiedene Geräusche, Musik und auch gesprochene Sätze deutlich wie aus einem Lautsprecher hörbar werden zu lassen und hervortönend weiterzuverbreiten, vor allem natürlich Musik, in geringerem Maße verschiedene Arten von Nachrichten, ja, viele Menschen waren plötzlich in der Lage, ständig zu reden, ohne auch nur einmal den Mund aufmachen zu müssen, der sich hinkünftig voll und ganz seiner eigentlichen Hauptfunktion, der Nahrungszufuhr, zuwenden konnte. Natürlich waren anfangs viele Menschen zutiefst erschrocken, weil sie unfähig waren, ihre Köpfe zwischendurch abzustellen, um sich selbst und der Umgebung rücksichtsvoll Ruhe zu gewähren, viele Köpfe tönten laut schallend völlig selbständig landauf und landab und ließen sich nicht mehr abstellen. Dergleichen Anfangsschwierigkeiten waren bald behoben, man lernte, die Köpfe, sowohl den eigenen als auch die der Mitmenschen, sachgerecht zu handhaben. Durchaus war es möglich und üblich, das Programm des eigenen Kopfes nicht nur mit dem eigenen, sondern auch mit anderen Köpfen zu verbreiten, was zur Folge haben sollte, daß einige wenige Köpfe nur ihr eigenes Programm und kein anderes nicht nur mit den eigenen, sondern auch durch viele andere Köpfe lautstark durchs Land tönen ließen, einige wenige Köpfe hatten häufig sämtliche anderen Köpfe mit ihrem Programm derart vollgestopft, daß aus den meisten Köpfen das eigene Programm so gut wie niemals gehört werden konnte, sondern immer nur die Geräusche, die einem vom Kopf eines Fremden aufgezwungen worden waren. Auch solches hatte sich nach und nach regeln lassen. Unsere geräuschvoll tönend musizierenden Köpfe sind sehr diszipliniert geworden: Man hat gelernt, daß wir mit der Musik, die aus dem eigenen Kopf hervortönt, gewissen neuen gesellschaftlichen Regeln unterworfen sein müssen, wir haben gelernt, wann wir unseren Kopf abzuschalten haben, um andere Köpfe nicht unnötig zu behindern z.B., und wann und wie wir ihn einschalten dürfen. Inzwischen hat das alles im gesamten Land sich herumgesprochen, wir sind ein Volk der tönenden Köpfe geworden, unser Kopf ist nicht mehr länger nur einfach unser Kopf, sondern vor allem der Lautsprecher unserer Seele! Mit einem solchen Kopf können wir sämtliche Rundfunkprogramme nicht nur empfangen, sondern auch in sämtlichen Lautstärken weiterverbreiten, so daß sich für alle Zeiten der Gebrauch eines Radioapparates, eines bei uns lange schon abgeschafften, als völlig rückständig veralteten Gerätes, erübrigt.

Das macht uns in der ganzen Welt nicht so bald jemand nach!

Dennoch, meine Damen und Herren, oder gerade deswegen sind wir noch immer vor allem eines: nämlich ÖSTERREICHERINNEN und ÖSTERREICHER geblieben und wollen es auch fürderhin immer wieder neuerlich geblieben sein werden!

Manfred Maurer
der sieger

im zimmer war es unerträglich heiß. die rippen der zentralheizung knackten.

was, sagten sie, wollen sie werden? fragte der beamte mit einer schläfrigen stimme und starrte durch die dicken brillengläser auf dieters lederjacke, in die silberglänzende nieten eingestanzt waren.

motocrossfahrer oder stuntman. dieter wetzte auf dem knarrenden stuhl hin und her.

der beamte hob seinen blick. seine augen waren verwischt wie fische hinter dem glas eines aquariums. wie bitte? er zeigte seine gelben zähne.

motocrossfahrer oder stuntman, wiederholte dieter gereizt, aber vorher möchte ich noch kfz-mechaniker lernen. das kann ich dann später gut gebrauchen. hab ich ihnen aber sowieso schon hundertmal erzählt.

der beamte schüttelte mürrisch den kopf. ideen haben die jungen leute heutzutage, wie wir damals ... der rest war unverständlich. er drückte ein paar der weißen tasten, und einen sekundenbruchteil später erschien eine grasgrüne liste auf dem bildschirm. er fuhr mit dem finger die zeilen entlang, dann sagte er: tja, mein lieber, da schaut es im moment schlecht aus, sehr schlecht in unserem bezirk und anderswo keine spur besser. muß es denn unbedingt kfz-mechaniker sein? eine stelle als stallbursche hätte ich da. ist doch auch nicht schlecht, oder?

dieter sprang auf und hätte beinahe den sessel umgestoßen. der schweiß floß ihm in die stiefel. er wollte etwas sagen, brachte aber keinen ton heraus.

muß ja nicht für immer sein, sagte der beamte beschwichtigend, sagen wir, erst mal für ein halbes jahr, und dann schauen wir weiter. er strich sich mit gespreizten fingern über den scheitel.

dieter spürte, wie ihm schwindlig wurde. er setzte sich wieder hin. und um sich diese frechheit anzuhören, war er heute schon um halb sieben uhr aufgestanden, war bei der kälte eine dreiviertelstunde durch die gegend gelatscht und hatte dann auch noch eine geschlagene stunde gewartet, damit sich dieses arschloch jetzt als komiker aufspielen konnte. er schluckte und bemühte sich, seine fassung zurückzugewinnen. seit mehr als einem halben jahr, sagte er leise, als er sich einigermaßen beruhigt hatte, kreuze ich jetzt schon jede zweite woche bei ihnen auf, weil ich mechaniker werden will, und alles, was sie auf lager gehabt haben, sind zwei stellen als maurerlehrling gewesen, maurerlehrling, bäähhh – er machte ein gesicht, als müsse er gleich kotzen – und jetzt wollen sie einen stallburschen aus mir machen, einen schweinehirten, oder was? er faßte sich wütend auf die stirn. ich glaube, fuhr er lauter fort, einer in diesem zimmer tickt nicht ganz richtig, und ich bin es nicht.

mein liebes bürschchen, unterbrach ihn der beamte beleidigt, die zeiten sind nicht rosig, und wenn sie hier frech werden wollen ...

ist das vielleicht meine schuld? schrie dieter und sprang zum zweiten mal auf. sie können mich am arsch lecken, aber kreuzweis, sie wurzelsepp, sie. er knallte die tür hinter sich zu.

auf der straße wehte ihm ein eisiger wind ins gesicht. er zitterte und wußte nicht, welche richtung er nehmen sollte. stallbursche, schweinehirt! und das ausgerechnet er. er boxte zornig gegen ein einbahnschild, daß es hallte, dann steckte er sich eine zigarette an und rauchte hastig.

dem arbeitsamt gegenüber befand sich ein wirtshaus. die bierreklame über dem eingang leuchtete einladend. dieter kramte in seinen taschen und brachte ein paar münzen zum vorschein, die er höhnisch belächelte. nicht einmal genügend geld hatte er, um sich jetzt einen ordentlichen rausch anzusaufen, wie es sich gehören würde. er ging in die hocke und warf die münzen hintereinander durch ein kanalgitter, als würde er einen automaten damit füttern. so, und in zukunft konnte sich sein alter, der knausrige arsch mit ohren, die almosen, die er taschengeld nannte, überhaupt sparen. sollte er sich einen kaugummi dafür kaufen oder einen sargnagel. dieter brauchte keine geschenke mehr, von niemandem. und die pullover und die hemden und die gräßlichen unterhosen, die sie ihm bald zu seinem sechzehnten geburtstag hinwerfen würden, konnten sie sich erst recht an den hut stecken oder sonstwohin. er stellte den kragen seiner lederjacke auf und zog den kopf ein, als wollte er ihn vor den blicken der wenigen passanten in sicherheit bringen. die absätze seiner abgestoßenen stiefel hämmerten auf den asphalt. er lief in eine richtung, die nicht zur wohnung seiner eltern führte.

auf den bäumen der allee lag noch fingerdick der rauhreif. nebelschwaden hüllten die kahlen baumkronen ein. auf dem gehsteig häufte sich nasses laub, das alle farben spiegelte. nur nicht nach hause, dachte dieter. seit monaten saß oder lag er jetzt schon tag für tag allein in der wohnung herum, und das hatte er mehr als satt. ein leben wie ein pensionist, dachte er immer und fand das überhaupt nicht witzig. von dem ewigen sitzen würde er noch schwielen auf dem arsch bekommen. die eltern gingen frühmorgens zur arbeit und kamen erst am abend wieder zurück. das war ihm recht so, denn die vorwürfe, die ihm hauptsächlich der vater machte, weil er keine arbeit fand, staubten ihm sowieso schon bei den ohren heraus. ihn zu schlagen, wagte der alte zwar nicht mehr, aber dafür schlug er jetzt mit seinen gemeinen sätzen und wörtern zu. und die mutter stand daneben und konnte ihm auch nicht helfen. gut, sein abschlußzeugnis war nicht gerade berühmt, aber war er deshalb gleich ein trottel? bei motoren kannte er sich weit besser aus als egon und SK, seine beiden schulfreunde, und trotzdem hatten die mehr glück gehabt als er. sie lernten maschinenschlosser in einer großen fabrik und verdienten, wenn auch nicht viel, so doch ihr eigenes geld. am abend brausten sie auf ihren mopeds durch die gegend, luden mädchen ein und gingen ins kino oder in diskotheken. da konnte dieter einfach nicht mithalten. der kontakt zu den beiden war beinahe vollständig abgerissen, und andere freunde hatte er nicht. er blieb stehen und zündete sich im windschatten eines baumstamms eine zigarette an. das abgebrannte streichholz rammte er in die rissige rinde. ich geh überhaupt nie wieder heim, dachte er aufgebracht, ich wandere aus nach amerika oder ziehe in den wald oder was weiß ich.

ohne daß er es beabsichtigt hätte, näherte er sich dem friedhof der stadt. aus dem schornstein des krematoriums stieg eine rauchfahne auf. dieter beschlich ein komisches gefühl, er betrat aber trotzdem durch das breite tor das gräberfeld. es roch nach moderiger erde und nach verwelkten blumen. dieter hielt den atem an und lief den kiesweg zwischen den gräberreihen entlang. neben einem frisch ausgehobenen grab lag ein halb verfaulter knochen, der von einem Oberschenkel stammen mußte. dieter verpaßte ihm einen tritt, dann starrte er auf die schmutzig-gelbe lehmerde hinunter. er schloß die augen und stellte sich vor, daß er in das loch hineinspringen würde. auf dem rücken liegend, würde ihm das brackige grundwasser in den mund fließen und ihn in eine aufgeschwemmte wasserleiche verwandeln. dann bräuchte er wenigstens keine gottverdammte lehrstelle mehr, er hätte ausgesorgt für immer.

als er die augen wieder öffnete, verspürte er ein starkes angstgefühl in der brust. er spuckte ins grab und ging rasch weg. kalter schweiß perlte auf seiner stirn. beim zweiten ausgang bimmelte die sterbeglocke. eine schwarzgekleidete trauergemeinde sammelte sich zum abmarsch. die frauen hielten blumen in den händen, hatten rotverweinte augen und wimperntusche auf den wangen. dieter trat verwirrt auf die straße hinaus. der hat es hinter sich, dachte er.

vor einer fleischerei stand ein lastwagen mit offener ladefläche. ein mann, der einen blutbesudelten lederschurz umgebunden hatte, schleppte schweinehälften ins geschäft. dieter schaute eine weile zu, dann setzte er seinen ziellosen marsch fort. schön halbiert, dachte er, laß ich mir die schweine schon eher gefallen. und die sau von heute früh müßte man auch aufschlitzen und an die löwen im zoo verfüttern, die wenigstens brüllen und nicht nur grunzen können. schlagartig trat ihm jetzt seine aussichtslose lage wieder ins bewußtsein. nach seinem heutigen auftritt konnte er sich ja nie wieder auf dem arbeitsamt blicken lassen, ohne daß man ihn gleich verhaften oder wie einen hund davonjagen würde. und wie sonst sollte er eine lehrstelle aufgabeln? das studieren der stellenangebote in den zeitungen hatte er längst aufgegeben. das waren leere kilometer. wenn er sich vorstellen ging, waren immer schon hundert andere bewerber vor ihm dort gewesen, und wenn nicht, dann rümpften die personalchefs spätestens dann ihre riechkolben, wenn sie sein zeugnis sahen. er ballte die fäuste und warf die haare in den nacken. er spürte, wie die wut in ihm zu arbeiten begann. aber er würde es ihnen allen zeigen, irgendwie würde er diesen hunden schon beweisen, daß mit ihm nicht zu spaßen war. noch hatte er nicht den holzpyjama an, noch mußte man mit ihm rechnen. am besten wäre, dachte er finster, wenn ich mir einen revolver besorgen und diesen schweinen einen kurzen besuch abstatten würde. auf einer bank könnte ich dann auch gleich vorbeischauen und abkassieren.

ein rettungswagen, der mit blaulicht und sirene über eine kreuzung jagte, riß ihn aus seinen gewalttätigen träumen. sein kopf schmerzte, und die angst in der brust wurde immer stärker. um sich abzulenken, blieb er vor einer bäckerei stehen und betrachtete die leckeren mehlspeisen in der auslage. er hatte jetzt großen hunger, aber er würde unter keinen umständen nach hause gehen, lieber verreckte er im straßenstaub. er drehte sich um, und dann war plötzlich dieses gefühl da, das gefühl, als ob die luft um ihn herum zu einem festen, eisigen block erstarrte, der alles in sich einschloß wie bernstein das insekt. die menschen schienen mitten in der bewegung zu salzsäulen zu erstarren, die autos blieben wie angewurzelt stehen, die fahnen vor einer bank hörten auf zu flattern, ein flugzeug blieb in der luft hängen, der nahe fluß verwandelte sich in ein stilles gewässer, die preßluftbohrer auf einer baustelle hörten auf zu dröhnen, der kran drehte sich nicht mehr, der rettungswagen konnte seine fahrt nicht fortsetzen, und auch dieter spürte, wie er von kopf bis fuß vereiste. er brach in panik aus und begann zu laufen. wie von sinnen hetzte er die bundesstraße entlang, die aus der stadt hinausführte. er keuchte und sah nichts mehr, nicht die leute, die ihm erschrocken auswichen und ihm dann neugierig nachschauten, nicht das auto, das scharf vor ihm abbremste, als er die straße überquerte, nicht den gemüsestand, den er fast gerammt hätte. in der nähe eines schrottplatzes außerhalb der stadt brach er erschöpft zusammen. sein puls ging wie ein maschinengewehr. das war knapp, das war knapp, keuchte er immer wieder.

als er nach einer weile zu frieren begann, stand er auf und klopfte den staub von seinen kleidern. mit zittriger hand steckte er sich eine zigarette an, dann ging er, noch ganz benommen, zum schrottplatz hinüber und stieg durch ein loch im maschendraht. so weit er blicken konnte, waren meterhoch autowracks aufgetürmt. abgefahrene reifen stapelten sich zu einer pyramide. dazwischen wucherte öliges unkraut, das sich im wind bewegte. kein mensch war zu sehen, auch nicht im führerhaus des krans, der wie ein riese über ihm stand. die bretterbude im hintersten winkel des geländes war versperrt.

dieter kletterte den blechberg hinauf und spazierte über die autodächer wie über die dünen einer wüste. das blech knickte unter seinen schritten ein und gab glucksende laute von sich. er fühlte sich als großer eroberer. das alles gehörte jetzt ihm, er war herr über tausende autoleichen. als er seinen eroberungszug beenden wollte, glitt er aus und schlitterte drei meter in die tiefe. an einem scharfen blechstück ritzte er sich die hand auf. blut tropfte in den staub. aber das störte ihn wenig. er wickelte lachend ein schmutziges taschentuch um die wunde und machte ein paar tanzschritte. hier war es schön wie in einer gruft, hier würde er bleiben, hier war er ab sofort zuhause.

etwas abseits stand ein alter amerikaner. dieter öffnete die quietschende tür und setzte sich ans steuer. er trampelte auf den pedalen herum, drehte das lenkrad und ahmte sehr laut motorengeräusche nach. er brauste jetzt über endlose highways, der fahrtwind trocknete den schweiß auf seiner stirn. er war ganz allein in einer riesengroßen welt, nur die kakteen am straßenrand nickten ihm freundlich zu. und dann drang plötzlich ein leises, fauchendes geräusch in diese welt. dieter fuhr herum und entdeckte auf dem rücksitz, in einer ecke zusammengerollt, ein kätzchen. es hatte das feuerrote fell aufgestellt, zitterte am ganzen leib und starrte ihn mit ängstlichen augen an.

die jämmerliche hilflosigkeit, die es ausstrahlte, brachte dieter in rage. du winzige drecksau, du unfähige kreatur, du scheißhaufen, schrie er, arbeite endlich einmal was. den ganzen tag auf der faulen haut liegen ... er sprang aus dem wagen, riß die hintere tür auf und zerrte das tier am weichen nackenfell heraus. kurz entglitt es seiner hand und wollte davonspringen, doch dieter packte es an einem bein und schleifte es über den unebenen boden. du mußt sterben, schrie er, weil du zu schwach zum leben bist. ich hasse dich. er schlug die winselnde katze so lange mit dem kopf auf den boden, bis sie sich nicht mehr bewegte und die schreie verstummt waren.

erschöpft sank er dann ins gras und betrachtete stolz sein werk.

aus dem winzigen kopf, der ganz zermantscht war, wanden sich blutfäden. der wind strich durch das fell, das jetzt nicht mehr gesträubt war. dieter nahm den kadaver, der noch warm war, wie ein baby in den arm.

jetzt hab ich gezeigt, sagte er glücklich, daß ich gefährlich bin wie al capone. jetzt wird man respekt vor mir haben, die füße werden sie mir küssen. er sprang auf und machte einen luftsprung. und am abend würde er das miststück dem vater auf den tisch knallen. dann würde der aufhören, ihn zu beschimpfen, dann würde der nur noch mit vorzüglicher hochachtung mit ihm verkehren. denn jetzt war er wer: dieter cosima, der eiskalte killer.

er kletterte durch den zaun und lief über ein abgeerntetes feld. er hatte es eilig, nach hause zu kommen, kannte sich aber in der gegend nicht besonders gut aus. auf einer landstraße, die in einem bogen um die stadt herumführte, kam ihm eine alte frau mit einem dackel an der leine entgegen. sie starrte entsetzt auf die tote katze, die dieter auf der schulter trug. hab ich selbst umgebracht, verkündete er stolz und rannte weiter.

nach einiger zeit gelangte er an eine brücke, die sich über den fluß spannte. das braune wasser schwappte gegen die betonpfeiler. dieter legte die katze auf das holzgeländer und kam sich vor wie auf einem schiff, das über die sieben weltmeere jagte. vom wilden schaukeln auf den wellen wurde ihm schwindlig, die schneeweiße gischt spritzte ihm ins gesicht. er war sindbad, der seefahrer, und kannte keine furcht. und dann kam plötzlich die katze ins rutschen und fiel klatschend in den fluß. kurz tauchte sie unter, wurde fortgeschwemmt. verdammt, schrie dieter, bleib da, ich brauch dich doch. er machte anstalten, hinterher zu springen, besann sich aber im letzten moment, hetzte über die brücke und dann zum grasbewachsenen ufer hinunter. angestrengt starrte er auf die spiegelnde wasseroberfläche, konnte die katze aber nicht mehr entdecken. statt dessen sprang eine forelle aus dem wasser und schnappte sich eine fliege. wenn du im wasser bist, sagte dieter, will ich auch dort sein.

er watete bis zu den knien ins flußbett hinein. die eisige kälte spürte er nicht. er fand es schön, wie die strömung seine kniekehlen umspülte. seine stiefel soffen sich an und wurden immer schwerer, so setzte er sich auf den feinen schotter. das wasser reichte ihm bis an den nacken und schob ihn sanft vorwärts. er fühlte sich wohl wie schon lange nicht mehr. weiche frauenkörper schmiegten sich an ihn, elefanten spritzten ihm mit ihren rüsseln sekt ins gesicht, die mutter strich ihm sanft über den kopf, kamele zogen vorbei, eine leise musik war zu hören, palmen wiegten sich im wind, die sonne schien ganz verrückt. dieter lachte vor vergnügen.

auf der brücke hatten sich inzwischen einige spaziergänger versammelt. sie schauten ihm, zwischen besorgnis und belustigung schwankend, eine weile zu, dann kamen sie zu dem entschluß, daß hier etwas unternommen werden mußte.

der depp, sagte ein alter mann, der an einem stock ging, holt sich noch den tod. der kann doch nicht ganz richtig sein im kopf, wenn er mitten im november baden geht.

die anderen pflichteten ihm bei. eine jüngere frau lief zu einem nahen geschäft und bat, die polizei anrufen zu dürfen.

wenig später tauchte mit blaulicht und sirene ein streifenwagen auf. die beiden polizisten zerrten dieter, der sich verzweifelt zur wehr setzte, aus dem wasser.

warum machst du das? fragte der jüngere.

ich bin der sieger, sagte dieter und starrte an den beiden beamten vorbei in die ferne.

Christoph Ransmayr
Kaprun
oder Die Errichtung einer Mauer

Es war ein dünner, panischer Gesang. Wenn das Gebirge leiser wurde, schwächer die Windstöße über den Geröllhalden und Felsabstürzen und eine emporrauchende Nebelwand auch das Getöse der Großbaustelle Limberg zu einem fernen Dröhnen dämpfte, dann hörte man diesen Gesang. Es war das Todesgeschrei der Ratten. Naß, zerzaust, in schwarzen Scharen waren die Ratten aus den Ruinen des Arbeiterlagers am Wasserfallboden gekrochen, aus den ins Gestein gesprengten Latrinen, Abfallgruben und Stollen, und hatten sich vor der Flut zu retten versucht. Wochenlang, heißt es, hielten sie einen Felskegel besetzt, eine täglich kleiner werdende Insel, und pfiffen und schrien ihr Entsetzen gegen das schon unerreichbare Ufer, kletterten immer höher, kämpften um jeden Halt ihrer verschwindenden Zuflucht, fielen schließlich übereinander her. Langsam und trübe stieg die Flut ihnen nach. Das Gletscherwasser füllte alle Gruben und Hohlräume aus, drängte in jede Falte des Hochtales, hob liegengebliebenes Bauholz, Balken, Gerüstteile auf und schloß sich über allem, was sich nicht heben ließ. Der Spiegel des Limbergstausees, hoch über Kaprun und sechzehnhundert Meter über dem Meer, stieg ruhig, träge, stieg, überspülte schließlich die Zuflucht der Ratten und wusch den Stein leer.

Gewiß, dieser Untergang ist nur ein marginales Bild aus der Baugeschichte der drei großen Staumauern von Kaprun, eine Beiläufigkeit aus der Zeit des ersten Anstaus zu Limberg 1949 und 1950, und ist nichts gegen die Tragödien und Triumphe, die man in den Jahren der Errichtung der weit in den Hohen Tauern verstreuten Anlagen des Speicherkraftwerkes Glockner-Kaprun beklagt und gefeiert hat. Dennoch fehlt die Erinnerung an den Untergang der Ratten in kaum einem Bericht und keiner Zeugenaussage derer, die damals an den Mauern geplant und gelitten haben. Einmal hämisch ausgeschmückt und dann wieder als karge, apokalyptische Parabel erschien dieser Untergang immer wieder in der Überlieferung. Als bloße Karikatur einer Katastrophe eignete er sich vielleicht auch wie kaum ein anderes Bild zur Illustration jener verborgenen Angst, die dem Anblick von Staudämmen als Makel anhaftet – der Angst vor der Flutwelle, die nach dem Bersten der Limbergsperre hoch wie ein Dom die langen Stufen des Kapruner Tales hinabspringen würde. Innerhalb von zwanzig Minuten – man hat auch das »Undenkbare« längst an Modellen im Maßstab eins zu hundert geprobt – würde die ungeheure Welle das am Talausgang liegende Dorf erreichen, darüber hinwegrasen, dann in das Salzachtal hinausfluten und nichts hinter sich lassen als Schutt und einen großen Morast.

Aber in Kaprun, heißt es, fürchte sich schon lange keiner mehr. In den drei Jahrzehnten, die seit der Krönung der Kapruner Talsperren vergangen sind – der 120 Meter hohen und 357 Meter langen Limbergsperre, die den Stausee am Wasserfallboden hält, und der ähnlich mächtigen Drossen- und Moosersperre, zwei durch einen Felskegel voneinander getrennte Mauern, die den im höchsten und letzten Ausläufer des Tales auf zweitausend Meter gelegenen Stausee Mooserboden dicht unter die Gletscher zwingen –, in diesen drei Jahrzehnten also haben die Inklinatoren, die Teleformeter, Sammelglocken, Klinometer, Pegel und Pendel, haben Hunderte in die Dämme eingemauerte Kontrollvorrichtungen keinen Wert angezeigt, der Furcht bestätigt oder gar einen Alarm ausgelöst hätte. Daß für die Stunde des Undenkbaren nach wie vor acht Sirenenwagen bereitstehen, daß auf einer Almwiese im Ortsteil Lehen, unerreichbar für die Flutwelle, nach wie vor ein weißgekalktes Häuschen instand gehalten wird, das dem Bürgermeister und der Exekutive in dieser Stunde als Kommandostand dienen soll, und daß schließlich auch der Flutwellenalarm nach wie vor und regelmäßig geübt wird, ist bloß Vorschrift und Routine. Im Kapruner Tal ist das Vertrauen in die Technik groß wie die Staumauern selbst: Die Alarmübungen bleiben stets auf wenige Eingeweihte beschränkt, von den Sirenen wird auch probeweise kein Gebrauch gemacht, kein Laut soll die Touristen beunruhigen, und die Hinweistafeln für das Verhalten im Ernstfall sind längst aus dem Ortsbild verschwunden. Alle nötigen Anweisungen wurden auf diskrete Flugblätter gedruckt und an die Kapruner Haushalte verschickt. Dort vergilben sie jetzt. Das ist alles. Es herrscht Ruhe im Tal.

Spiegelglatt hinter den dunklen Mauern, eingefaßt von schönen Bergzügen und gesäumt von Steinhalden und Almwiesen, liegen die beiden Stauseen wie eine bloß zum Spiel ins Urgestein gesetzte Zierde, eine Fremdenverkehrsattraktion. Und tief unterhalb der Seen Kaprun, ein blühendes Dorf, das entlang der Baugeschichte des Speicherkraftwerkes wohlhabend und groß geworden ist. Ein Bergführerdorf war es einmal, berühmt für seine prachtvollen Hochtäler und Dreitausender, und hatte kaum siebenhundert Einwohner, bevor die Planer, Ingenieure und Arbeiter kamen und den Ort zunächst in ein riesiges Baulos und dann in einen schmucken Schauplatz des Fremdenverkehrs verwandelten.

Das Kaprun der Gegenwart, sagt Bürgermeister Helmut Biechl in seinem Amtszimmer, während draußen ein kalter Augustregen rauscht, sei sozusagen eine Folge des Kraftwerkbaues, eine Begleiterscheinung. Auch er, sagt der Bürgermeister, sei wie neun seiner neunzehn Gemeinderäte bei den Tauernkraftwerken beschäftigt, ein Maschinenschlosser aus Rauris, der erst durch den Sperrenbau nach Kaprun gekommen sei und sich dann, wie etwa achthundert andere Arbeiter auch, hier niedergelassen habe. Mehr als 2700 Einwohner werden nun in Kaprun gezählt, das Bild eines Bergführerdorfes ist längst verwischt, und gezählt werden dreizehn Hotels, neun Gasthöfe, 65 Frühstückspensionen, neun Pensionen, 75 Häuser mit sogenannten Fremdenzimmern und 31 Ferienappartements. Die Geschäfte gehen gut. Der Sieg über die Natur, der Triumph der Technik, von dem man in den Baujahren viel geschrieben und geredet hat, hat sich als so vollständig und total erwiesen, daß man ihn nun vergessen könnte – wären da nicht jährliche Hunderttausende Touristen, die mit Stand- und Drahtseilbahnen, mit in Tunnels dahinröhrenden Autobussen, mit Liften und Schrägaufzügen und allen ehemals zum Baumaterialtransport verwendeten Mitteln durch das Gebirge geschleppt, gehoben, gefahren und gezogen werden. Die Hinterlassenschaft der Talsperrenbauer umfaßte schließlich nicht bloß die beiden großen Stauseen und einen dritten, kleineren, an der Zunge des Pasterzengletschers am Großglockner gelegenen Wasserspeicher, nicht bloß zwei Krafthäuser mit einem jährlichen Energiegewinn bis zu 700 Millionen Kilowattstunden und ein verzweigtes System von Zuleitungsstollen und Lawinensicherungen, sondern ebenso das Ende der Kapruner Unzugänglichkeit – ein volltechnisiertes Idyll.

Aber wie die meisten Idylle der Zweiten Republik hat auch dieses hier eine Geschichte, deren einzelne Abschnitte das österreichische Nationalbewußtsein mit wechselndem Erinnerungsvermögen bewahrt: An die zwanziger und dreißiger Jahre, die Jahre der ersten Entwürfe und der ebenso ehrgeizigen wie undurchführbaren Großkraftwerkspläne der Württembergischen Elektrizitätsgesellschaft und der Allgemeinen Elektricitäts-Gesellschaft Berlin, an alpenunerfahrene Techniker, die im Auftrag eines in alles Große und dann folgerichtig auch ins Großdeutsche verliebten Salzburger Landeshauptmannes den Anfang gemacht hatten, erinnert man sich der Vollständigkeit halber und ohne besondere Schwierigkeiten. An die düstere erste Bauphase während des Krieges erinnert man sich der Genauigkeit halber nicht – das war schließlich eine großdeutsche Zeit und keine österreichische, weiß Gott, und zudem die Zeit der Gefangenen- und Zwangsarbeiterlager am Rande des Dorfes und auf den Almen, die Zeit der namenlosen Toten und des Arbeitermassengrabes an der Salzach. Man habe damals die Leichen karrenweise von der Baustelle geschafft, sagt der Landwirt und Pensionsbesitzer Josef Mitteregger vom Oberlehenhof und stellt einen Eimer eben gepflückter Kirschen ins Gras. Bei dieser Hundearbeit damals und nur einer Krautsuppe täglich kein Wunder, daß viel gestorben worden sei. Aber der Krieg habe eben in einem Kapruner Lager nicht anders ausgesehen als in einem russischen oder sonstwo.

Erst die Bauchronik der Nachkriegszeit, die stets die eigentliche sein soll, enthält wieder klare bis strahlende Bilder, die hochgehalten, immer wieder gesäubert und weiter überliefert werden. »Kaprun ist ein moderner Mythos für Österreich«, heißt es in einem jener dem Talsperrenbau gewidmeten Heldenromane, die für fünf Schilling Entlehngebühr pro Band in der kleinen Gemeindebücherei von Kaprun nach wie vor bereitliegen; Kaprun »... steht an der Wiege unserer jungen Zweiten Republik. Seine Geburt war gleichzeitig die Wiedergeburt Österreichs.« Aber die in Romane wie *Hoch über Kaprun, Die Männer von Kaprun* oder *Kaprun – Bezähmte Gewalten* eingeklebten Entlehnzettel belegen nur den Schwund des Interesses an Wiederaufbaumythen; zwei, drei Leser pro Buch und Jahr stehen da vermerkt. Ein paar Fremde, sagt der Büchereileiter, säßen manchmal an Regentagen im Leseraum.

Ich nähere mich dem verblaßten Mythos Kaprun an einem jener 140 Niederschlagstage, die in der Gemeindestatistik neben 98 Schneedecken- und 128 Frosttagen als jährlicher Durchschnitt genannt werden. Es ist ein kalter Dienstag im August, auf den Steilhängen oberhalb der Stauseen liegt Schnee, und das Sirren der 220 000-Volt-Leitungen, die ein schmales Stück freien Himmels schraffieren, klingt wie der Flügelschlag eines großen Insekts.

Der Sperrenbau? Die Errichtung der Krafthäuser? Die Verwandlung Kapruns? – Alles Fragen für den Rainer, sagt Gemeindesekretär Endleitner über seinen Schreibtisch; der Gottfried Rainer könne am besten darüber Auskunft geben. Der sei dabeigewesen.

Gottfried Rainer, der letzte der alten Bergführer des Dorfes, sitzt in der Stube eines kleinen, dunkelhölzernen Hauses, das als *Museum* beschildert ist, und schnitzt an einem Löwen aus Zirbenholz. Das Museum, ein zerlegtes und hier wieder aufgebautes Almhaus, wirkt zwischen den vielen Neubauten Kapruns verloren und unzeitgemäß wie die Fragen nach der Geschichte des Sperrenbaus. Das sei doch alles fast schon vergessen, sagt Rainer und schneidet mit dem Hohlmesser Holzlocken aus den Augen des Löwen, das bewege hier niemanden mehr. Gewiß, er selber habe vom ersten bis zum letzten Betonkübel an dieser großen Arbeit mitgetan – als Bergführer für die Planer und Herrschaften zuerst, dann als Vermesser und Zeichner, als Betonierer, als Mineur in den Stollen, und habe auch als Schlepper das ausgesprengte Gestein aus den Schächten geschafft – wie ein Vieh lebe so ein Mensch in den Stollen dahin. Dabei habe er bei allem Staub und Rauch und Schlamm im Inneren des Gebirges immer auch noch eine Musik im Kopf gehabt und sich in den Nachtschichten dieser Jahre drei Märsche ausgedacht. Wenn er an den freien Tagen nach Hause gekommen sei, habe ihn seine Frau anschreien müssen wie einen Narren, so taub sei er gewesen vom Donner der Sprengungen. Aber die Märsche, die habe er zu Papier gebracht und auf dem Flügelhorn selbst gespielt; der schönste von den dreien, der *Kapruner Marsch*, werde noch jetzt von der Blaskapelle immer wieder aufgeführt.

Nein, zu den Sperren hinauf und über die Gletscher wird Gottfried Rainer nun wohl nicht mehr gehen. Er hat lebenslang große Mühen gehabt dort oben, hat als Bergführer so viele Damen und Herren aus den Städten über die Grate und Gletscher gebracht und die Leichen anderer, die abgestürzt, unter die Lawinen gekommen oder ins Eis gefallen sind, geborgen und ins Tal getragen. Was soll er jetzt noch auf den Dammkronen, ein alter Mann unter dem Touristentumult? Dort oben gibt es jetzt viel anzuschauen und nichts mehr zu tun. Und außerdem hat Gottfried Rainer das Gebirge längst im Kopf, alle Schroffen und Bergzüge und die Hochtäler so, wie sie gewesen sind, bevor sie von den Stauseen überflutet wurden – die Orglerhütte, das schöne Mooserbodenhotel, von dem aus die Sommerfrischler zu den Gletschern aufgebrochen sind; alles versunken. Zur Zeit des ersten Anstaus, 1949 auf dem Wasserfallboden und fünf Jahre später am Mooserboden, war sogar erlaubt, was ansonsten als Bosheit an den Bergen gilt – der Enzian, Almrausch und alles Edelweiß der zum Untergang bestimmten Almen durfte mitsamt den Wurzeln ausgegraben und fortgetragen werden.

Gottfried Rainer hat sich auch ausgegraben und entfernt von dort. Aber ja, am Strom aus Kaprun war und ist viel gelegen. Nun ist es ja auch nicht so, daß ihm die Stauseen nicht gefielen; bei schönem Wetter und Vollstau im Herbst liegen sie recht schön da, und die vom winterlichen Hochbetrieb der Turbinensätze geleerten Wasserspeicher des Frühjahrs bekommt ohnedies kaum einer zu Gesicht; kaum einer die wüsten, grauen Steinhalden, aus deren Bodensatz dann langsam die Ruinen des Arbeiterlagers, der Orglerhütte und alles Versunkene wieder auftaucht. Nein, es ist schon gut, wie es ist; nur – sein Platz, Gottfried Rainers Platz, ist jetzt eben hier, im Museum. Hier hütet und pflegt er die Gebrauchsgegenstände einer verschwundenen Kultur – Dengelstöcke, Sicheln, hölzerne Traggestelle, Schindelmesser, Schneeschuhe, auch das geschmiedete Werk der alten Turmuhr und an der Wand, groß und gerahmt, die Fotos vom Sperrenbau – eine Galerie der Mühsal.

Wenn Besucher kommen, Fremde, legt Rainer sein Schnitzwerkzeug beiseite, nimmt seinen Zeigestab und geht dann erzählend von Bild zu Bild, von Erinnerung zu Erinnerung. Hier zum Beispiel, der dicke, strahlende Herr in Uniform, das ist der Generalfeldmarschall Hermann Göring beim ersten Spatenstich für das Krafthaus Hauptstufe. Das war 1938. Im Mai. Es war ein Fest – zwischen Zell am See und Kaprun Tausende ins Heil gestreckte Hände, dann die Reden, die Huldigungen, viel Musik und die große Mahlzeit im Gasthof Orgler. In Kaprun hatte man damals schon nicht mehr an ein Kraftwerk geglaubt: Die maßlosen Pläne der zwanziger und frühen dreißiger Jahre waren längst an den Intrigen der Kohlenindustrie und schließlich der Weltwirtschaftskrise zunichte geworden. Nur einige umstrittene Versuchsbauten lagen verwahrlost im Gebirge – der Hangkanal unterhalb des Wielinger Gletschers etwa, das lächerlich kurze Probestück eines nie gebauten, 1200 Kilometer langen Kanalsystems, das die Hohen Tauern wie eine Dachrinne umsäumen und alles Wasser der Berge den Stauseen hätte zuführen sollen. Also gut. Und dann kam Herr Göring – Österreich war damals unter dem Jubel der anschlußfreudigen Österreicher eben erst im Dritten Reich verschwunden –, und Herr Göring plärrte über die Pinzgauer Trachtenhüte hinweg, nun sei es auch mit der österreichischen Schlamperei und Gemütlichkeit vorbei, nun werde das große Werk endlich begonnen, und hob dann zwischen Kaprun und Köttingseinöden ein paar Schaufeln saurer Erde aus. »Der Preuße sagt, es wird gebaut! Armes Kaprunertal!« steht über diesen Tag in der Pfarrchronik. Aber im Ort, den Pfarrer und einige Bauern ausgenommen, die am Wirtshaustisch gegen die Verwüstung der Almen protestierten, war man zufrieden. Arbeitsplätze waren ja versprochen, wirtschaftlicher Aufschwung und der Dank des Führers. Am Ort des ersten Spatenstiches, am Weg nach Köttingseinöden, liegt heute zwar kein Krafthaus, sondern nur die Pension Erika, das Werk wurde weiter taleinwärts errichtet – aber einen wirklichen Anfang, das könne nun einmal nicht mehr geleugnet werden, sagt Gottfried Rainer, habe dieser Herr Göring doch gemacht. Noch vor der Anzettelung des Zweiten Weltkrieges habe also in Kaprun der Krieg gegen das Gebirge begonnen: Straßen mußten durch die schlimmste Unwegsamkeit gebaut werden, Brücken geschlagen, Tunnels ausgesprengt, Schienen verlegt, und mit Tragseilen für Dutzende Materialseilbahnen mußten dann auch die Abgründe zugenäht werden.

Gottfried Rainer hat damals geholfen, die Wildnis zu vermessen, hat den Verlauf geplanter Tunnels abgesteckt und Karawanen schwerbeladener Pinzgauer Rösser in die Gletscherregion hinaufziehen sehen. Die Rösser haben ihm leid getan; alle paar Tage ist eines unter der übergroßen Last mit schaumigen Nüstern verreckt. Aber dann kam der Krieg, dann kamen die Gefangenen, und es gab mehr zu bedauern als tote Pferde. Baracken, überall standen Baracken – dort, wo heute das Café

Nindl steht, in dem sich an den Volkstanzabenden die Touristen drängen; dort, wo heute die Werkssiedlung und das Umspannwerk liegen, und an der Salzach, am Wasserfallboden; auf der Zeferetalpe ...; selbst an Steilhängen, die nur mit alpiner Ausrüstung zu durchsteigen waren, klebten die Baracken wie Vogelnester. Drei- und viertausend Arbeiter aus allen »Feindländern« mühten sich in den Hochbetriebszeiten, den wenigen schneefreien Monaten, mit der Verwirklichung von Plänen ab, die der Schroffheit und Widerspenstigkeit dieser Landschaft immer neu angeglichen werden mußten, und schufen so die Voraussetzungen für den späteren Sperrenbau. Viele von ihnen starben unter den Lawinen, mit denen sich das Gebirge zur Wehr setzte, unter Steinschlägen, Erdrutschen, in den Wasserstollen, an Erschöpfung und an der Unbarmherzigkeit dieser Jahre. Wie viele Tote? Gottfried Rainer weiß es nicht mehr; ernsthaft gezählt wurde ja erst wieder nach dem Krieg, als ein Verstaatlichungsgesetz die Tauernkraftwerke AG zum neuen Bauherrn machte. Über die namenlosen frühen Toten wird in Kaprun nur in Ausnahmefällen gesprochen. Hundert Tote vielleicht, sagen dann die einen; mindestens vierhundert, die anderen. Mindestens vierhundert, sagt auch Hippolyt Ennsmann, der damals Hüttenwirt gewesen ist, später als Mineur und Materialseilbahnführer am Sperrenbau gearbeitet hat und jetzt als Pensionist nahe der Werkssiedlung in Kaprun lebt.

An die ersten Baujahre erinnert nur ein verstecktes Denkmal abseits jener Straße, die vom Dorf zur Burgruine Kaprun führt. Aber die dichten Sträuße touristendienlicher Hinweisschilder an den Wegkreuzungen des Ortes enthalten keinen Hinweis auf dieses Zeugnis: Der Weg dorthin ist so schmal, daß die Schultern eines Besuchers an Gebüsch streifen. Es ist eine kleine, grüne Sackgasse, an deren Ende das Ärgernis des *Russendenkmals* aufragt. Ein meterhoher Obelisk, geschützt von der Warntafel »Kriegsgedächtnisstätte – Beschädigung wird streng bestraft« und rot gekrönt von Hammer, Sichel und Sowjetstern, bewahrt hier in aller Abgeschiedenheit das Andenken an die Unglücklichen, deren Leichname aus dem Massengrab an der Salzach exhumiert und unter diesem Stein wieder beigesetzt werden mußten. An die kyrillische Inschrift auf der Stirnseite des Obelisken schließt, unbequem und unversehrt, die deutsche Übersetzung an:

> *Hier liegen 87 Sowjetbürger*
> *von deutschfaschistischen Eroberern*
> *ins Elend getrieben und fern von der Heimat*
> *ums Leben gekommen*

In Kaprun hatte man sich vergeblich gegen dieses Denkmal gewehrt, und es steht wohl auch nur da, weil Nikita Chruschtschow, neben dem Schah von Persien einer der vornehmsten Talsperrenbesucher, es so gewollt hat. Und die Polen, die Tschechen, die Jugoslawen und alle anderen Zwangsarbeiter? Die haben kein Denkmal, sagt Gottfried Rainer. Er ist für diesen Tag am Ende seiner Erklärungen, am Ende seiner Galerie. Rainer hat mich an Bildern vorübergeführt, die den Ansichten einer in die Talenge gekeilten Wolkenkratzerstadt glichen – es waren Bilder der halbfertigen Limbergsperre, die in turmähnlichen, durch schmale Klüfte voneinander getrennten Blöcken hochgemauert wurde. Durch diese Kühlspalten konnte die Hitze des aushärtenden Betons verfliegen, und an kalten Tagen standen Dampfwolken über der wachsenden Mauer. Auch diese Wolken habe ich gesehen. Rainer hat von den vielen, nur für diesen Bau gemachten Erfindungen erzählt, von neuartigen Betonier- und Sprengtechniken, von genialen statischen Lösungen, und mir die Anordnung der Arbeiterlager im Gebirge gezeigt; Bilder von schneeverwehten, dann staubbedeckten und wieder schneeverwehten Unterkünften; Bilder von Steinschlagverwüstungen und Lawinenstrichen, die immer wieder von Trümmern starrende Schneisen durch alle Einrichtungen und Ordnungen der Baulose zogen und die Liste der Toten verlängerten.

Und Rainer hat mir auch das Bild eines Helden gezeigt, es war der vierte von links in einer Arbeitergruppe, die vor dem Mundloch eines Stollens posierte. Dieser Mann, der als »Tauernbüffel« in die Geschichte des Sperrenbaus eingegangen sei, habe vor allen anderen dafür gesorgt, daß in Kaprun nach dem Krieg alles zu einem guten Ende kam; Ernst Rotter sein Name – der Oberingenieur und Herr über sämtliche Baulose im Tal und im Gebirge. In der ersten Zeit nach dem Krieg, in der das Entsetzen über das Geschehene allmählich öffentlich wurde, hatte ja auch in Kaprun der große Stillstand geherrscht. Noch im Sommer 1945 war am Wasserfallboden der Hilfsdamm geborsten, der einen provisorischen Kraftwerksbetrieb ermöglicht hatte; die Flutwelle war nur klein gewesen, eine Million Kubikmeter Wasser, nichts gegen die mehr als 170 Millionen Kubikmeter, die nun in den Stauseen bereitliegen – aber diese Welle hatte doch ausgereicht, um die Höhenbaustelle zu Limberg in eine Ruinenlandschaft zu verwandeln. Was von den Resten noch brauchbar war, wurde demontiert, gestohlen und verschwand über die Saumpfade im Schleichhandel der Mangelzeit, bis die amerikanischen Besatzer die Plünderung ihrer hochgelegenen Beute mit der Todesstrafe bedrohten.

1946, nach langen Verhandlungen zwischen den Besatzern und den Vertretern eines mit seiner Unschuld beschäftigten Österreich, wurde die Arbeit wieder aufgenommen – chaotisch und regellos zuerst und ohne viel Hoffnung: Es gab kaum Arbeitsgerät, kaum Lebensmittel, Baumaterial, Kleidung, kaum Unterkünfte und viele Trauernde. Die alte Bauleitung war im Salzburger Entnazifizierungslager Glasenbach verschwunden, die Zwangsarbeiter waren heimgekehrt – und wer kam in diesen Zeiten schon freiwillig in die Wildnis der Hohen Tauern? Langsam, sehr langsam und allen Beschäftigungsplänen weit hinterher formierte sich im Kapruner Tal eine neue Arbeiterschaft: Da waren kriegsgefangene Österreicher unter amerikanischer Bewachung neben freien österreichischen Arbeitern – Heimkehrern, Heimatlosen, Ausgebombten, Vertriebenen und Flüchtlingen; da waren die aus den Kellern und Konzentrationslagern des Dritten Reiches befreiten Kommunisten und Sozialdemokraten neben den nun selber zur Zwangsarbeit verurteilten Nazis; die einzelnen Gruppen lebten in verschiedenen

Lagern, nur verbunden durch die gemeinsame Arbeit und eine oft ungebrochene Feindschaft. Und dann kamen auch die neuen, über jeden Verdacht der nationalsozialistischen Mittäterschaft erhabenen Ingenieure; allen voran eine charismatische Gestalt – Rotter.

Gottfried Rainer zeigt mir zum Abschied den Weg: Ich hätte an der Dorfstraße nur auf einen dicht von Bäumen bestandenen Garten zu achten, das Haus der Rotters sei von der Straße aus kaum zu sehen, der Oberingenieur lebe jetzt mit seiner Frau sehr zurückgezogen, ich hätte höflich und zurückhaltend zu sein, der Tauernbüffel wolle an manchen Tagen niemanden sehen.

Der Tiroler Ernst Rotter hatte 1947 die Leitung über sämtliche Baustellen des Speicherkraftwerkes Glockner-Kaprun übernommen und dann etwas zustande gebracht, was als Entwurf der weiteren Geschichte der Zweiten Republik gelten konnte: Rotter hatte die mehr als fünfzehntausend Arbeiter, die sich unter seiner Anleitung bis zur Krönung der letzten Talsperre im Jahre 1955 plagten, zwar nicht restlos miteinander ausgesöhnt, aber mit einer perfekten Organisation und Verwaltung und grandiosen technischen Lösungen doch die Voraussetzungen für eine neue österreichische Identität geschaffen. Die aus den Mitteln der amerikanischen Marshallplan-Hilfe und später auch einer österreichischen Energieanleihe hochbezahlten Akkordarbeiter von Kaprun wurden nach und nach zu den Idealtypen des Wiederaufbaus. Gebannt starrte die Nation auf die wachsende, tragische Größe der Talsperren, auf ihr erstes Prunkstück, und richtete sich an jedem Höhenmeter auf. Kaprun *war* Österreich. Schon die Schlagzeilen jener Flut von Zeitungsartikeln, die das Baugeschehen durch die Jahre begleiteten und die erst lange nach der Vollendung des Speicherkraftwerkes in den Hängeordnern der Archive verebbten, bezeichneten das Feld eines nationalen Mythos:

Namenloses Heldentum in Kaprun / Gräßliche Lawinenkatastrophe in Kaprun – 15 Arbeiter tot / Unvergeßliche Kampftage in der Gletscherwelt / Kaprun: Die Nazis sind wieder da / Das steinerne

Heldenlied von Kaprun – Jeder Stollenkilometer kostete zwei Tote / Symphonie der Arbeit / 132 Arbeiter mußten bisher für Kaprun sterben / Marshallplan hilft / Der Tauernbüffel – Gehaßt und geliebt / 1500 Arbeiter vom Abbau bedroht / Vom Schrägaufzug in die Tiefe gestürzt / Steinschlagkatastrophe am Mooserboden – Sechs Tote / Ist Kaprun eine Räuberhöhle? / Kapruner Arbeiter von Gendarmen erschossen / Betriebsratswahlen in Kaprun: Wahlbetrug! / Die Wahrheit über Kaprun / Die Schande von Kaprun / So war es wirklich in Kaprun / Und so fort.

Ernst Rotter lebt nun abgeschieden inmitten des Dorfes. Diese Bäume, sagt Luise Rotter, eine alte Dame, die mir das Gartentor geöffnet hat, und zeigt auf Fichten, die das Landhaus wie eine Mauer umstehen, diese Bäume habe er gepflanzt.

Und dann, in einem mit kunstvollen Möbeln und lebensgroßen Heiligenfiguren ausgestatteten Salon, an einem dunklen Tisch, sitzt ein alter Mann; groß, immer noch ein Hüne. Ernst Rotter ist dreiundachtzig Jahre alt. Ja, er leidet an seinem Alter. Ein Schlaganfall hat ihm viel von seiner Kraft genommen. An den Sperrenbau braucht er nun nicht mehr zu denken. Aber er hat noch viele Zahlen im Kopf – nicht nur Kubaturen und statische Berechnungen, auch andere. 71 000 Briefe wurden auf den Höhenbaustellen geschrieben. Und nach dem Krieg waren noch 55 Millionen Arbeitsstunden nötig. Das sind 6278 Jahre. Diese Möbel da haben ihm auch seine Kapruner Arbeiter gemacht, alles Handarbeit, eine große Kunst. Die Figuren, die trauernde Madonna und den Gekreuzigten, hat er selber geschnitzt. Über die Baustellen hat er hart regiert. Unerbittlichkeit hat man ihm vorgeworfen. Aber er hat nie etwas verlangt, was er nicht auch von sich selber verlangt hätte. Das war sein Gesetz. Und er hat in seinen acht Sperrenbaujahren nie Urlaub gemacht und war nie fort aus Kaprun. Für Radikale, ob von links oder rechts, für Kriegsgewinnler und Zarte war kein Platz. Aufrührer und Schläger hat er eigenhändig aus dem Tal geprügelt. Streiks gab es kaum. Die meisten haben ja nicht nur an den Sperren, sondern an ihrem Leben gebaut. Das beweisen die schönen Häuser da draußen. Konferenzen und Besprechungen, lange Diskussionen hat er gehaßt. Er hat viel im Freien gesprochen, vor den Arbeitern, vor den Ingenieuren, und dabei oft Erklärungen, Kalkulationen und Formeln in den Schnee geschrieben. Viele sind zugrunde gegangen für dieses Werk. Allein nach dem Krieg und bis zur Vollendung waren es 52 Tote. Auf dem Kapruner Friedhof gab es früher einmal eine eigene Gräberzeile für diese Arbeiter; eine Reihe schmiedeeiserner Kreuze und steinerner Einfassungen. Aber dann hat sich niemand mehr um diese Gräber gekümmert. Sie wurden aufgelöst. Jetzt steht neben dem Kriegerdenkmal, bei den Zedern, ein Marmorstein mit 52 Namen und der Inschrift »Wir gedenken ihrer und aller anderen die beim Bau verunglückt sind in Trauer und Dankbarkeit«. Die Sperren, die werden halten. Nicht ewig. Aber sie werden ihn und viele, die nach ihm kommen, überdauern.

»Eines habe ich schon damals gewußt«, sagt Rotter dann und legt für seinen Besucher ein Buch über den Sperrenbau auf den Tisch, ein Geschenk, »ich habe gewußt, daß ich so etwas wie Kaprun nie wieder erleben werde. Seltsam, in der Mitte des Lebens zu stehen und zu wissen, daß alles, was noch kommt, nur das Kleinere und Unbedeutendere sein kann.« Dann schreibt er in das Buch eine Widmung. Es sind nur drei Worte: »Es war einmal.« Darunter setzt er seinen Namen.

Radek Knapp
Julius geht nach Hause

Julius, Besitzer der einzigen Konditorei in Anin, sah auf die Uhr und ließ die Rolläden herunter. Er drehte den Schlüssel zweimal im Schloß um und trat auf die Straße. Es war ein milder Sommerabend. Die Sonne hing wie eine große Scheibe über Anin. Der ganze Himmel war rosa. Julius mochte diese Zeit zwischen sechs und sieben Uhr abends. Er ging langsam, um nichts zu versäumen. Links und rechts wurden die Rolläden anderer Läden krachend heruntergelassen. Wenig später traten ihre Besitzer auf die Straße, schlossen, genauso wie Julius, die Eingangstür ab und wischten sich, zum Zeichen, daß der Tag zu Ende war, die Hände an der Schürze ab.

Alle mochten Julius, weil sein Laden der kleinste in ganz Anin war. Mehr als drei Leute konnten darin nicht stehen, ohne einander mit den Ellbogen zu berühren. Und einer davon war meistens Julius selbst. Aber was war in Anin nicht klein? Sogar die Wolken, die über Anin schwebten, waren hier dünner als anderswo. Anin selbst war so klein, daß man darüber Scherze machte. Man sagte: Wenn ein Bus durch Anin fährt, so hat der vordere Teil mit dem Lenker die Ortschaft schon wieder verlassen, während der hintere Teil mit dem Reserverad dort noch gar nicht angekommen ist.

An jenem Abend hatte Julius etwas Wichtiges zu erledigen. Er schlug den Weg zum Markt ein, überquerte zwei kleine Gassen, grüßte unterwegs den Fleischhauer Hermann, der nicht zurückgrüßte, und bog in eine noch kleinere Gasse ein. In einiger Entfernung tauchte das Kirchengebäude auf. Julius' Ziel, die Sakristei, lag um diese Tageszeit im Schatten des Kirchenturms. Immer wenn er vor dem Sakristeigebäude stand, wurde er von einer großen Neugier gepackt, die ihn dazu veranlaßte, zuerst durch das Fenster zu spähen. Und auch diesmal war es nicht anders. Durch das kleine Fenster neben der Eingangstür sah er Pater Smolny, der in Gesellschaft seiner beiden Ministranten, Kasia und Lusia, war. Pater Smolny war nicht nur der einzige Pfarrer in Anin, er war offenbar auch der einzige Pfarrer in Polen, und womöglich ganz Europa, der Mädchen als Ministranten hatte.

Pater Smolny glaubte felsenfest an die Existenz der unsterblichen Seele im Körper seiner beiden Ministranten. Deshalb kniete er auch heute vor Lusia und horchte unter größter Konzentration ihre Brust ab. Sein Ohr lag dicht an der Stelle, wo das Herz des Mädchens schlug. Von Zeit zu Zeit murmelte er etwas, damit Lusia stillhielt. Aber Lusia war sehr kitzlig und begann zu kichern, worauf Pater Smolny beleidigt den Finger in die Höhe hob, um zu zeigen, daß es hier um kein Spielchen, sondern um ein Experiment der katholischen Kirche ging.

Julius nahm einen tiefen Atemzug und klopfte an. Er hörte einen leisen Ausruf von Lusia und die beruhigende Stimme des Paters. Wenig später öffnete sich die Tür. Smolnys Gesicht nahm einen freundlichen Ausdruck an, als er Julius erkannte. Er fuhr sich zerstreut über das zerzauste Haar und murmelte: »Herr Julius ...?! Kommen Sie herein ... Wir haben schon auf Sie gewartet.«

Als Julius eintrat, machten Kasia und Lusia einen Knicks und begannen zu kichern. »Warum lachen sie?« erkundigte sich Julius.

»Ihre Kleider riechen nach Schokolade, und meine Ministranten haben einen ausgeprägten Geruchssinn«, erklärte Pater Smolny stolz, so, als wäre Kasias und Lusias ungewöhnlicher Geruchssinn sein Verdienst. Julius betrachtete neugierig die beiden Mädchen, die daraufhin rot wurden.

»Haben Sie mitgebracht, worum ich Sie gebeten habe?« schaltete sich Pater Smolny ein.

Julius zog aus der Jackentasche eine kleine, rechteckige Schachtel: »Beinah hätte ich es vergessen ...«

Er öffnete sie und nahm zwei große Bonbons heraus. »Marzipanpflaumen«, erklärte er, »sie sind heute in der Früh aus Warschau angekommen ... wie abgemacht, Herr Pfarrer.« Er stellte die Schachtel auf den Tisch.

Die Anwesenden betrachteten schweigend das Konfekt. Man hatte in Anin noch nie eine so schön verpackte Süßigkeit gesehen. Auf dem Zellophan war ein kleiner Sichelmond mit Sternen abgebildet.

»Wieviel macht das?« fragte Pater Smolny leise.

»Dreißig Zloty.«

Der Pater öffnete eine Schatulle, die auf der Kommode neben dem Fernseher stand, und nahm vierzig Zloty heraus. Er reichte Julius das Geld.

»Das ist zuviel, Pater.«

»Die Kirche läßt sich nicht lumpen, wenn es um einen höheren Zweck geht, mein Sohn«, sagte der Pater.

Julius war derart beeindruckt, daß der um ein paar Jahre jüngere Pater ihn mit »mein Sohn« angeredet hatte, daß er nichts mehr fragte. Er steckte das Geld ein und reichte Pater Smolny, der schön langsam vor Ungeduld auf der Stelle zu treten begann, die Hand.

»Auf Wiedersehen, Kasia und Lusia«, sagte Julius.

»Auf Wiedersehen, Herr Konditor«, riefen die beiden Mädchen im Chor.

Pater Smolny begleitete Julius zur Tür: »Sie haben heute der Kirche einen großen Dienst erwiesen. Schade, daß Sie nicht noch etwas bleiben können. Wir hätten uns einen genehmigen können ... und am Abend läuft ein Film mit Kirk Douglas. Man hätte vielleicht gemeinsam ... Lusia und Kasia lieben ihn.«

Julius wußte, daß Pater Smolny das nur aus Höflichkeit sagte, und winkte ab.

»Ich habe leider noch zu tun, Pater.«

»Schade. Wie auch immer ... ich werde Sie in meine Gebete einschließen.«

»Vielen Dank. Das kann nie schaden, Pater«, freute sich Julius und trat auf die Straße.

»Augenblick noch«, rief ihm Pater Smolny nach, »Sie haben noch zwei Bonbons in dieser Schachtel. Für wen sind die bestimmt? Doch nicht für Geschöpfe des anderen Geschlechts?«

»Für Frauen? Nein, Pater.«

Smolny sah Julius mißtrauisch an.

»Hüten Sie sich vor diesen Dingen. Nur die Kirche besitzt genug Kraft und Erfahrung, der Sünde schadlos ins Auge zu blicken.« Er schlug über Julius ein Kreuz. »So, das war gratis ... und nun geh in Frieden, mein Sohn.«

Kaum hatte sich die Tür hinter ihm geschlossen, fühlte Julius, daß er noch nicht alles gesehen hatte, daß das Beste noch folgen würde. Und obwohl er zu den taktvollsten Menschen in Anin gehörte, war seine Neugier so groß, daß er wieder zum Fenster schlich und einen Blick hineinwarf. Vor Pater Smolny standen Lusia und Kasia und zogen ihre Röckchen zurecht, die ihnen auf der Suche nach der unsterblichen Seele verrutscht waren. Pater Smolny wartete etwas ab. Dann nahm er vom Tisch beide Marzipanpflaumen und sagte: »Damit es klar ist, meine Schäfchen. Diese Köstlichkeiten sind nicht für euch, sondern für das Höhere in euren Körpern bestimmt. Für eure Seelen, um die ich Tag und Nacht kämpfe, und, möge Gott mir die Kraft dazu geben, eines Tages auch vor der ewigen Verdammnis bewahren werde.« Während der Pater sprach, knieten Lusia und Kasia nieder und richteten ihre Augen auf das Konfekt. Und obwohl die Marzipanpflaumen für ihre Seelen bestimmt waren, lief ihnen das Wasser derart im Mund zusammen, daß sie es kaum auf ihren Plätzen aushielten. Pater Smolny streckte langsam beide Hände aus und hielt die Marzipanpflaumen über Kasia und Lusia, als wäre es kein Konfekt, sondern die Hostie selbst. Es wurde ganz still im Raum, und eine feierliche Atmosphäre verbreitete sich.

»In nomine patris et filii et spiritus sancti«, sagte Pater Smolny und hielt die Marzipanpflaumen Kasia und Lusia hin.

»Amen«, flüsterten die Mädchen und nahmen die Süßigkeiten mit dem Mund entgegen. Sie schlossen die Augen, und ihre Köpfchen senkten sich auf die Brust.

Und Pater Smolny, dem das Heil dieser beiden Schäfchen mehr auf dem Herzen lag als sein eigenes, streckte die Hand aus und streichelte vorsichtig diese Köpfchen, als könnten sie wie zerbrechliches Porzellan jeden Moment in tausend Stücke zerspringen.

Julius wandte befriedigt den Blick ab. Dann schlich er bis an die Ecke der Sakristei und lief mit kleinen Schritten bis zur Pforte. Erst als er das Kirchengelände hinter sich gelassen hatte, drehte er sich um. Die Kirche von Anin leuchtete im Glanz der untergehenden Sonne noch schöner als am Morgen, wenn die Gläubigen zur Messe gingen. Julius kratzte sich am Kopf und murmelte: »Geh in Frieden, mein Sohn.« Dann marschierte er, ohne sich noch ein einziges Mal umzudrehen, die Straße hinauf.

Auf dem Markplatz von Anin, der nicht größer als der Sakristeigarten von Pater Smolny war, stand nur noch ein Lieferwagen. Er gehörte dem Gemüsehändler Maniek, der, wie jeden Abend, seinen ganzen Marktstand auf den Lieferwagen geladen hatte. Er wartete mit einer brennenden Zigarette im Mund auf Julius, der gerade den Marktplatz überquerte. Maniek gehörte zu jenen Bürgern in Anin, die immer Glück im Unglück hatten. Und davon gab es dort erstaunlich viele.

Letzten Winter, als die Temperatur im Januar dreißig Grad unter Null gefallen war, fiel plötzlich in Manieks Wohnung die Heizung aus. Maniek, der nie Alkohol trank, öffnete eine Wodkaflasche, um sich aufzuwärmen. Gegen Mitternacht war er derart aufgewärmt, daß er das Fenster öffnete. Dabei überkam ihn die Lust, auf seinen Lieferwagen hinunterzusehen. Der Lieferwagen war um die Ecke geparkt, und Maniek lehnte sich so weit hinaus, daß er das Gleichgewicht verlor und aus dem dritten Stock auf die Straße stürzte. Vier Stunden später wurde er ins Spital eingeliefert. Bis dahin hatte er vergeblich versucht, ins Haus zu kommen. Die Haustür war abgesperrt, und Maniek, der nur einen Pyjama anhatte, fror sich bei dieser Angelegenheit alle zehn Zehen ab.

»Julius ...«, grinste Maniek, dem vorne ein Zahn fehlte. Maniek legte schon lange keinen Wert mehr auf sein Äußeres. In seiner Wohnung hatte er alle Spiegel durch ein Foto ersetzt, das ihn als Fünfundzwanzigjährigen braungebrannt und frech grinsend auf dem Danziger Strand zeigte. Auf diesem Photo betrachtete er sich jeden Morgen und fuhr dann zufrieden zur Arbeit.

»Ist es angekommen?« erkundigte er sich.

Der Konditoreibesitzer nickte.

»Endlich! Komm herein ...«, sagte Maniek aufgeregt und half seinem Freund auf die Plattform des Lieferwagens. Im Inneren des Wagens war es stockdunkel.

»Hier riecht's nach faulen Gurken«, stellte Julius fest.

»In einer faulen Gurke sind mehr Vitamine als in deinem ganzen Laden«, scherzte Maniek und zündete eine Kerze an. Julius sah sich um. An den Wänden stapelten sich Kisten mit Salat und halbreifen Tomaten.

»Hast du dich sattgesehen?« Maniek sah Julius ungeduldig an: »Also? Wo ist es?«

Julius holte die Schachtel mit den Marzipanpflaumen hervor. Er öffnete sie und nahm die dritte Praline heraus. »Direkt aus Warschau, Maniek«, sagte er voll Stolz.

Maniek wischte sich die Hände an der Hose ab und nahm das Marzipankonfekt vorsichtig entgegen. Er hielt es gegen das Kerzenlicht wie ein kostbares Juwel.

»Warum machen sich die Leute so viel Mühe, um so etwas Schönes zu machen?« staunte er.

»Schwer zu sagen«, log Julius. Maniek hätte Pater Smolny fragen sollen.

Maniek konnte sich von dem Anblick der Marzipanpflaume nicht losreißen. Ihre Schönheit ging ihm derart zu Herzen, daß er aus einer Kartoffelkiste eine Wodkaflasche mit zwei Gläsern heraushole. Er goß sie voll und sagte: »Auf dein Wohl, Julius!«

Er kippte sein Gläschen und starrte das Konfekt an. Dann begann er in der Nase zu bohren und ließ den Gedanken freien

Lauf: »Ich gäbe was dafür, das Gesicht von Hermann zu sehen. Er würde vor Neid grün werden. Weißt du eigentlich, daß dieses Arschloch gestern gesagt hat, ich würde aussehen wie ein Sechzigjähriger? Dabei weiß doch jeder, daß ich vierundfünfzig bin. Ich habe ihm auf der Stelle die Fresse poliert. Die Leute standen im Kreis um uns herum und feuerten mich an. Dann trugen sie ihn weg, weil sie Angst hatten, ich würde ihn erwürgen.«

Maniek starrte seine Hände an, mit denen er Hermann fast erwürgt hatte, und stieß einen Seufzer aus: »Wir Slawen sind schrecklich sensibel …«

Julius schwieg taktvoll. Maniek hatte an diesem Tag seinen sechzigsten Geburtstag, und die Marzipanpflaume war das Geschenk, das er sich selbst gekauft hatte.

»Wie soll man das eigentlich essen, Julius? Soll man das schlucken und zerbeißen? Das Ding ist ganz schön groß für ein Bonbon«, stellte er fest.

»Du kannst ruhig zubeißen. Das ist keine Granate«, beruhigte ihn Julius.

Maniek sah Julius unsicher an und steckte das Konfekt langsam in den Mund. Es wurde ganz still. Maniek kaute. Es dauerte eine Weile. Er hatte insgesamt nur fünf Zähne zur Verfügung. Julius tat so, als er sich für eine Kiste verfaulter Gurken interessieren würde. Schließlich wischte sich der Gemüsehändler den Mund ab. »Fertig …«, sagte er und spuckte aus.

»Warum hast du ausgespuckt? Hat es dir nicht geschmeckt?«

Maniek sah Julius von der Seite an. Er war sichtlich bewegt.

»Besser als Wodka …«, stammelte er, und Julius, der noch nie ein schöneres Kompliment gehört hatte, wurde rot bis über beide Ohren. Maniek trank ein zweites Gläschen aus und erhob sich. Er war so klein, daß er aufrecht im Laderaum seines Lieferwagens stehen konnte. Sein Blick ging durch die Blechwand des Lieferwagens, durchwanderte ganz Anin und verlor sich schließlich so weit in der Ferne, daß sich Maniek wieder als ein fünfundzwanzigjähriger Schönling am Danziger Strand stehen sah. Maniek vollführte eine Geste wie jemand, der einen felsenfesten Entschluß gefaßt hat, und verkündete: »In einem Jahr machen wir es wieder. Und das Jahr danach auch. Wir machen es so lange, bis ich tot bin. In Ordnung, Julius?«

»Oder ich ...«, stimmte Julius zu, kippte sein Gläschen Wodka, obwohl er sonst nie Alkohol trank, und dachte mit Bedauern, daß in seiner Schachtel nur noch eine Marzipanpflaume übrig geblieben war.

Am Ende Anins, jenem Städtchen, wo sogar die Wolken anders sind als überall sonst, wohnte Herr Sawka. Niemand nahm ihn sonderlich ernst, weil er ständig behauptete, in seinem Haus hätte sich ein Teufel eingenistet. Bevor Herr Sawka herausfand, daß es sich um einen harmlosen Teufel handelte, war er verzweifelt. Doch dann sah er, daß der Teufel nichts Böses tat. Er versteckte nur von Zeit zu Zeit Sawkas Brille oder seine Socken. Mit der Zeit gewöhnte sich Herr Sawka derart an ihn, daß er sogar für ihn zu kochen begann. Allerdings konnte niemand außer ihm den Teufel sehen, und sogar die Portionen, die für den Teufel bestimmt waren, mußte Sawka schließlich selbst aufessen. Schon von weitem hörte Julius, wie sein Gastgeber sich auf den Besuch vorbereitete.

Er sang eine Melodie, die man seit einiger Zeit oft im Radio hörte, und kommandierte den Teufel herum. Herr Sawka war auf einem Ohr taub und brüllte, daß man ihn bis auf die Straße hören konnte. »Steh nicht so herum, du Nichtsnutz«, rief Sawka, »setz dich dort unter den Spiegel ... oder nein ..., besser da drüben. Und halt gefälligst die Klappe, wenn er da ist ...«

Als Julius anklopfte, wurde es augenblicklich still.

»Willkommen, Julius«, sagte Herr Sawka, der an diesem Tag einen Anzug und eine rote Krawatte trug, »wir haben auf dich gewartet.«

Julius wurde ins Eßzimmer geführt, und Sawka wies mit vornehmer Geste auf die Stühle, die um den Tisch herumstanden.

»Mach es dir bequem.«

Julius schaute die Stühle an und fragte dann, um Sawka eine Freude zu machen: »Ist der auch bestimmt frei? Ich bin noch nie auf einem Teufel gesessen ...«

»Keine Sorge«, lächelte Sawka, »er sitzt auf seinem Lieblingsstuhl und grinst.« Dann wandte er sich an einen der leeren Stühle, der an der Wand stand: »Warum grinst du denn überhaupt? Was ist denn so lustig?«

»Beachte ihn nicht«, lächelte er dann wieder Julius zu, »er ist noch dümmer als meine verstorbene Frau. Manchmal glaube ich, daß sie hinter all dem steckt.«

Julius nahm vorsichtig Platz. Er öffnete seine Tasche und holte die Schachtel mit der letzten Marzipanpflaume heraus: »Hier ist das, was Sie letzte Woche bei mir bestellt haben.« Er legte das Konfekt auf den Tisch.

»Sehr schön ...«, sagte Sawka, ohne die Marzipanpflaume eines Blickes zu würdigen, »ich weiß, daß ich dir viel Mühe damit bereitet habe, aber es war, um ehrlich zu sein, nicht ganz meine Schuld.« Er blickte vielsagend in Richtung des Teufels, und Julius wußte, daß er in diesem Augenblick unrettbar verloren war, daß jetzt nur noch die Rede von den teuflischen Streichen sein würde, denen Herr Sawka in seinem eigenen Haus ausgeliefert war.

»Er ließ mich tagelang nicht mehr in Ruhe«, verriet Sawka Julius im Ton eines Verschwörers, »mal wollte er das, mal was anderes. Genauso wie die selige Frau Sawka, die auch nie wußte, was sie wollte. Als der Tod kam, wußte sie nicht einmal, wie sie sterben sollte. Liegend oder sitzend? Schließlich hat es sie auf dem WC erwischt. Vor einer Woche ließ er bis Mitternacht den Fernseher laufen, weil ein Western mit John Wayne lief. Am nächsten Tag wollte er bereits ins Kino. Weil ich es nicht erlaubte, fraß er die Seife im Badezimmer auf. Dann hat er mit dieser Fragerei angefangen: *Warum ist die Sonne nicht rechteckig? Wozu haben Autos einen Auspuff? Warum pinkelt der Hund nie gegen den Wind? Ißt der Papst Fischstäbchen?* Es war nicht zum Aushalten, Julius!« Zu Julius' Freude faßte Sawka die Marzipanpflaume ins Auge, jammerte dann allerdings weiter: »Früher führten wir wenigstens interessante Gespräche. Als ich ihm aber neulich etwas über Gentechnik erzählte, sagte er: *Werden dann den Leuten Kakteen auf dem Arsch wachsen? – Und ob, du Blödian!*

brüllte ich, und er antwortete seelenruhig: *Dann laß dir gleich zwei Stück wachsen, du alter Bock!* Ich dachte nur noch daran, wie man dieses dumme Maul stopfen könnte. Schließlich kam ich dahinter, daß man ihn nur mit Marzipan zum Schweigen bringen kann. Wenn Frau Sawka in einer Auslage ein Stück Marzipan sah, dachte sie an nichts anderes mehr. Auch er wurde kleinlaut, als ich ihm damit drohte.« Herr Sawka zeigte auf das Konfekt: »Ich bin bereit, jeden Preis für meine Freiheit zu bezahlen. Wieviel kostet mich das, Julius?«

»Gar nichts. Es ist ein Geschenk«, sagte Julius, weil er es nicht mehr erwarten konnte, Sawkas Haus zu verlassen. Sawka blickte ihn mißtrauisch an. Als er aber sah, daß der Konditoreibesitzer nicht scherzte, sagte er: »Ich bezweifle, daß dieser Nichtsnutz das zu würdigen wissen wird. Aber Gott sei Dank habe wenigstens ich noch Manieren. Meine Dankbarkeit ist grenzenlos«, fügte er pathetisch hinzu.

»Gern geschehen, Herr Sawka.« Julius erhob sich von seinem Platz: »Ich muß mich wieder auf den Weg machen. Heute läuft im Fernsehen ein Film mit Kirk Douglas.«

»Kirk Douglas? Daß ich nicht lache«, höhnte Sawka, »wie ich das Leben kenne, gehst du nach Sonnenuntergang mit einem Mädchen zum Fluß. Wenn es dunkel wird, ziehst du ein Stück Schokolade aus der Tasche und verdrehst ihr damit den Kopf. Sie schließt die Augen, öffnet den Mund, und statt Schokolade bekommt sie was Besseres ... Mach mir nichts vor, Junge. Wenn ein Mädchen auf Süßigkeiten versessen ist, kannst du dir alles erlauben.«

Während Herr Sawka redete und redete, bewegte sich Julius zum Ausgang und lächelte möglichst hintersinnig, um den alten Sawka, der in seiner Jugend alle Mädchen in der ganzen Gegend unglücklich gemacht hatte, nicht zu enttäuschen.

»Naja, vergiß mich nicht, wenn du heute am Fluß deine Schokolade aus der Tasche ziehst«, bat Sawka.

»Versprochen, Herr Sawka«, sagte Julius und drückte Sawkas Hand.

Julius verließ die Wohnung und trat auf die Straße. Die Sonne über Anin ging gerade unter. Er ging jetzt ganz langsam. Fast alle Fenster standen offen. In machen sah man einen Bürger von Anin, der neugierig auf die Straße herunterschaute. Die Schachtel mit den Marzipanpflaumen aus Warschau war leer. Er wunderte sich, wie schnell das alles gegangen war. Wie schnell überhaupt alles ging. Gestern war er noch ein Junge gewesen und heute besaß er eine Konditorei. Lag es daran, daß Anin so klein war? In kleinen Städten ging alles schneller. Irgendwo hinter den Wäldern, wo gerade die Sonne unterging, lag Amerika. Aber wie konnte man Amerika mit Anin vergleichen? Alles in Anin war rückständig. Wenn in Amerika der Tag begann, war es in Anin noch immer Abend. Maniek kaute noch immer an seiner Marzipanpflaume und Pater Smolny kämpfte um die Seelen von Kasia und Lusia. Wie konnte man hier glücklich werden?

Julius zog tief die sommerliche Luft ein. Aber bevor er um die Ecke bog, hörte er plötzlich die Stimme von Herrn Sawka, der noch immer vor dem Haus stand und ihm laut nachrief: »Julius! Mal abgesehen von den Mädchen, was treibst du eigentlich die ganze Zeit?«

Julius drehte sich um. Er mußte gegen die untergehende Sonne schauen und verzog das Gesicht zu einer Grimasse. »Was ich so treibe?« wiederholte er, wobei er jedes Wort in die Länge zog.

»Ja! Was du so machst?«

Julius überlegte einen Moment. Dann machte er eine wegwerfende Handbewegung: »Sieht man das nicht? Ich gehe herum und verteile Marzipan.«

Gerhard Amanshauser
Generalsanierungsplan für Salzburg

Der erste Punkt, den der Sanierungsplan ins Auge fassen muß, ist die Rekonstruktion der Stadtmauern und der Stadttore. Dann sind ein für allemal klare Grenzen gezogen, und jeder wird erkennen, worauf es ankommt: Innerhalb der Stadtmauern das Alte und nur das Alte, außerhalb das Neue und nur das Neue.

Dieses Projekt kann freilich nur stufenweise verwirklicht werden, doch wird man sehen, wie man durch den wachsenden Erfolg von Stufe zu Stufe immer leichter empor steigt, und zwar bis zur endgültigen Ehrlichkeit, also auch bis zur Abschaffung der Elektrizität innerhalb der Mauern. Dann kann auf einmal ein jeder die einfache Wahrheit sehen: elektrische Beleuchtung ist ein Schlag ins Gesicht einer wahrhaft alten Stadt.

Was nun die Altstadtbewohner betrifft, muß man danach trachten, daß jeder »Ureinwohner« (so die offizielle Bezeichnung) eine Zweitwohnung außerhalb der Mauern, oder kurz: *fuori le mura*, besitzt. Befindet sich der Ureinwohner innerhalb der Mauern, so »arbeitet« er gleichsam (»Ureinwohner« ist ein neuer Beruf), fuori le mura verbringt er seine Freizeit. Dem Ureinwohner wird vom Staat die Urbekleidung und das Inventar der Urwohnungen zur Verfügung gestellt. Seine Aufgabe ist es, unter der Leitung der Regisseure und Inspizienten, das Urleben darzustellen, das am besten aus der Zeit um 1780 (der Blütezeit Mozarts) entnommen wird. Hochbezahlte Ureinwohner sind solche, denen es gelingt, einen Urtyp besonders eindrucksvoll zu repräsentieren. So mag es geschehen, daß sich zum Beispiel hinter einem Bettler mit erschreckend zitterndem Armstumpf ein hochbezahlter Ureinwohner verbirgt. Die Pensionsberechtigung der Ureinwohner, die in Tag- und Nachtschichten arbeiten, versteht sich von selbst; ebenso die Passierscheine, die sie zum unentgeltlichen Durchschreiten der Stadttore berechtigen, wo natürlich, je vollkommener das Kunstwerk der einzig echten Altstadt auf diesem Planeten verwirklicht wird, ein zunehmendes Eintrittsgeld für Touristen eingehoben werden muß. Dabei empfiehlt es sich, ein eigenes Stadtgeld, erhältlich in Wechselstuben fuori le mura, einzuführen, also echte Theresienthaler u. dgl.

Die Touristen müssen dazu angehalten werden, sich der Würde des Orts entsprechend zu kleiden und zu verhalten, wie es angesichts des größten Universalkunstwerks der Welt erwartet werden kann. Dabei sollte aber, als Gegenleistung der Stadt, etwas berücksichtigt werden, was wir als Non-Stop-Aspekt bezeichnen wollen: Der Tourist kann meist nicht lange genug verweilen, und deshalb sollte, nach Berechnung der durchschnittlichen Verweildauer aller Touristen, eine entsprechende urbane Erlebnisdichte angesetzt werden, mit der der Tourist jederzeit rechnen kann. So fuhren etwa im Jahr 1780 relativ wenige, mit Aristokraten besetzte Prunkkutschen durch die Stadt. Hier wird sich eine Erhöhung der Kutschenfrequenz empfehlen, die es auch dem »Salzburg-in-one-hour-Touristen« ermöglicht, mindestens *eine* solche Kutsche zu sehen. Auch die Wandlungen in den Kirchen erfolgen zu selten und setzen an den Nachmittagen sogar völlig aus. Der Non-Stop-Charakter der Stadt sollte daher u.a. eine höhere Wandlungsfrequenz garantieren, wobei man ja, wenn es sich zum Beispiel um japanische Gruppen handelt, die nur kunsthistorisch oder religionsphilosophisch interessiert sind, auf Priester-Darsteller und Kurzmessen zurückgreifen kann, die das Wesentliche zusammenfassen. Für Kurzbesucher müßte auch eine Non-Stop-Festspieloper vorhanden sein. Auch diese könnte sich, wie das für Messen vorgeschlagen wurde, auf Höhepunkte beschränken. Noch ein Beispiel für viele: In jeder Schmiede sollte mindestens einmal pro Viertelstunde ein Pferd beschlagen werden. Hat man zu wenig Pferde, so kann man die Eisen öfter auswechseln als unbedingt nötig. Man erinnere sich in dieser Hinsicht an den traditionellen Salzburger Stier, der gewissermaßen als Vorbild aller Non-Stop-Produktionen gelten kann.

Kurz gesagt: alles, was von den Touristen gesehen, gehört, ertastet und gerochen wird, muß reinstes Milieu und reinste Atmosphäre einer Residenz des 18. Jahrhunderts sein, wobei aber die Schläfrigkeit, die jeden, insbesondere den damaligen Alltag charakterisiert, durch eine gewisse Zeitraffung, die der Kürze des durchschnittlichen Urlaubs entspricht, ersetzt werden muß.

Was nun die Regierung der Ur-Altstadt angeht, so würde sich als Herrscher zunächst ein Fürsterzbischof im Kardinalsrang anbieten, und es ist hier durchaus daran gedacht, vom Vatikan die Kardinalswürde für Salzburg zurückzufordern. Dieser Kardinal-Erzbischof sollte aber, ähnlich wie die englische Königin, nur *symbolisch* herrschen, um fremde oder gar geschäftsstörende Einmischungen von vornherein zu unterbinden. Die eigentliche Regierungsgewalt, die hier natürlich nicht demokratisch sein kann, sollte in den Händen eines Generalsuperintendanten liegen. Und wie einst in Rom ein Privatname, nämlich *Cäsar*, zur Bezeichnung des Herrschers geworden ist, könnte man hier in der Ur-Altstadt anstelle des schwerfälligen »Generalsuperintendant« den Namen *Carajan*, oder, in Anspielung an die Janusköpfigkeit der Theatermasken, *Carajanus* verwenden, so daß es dann bis in alle Ewigkeit hieße, X Y sei der regierende Carajanus von Salzburg.

Peter Handke
Das Umfallen der Kegel von einer bäuerlichen Kegelbahn

Zwei Österreicher, ein Student und sein jüngerer Bruder, ein Zimmermann, die sich gerade für kurze Zeit in Westberlin aufhielten, stiegen an einem ziemlich kalten Wintertag – es war Mitte Dezember – nach dem Mittagessen in die S-Bahn Richtung Friedrichstraße am Bahnhof Zoologischer Garten, um in Ostberlin Verwandte zu besuchen.

In Ostberlin angekommen, erkundigten sich die beiden bei Soldaten der Volksarmee, die am Ausgang des Bahnhofs vorbeigingen, nach einer Möglichkeit, Blumen zu kaufen. Einer der Soldaten gab Auskunft, wobei er, statt sich umzudrehen und mit den Händen den Weg zu zeigen, vielmehr den Neuankömmlingen ins Gesicht schaute. Trotzdem fanden die beiden, nachdem sie die Straße überquert hatten, bald das Geschäft; es wäre eigentlich schon vom Ausgang des Bahnhofs zu sehen gewesen, sodaß sich das Befragen der Soldaten im nachhinein als unnötig erwies.

Vor die Wahl zwischen Topf- und Schnittpflanzen gestellt, entschieden sich die beiden nach längerer Unschlüssigkeit – die Verkäuferin bediente unterdessen andre Kunden – für Schnittpflanzen, obwohl gerade an Topfpflanzen in dem Geschäft kein Mangel herrschte, während es an Schnittpflanzen nur zwei Arten von Blumen gab, weiße und gelbe Chrysanthemen. Der Student, als der wortgewandtere der beiden, bat die Verkäuferin, ihm je zehn weiße und gelbe Chrysanthemen, die noch nicht zu sehr aufgeblüht seien, auszusuchen und einzuwickeln. Mit dem ziemlich großen Blumenstrauß, den der Zimmermann trug, gingen die beiden Besucher, nachdem sie die Straße, vorsichtiger als beim ersten Mal, überquert hatten, durch eine Unterführung zur anderen Seite des Bahnhofs, wo sich ein Taxistand befand. Obwohl schon einige Leute warteten und das Telefon in der Rufsäule ununterbrochen schrillte, ohne daß einer der Taxifahrer es abnahm, dauerte es nicht lange, bis die beiden, die als einzige nicht mit Koffern und Taschen bepackt waren, einsteigen konnten. Neben seinem Bruder hinten im Auto, in dem es recht warm war, nannte der Student dem Fahrer eine Adresse in einem nördlichen Stadtteil von Ostberlin. Der Taxifahrer schaltete das Radio ab. Erst als sie schon einige Zeit fuhren, fiel dem Studenten auf, daß in dem Taxi gar kein Radio war.

Er schaute zur Seite und sah, daß sein Bruder das Blumenbukett unverhältnismäßig sorgfältig in beiden Armen hielt. Sie redeten wenig. Der Taxifahrer fragte nicht, woher die beiden kämen. Der Student bereute, in einem so leichten, ungefütterten Mantel die Reise angetreten zu haben, zumal auch noch unten ein Knopf abgerissen war.

Als das Taxi hielt, war es draußen heller geworden. Der Student hatte sich schon so an den Aufenthalt im Taxi gewöhnt, daß es ihm Mühe machte, die Gegenstände draußen wahrzunehmen. Er bemerkte voll Anstrengung, daß sich zur einen Seite der Straße nur Schrebergärten mit niedrigen Hütten befanden, während die Häuser auf der anderen Seite, für die Augen des Studenten, mühsam weit von der Straße entfernt standen oder aber, wenn sie näher an der Straße waren, gleichfalls anstrengend niedrig waren; zudem waren die Sträucher und kleinen Bäume mit Rauhreif bedeckt, ein Grund mehr dafür, daß es draußen plötzlich heller geworden war. Der Taxifahrer stellte den Fahrgästen auf deren Verlangen eine Quittung aus; da es ziemlich lange dauerte, bis er das Quittungsbuch gefunden hatte, konnten die Brüder die Fenster des Hauses mustern, das sie vorhatten aufzusuchen. In der Straße, in der sonst gerade kein Auto fuhr, mußte das Taxi, besonders als es anhielt, wohl aufgefallen sein; sollte die Tante der beiden das Telegramm, das sie gestern in Westberlin telefonisch durchgegeben hatten, noch nicht bekommen haben? Die Fenster blieben leer; keine Haustür ging auf.

Während er die Quittung zusammenfaltete, stieg der Student vor seinem Bruder, der, die Blumen in beiden Armen, sich ungeschickt erhob, aus dem Taxi. Sie blieben draußen, am Zaun eines Schrebergartens, stehen, bis das Taxi gewendet hatte. Der Student ertappte sich selber dabei, wie er sich die Haare mit einem Finger ein wenig aus der Stirn strich. Sie gingen über den Vorhof zum Eingang hin, über dem die Nummer angebracht war, an die der Student früher, als er der Frau noch schrieb, die Briefe adressiert hatte. Sie waren unschlüssig, wer auf die Klingel drücken sollte; schließlich, noch während sie leise redeten, hatte schon einer von ihnen auf den Knopf gedrückt. Ein Summen im Haus war nicht zu hören. Sie stiegen beide rückwärts von den Eingangsstufen herunter und wichen ein wenig vom Eingang zurück; der Zimmermann entfernte eine Stecknadel aus dem Blumenbukett, ließ aber den Strauß eingewickelt. Der Student erinnerte sich, daß ihm die Frau, als er noch Briefmarken sammelte, in jedem Brief viele neue Sondermarken der DDR mitschickte. Plötzlich, noch bevor die beiden das zugehörige Summen hörten, sprang die Haustür klickend auf; erst als sie schon einen Spalt breit offenstand, hörten die beiden ein Summen, das noch anhielt, nachdem sie schon lange eingetreten waren. Einmal im Stiegenhaus, grinsten beide. Der Zimmermann zog das Papier von dem Strauß und stopfte es in die Manteltasche. Über ihnen ging eine Tür auf, zumindest mußte es so sein; denn als die beiden so weit gestiegen waren, daß sie hinaufschauen konnten, stand oben schon die Tante in der offenen Tür und schaute zu ihnen hinunter. An dem Verhalten der Frau, als sie der beiden ansichtig wurde, erkannten sie, daß das Telegramm wohl noch immer nicht angekommen war. Die Tante, nachdem sie den Namen des Studenten – Gregor – gerufen hatte, war sogleich zurück in die Wohnung gelaufen, kam aber ebenso schnell wieder daraus hervor und umarmte die Besucher, noch bevor diese den Treppenabsatz erreicht hatten. Ihr Verhalten war derart, daß Gregor alle Vorbehalte vergaß und ihr nur zuschaute; vor lauter Schrecken oder warum auch immer war ihr Hals ganz kurz geworden.

Sie ging zurück in die Wohnung, öffnete Türen, sogar die Tür eines Nachtkästchens, schloß ein Fenster, kam dann aus der Küche hervor und sagte, sie wollte sofort Kaffee machen. Erst als alle im Wohnzimmer waren, fiel ihr der zweite Besucher auf, der ihr schon im Flur die Blumen überreicht hatte und nun ein wenig sinnlos im Zimmer stand. Die Erklärung des Studenten, es handle sich um den zweiten Neffen, den sie, die Tante, doch bei ihrem Urlaub in Österreich vor einigen Jahren gesehen habe, beantwortete die Frau damit, daß sie stumm in ein andres Zimmer ging und die beiden in dem recht kleinen, angeräumten Wohnraum einige Zeit stehen ließ. Als sie zurückkehrte, war es draußen schon ein wenig dunkler geworden. Die Tante umarmte die beiden und erklärte, sie hätte sich schon draußen auf der Treppe, bei der ersten Begrüßung, gewundert, daß Hans – so hieß der Zimmermann – sie auf den Mund geküßt hatte. Sie hieß die beiden, sich zu setzen, und stellte rund um den Kaffeetisch Sessel zurecht, während sie sich dabei schon nach einer Vase für die Blumen umschaute. Zum Glück, sagte sie, habe sie gerade heute Kuchen eingekauft. (Sie sagt »eingekauft« statt »gekauft«, wunderte sich der Student.) Diese teuren Blumen! Sie habe sich gerade zum Mittagsschlaf hingelegt, als es geläutet habe. »Dort drüben« – der Student schaute aus dem Fenster, während sie redete – »steht ein Altersheim.« Die beiden würden doch wohl bei ihr übernachten? Hans erwiderte, sie hätten gerade in Westberlin zu Mittag gegessen, und beteuerte, nachdem er aufgezählt hatte, was sie gegessen hatten, sie seien jetzt, wirklich, satt. Während er das sagte, legte er die Hand auf den Tisch, sodaß die Frau den kleinen Finger erblickte, von dem die Motorsäge, als Hans einmal nicht bei der Sache war, ein Glied abgetrennt hatte. Sie ließ ihn nicht zu Ende sprechen, sondern ermahnte ihn, da er sich doch schon einmal ins Knie gehackt habe, beim Arbeiten aufmerksamer zu sein. Dem Studenten, dem schon im Flur der Mantel abgenommen worden war, wurde es noch kälter, als er, indem er sich umschaute, hinter sich das Bett sah, auf dem die Frau gerade noch geschlafen hatte. Sie bemerkte, daß er die Schultern in der üblichen Weise zusammenzog, und stellte, während sie erklärte, sie selber lege sich einfach nieder, wenn ihr kalt sei, einen elektrischen Heizkörper hinter ihm auf das Bett.

Der Wasserkessel in der Küche hatte schon vor einiger Zeit zu pfeifen angefangen, ohne daß das Pfeifen unterdessen stärker geworden war; oder hatten die beiden den Anfang des Pfeifens nur überhört? Jedenfalls blieben die Armlehnen der Sessel, selbst der Stoff, mit dem die Sessel überzogen waren, kalt. Warum »jedenfalls«? fragte sich der Student, die gefüllte Kaffeetasse in beiden Händen, einige Zeit darauf. Die Frau deutete seinen Gesichtsausdruck, indem sie ihm mit einer schnellen Bewegung Milch in den Kaffee goß; den folgenden Satz des Studenten, der feststellte, sie habe ja einen Fernsehapparat im Zimmer, legte sie freilich so aus, daß sie, die Milchkanne noch in der Hand, den einen Schritt zu dem Apparat hintat und diesen einschaltete. Als der Student darauf den Kopf senkte, erblickte er auf der Oberfläche des Kaffees große Fetzen der Milchhaut, die sofort nach oben getrieben sein mußten. Er verfolgte den gleichen Vorgang bei seinem Bruder: ja, so mußte es gewesen sein. Ab jetzt hütete er sich, im Gespräch etwas, was er sah oder hörte, auch noch festzustellen, aus Furcht, seine Feststellungen könnten von der Frau *ausgelegt* werden. Der Fernsehapparat hatte zwar zu rauschen angefangen, aber noch ehe Bild und Ton ganz deutlich wurden, hatte die Frau ihn wieder abgeschaltet und sich, indem sie immer wieder von dem einen zum andern schaute, zu den beiden gesetzt. Es konnte losgehen! Halb belustigt, halb verwirrt, ertappte sich der Student bei diesem Satz. Statt ein Stück von dem Kuchen abzubeißen und darauf, das Stück noch im Mund, einen Schluck von dem Kaffee zu nehmen, nahm er zuerst einen Mund voll von dem Kaffee, den er freilich, statt ihn gleich zu schlucken, vorn zwischen den Zähnen behielt, sodaß die Flüssigkeit, als er den Mund aufmachte, um in den Kuchen zu beißen, zurück in die Tasse lief. Der Student hatte die Augen leicht geschlossen gehabt, vielleicht hatte das zu der Verwechslung geführt; aber als er jetzt die Augen aufmachte, sah er, daß die Tante Hans anschaute, der soeben mit einer schwerfälligen Geste, mit der ganzen Hand, das Schokoladeplätzchen ergriff und es, förmlich unter den Blicken der Frau, schnell in den Mund hinein steckte. »Das kann einfach nicht wahr sein!« rief der Student, vielmehr, die Frau war es, die das sagte, während sie auf das Buch zeigte, das auf ihrem Nachtkästchen lag, die Lebensbeschreibung eines berühmten Chirurgen, wie sich der Student sofort verbesserte; als Lesezeichen diente ein Heiligenbildchen. Es war kein Grund zur Beunruhigung.

Je länger sie redeten – sie hatten schon vor einiger Zeit ein Gespräch angefangen, so als ob sie gar nicht an einem Tisch oder wo auch immer säßen –, desto mehr wurde den beiden, die jetzt kaum mehr, wie kurz nach dem Eintritt, Blicke wechselten, die Umgebung selbstverständlich. Das Wort »selbstverständlich« kam auch immer häufiger in ihren Gesprächen vor. Lange Zeit waren dem Studenten die Reden der Tante unglaubwürdig gewesen; jetzt aber, mit der Zunahme der Wärme im Zimmer, konnte er sich das, was die Frau sprach, geschrieben vorstellen, und so, geschrieben, erschien es ihm glaubhaft. Trotzdem war es im Zimmer so kalt, daß der Kaffee, der unterdessen eher schon lau war, dampfte. Die Widersprüche, ging es dem Studenten durch den Kopf, häuften sich. Draußen fuhren keine Autos vorbei. Dementsprechend fingen auch die meisten Sätze der Tante mit dem Wort »Draußen« an. Das dauerte so lange, bis der Student sie unterbrach, auf das Stocken der Frau sich jedoch entschuldigte, daß er sie unterbrochen hätte, ohne selber etwas sagen zu wollen. Jetzt wollte niemand wieder als erster zu reden anfangen; das Ergebnis war eine Pause, die der Zimmermann plötzlich beendete, indem er von seinem kurz bevorstehenden Einrücken zum österreichischen Bundesheer erzählte; die Tante, weil Hans in einem ihr fremden Dialekt redete, verstand »Stukas von Ungarn her« und schrie auf; der Student beruhigte sie, indem er einige Male das Wort »Draußen« gebrauchte. Es fiel ihm auf, daß die Frau von jetzt an jedesmal, wenn er einen Satz sprach, diesen Satz sofort nachsprach, als traue sie ihren Ohren nicht mehr; damit nicht genug, nickte sie schon bei den Einleitungswörtern zu bestimmten Sätzen des Studenten, sodaß dieser allmählich wieder unsicher wurde und einmal mitten im Satz aufhörte. Das Ergebnis war ein freundliches Lachen der Tante und darauf ein »Danke«, so als hätte er ihr mit einem Wort beim Lösen des Kreuzworträtsels geholfen. In der Tat erblickte der Student kurz darauf auf dem Fensterbrett eine Seite der Ostberliner Zeitung »BZ am Abend« mit einem kaum ausgefüllten Kreuzworträtsel. Neugierig bat er die Frau, das Rätsel ansehen zu dürfen – er gebrauchte den Ausdruck »überfliegen« –, doch als er merkte, daß die Fragen kaum anders waren als üblich, nur daß einmal nach der Bezeichnung eines »aggressiven Staates im Nahen Osten« gefragt wurde, reichte er die Zeitung seinem Bruder, der sich, obwohl er schon am Vormittag das Rätsel in der westdeutschen Illustrierten »stern« gelöst hatte, sofort ans Lösen auch dieses Kreuzworträtsels machen wollte. Aber nicht das Suchen von Hans nach einem Bleistift war es, was den Studenten verwirrte, sondern das jetzt unerträglich leere Brett vor dem Fenster; und er bat den Bruder gereizt, die Zeitung zurück »auf ihren Platz« zu legen; die Formulierung »auf ihren Platz« kam ihm jedoch, noch bevor er sie aussprach, so lächerlich vor, daß er gar nichts sagte, sondern aufstand und mit der Bemerkung, er wolle sich etwas umschauen, zur Tür hinausging. Eigentlich war aber, so verbesserte er sich, die Tante hinausgegangen, und er folgte ihr, angeblich, um einen Blick in die anderen Räume zu tun. In Wirklichkeit aber ... Dem Studenten fiel auf, daß vielmehr, als vorhin der Fernsehapparat gelaufen war, der Sprecher des Deutschen Fernsehfunks das Wort »Angeblich« gebraucht hatte; in Wirklichkeit aber war das Wort gar nicht gefallen. Überall das gleiche Bild. »Überall das gleiche Bild«, sagte die Frau, indem sie ihm die Tür zur Küche aufmachte. »Auch hier drin ist es kalt«, erwiderte der Student, »auch *dort* drin«, verbesserte ihn die Frau. »Was macht ihr denn hier *draußen*?« fragte Hans, der ihnen, die Zeitung mit dem Kreuzworträtsel in der Hand, in den Flur gefolgt war. »Gehen wir wieder hinein!« sagte der Student. »Warum?«

fragte Hans. »Weil ich es *sage*«, erwiderte der Student. Niemand hatte etwas gesagt.

In das Wohnzimmer, in das sich alle wieder begeben hatten, weil dort, wie die Frau wiederholte, noch etwas Kaffee auf sie wartete, klang das Klappern von Töpfen aus der Küche herein wie das ferne Umfallen der Kegel von einer bäuerlichen Kegelbahn in einem tiefen und etwas unheimlichen Wald. Der Student, dem dieser Vergleich auffiel, fragte die Tante, wie sie, die doch ihren Lebtag lang in der Stadt gelebt habe, auf einen solchen Vergleich gekommen sei; zur gleichen Zeit, als er das sagte, erinnerte er sich desselben Ausdrucks in einem Brief des Dichters Hugo von Hofmannsthal, ohne daß freilich das Verglichene dort, eine Einladung, sich an einer Dichterakademie zu beteiligen, dem Verglichenen hier, dem Klappern der Töpfe aus der Küche herein in das Wohnzimmer, auch nur vergleichsweise ähnlich war.

Da der Student horchend den Kopf zur Seite geneigt hatte, konnte es nicht ausbleiben, daß die Tante, die jedes Verhalten der beiden Besucher auszulegen versuchte, mit der Bemerkung, sie wolle doch den Vögeln auf dem Balkon etwas Kuchen streuen, mit einer schnell gehäuften Hand voll Krumen ins andre Zimmer ging, um von dort, wie sie, schon im anderen Zimmer, entschuldigend rief, auf den Balkon zu gelangen. Also war, so fiel dem Studenten jetzt auf, auch das Klappern der Töpfe in der Küche nur ein *Vergleich* für die Vögel gewesen, die, indem sie auf dem leeren Backblech umherhüpften, das die Frau vorsorglich auf den Balkon gestellt hatte, dort vergeblich mit ihren Schnäbeln nach Futter pickten. Einigermaßen befremdet beobachteten die beiden die Tante, die sich wie selbstverständlich draußen auf dem Balkon bewegte; befremdet deswegen, weil sie sich nicht erinnern konnten, die Frau jemals draußen gesehen zu haben, während sie selber, die Zuschauer, drinnen saßen; ein seltsames Schauspiel. Der Student schrak auf, als ihn Hans, ungeduldig geworden, zum wiederholten Mal nach einem anderen Wort für »Hausvorsprung« fragte; »Balkon« antwortete die Tante, die gerade in einem ihrer Fotoalben nach einem bestimmten Foto suchte, für den Studenten; »Erker«, fuhr der Student, indem er die Frau nicht aussprechen ließ, gerade noch zur rechten Zeit dazwischen. Er atmete so lange aus, bis er sich erleichtert fühlte. Das war ja noch einmal gut gegangen! Eine Papierserviette hatte den übergelaufenen Kaffee sofort aufgesaugt.

Wenn sie es auch nicht ausgesprochen hatten, so hatten sie doch alle drei die ganze Zeit nur an den Telegrammboten gedacht, der noch immer auf sich warten ließ. Jetzt stellte sich aber heraus, daß die Tante, obwohl es doch schon später Nachmittag war, noch garnicht in ihren Briefkasten geschaut hatte. Hans wurde mit einem Schlüssel nach unten geschickt. Wie seltsam er den Schlüssel in der Hand hält! dachte der Student. Wie bitte? fragte die Tante verwirrt. Aber Hans kehrte schon, den Schlüssel geradeso in der Hand, wie er mit ihm weggegangen war, ins Wohnzimmer zurück. »Ein Arbeiter in einem Wohnzimmer!« rief der Student, der einen Witz machen wollte. Niemand widersprach ihm. Ein schlechtes Zeichen! dachte der Student. Wie um ihn zu verhöhnen, rieb sich die Katze, die er bis jetzt vergessen hatte wahrzunehmen, an seinen Beinen. Die Tante suchte gerade nach einem Namen, der ihr entfallen war; es handelte sich um den Namen einer alten Dame, die ... – die alte Dame mußte jedenfalls ein Adelsprädikat in ihrem Namen haben; in Österreich waren zum Glück die Adelsprädikate abgeschafft.

Inzwischen war es draußen dunkel geworden. Der Student hatte am Vormittag in der »Frankfurter Allgemeinen Zeitung« ein japanisches Gedicht über die Dämmerung gelesen: »Der schrille Pfiff eines Zuges machte die Dämmerung ringsum nur noch tiefer.« Der schrille Pfiff eines Zuges machte die Dämmerung ringsum nur noch tiefer. In diesem Stadtteil freilich fuhr kein Zug. Die Tante probierte verschiedene Namen aus, während Hans und Gregor nicht von ihr wegschauten. Schließlich hatte sie das Telefon vor sich hin auf den Tisch gestellt und die Hand darauf gelegt, wobei sie freilich, ohne den Hörer abzunehmen, noch immer mit gerunzelter Stirn, auf der Suche nach dem Namen der alten Dame, das Alphabet durchbuchstabierte. Auch als sie schon in die Muschel sprach, fiel dem Studenten nur auf, daß sie ihm dabei, mit dem Kopf darauf deutend, ein Foto hinhielt, das ihn, den Studenten, als Kind zeigte, mit einem Gummiball, »neben den Eltern im Fotoatelier sitzend«. Ein zweites Bild, das der Frau versehentlich auf den Boden gefallen war, sah folgendermaßen aus:

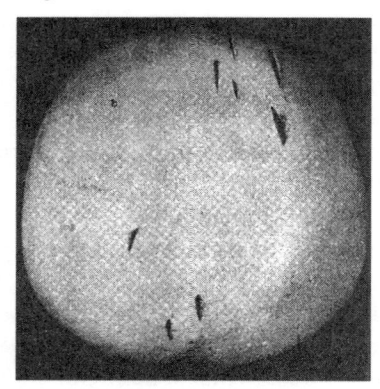

»Laufend, haltend, SAUGEND ...« – wie immer, wenn er Fotos oder BILDER sah, fielen dem Studenten nur Zeitwörter in dieser Form ein; so auch: »neben den Eltern im Fotoatelier SITZEND«.

Die Tante, die an die Person, zu der sie ins Telefon sprach, die Anrede »Sie« gerichtet hatte – das wirkte auf alle sehr beruhigend –, hatte plötzlich, nachdem sie eine Weile, den Hörer am Ohr, geschwiegen hatte, das Wort »Du« in den Hörer gesprochen. Der Student war darauf so erschrocken, daß ihm auf der Stelle der Schweiß unter den Achseln ausgebrochen war; während er sich kratzte – der Schweiß juckte heftig –, überzeugte er sich, daß es seinem Bruder ähnlich ergangen war: auch dieser kratzte sich gerade wild unter den Armen.

Es war aber nicht mehr geschehen, als daß auf den Anruf hin der Bruder der Frau und dessen Frau von einem anderen Stadtteil Ostberlins aufgebrochen waren und auch bald schon, ohne erst unten an der Haustür zu läuten, wie Bekannte an die Tür geklopft hatten, um die beiden Neffen aus Österreich noch einmal zu sehen. Die Frau hatte aus dem Balkonzimmer zwei Sessel für die Neuankömmlinge hereingetragen und darauf in der Küche Tee für alle aufgestellt. Die Töpfe hatten geklappert, der Onkel, der an Asthma litt, hatte sich heftig auf die Brust geschlagen, seine Frau hatte, indem sie bald das Gespräch auf die Studenten in Westberlin brachte, gemeint, sie würde alle einzeln an den Haaren aufhängen wollen. Von der Toilette zurückgekehrt, wo er sich die Hände gewaschen hatte, waren dem Studenten diese inzwischen so trocken geworden, daß er die Tante um eine Creme hatte bitten müssen. Die Frau hatte das aber wieder so ausgelegt, daß sie den Studenten und seinen Bruder dazu noch mit dem Parfum »Tosca« besprühte, das jene alte Dame, deren Name ihr nicht eingefallen war, bei ihrem letzten Besuch mitgebracht hatte. Schließlich war es Zeit zum Aufbruch geworden, weil die Aufenthaltserlaubnis der beiden für Ostberlin um Mitternacht ablaufen sollte. Der Onkel hatte einen Taxistand angerufen, ohne daß freilich jemand sich gemeldet hatte. Trotzdem hatte den Studenten die Vorvergangenheit, in der all das abgelaufen war, allmählich wieder beruhigt. Den Onkel, der noch immer den Hörer am Ohr hielt und es läuten ließ, und dessen Frau im Wohnzimmer zurücklassend, hatten sich die beiden Besucher, schon in den Mänteln, mit der Tante hinaus in den Flur begeben; die Hände an der Wohnungstür, hatten sie noch einmal gewartet, ob sich, wenn auch an anderen Taxiplätzen, doch noch ein Taxi melden würde. Sie waren schon, die Tante in der Mitte, die Stiege hinuntergegangen, als – Kein »Als«.

Mit der Tante, die sich in die beiden eingehängt hatte, waren sie, mit den Zähnen schnackend vor Kälte, zur Straßenbahnhaltestelle gegangen. Die Frau hatte ihnen, da sie kein Kleingeld hatten, die Münzen für die Straßenbahn zugesteckt. Als die Straßenbahn gekommen war, waren sie, indem sie der Frau draußen noch einmal zuwinkten, schnell eingestiegen, um noch rechtzeitig den Bahnhof Friedrichstraße zu erreichen. Zu spät bemerkte der Student, daß sie gar nicht eingestiegen waren.

Monika Helfer
Saba

Zum Glück ist nach außen hin alles geregelt. Ein deutscher Student nahm mich aus Anstand zur Frau, so daß ich nun keine Illegale mehr bin. Von Herzen dankbar muß ich dafür sein. Er war der zweite gute deutsche Mensch, dem ich in der Fremde begegnet bin.

Ich heiße Saba und stamme aus Marokko. Sicher habe ich noch viele Fehler. Meine Haare wachsen dicht und kraus, und ich habe zuviel davon, die Hälfte würde mir genügen. Meine Eltern sind Berber, das tätowierte Gesicht meiner Mutter erscheint mir im Schlaf. Die kranken Augen meines Vaters sind ein finanzielles Problem. Ich habe vier Geschwister, zwei Brüder, die faul sind wie nasses Holz. Meine zwei Schwestern bedienen den Vater und die Brüder. Alle leben sie in einer provisorisch gezimmerten Hütte ohne Wasser und Strom. Auf einem Kalenderblatt für den Monat August sah ich so ein Motiv: Eine Hütte im Flachland. Ich war wie vom Blitz getroffen. Ich habe meiner Familie den ersten Fotoapparat vorgeführt. Das waren Augenblicke! Ich wußte von einem Tag auf den andern, daß ich mein Dorf verlassen mußte. Man sieht mir meine Willenskraft nicht an. Ich wirke eher scheu. Ich bin zurückhaltend, aber nicht ängstlich. Ich besuchte in Marokko nie die Schule, meine Geschwister auch nicht, es hat keinen Sinn, zur Schule zu gehen. Besser man liegt zu Hause herum und schaut in den Himmel. Man lernt nämlich in Wahrheit nichts. Die Lehrer sind tätig, ohne zu arbeiten. Sie spielen Karten. Ich kann in meiner Sprache weder schreiben noch lesen. Mit fünfzehn nahm mich eine Hebamme mit in die nächste Stadt und stellte mich einer Diplomatenfamilie vor.

Eine staatliche Überprüfung ist nicht auszuschließen. Es kann passieren, daß man schauen will, ob ich wirklich mit dem Studenten lebe, der jetzt übrigens ein praktischer Arzt geworden ist. Ich wohne mit zwei Freundinnen in einer Wohngemeinschaft, bin westlich gekleidet und habe zwei Paar Plateauschuhe, beide schwarz. Ein Paar ganz neu. Der Arzt wohnt mit einer Frau, die wiederum einem Illegalen zur Menschenwürde verholfen hat, zusammen. Das sind zwei wirklich gute Menschen. Ich muß offiziell drei Jahre mit dem Arzt verheiratet sein, dann können wir uns scheiden lassen.

Der erste gute deutsche Mensch war die Schwester des Diplomaten. Sie sah mich in den herrschaftlichen Damastvorhang weinen. Gleich krempelte sie ihre Ärmel auf. Ihr habe ich einen Platz in einer Organisation zu verdanken, in der ich normal behandelt wurde. Mit normal meine ich, daß es mir erlaubt war, eigene Gedanken nicht nur zu denken, sondern auch auszuführen. Die Diplomaten nämlich hatten mir das Ausgehen verboten. Kost und Logis war der Gegenwert für meine Arbeit auf dem Fußboden gewesen. In der Organisation ergab sich die Möglichkeit, eine deutsche Abendschule zu besuchen. Tagsüber arbeitete ich in der Post, Abteilung kleine Pakete. Mir gelang der Hauptschulabschluß, worauf ich mächtig stolz bin, und das auch sein kann, weil es nämlich eine Schinderei war. Nie hatte ich meinen Kopf so angestrengt. Ich liebe dieses gescheite Gefühl! Die Mutter meines Arztes schenkte mir hundert Mark.

Ich kann jetzt in Deutsch schreiben, in meiner Heimatsprache nicht. Das ist verdreht. Einen Großteil meines Geldes schicke ich an meine Eltern. Der Vater kann bald am Grauen Star operiert werden, dann bin ich seine Wohltäterin. Gefällt mir gut, dieser Gedanke.

Ich bin in dem Alter, wo mir ein Mann zusteht. Ich verließ mich auf meinen glücklichen Instinkt und fand einen aus meiner Heimat. In einer Disco lernte ich ihn kennen. Er war aus meinem Holz, schön schmal und dennoch kräftig. Wir tanzten, und er wurde mein Freund. Er hat mich geschlagen, weil ich nicht für immer bei ihm bleiben wollte. Was soll mir schon passieren, wenn man mich schlägt. Geschlagen worden bin ich immer wieder. Das ist Tradition, wenn man mich schlägt. Aber dann wollte er mich mit einem Tranchiermesser erstechen, mich aufspießen, wie man Fleisch aufspießt. Da bin ich zu meinem offiziell angetrauten Ehemann geflohen. Er drohte ihm mit Güte. Mein Freund war ein Illegaler, und sollte er mich in Ruhe lassen, würde ihn mein Mann einer deutschen Frau vorstellen. Einmal kam er noch in die Wohngemeinschaft, in der ich mit zwei deutschen Studenten wohnte. Mein Arzt hatte mir sie zu meinem Schutz vermittelt. Sie waren sanft wie Nonnen. Ich war meinem Freund nicht mehr ausgeliefert. »Ein freies Leben für eine Marokkanerin«, sagte er drohend und rannte wie ein Hausdurchsucher in den oberen Stock. Da gab es eine Falltür, die immer offen stand. Mein Freund ist in diese Falle gegangen, und er hing an der Decke vom unteren Stock. Das war ein Spaß.

Als ich zum erstenmal meine Eltern besuchte, wurde ich wie eine Königin empfangen. Sie legten mir einen Teppich vor die Füße, und mir war erlaubt zu tun, was sonst der Vater tat. Alle warteten auf meine Befehle. Mein Vater hat mich möglichen Bewerbern versprochen. Die freien Männer aus dem Dorf machten mir Heiratsanträge, angeblich haben sie mich schon immer geliebt. Sie erhofften sich da einiges. Ich bin die Legende im Dorf. Sie denken, ich kann zumindest einen mit nach Deutschland nehmen.

Ich lernte in Deutschland einen Sudanesen kennen, und er war leider ein Matscho wie mein erster Freund. Ich hatte mein Herz noch nicht endgültig entblößt und kam deshalb aus eigener Kraft von ihm los. Ein deutsches Mädchen fragte mich, ob ich mit ihr und ihrer Freundin zusammenziehen will. Das ist eine schöne Zeit. Jeden Samstag stylen wir uns und ziehen von Disco zu Disco. Manchmal passiert es mir noch, daß ich Angst vor Fremden habe, ohne Ankündigung. Dann klebe ich mich an meine Freundin, bis ich wieder munter bin. Ich denke mir in solchen Zuständen, daß alle klüger sind als ich und das auch wissen.

Ich will ja wieder einen Freund aus meiner Heimat. Ich könnte mir nicht vorstellen, einem deutschen Mann zu gehören. Ich werde nie mehr nach Marokko zurückkehren. Auf Urlaub schon. In einem Monat vollende ich mein 20. Lebensjahr. Meine Stimmung schwankt manchmal ins Traurige, und ich kann nicht erklären warum.

Ich genieße mein Leben in vollen Zügen, das ist eine Redewendung, die ich gern verwende. Sie macht mir gute Laune.

Das zweitemal fuhren mein Arzt und seine gute deutsche Frau mit mir nach Marokko. Sie nahmen so viel Gepäck mit, wie sie konnten. Allein zwanzig Kleider für meine Leute. Das war wie fünfmal Weihnachten. Die ganze Verwandtschaft profitierte. Verschämt, verschüchtert waren sie, meine Leute, als wären sie von einem andern Stern. Ständig kamen neue Verwandte und Bekannte in unsere Hütte, um die Gäste anzustaunen. Wir unternahmen Ausflüge. Irgendwann fuhren wir für ein paar Tage ins Atlasgebirge. Meine Schwester und ich zogen uns die besten Kleider an. Wir wollten nur schön sein, sonst nichts. Oben in den Bergen haben wir gefroren. In jedem Dorf trafen wir junge Männer, die mit uns flirteten.

Ich stehe dabei, und vieles spielt sich im Kopf ab. Mein Arzt sagt, daß ich das meiste richtig mache, weil ich dem Gesetz der Notwendigkeit folge. Bald wird er sich von mir scheiden lassen. Ich werde ein langes Leben haben. Wenn ich dann meinen Atem im Rücken spüre, möchte ich glücklich gewesen sein.

Josef Haslinger
Der Ingenieur

Auf dem Altar stand ein kleiner, roter Tresor. Davor, auf dem Lesepult, lagen die Bibel und Hitlers *Mein Kampf*. Der *Geringste* trat ans Pult und sah uns lange an, einen nach dem anderen. Im Schein der Kerzen hatten seine Haare helle, flackernde Ränder. Es war so still, daß wir einander atmen hörten. Der *Geringste* kniff die Augen ein wenig zusammen. Dann sagte er:

»Die Zeit der Bewährung ist vorbei. Wir sind reif geworden, für die Wahrheit zu kämpfen. In dieser Stunde ist es uns auferlegt, die Speerspitze einer neuen Volksgemeinschaft zu werden. Dankbar nehmen wir diese Herausforderung an. Wir sind stolz, daß die Geschichte uns auserwählt hat, der Welt das neue Jahrtausend zu bringen.«

Der *Geringste* ging zum Altar und nahm aus dem Tresor ein gerolltes Blatt Büttenpapier, das in einem silbernen Serviettenring steckte. Er zog den Ring ab und rollte das Papier auseinander. Es war mit einem Text bedruckt. Er legte das Papier auf das Pult, wo es sich einrollte. Dann nahm er die Bibel zur Hand und schlug sie an der Stelle des seitlich heraushängenden Lesefadens auf. Er sagte: »Wir werden, wie es Daniel prophezeit hat, *ein Reich errichten, das in Ewigkeit nicht zerstörbar wird. Dieses Reich wird keinem anderen Volk überlassen, es wird allen anderen Reichen die Auflösung und das Ende bereiten, selbst aber wird es in Ewigkeit bestehen!*«

Er rollte mit der flachen Hand das Büttenpapier wieder auseinander und legte die Bibel auf dessen linken Rand. Dann nahm er Hitlers *Mein Kampf* zur Hand und las daraus zwei ausgewählte Stellen: »*Unterliegt aber ein Volk in seinem Kampf um die Rechte des Menschen, dann wurde es eben auf der Schicksalswaage zu leicht befunden für das Glück der Forterhaltung auf der irdischen Welt. Denn wer nicht bereit oder fähig ist, für sein Dasein zu streiten, dem hat die ewig gerechte Vorsehung schon das Ende bestimmt.«*

»Die Natur kennt keine politischen Grenzen. Sie setzt die Lebewesen zunächst auf diesen Erdball und sieht dem freien Spiel der Kräfte zu. Der Stärkste an Mut und Fleiß erhält dann als ihr liebstes Kind das Herrenrecht des Daseins zugesprochen.«

Er legte das Buch auf den rechten Rand des Büttenpapiers. Wieder sah er uns lange an. Keiner sagte etwas. Ich fühlte eine Kraft in mir aufkeimen, wie ich sie nie zuvor verspürt hatte. Als mich der Blick des *Geringsten* traf, war mir, als wäre es der Blick Gottes. Er hätte in dieser Stunde alles von mir verlangen können, ich hätte es getan. Es war die Gewißheit einer großen Bestimmung, und der *Geringste* war nicht einfach ein Freund, sondern er war mein Lebensspender. Er allein war in der Lage, mir meine Bestimmung bewußt werden zu lassen. Den anderen muß es ähnlich ergangen sein, denn wir erhoben uns alle gleichzeitig, ohne daß es jemand verlangt hätte.

Der *Geringste* legte seine Hände auf die Bücher und sprach als erster den Schwur:

»Ich bin seit dieser Stunde Mitglied der Bewegung der Volkstreuen. Ich schwöre bei der Sonne, die auf mich herabscheint, bei der Erde, die mich ernährt, bei der weißen Menschenrasse, für deren Gedeihen zu kämpfen ich mich verpflichte, vor Gott, vor allen Propheten des Tausendjährigen Reiches und vor allen, die dafür gekämpft haben, daß ich ab sofort mit aller mir zur Verfügung stehenden Kraft der Bewegung der Volkstreuen dienen und die mir auferlegten Opfer bringen werde.

Ich verpflichte mich zu absolutem Schweigen über alle Belange dieser Bewegung und zum Gehorsam gegenüber ihren Beschlüssen. Meinen Kameraden werde ich bis zum Tode treu zur Seite stehen.

Gott und die Kameraden der Bewegung der Volkstreuen sollen ihr Urteil über mich fällen, wenn ich diesen Eid breche oder ihm zuwiderhandle.«

Nacheinander gingen wir zum Pult und sprachen den Eid. Danach umarmten und küßten wir einander. Der *Geringste* sagte: »Wir haben einen neuen Bund begründet. Nichts auf der Welt kann ihn zerstören.«

Mir war, als wäre ich neu geboren. Ich war nicht mehr allein auf mich gestellt, sondern ich war gleichzeitig meine Kameraden, und meine Kameraden waren ich. Wenn ich jemals ganz ohne Vorbehalt glücklich war, dann war ich es an diesem Sonntagvormittag. Wir waren eins geworden, und der *Geringste* verkörperte die Sprache dieser Einheit.

Er sagte: »Wir werden uns den Trinkspruch nicht mehr zurufen müssen, denn wir werden ihn als äußeres Erkennungszeichen an uns tragen.«

Wieder ging er zum Altar und öffnete den Tresor. Er entnahm ihm ein Fläschchen mit polynesischer Tataufarbe, ein zusammengelegtes weißes Tuch und eine Nadel mit Holzgriff. Der *Geringste* faltete das Tuch auseinander und legte seine rechte Hand darauf. Dann bat er uns, die Nadel in die Farbe einzutauchen und ihm zwei kleine Achten auf das oberste Glied des kleinen Fingers zu tätowieren.

»Acht«, sagte er, »steht für den achten Buchstaben des Alphabets, für das H. Zweimal die Acht ist die Abkürzung für Heil Hitler.«

Feilböck begann. Er tauchte die Nadel in die Farbe und stach in den Finger. Dann gab er die Nadel an den nächsten weiter. Der *Geringste* ließ sich nichts anmerken, als würde er keinen Schmerz spüren. Jeder machte immer nur einen Stich, um sich am anderen Ende des Halbkreises, den wir um den Altar bildeten, wieder anzustellen. Blut und Farbe rannen auf das weiße Tuch hinab. Die zwei Achten waren ein Gemeinschaftswerk, gestochen von den acht Kameraden des *Geringsten*. Als sie fertig waren, reinigte der *Geringste* mit dem Tuch seine blutige Hand. Feilböck war der nächste. Und so ging die Reihe durch, bis wir alle mit zwei Achten tätowiert waren. Am Schluß war das Tuch getränkt von Blut und schwarzer Farbe. Der *Geringste* nahm die Papierrolle mit der Eidesformel, steckte den Silberring darüber, wickelte sie in das feuchte Tuch und legte sie in den Tresor.

»Und nun«, sagte er, »wollen wir den Tresor hinter dem Altar einmauern und den Schlüssel vernichten.«

So geschah es. Wir rückten den Altar beiseite, holten Werkzeug und stemmten die Mauer auf. Dabei fiel das Bild von Darré herab. Der *Geringste* sagte: »Wir nehmen es als Zeichen. Darré hat ohnedies nichts zuwege gebracht.«

Das Bild wurde nie wieder an die Wand gehängt.

Der Blade und der Polier hatten den Tresor so in das Mauerloch gesetzt, daß die Türe mit der Wand abschloß. Der *Geringste* sagte: »Wenn es hier eine Hausdurchsuchung gibt, werden sie als erstes den Tresor aufschweißen und unser Geheimnis lüften. Der Tresor muß ganz verschwinden.«

So wurde das Loch noch tiefer in die alte Steinmauer hineingestemmt. Als es zugemauert war, zerschnitten wir mit der Trennscheibe den Bart des Tresorschlüssels.

Danach gab es, wie jeden Sonntagnachmittag, ein Festmahl. Wir nahmen einander die Lammkeule aus der Hand, bissen ab und reichten sie weiter. Nichts und niemand sollte uns je trennen können.

Und doch gab es schon eine Woche später die ersten Unstimmigkeiten. Bei der Totenmesse las der *Geringste* Ausschnitte aus dem *Buch der hundert Kapitel* vor. Diese Schrift ist in mittelhochdeutscher Sprache abgefaßt und wurde nie in Buchform veröffentlicht. Sie stammt von einem anonymen Verfasser, der von manchen als *Oberrheinischer Revolutionär* bezeichnet wird. Der *Geringste* hat einige Passagen in eine verständliche Sprache übertragen. Er sagte, nach langer Suche habe er eine leider nicht vollständige Abschrift in der Bibliothek der Minoriten gefunden. Aber er wisse mittlerweile, wo die ganze Handschrift aufbewahrt werde, nämlich in Colmar. Der *Oberrheinische Revolutionär* rief dazu auf, am Vorabend des Tausendjährigen Reiches die gesamte Geistlichkeit auszurotten und das Kirchenvermögen den Armen zur Verfügung zu stellen. Auch alle Einkommen aus Grundbesitz und alle Handelsgewinne sollten unter den Armen aufgeteilt werden. Wer sich diesem Gericht widersetze, solle verbrannt, gesteinigt, erwürgt oder bei lebendigem Leibe eingegraben werden.

Bei der Auslegung sagte der *Geringste*: »Der *Oberrheinische Revolutionär* hat schon vor fünfhundert Jahren erkannt, daß Daniels Traum vom neuen Reich nicht für die Juden bestimmt war, sondern für diejenigen, die ihn zu verwirklichen verstehen. Er dachte damals, es seien die Deutschen. An uns liegt es, das große Gericht zu vollziehen. Nicht irgendwelche Völker irgendwo auf der Welt, sondern wir sind beauftragt, den Endzustand dieses Planeten herzustellen. Da wir nunmehr Gewißheit haben, daß darin unser Auftrag besteht, sollten wir keinen Moment länger zuwarten.«

Im Gespräch ging es dann um unsere nächste gemeinsame Aktion. Feilböck wußte, was zu tun war. Er hatte nämlich herausgefunden, daß die Türken, die mich verdroschen hatten, zwar nicht gemeinsam in einem Haus wohnten, aber regelmäßig in einem Lokal am Yppenplatz verkehrten. Er sagte: »Ich bin in der Gegend aufgewachsen, ich kenne das Lokal. Das war früher ein ganz normales Eckbeisel, in dem sich die Arbeiter zum Bauernschnapsen trafen. Heute traut sich dort kein Einheimischer mehr rein. Wenn wir denen die Bude kurz und klein schlagen, sind wir die Helden des Bezirks. Ich habe mit anderen Gruppen gesprochen. Sie würden mitmachen. Wir könnten dreißig oder vierzig Mann sein.«

Der *Geringste* schrie nie. In Situationen, in denen andere sich aufregen und die Kontrolle über ihre Stimme verlieren, sprach er so leise, daß man genau hinhören mußte. Er verbat sich jede Zusammenarbeit mit anderen Gruppen.

Feilböck wollte nicht nachgeben. Er sagte, das Lokal sei zwar nicht groß, doch am Abend sei es gesteckt voll. Allein würden wir das nicht schaffen. Die Zusammenarbeit mit anderen Gruppen solle nicht andauern, sondern nur für diesen einen Zweck bestehen. Wir würden dabei nichts preisgeben. Feilböck hatte einen genauen Plan entwickelt. Jedem von uns teilte er eine Aufgabe zu. Nur der *Geringste* sollte selbst entscheiden, in welcher Form er sich an der Aktion beteiligten wolle.

Doch Feilböck biß beim *Geringsten* auf Granit. Die anderen schwiegen. Ich persönlich fühlte mich geehrt, daß Feilböck die Rache für mich so am Herzen lag, war aber andererseits der Meinung des *Geringsten*, daß unsere Bewegung sich allein bewähren müsse. Heute denke ich, es ging nicht nur darum, ob man mit anderen Gruppen zusammenarbeiten sollte. Es ging darum, ob der unbestrittene Zeremonienmeister der Bewegung auch sonst das Sagen hatte. Feilböck und der *Geringste* wurden bei dieser Totenmesse nicht einig. Danach, beim großen Mahl, sprachen sie nicht mehr davon. Wir hatten vereinbart, Meinungsverschiedenheiten nur bei den Totenmessen auszutragen. Aber die Stimmung blieb getrübt. Gerade waren wir noch ein Körper gewesen, eine Woche später schien er schon zu zerfallen.

Einige Wochen lang wollte Feilböck die Aktion *Türkenlokal* nicht aufgeben. Zwar dachte er jetzt auch darüber nach, wie wir sie allein durchführen könnten, zum Beispiel mit Hilfe eines Sprengsatzes. Aber damals waren wir für solche Aktionen noch nicht gerüstet. Der Professor fand im Internet Informationen über das Herstellen von Bomben und Zeitzündern. Sie stammen von amerikanischen Kameraden. Doch dann kam alles anders.

Das Hickhack darüber, welche nun unsere nächste Aktion sein sollte, war noch nicht zu Ende, da wurde ich eines Nachts wach, weil jemand fortwährend auf den Summer drückte. In der Gegensprechanlage war die aufgeregte Stimme des Poliers: »Feilböck hat angerufen: Joe ist überfallen worden.«

Minuten später raste der Polier mit mir durch Wien. »Diese Schweine«, sagte er immer wieder. »Jetzt sind sie zu weit gegangen.«

Wir wollten den Bladen abholen. Er hatte kein Telefon und keine Gegensprechanlage. Wir warfen Steinchen an sein Fenster im zweiten Stock. Bevor er wach wurde, weckten wir ein paar andere Bewohner im Haus, deren Fenster versehentlich getroffen wurden. Sie schrien herab und drohten, die Polizei zu holen. Es blieb uns nichts übrig, als auf den Bladen zu verzichten.

Am Lerchenfelder Gürtel stand das Haustor offen. Im Souterrain brannte Licht, es war ruhig. Wir schlängelten uns an mehreren behängten Wäscheleinen vorbei. Die Tür zum Abteil des *Geringsten* war eingedrückt. Jemand mußte mit Wucht dagegengelaufen sein. Eine schräg genagelte Latte hielt die zersplissenen Bretter notdürftig zusammen. Der *Geringste* lag im Bett. Seine Beine und ein Arm waren bandagiert. Feilböck und Druckeberger saßen neben ihm auf dem blutbefleckten Bettzeug. Aus zwei Schnittlöchern im Inlett kamen Federn heraus. Die Stereoanlage lag zertrümmert am Boden. Druckeberger wies auf das Küchenmesser auf dem Tisch.

»Damit wollten ihn die Serben abstechen«, sagte er. Der vordere Teil der Klinge war braun.

Der *Geringste* erzählte uns, was geschehen war. Er habe wieder einmal das Horst-Wessel-Lied gespielt. Aber anstatt ihre Tür zu schließen, seien die Serben zu seinem Abteil gekommen. Er habe sich mit dem Küchenmesser am Eingang aufgestellt. Plötzlich habe einer der Serben eine Pistole gezogen.

»Ich habe die Tür zugeschlagen«, sagte der *Geringste*, »und mich ganz eng zur Seitenwand gestellt.«

Er setzte sich im Bett auf und deutete mit seinem bandagierten Arm zur linken Ecke neben der Eingangstür, wo seine Lederjacke an der Wand hing. »Dann ging alles sehr schnell«, sagte er. »Plötzlich ein Krach, Bretter fliegen aus der Tür. Eine Hand greift herein. Die Tür ist offen, und der Serbe steht mit der Pistole vor mir. *Messer*, sagte er. *Messer*. Ich weiche zum Bett zurück. Er mir nach. Ich gebe ihm das Messer. Er fängt an, auf mich einzustechen, während der andere den Plattenspieler zertrümmert. Dann hauen sie ab. Die anderen gaffen zur Tür herein. Keiner hilft mir. Ich sage: Schleicht euch, Gfraster. Sie sind alle mitschuldig. Außer der Angolanerin, die nicht da war, haben alle zugesehen.«

Feilböck erzählte, er habe Joe am Nachmittag gefunden. Seine Wunden seien mit Handtüchern und Geschirrtüchern umwickelt gewesen.

»Im großen und ganzen«, beruhigte er uns, »sind die Verletzungen nicht schlimm, ein paar Schnitte. Nur zwei Stichwunden am Bein sehen übel aus, weil sie tief sind.«

Feilböck war für die medizinische Versorgung zuständig. Er konnte fachgerecht Verbände anlegen. Die Medikamente bezog er von einem befreundeten Apotheker. Er sagte: »Ich habe Joe geraten, zum Arzt zu gehen, dann sind die Serben am nächsten Tag weg. Aber er will nicht.«

»Nein«, sagte der *Geringste*. »Das machen wir selbst. Dazu gibt es uns ja. Ich wollte mir schon eine Pistole in die Bude nehmen. Aber ich habe es mir anders überlegt. Wir haben stärkere Waffen als eine Pistole.«

»Genau«, sagte der Polier. »Das ist jetzt vorrangig. Den Ingenieur rächen wir später.«

»Nur nichts übereilen«, sagte der *Geringste*. »In zwei Monaten wird meine Erbschaft fällig. Dann kann alles hier verbrennen.«

Er fischte ein Kuvert aus dem Regal über seinem Bett. Es war ein Brief des Gemeindeamtes Seewalchen. Darin wurde der *Geringste* eingeladen, sein Erbe von der gerichtlichen Vormundschaft zu übernehmen. Beigelegt war ein Schreiben des Bezirksgerichts.

Der *Geringste* sagte: »Alles, was ich besitze, gehört der Bewegung. In zwei Monaten sind wir reich.«

Darauf tranken wir Bier und kochten für den *Geringsten* Kaffee.

Als wir gingen, bat uns der *Geringste*, einen kleinen Koffer mitzunehmen und ihn gut zu verstecken. »Aber nicht in der Wohnung«, sagte er. »Auch nicht in Rappottenstein. Es sind ein paar Bücher, Disketten und Manuskripte drinnen, die mir wichtig sind. Vor allem die Bearbeitung des *Buchs der hundert Kapitel*.«

Feilböck nahm den Koffer an sich. Er sagte: »Ich habe im Keller meiner Eltern einen eigenen Schrank. Dort ist noch genug Platz.«

Der Gürtelhausbrand war damit eigentlich schon beschlossene Sache. An den folgenden Wochenenden sprachen wir nur noch darüber, wie die Aktion durchgeführt werden sollte. Feilböck war kleinlaut geworden. Immer noch träumte er vom Überfall auf das Türkenlokal. Aber er hatte es aufgegeben, weiter darauf zu drängen. Die Totenmessen waren auf ein einziges Thema reduziert: Rache für Joe.

Wir haben viele Varianten diskutiert. Eines war klar: Der *Geringste* durfte nicht gefährdet werden. Da er aber am Ende des Souterrainganges wohnte, hätte die Aktion, gründlich durchgeführt, dem *Geringsten* den Fluchtweg versperrt. Er mußte also außer Haus sein und brauchte ein unantastbares Alibi. Wir fanden eine Lösung. Der Gürtelhausbrand fand an dem Tag statt, an dem der *Geringste* sein Elternhaus in Litzlberg am Attersee verkaufte. Der *Geringste* hatte uns ein Foto des Hauses gezeigt. Es war geräumig, aber für unsere Zwecke vollkommen ungeeignet. Die Nachbarn, ein Baumeister aus Linz und ein Universitätsprofessor aus Wien, benutzten dieselbe Zufahrt und konnten jeden beobachten, der ein und aus ging. Auf der dem See zugewandten Seite waren in die Außenwand große Glasfenster eingelassen. Durch sie war auch das Innenleben des Hauses für jeden, der am See vorbeifuhr, sichtbar. Der *Geringste* hätte das Haus in den zwei Jahren nach dem Tod seiner Mutter benutzen können, aber er tat es nicht. Er gab den Zweitschlüssel nicht dem Baumeister, der sich aufgedrängt hatte, sondern einem Bauern, dessen Kinder einst seine besten Freunde waren. Der Bauer schrieb alle paar Monate eine Postkarte, auf der er genau auflistete, was er alles repariert oder erneuert hatte. Seine Sommergäste konnten das Grundstück und den Bootssteg benutzen. Gelegentlich brachte er auch Gäste im Haus unter. Einmal las uns der *Geringste* von einer Postkarte den Satz vor: *Habe den unteren Abort rückwärts abgedichtet.* Wenn der Blade furzte, was er mit Leidenschaft tat, sagte Pandabär zu ihm: »Du gehörst am unteren Abort rückwärts abgedichtet.«

Der *Geringste* zögerte keinen Moment, sein Elternhaus zu verkaufen. Er wandte sich an mich, da ich im Verkauf von Wohnungen mittlerweile über einige Erfahrung verfügte. Ich vermittelte ihm eine Wiener Agentur. Kaum hatten wir eine Projektbeschreibung und ein paar Fotos abgeliefert, gab es schon die ersten Bewerber; darunter den Bauern, den Universitätsprofessor und den Baumeister. Offenbar hatte ein Vertreter der Agentur das Haus noch am selben Tag besichtigt. Der *Geringste* wollte es gerne dem Bauern verkaufen, aber der besaß nicht genug Geld. Der benachbarte Universitätsprofessor wollte damit seine Töchter versorgen. Der *Geringste* sagte: »Der hat seine Familie in der Lotterie gewonnen. Früher kam er manchmal allein an den Attersee, um an einem Buch zu schreiben. In seinem Einkaufskorb waren nur Bananen und Schokolade. Fünf Tage später ging er wieder einkaufen: Bananen und Schokolade. Wenn seine Familie aufkreuzte, verschwand er.«

Letztlich war auch ihm das Haus zu teuer. Der Baumeister wiederum hatte die Agentur wissen lassen, daß er bereit wäre, andere Interessenten zu überbieten. Ihm wollte es der *Geringste*, obwohl die Agentur darauf drängte, auf keinen Fall verkaufen. Ich sagte: »Wir erfinden ein Angebot, das zwei Millionen über dem seinen liegt. Dann soll er sich ausbluten.«

»Der kriegt es nicht einmal für hundert Millionen«, antwortete der *Geringste*.

Den Zuschlag bekam ein Werbefritz aus Frankfurt. Seine Frau hatte angeblich Sehnsucht nach ihrer alten Heimat. Er wollte das Haus vorerst im Urlaub nutzen und später ganz an den Attersee übersiedeln.

Pandabär und der Polier, beide ohne polizeilich bekanntes Vorleben und in regulärer Arbeit stehend, nahmen sich einen Tag frei, um mit dem *Geringsten* an den Attersee zu fahren. Sie unterschrieben den Kaufvertrag als Zeugen.

Unser Plan, den wir in allen Details immer wieder durchgesprochen hatten, war dieser: Am Abend geht der *Geringste* mit den beiden Zeugen ins Restaurant Häupl, um ausgiebig und teuer zu essen. Danach feiern sie so lange wie möglich in Seewalchen, Schörfling und Weyregg den Verkauf des Hauses. Druckeberger und der Professor verbringen ein paar Tage in Rappottenstein. Sie bestellen beim Bauern Raffelseder für den Freitagabend ein geschlachtetes und abgezogenes, aber noch nicht ausgenommenes Lamm. Um neun Uhr abends fahren sie zum Gasthaus, in dem, wenn alles glattgeht, Raffelseder, wie jeden Freitagabend, bei seiner Tarockrunde sitzen müßte. Sie entschuldigen sich bei ihm, daß sie so spät dran seien, und fragen, ob sie das Lamm um diese Zeit noch holen könnten. Und sie sagen auch, daß sie, wie üblich, den Kopf und die Innereien zurückbringen würden. Wir konnten damit nämlich nichts anfangen, aber die Bauern bereiteten auch die Innereien zu. Dann fahren sie zum Bauernhof, lassen sich dort Zeit und plaudern in Ruhe mit der Raffelsederin, um gleich darauf nach Wien zu fahren. Während der Fahrt nimmt Druckeberger im Fond des Wagens das Lamm aus und schneidet den Kopf ab. In Wien führen sie mit den beiden im Kofferraum bereitstehenden Benzinkanistern die Aktion durch. Wenn alles geklappt hat, rufen sie mich aus einer Telefonzelle in Heiligenstadt an, lassen das Telefon einmal läuten und legen dann sofort auf. Anschließend fahren sie, so schnell wie möglich, nach Rappottenstein ins Gasthaus, wo, aller Erfahrung nach, Raffelseder immer noch bei seiner Tarockrunde sitzen müßte. Sie bringen ihm einen Eimer mit dem Lammkopf und den Innereien. Sie nehmen Platz, trinken und schauen den Bauern bis zum Ende beim Kartenspiel zu. Zwischendurch reden sie über ein paar Schwierigkeiten beim Ausnehmen eines Lammes und lassen sich Tips geben. Noch am frühen Morgen tranchieren sie das Lamm und braten zum Mittagessen eine Keule. Sie pökeln die restlichen Lammstücke ein und fahren nach Wien. Das war unser Plan.

Alle anderen Kameraden sollten, jeder für sich, am Freitagabend irgendwo hingehen, wo sie gesehen und, wenn möglich, gekannt wurden. Feilböck sagte, er werden eine Veranstaltung der Nationalen Partei besuchen. Ich machte Überstunden. Ich hatte mir eigens Arbeit aufgehoben, aber zufällig war an diesem Tag ohnedies ein Aufriß für einen Umbau zu zeichnen. Die Außenklingel des Telefons hatte ich abgeklemmt. Es fiel mir schwer, mich zu konzentrieren, weil ich dauernd darüber nachdachte, ob unser Plan irgendwo eine Schwachstelle habe. Und es gab eine. Druckeberger und der Professor mußten unbedingt noch vor zwei Uhr nachts im Gasthaus ankommen. Da war nämlich offizielle Sperrstunde. Der Wirt drehte dann das Außenlicht ab und ließ keine neuen Gäste mehr ein. Wenn die beiden aus irgendeinem Grund die Aktion nicht gleich durchführen konnten, mußten sie sich trotzdem im Gasthaus irgendwie bemerkbar machen, sonst brach ihr Alibi zusammen.

Ich zeichnete und wartete. Im Hintergrund lief das Radio. Knapp vor Mitternacht läutete das Telefon einmal. Um halb eins wurde die Musik für eine Sondermeldung unterbrochen: Brand eines Hauses am Wiener Gürtel. Der gesamte Bereich ist großflächig gesperrt. Alle umliegenden Häuser werden evakuiert. Elf Löschzüge sind im Einsatz. Aus den oberen Stockwerken konnten Menschen gerettet werden. Zur Zeit versuchen die Feuerwehrleute ein Übergreifen der Flammen auf benachbarte Häuser zu verhindern.

Ein voller Erfolg. Ich war in Hochstimmung. Druckeberger und der Professor müßten es schaffen, rechtzeitig in Rappottenstein einzutreffen. Ich holte mir eine Flasche Bier aus dem Kühlschrank und schaltete den Fernsehapparat an. ETV sendete schon um ein Uhr die ersten Bilder. Ein Feuerwehrmann sagte: »Es ist zu früh, um über die Ursache zu reden. Unsere Experten werden das genau untersuchen. Im Moment kann Brandstiftung nicht ausgeschlossen werden.«

Zwischen halb zwei und zwei – ETV hatte mittlerweile eine ständige Liveschaltung – riefen die Kameraden nacheinander an. Sie sagten *Hallo*, und ich legte den Hörer auf. Um zwei Uhr schloß ich die Außenklingel wieder ans Telefon an und ging heim.

Der Gürtelhausbrand war das Medienereignis der nächsten zwei Wochen. Obwohl es schon am zweiten Tag eine Nachrichtensperre gab, waren die Zeitungen täglich voll mit den neuesten Details. Es wurden 23 verkohlte Leichen geborgen. Später starb noch eine Frau im Krankenhaus. Die meisten Leichen konnten nicht identifiziert werden. Der Hausbesitzer wurde verhaftet. Einige der geretteten Hausbewohner waren, so stellte sich heraus, Ausländer, die sich illegal im Land aufhielten. Sie wurden verhört und in ihre Herkunftsländer abgeschoben.

Vom Souterrain des Gürtelhauses dürfte nur die Angolanerin überlebt haben. Sie und der *Geringste* waren nebeneinander in einer Zeitung abgebildet. Darunter stand: *Die Glücksvögel im Unglück. Sie verbrachte die Nacht bei Freunden, er feierte eine Erbschaft am Attersee.* Später wurde die Angolanerin verhört. Dabei kam nach und nach der wahre Grund ihrer Abwesenheit ans Tageslicht. Sie machte auch Aussagen über den *Geringsten* und über andere Bewohner des Souterrains. Beim Prozeß konnten ihre Angaben jedoch nicht überprüft werden. Es stellte sich heraus, daß die Fremdenpolizei sie längst abgeschoben hatte. Der Richter sagte damals zum Oberst der Fremdenpolizei: »Sie sind etwas übereifrig, Herr Kollege.«

Wir hatten uns eine zweimonatige Kontaktsperre auferlegt. Nur mit dem Polier und dem Bladen sprach ich manchmal leise im Baucontainer. Der Polier sagte: »Joe hat ein felsenfestes Alibi. Wir waren die ganze Nacht unterwegs, von einem Lokal ins andere. Um Mitternacht sind wir zum Sommerfest nach Nußdorf gefahren. Stell Dir vor, wen wir dort getroffen haben: Waldheim. Es gab eine Waldheim-Bar. Wir gingen hinein. Da saß er tatsächlich auf einem Fauteuil. Wir haben ihn natürlich sofort in ein Gespräch verwickelt. Aber ich fürchte, bei seinen amtsbekannten Gedächtnislücken wird er ein schlechter Zeuge sein.«

Der Polier fuhr an den Wochenenden allein nach Rappottenstein. Er entfernte die Dekoration des High-Tech-Raums und schaffte die Waffen zu seinem Onkel nach Wien.

Etwa zehn Tage nach dem Gürtelhausbrand wurden Druckeberger und der Professor verhaftet. Ich las es in einer Zeitung im Café Rainer. Am Abend stand es auch in allen anderen Zeitungen. Der Polier fuhr sofort nach Rappottenstein, um die Videos und Disketten zu holen. Da er nicht wußte, wo er sie verstecken sollte, brachte er sie zu Feilböck. Am nächsten Tag sagte er: »Feilböck war nervös. Ich hoffe, er hält durch. Zuerst wollte er die Videos gar nicht nehmen. Er sagte: Die Aktion war ein Fehler. Ich habe ihm den kleinen Finger vor die Nase gehalten. Dann hat er mir das Zeug doch abgenommen. Er wollte es noch in der Nacht zu seinen Eltern in den Keller bringen.«

Warum der Professor und Druckeberger verhaftet wurden, habe ich nie herausbekommen. Es ergab sich auch nicht aus der Gerichtsverhandlung. Druckebergers Auto wurde kriminaltechnisch untersucht. Im Fond wurden Spuren der Innereien des Lammes gefunden, und im Kofferraum Spuren von zwei Ölkanistern. Es wurde sogar nachgewiesen, daß nicht Öl, sondern Benzin in den Kanistern war. Ein Tankwart bezeugte, daß der *Geringste* sein Heizöl mit Ölkanistern gekauft hatte, wie sie beim Brandanschlag verwendet wurden. Im verkohlten Abteil des *Geringsten* fand sich der zerschmolzene Einfüllstutzen. Die Kanister fehlten. Der *Geringste* war längst auf der Flucht.

Nach dem Verbot der *Bewegung der Volkstreuen* habe ich unsere Abmachung für den Fall von Verhaftungen gebrochen und den Professor einmal im Gefängnis besucht. Das war unmittelbar vor seiner Berufungsverhandlung. Ich durfte ihn nur eine Viertelstunde durch eine Glasscheibe sehen. Unser Gespräch wurde von einem Beamten überwacht, der hinter dem Professor auf und ab ging. Das Gesicht des Professors war voll eitriger Pickel. Er sagte: »Die verweigern mir meine Hautmedikamente.«

Ich drückte die Sprechtaste und fragte: »Mit welcher Begründung?«

Der Professor lachte. »Das ist ein Gefängnis und kein Schönheitssalon. Basta.«

Ich schaute ihn an und wartete, ob er mir irgendein Zeichen geben würde. Aber es kam nichts. Die Stille machte den Beamten aufmerksam. Ich drückte wieder die Sprechtaste: »Wie konntet ihr euch nur einen solchen Blödsinn einfallen lassen!«

Er schlug mit der Faust auf die Resopalplatte und sagte etwas, was ich nicht verstehen konnte. Dann drückte er die Taste: »Verdammt noch mal, ich war es nicht.«

»Aber warum seid ihr angeklagt worden?«

»Das weiß nur Gott allein.«

Er wußte es wirklich nicht, sonst hätte er es mir angedeutet. Es kann auch sein, daß er mir sagen wollte: Nur der *Geringste* weiß, von wem der Hinweis kam. Wir auf der Baustelle waren sicher, daß der Professor und Druckeberger schweigen würden. In der Berufungsverhandlung wurde das Urteil *lebenslänglich* bestätigt, ohne daß einer von ihnen auch nur ein Wort gesagt hätte.

Nach dem Verbot der *Bewegung der Volkstreuen* hatte ich mit Ausnahme des *Geringsten*, dessen Gedanken über den Verrat ich damals noch nicht kannte, jeden im Verdacht. Selbst der Polier und der Blade könnten Verräter sein. Dieses Mißtrauen wurde ich auch nach der Wiederkehr des *Geringsten* nicht los. Nach Feilböcks Verrat der Aktion *Harmagedon* traute ich es ihm zu, daß er auch für den Gürtelhausbrand den entscheidenden Hinweis gegeben haben könnte. Wahrscheinlich dachten alle so. Aber darüber wurde nicht mehr offen gesprochen – die Totenmessen von Rappottenstein waren vorbei. Andererseits hatte Feilböck, als klar war, daß die Rache für mich verschoben wird, den Gürtelhausbrand eifrig mitgeplant. Ich habe keinen Anhaltspunkt dafür, daß Feilböck schon damals umgefallen ist. Es könnte auch ein anderer gewesen sein. Ich war es nicht, wenigstens das weiß ich sicher.

Heute ist mir sogar unklar, wie es überhaupt zu unserem ersten Anschlag kam. Ich halte es für möglich, daß der *Geringste* sich die Verletzungen selbst zugefügt hat. Er hatte das Zeug dazu, er schonte sich nicht. Feilböck wollte sich zum Kampfstrategen unserer Gruppe machen. Mit dem Gürtelhausbrand hat der *Geringste* ihn besiegt. Die Aktion Türkenlokal ging ihm gegen den Strich. Im Grunde war er nicht der Mann, der sich mit Ausländern prügelte. Das war für ihn widerliche Kleinarbeit. Er dachte im großen. Natürlich absolvierte er, als das Los auf ihn fiel, wie alle anderen seine Bewährungsprobe. Das geschah im letzten Waggon der U6, als der Zug in die Haltestelle Thaliastraße einrollte. Da hat er blitzschnell einen Ausländer, der allein auf der hinteren Plattform stand, mit dem Kopf an die

Kante des Fahrscheinentwerters geschlagen. Wir waren alle im Zug. Plötzlich sehe ich den *Geringsten* seelenruhig über den Bahnsteig gehen. Ein paar von uns waren sogar im selben Waggon. Die hatten es nicht mitgekriegt. Der Ausländer hatte keinen Muckser gemacht. Erst als andere Fahrgäste zustiegen, wurde der Vorfall auch im Waggon bemerkt. Der Mann saß mit blutiger Nase am Boden und weinte. Ein jämmerlicher Waschlappen. Jemand lief vor zum U-Bahn-Fahrer. Die Rettung wurde verständigt. Nacheinander stiegen alle Fahrgäste aus und schauten in den letzten Waggon hinein. Wir machten uns davon. Es gab wieder Grund zum Feiern.

WÜSTE LANDSCHAFT SEELE:
ÖSTERREICHISCHE
INNENANSICHTEN

Carl Merz/Helmut Qualtinger
Das Schreckenskabinett des Dr. Österreicher

DR. ÖSTERREICHER Meine sehr verehrten Herrschaften! Mein Name ist Dr. Österreicher. Die Wissenschaft schreitet unaufhaltsam fort – auch wenn Sie es nicht glauben –, sogar in Österreich. Wie Sie wissen, ist die Menschheit von einem Strahlenmeer umgeben – jeden Tag werden ... neue Strahlen ausgestrahlt –, in Seibersdorf, in Podersdorf, überhaupt in jedem Dorf ... Die Menschen gehen strahlend herum, die Gefahr wächst. Sogar mitten in der Stadt, am Schwarzenbergplatz, gibt es Hochstrahlen. Wie lange wird die Bevölkerung das aushalten?
Ich habe das Gehirn des österreichischen Menschen untersucht, und es ist Grauenhaftes dabei herausgekommen. Angeregt durch das Beispiel meiner Kollegen Prof. Frankenstein, Dr. Thosti, Dr. Bondi, Dr. Jekyll und anderer Hollywoodwissenschaftler, habe ich mich bemüht, im jahrhundertealten Dunst eines Kellers, der auf der einen Seite vom Gumpoldskirchner, auf der anderen von Almdudler bestrahlt worden ist, einheimische Typen untereinander zu verschneiden, ihre Gehirne in einer Nährlösung von Enzian, Sterz und Leberknödelsuppe zu kultivieren und zu überpflanzen. Die Resultate sind sensationell, und Sie werden sich selbst überzeugen können: So grauslich wie die Amerikaner sind wir noch lange.

Vorhang auf.
Ein SPÖ- und ein ÖVP-Mann mit eingebundenem Kopf auf der Bühne.

DR. ÖSTERREICHER Hier ist eines meiner ersten Experimente: Ich habe zwei Politikern den Schädel geöffnet und die Gehirne ausgetauscht. Es handelt sich um zwei Vertreter der Koali-

tionsparteien, und Sie können hier zum ersten Mal sehen, was in einem österreichischen Gehirn vorgeht, wenn die Rechte weiß, was die Linke tut und umgekehrt. *Zu einem der beiden:* Was wünschen Sie sich?
ERSTER Backhendl.
DR. ÖSTERREICHER *zum zweiten*: Und Sie?
ZWEITER Schnitzel.
DR. ÖSTERREICHER Ich frage nach Ihren politischen Wünschen!
ERSTER Wenn's nur so bleibt wie bisher ...
DR. ÖSTERREICHER Und Sie?
ZWEITER Hauptsache, ich behalt' mein Mandat.
DR. ÖSTERREICHER Was ist Ihnen das Wichtigste an der Politik?
ERSTER Diäten.
ZWEITER Immunität.
DR. ÖSTERREICHER Und was haben Sie sich gegenseitig vorzuwerfen?
ERSTER *zeigt auf zweiten*: Er hat genommen ...
ZWEITER *zeigt auf ersten*: Er hat unter den Nagel gerissen.
DR. ÖSTERREICHER Was tun Sie gegen die Korruption?
ERSTER Erst schimpfen, dann vertuschen.
ZWEITER Erst vertuschen, dann schimpfen.
DR. ÖSTERREICHER Und was ist Ihr politisches Ziel?
BEIDE *a tempo*: Koalition.
DR. ÖSTERREICHER Es ist gut, Sie können gehen ...
ZWEITER *im Abgehen*: Herr Doktor, warum haben Sie uns das Hirn ausgetauscht?
DR. ÖSTERREICHER Das Gehirn funktioniert, aber die Menschen stimmen nicht. Es gibt natürlich auch Experimente am untauglichen Objekt. So habe ich den Kesslerzwillingen die Beine ausgetauscht. Aber das gehört nicht hierher ... Und hier bitte: das nächste Kind meiner Laune:
MARTINI *tritt auf mit einem Bart.*
DR. ÖSTERREICHER ... Nicht ganz erfolgreich war auch dieses Experiment; ich habe versucht, dieses Wesen auf alle möglichen Arten umzuwandeln oder zu vernichten. Aber es läßt sich weder ändern noch umbringen. Ich muß sagen, es ist ein

Phänomen: es ist unsterblich. Wie heißen Sie, mein Fräulein?
MARTINI Korruption. Ich hab' so einen Bart ...
DR. ÖSTERREICHER Fühlen Sie sich wohl hier in Österreich?
MARTINI O ja ...
DR. ÖSTERREICHER Wo sind Sie tätig?
MARTINI Ich bin Staatsangestellte.
DR. ÖSTERREICHER Haben Sie einen Freund?
MARTINI Viele ...
DR. ÖSTERREICHER Und was machen die?
MARTINI Sie haben so viel zu tun, jetzt vor der Wahl.
DR. ÖSTERREICHER Wie geht es Ihnen gesundheitlich?
MARTINI Ich werde immer dicker. Aber ich hab' so einen Bart ...
DR. ÖSTERREICHER Haben Sie Feinde?
MARTINI Die Leute haben sich an mich gewöhnt. Nur – ich hab' so einen Bart ... Ich hab' so einen langen Bart ...
DR. ÖSTERREICHER Gehen Sie weg, Fräulein, Sie langweilen uns. Jeder Mensch in Österreich weiß, daß Sie, die Korruption, so einen langen Bart haben.
MARTINI *ab.*
DR. ÖSTERREICHER Und nun ein künstliches Gebilde, ein Meisterwerk österreichischer Präzisionsarbeit.
WEHLE *tritt mit mechanischen Bewegungen als Frankenstein auf.*
DR. ÖSTERREICHER Das österreichische Kleinmonster, der Frankenstein des kleinen Mannes, aus Frankenstein an der Donau. Er hatte bereits großen Erfolg auf der Monstermesse in Graz. Also sag mir, von wo kommst du?
WEHLE *zappelt und gibt unartikulierte Laute von sich.*
DR. ÖSTERREICHER Nanana! Schön langsam, der Reihe nach! Also von wo ist das da? *Zeigt auf seine Hand.*
WEHLE Kapfenberg ... Donawitz.
DR. ÖSTERREICHER *zeigt weiter:* Und das da?
WEHLE ... Simmering-Graz-Pauker ... Böhler ... Steyr-Daimler-Puch ... Persenbeug ... Wiener elektrische Straßenbahn ...
DR. ÖSTERREICHER Da fehlt ja noch ein Stück ...

WEHLE St. Andrä-Wördern. Ist nicht fertig worden ...
DR. ÖSTERREICHER Und wer hat dich bezahlt?
WEHLE Länderbank, Creditanstalt, Arbeiterbank ... *Er beginnt zu zappeln.*
DR. ÖSTERREICHER Ruhig! Ruhig! *Zum Publikum:* Sie sehen, es ist eine typische österreichische Fehlkonstruktion. Die Teile arbeiten immer gegeneinander.
WEHLE *macht Miene, auf ihn loszugehen* Aufbauanleihe ... Bundesanleihe ... Energieanleihe ...
DR. ÖSTERREICHER Wirst du ruhig sein! Ganz ruhig! Sonst wirst du verstaatlicht!
WEHLE *winselt, dreht sich um* und *will durch die Wand abgehen.*
DR. ÖSTERREICHER Halt! Halt! Nicht da!
WEHLE *geht durch die Wand ab.*
DR. ÖSTERREICHER Sie sehen – österreichische Präzisionsarbeit. Dafür ist das folgende Exemplar um so besser gelungen – ein echter bodenständiger Vampir, Graf Dracula an der Thaya.
VAMPIR *tritt auf, schnuppert und schmatzt herum* Wurzen ... neppen ... aussaugen ... z'sammfangen ... astieren ...
DR. ÖSTERREICHER In welcher Branche arbeiten Sie?
VAMPIR Österreichischer Fremdenverkehr ... bis zum letzten Blutstropfen ...! Wo is' a Ausländer?
DR. ÖSTERREICHER Wo wohnen Sie?
VAMPIR Am Wörthersee ... in Gastein ... Salzkammergut ... überall, wo's a schöne Gegend gibt ... in Salzburg sind für mich besondere Festspiele ...
DR. ÖSTERREICHER Was haben Sie da?
VAMPIR Das ist mein Vampirbauch.
DR. ÖSTERREICHER Vampire sind mager. Warum sind Sie so dick?
VAMPIR Ich bin schon zwanzig Jahre beim Fremdenverkehr ...
DR. ÖSTERREICHER Ist das eine Lebensstellung?
VAMPIR Nur so lang, bis die Steuer kommt. Dann werd' ich wieder ganz mager. Die saugen ganz anders. *Im Abgehen:* Umsatzsteuer ... Gewerbesteuer ... Vergnügungssteuer ... Einkommenssteuer ... Lohnsteuer ...

DR. ÖSTERREICHER Guten Appetit. Graf ... guten Appetit! Wir sind am Ende unserer kleinen Schau.

MERZ *tritt als blindes Ungetüm mit deformiertem Kopf auf, lallt.*

DR. ÖSTERREICHER Ah – auf Sie hatte ich ganz vergessen ... also dieser Mann ist nicht ganz gelungen ... es gab eine einzige Verwendungsmöglichkeit für ihn. Er ist der Mann, der in Österreich die Posten verteilt. Er hört schlecht, dafür sieht er nichts. Aber er findet sich überall zurecht.

MERZ *schlägt sich den Kopf an.*

DR. ÖSTERREICHER Also überall nicht ... aber er hat einen ebenso ausgeprägten Gerechtigkeitssinn wie Gleichgewichtssinn.

MERZ *stolpert.*

DR. ÖSTERREICHER Das heißt, sein Gleichgewichtssinn ist auch nicht mehr so gut, aber sein Urteilsvermögen ist völlig intakt.

MERZ *beißt ins Proszenium.*

DR. ÖSTERREICHER Um Gottes willen, der Mann ist nicht nur blind, er ist auch ein Idiot.

MERZ Na, was denn haben Sie geglaubt, wer in Österreich die Posten verteilt?

Arthur Schnitzler
Ich
Novellette

Bis zu diesem Tage war er ein völlig normaler Mensch gewesen. Früh um sieben Uhr stand er auf, möglichst geräuschlos, um seine Frau nicht zu stören, die gern etwas länger schlief, trank eine Tasse Kaffee, küßte den achtjährigen Buben auf die Stirn, der in die Schule mußte, und bemerkte scherzhaft seufzend zu der sechsjährigen Marie: »Ja, nächstes Jahr kommst du auch dran.« Während er noch mit den Kleinen scherzte, pflegte seine Frau einzutreten, und es gab eine harmlose Unterhaltung, manchmal sogar recht vergnügt und immer ruhig, denn es war eine gute Ehe, ohne Mißverständnisse und ohne Unzufriedenheiten, sie hatten sich gegenseitig nichts vorzuwerfen. Um ein Uhr kam er aus dem Geschäft nach Hause, nicht einmal sonderlich müd, denn was er zu tun hatte, war weder sehr anstrengend noch sehr verantwortungsvoller Natur; er war Abteilungsvorstand, sogenannter Rayonchef in einem Warenhaus mäßigen Ranges in der Währingerstraße. Dann kam ein einfaches, wohlzubereitetes Mittagessen, die Kinder saßen dabei und waren brav und hübsch, der Bub erzählte von der Schule, die Mutter von einem Spaziergang mit der Kleinen, ehe sie den Großen von der Schule abgeholt, und der Vater berichtete allerlei von geringfügigen Erlebnissen, die sich im Warenhaus zugetragen, von neuen Créationen, Sendungen aus Brünn, erwähnte die besondere Trägheit des Chefs, der meist erst um zwölf im Geschäft erschien, [sprach] von irgendeiner komischen Erscheinung unter den Kunden, von einem eleganten Herrn, der weiß Gott durch welchen Zufall sich in das Vorstadtgeschäft verirrt, sich zuerst etwas hochnäsig benommen, dann aber von irgendeinem Krawattenmuster gerade zu entzückt gewesen, erzählte von Fräulein Elly, die wieder einmal einen neuen Verehrer hatte, aber ihn ging das eigentlich nichts an, sie war Verkäuferin in der Abteilung für Damenschuhe.

Dann legte er sich für ein halbes Stündchen hin, blickte flüchtig in eine Zeitung; um halb drei war er wieder im Geschäft, es gab viel zu tun, besonders zwischen vier und sechs, er konnte sich völlig den Kunden widmen, zu Hause ging ja alles den gewohnten Gang, die Frau ging mit den Kindern spazieren oder die verheiratete Schwägerin kam zu Besuch oder ihre Mutter; er traf sie manchmal noch zu Hause an.

Gegen acht aß man zu Abend; die Kinder waren schon früher zu Bett gebracht. An jedem zweiten Samstag erfolgte ein Theaterbesuch, dritte Galerie, dritte oder vierte Reihe, Operette zog er vor, aber zuweilen sah man sich auch ein ernstes Stück an, ein klassisches oder eine Gesellschaftskomödie, und den Beschluß solcher Abende machte ein bescheidenes Restaurant. Die Kinder waren indes in guter Obhut, Frau Wilhelm, der kinderlosen Frau des Arztes vom ersten Stock, war es eine rechte Freude, so lange in der Wohnung bei den Kleinen zu wachen, bis die Eltern nach Hause kamen.

Auch an diesem Abend, dem Samstag vor Pfingsten, waren sie im Theater gewesen, das Ehepaar Huber hatte dann im Gasthaus genachtmahlt, und als sie zu Bette gingen, war der Ehegatte so gut aufgelegt gewesen, daß Anna bemerkte, ob er sie nicht vielleicht mit Frau Constantin verwechsle, die heute die Hauptrolle gespielt und ihm so besonders gut gefallen hatte.

Am nächsten Morgen begab er sich, wie es seine Sonntagsgewohnheit war, auf einen kleinen Ausflug, fuhr mit der Straßenbahn nach Sievering, wanderte auf den Dreimarkstein, wo er einem guten Bekannten begegnete, mit ihm stehenblieb und über das schöne Wetter plauderte, dann spazierte er allein hinab nach Neuwaldegg. Er überschritt eine kleine Brücke, wie er es schon hundert Mal vorher getan, die weite große Wiese mit prächtigen Baumgruppen lag vor ihm, die er weiß Gott wie oft gesehen, und sein Blick fiel von ungefähr auf eine roh hölzerne Tafel, die an einen Baum genagelt war und auf der mit großen schwarzen Buchstaben, wie von Kinderhand geschrieben, das

Wort ›Park‹ zu lesen stand. Er erinnerte sich nicht, diese Tafel jemals früher gesehen zu haben. Sie fiel ihm auf, aber er dachte gleich: daß sie immer dagewesen war, man sah es ihr an, daß es eine ganz alte Tafel war. Ja natürlich, dies war ein Park, niemand konnte daran zweifeln, der Schwarzenbergpark war es, Privatbesitz des böhmischen Fürstengeschlechts, aber dem Publikum seit Jahrzehnten freigegeben. Doch da stand nicht Schwarzenbergpark oder Privatbesitz, sondern komischerweise einfach: Park. Man sah doch, daß es ein Park war, niemand konnte daran zweifeln. Er unterschied sich nicht sonderlich von der Umgebung, er war nicht abgeschlossen, es gab kein Entree, er stand nicht unter besonderen Gesetzen, es war Wald und Wiese und Wege und Bänke, jedenfalls war es ziemlich überflüssig, daß da eine Tafel hing, auf der das Wort ›Park‹ geschrieben stand.

Immerhin mußte es seinen Grund haben. Vielleicht gab es Leute, die nicht so sicher waren, wie er, daß das ein Park war. Vielleicht hielten sie es für ganz gewöhnlichen Wald [an der] Wiese, wie den Wald und die Wiesen, von denen er eben herunterkam. Denen mußte man es freilich in Erinnerung bringen, daß dies ein Park war. Ein schöner Park übrigens, herrlich – vielleicht gab es Leute, die es für ein Paradies gehalten hätten, wenn die Tafel dort nicht gehangen wäre. Haha, ein Paradies. Und da hätte vielleicht einer sich danach benommen – seine Kleider abgeworfen und öffentliches Ärgernis erregt. Wie sollte ich [denn] wissen, sagte er auf der Polizei, daß es nur ein Park war und nicht das Paradies. Nun konnte das nicht mehr passieren. Es war höchst vernünftig gewesen, die Tafel dorthin zu hängen. Er begegnete einem Paar, einem nicht mehr sehr jungen, wohlbeleibten Paar, und er lachte so laut, daß sie erschraken und ihn groß ansahen.

Es war noch nicht spät, er setzte sich auf eine Bank. Ja, es war ganz sicher eine, obzwar nicht darauf geschrieben stand, daß es eine Bank war und der Teich drüben, der wohlbekannte, war ganz bestimmt ein Teich – oder ein Weiher – oder ein kleiner See oder ein Meer, ja, es kam nur darauf an, wie man ihn ansah, für eine Eintagsfliege war es wahrscheinlich ein Meer. Für solche Eintagsfliegen sollte man auch eine Tafel aufhängen: Teich. Aber für die Eintagsfliegen war es ja eben kein Teich, und nebstbei konnten sie nicht lesen. Nun, wer weiß, dachte er weiter, wir wissen verdammt wenig von den Eintagsfliegen. Da schwirrte eine um ihn. Mittag war es – die war just einen halben Tag alt, vielmehr fünfzig Jahre … im Verhältnis, denn am Abend war sie ja tot. Vielleicht feierte sie soeben ihren fünfzigsten Geburtstag. Und die andern kleinen Fliegen, die um sie schwirrten, die waren Gratulanten. Ein Geburtstagsfest, dem er beiwohnte. Es war ihm, als säße er sehr lange da und er blickte auf die Uhr. Er war nur drei Minuten da gesessen, ja, dies war bestimmt eine Uhr, wenn auch auf dem Deckel nicht eingegraben stand, daß sie eine war. Aber es konnte ja auch sein, daß er träumte. Dann war das keine Uhr, dann lag er im Bett und schlief und auch die Eintagsfliege war nur ein Traum.

Zwei junge Burschen gingen vorüber. Lachten sie über ihn? Über seine dummen Einfälle? Aber die wußten ja nichts davon. So sicher war das freilich nicht. Es gab ja Gedankenlesen. Sehr möglich, daß dieser Junge mit der Hornbrille ganz genau wußte, was in ihm vorging und darüber lachte. Die Frage war nur, ob er Grund dazu hatte, dieser Jüngling mit der Hornbrille? Denn es wäre ja möglich, daß dies Ganze wirklich ein Traum war, dann träumte er auch das Lachen dieses Andern.

Mit einem plötzlichen Entschluß trat er sich selbst mit einem Fuß auf den andern, und zum Überfluß faßte er sich an der Nase. Er spürte alles ganz genau. Und das wollte er als Beweis für sein Wachsein gelten lassen. Kein sehr zwingender freilich, denn am Ende konnte er auch den Fußtritt und den Griff an die Nase träumen. Aber er wollte sich für diesmal zufrieden geben.

Er machte sich auf den Heimweg, um eins erwartete ihn das Mittagessen. Er fühlte sich sonderbar leicht, er lief geradezu, er schwebte, nicht nur figürlich. Es kam immer ein Bruchteil einer Sekunde, in der keiner seiner Füße den Boden berührte.

Er nahm die Straßenbahn. Die flog noch rascher als er; geheimnisvoll diese elektrische Kraft. Es war halb zwei. Nun feierte die Eintagsfliege ihren fünfundfünfzigsten Geburtstag. Die

Häuser rasten an ihm vorbei. So, nun mußte er umsteigen. Er wußte genau, daß er hier umsteigen mußte. Sonderbar, das alles zu wissen. Wie wenn er vergessen hätte, daß er in der Andreasgasse wohnte? Andreasgasse vierzehn, zweiter Stock, Tür zwölf. Bestimmt. Was alles in einem Gehirne Raum hat. Er wußte auch, daß er morgen acht Uhr früh im Geschäfte sein wollte. Er sah es vor sich, er sah die Krawatten, sah jedes Muster. Hier war die blau-rot-gestreifte, hier die gesprenkelte, hier die mit dem gelblichen Ton. Er sah sie alle, und er sah auch die Aufschrift über dem Fach, da stand: Halsbinden, obwohl doch jeder wußte, daß es Halsbinden waren. Ganz klug, daß dort an einem Baum die Tafel ›Park‹ hing. Nicht alle Menschen waren so geistesgegenwärtig und scharfsinnig wie er, daß sie ohne weiteres wußten, dies ist ein Park, und dies ist eine Halsbinde.

Er stand vor seiner Wohnungstür. Er hatte weder bemerkt, daß er die Straßenbahn verlassen, noch daß er durch seine Gasse gegangen, noch daß er durch das Haustor getreten, noch daß er die Treppe hinaufgegangen war. Möglich, daß er heraufgeflogen war. Man setzte sich zu Tisch. Dies war der Suppentopf, dies waren die Suppenteller, Löffel, Gabel, Messer. Er wußte es von allen ganz genau. Für ihn mußte man keine Bezeichnungen hinschreiben. Er betrachtete alle Gegenstände sehr sorgfältig. Es stimmte. Und er erzählte von der Eintagsfliege, die eben ihren Geburtstag feierte. Sie hatte große Assemblé. Das Wort flatterte durch die Luft. Niemals in seinem Leben hatte er dieses Wort ausgesprochen. Wo kam es her? Wo ging es wieder hin?

Nachmittags konnte er nicht schlafen. Er lag auf dem Diwan im Speisezimmer, niemand war bei ihm. Er nahm sein Notizbuch. Es war bestimmt sein Notizbuch und weder seine Brief- noch seine Zigarrentasche, und schrieb auf ein Blatt ›Kredenz‹, auf ein anderes ›Schrank‹, auf ein anderes ›Bett‹, auf ein anderes ›Sessel‹. Das mußte er einige Male schreiben. Dann befestigte er diese Blätter an die Kredenz, an den Schrank, schlich sich ins Schlafzimmer, wo seine Frau ihren Nachmittagsschlummer hielt, und mit einer Stecknadel befestigte er das Blättchen ›Bett‹. Er ging weg, ehe sie aus dem Mittagsschlaf erwacht war. Dann begab er sich in das Kaffeehaus und las Zeitung, vielmehr, er versuchte es nur. All das Gedruckte, das er vor sich sah, erschien ihm verwirrend und beruhigend zugleich. Hier standen Namen, Bezeichnungen, über die ein Zweifel nicht bestehen konnte. Aber die Dinge, auf die sich diese Namen bezogen, waren weit. Es war ganz sonderbar zu denken, daß eine Beziehung existierte zwischen irgendeinem Wort, das da gedruckt war, z.B.: Theater in der Josefstadt, und dem Haus, das ganz woanders in einer anderen Straße stand. Er las die Namen der Darsteller. Zum Beispiel Dubonet, Advokat – Herr Mayer. Diesen Herrn Dubonet, das war das Allerseltsamste, den gab es gar nicht. Den hatte irgendwer erfunden, aber hier stand sein Name gedruckt. Der Herr Mayer aber, der den Dubonet spielte, der existierte wirklich. Es konnte sein, daß er diesem Herrn Mayer schon oft auf der Straße begegnet war, ohne nur zu ahnen, daß es gerade Herr Mayer war. Er trug ja keine Aufschrift, wenn er auf der Straße spazierenging. Und täglich begegnete er so Hunderten Menschen, von denen er nicht im entferntesten ahnte, woher sie kamen, wohin sie gingen, wie sie hießen, es konnte sein, daß einer von ihnen, kaum um die Ecke, vom Schlag getroffen tot zusammenstürzte. Am nächsten Tag stand es wohl auch in der Zeitung, daß Herr Müller, oder wie er hieß, tot zusammengestürzt sei; er aber, Herr Huber, würde keine Ahnung haben, daß er ihm noch fünf Minuten vor seinem Tode begegnet war. Erdbeben in San Franzisko. Das steht auch hier in der Zeitung. Aber außer diesem Erdbeben, das hier in der Zeitung stand, gab es doch noch ein ganz anderes, das wirkliche. Dann fiel sein Blick auf Inserate, Ankündigungen. Es gab Geschäfte, die ihm bekannt waren. Bei diesem oder jenem Inserat stieg zu gleicher Zeit ein Gebäude vor ihm auf, in dem er jenes Geschäft wußte oder vermutete. Andere aber blieben tot. Er sah nichts als die gedruckten Buchstaben.

Er blickte auf. In der Kassa saß das Fräulein Magdalene. Ja, so hieß sie. Es war ein etwas außergewöhnlicher Name für eine Kaffeehauskassierin. Er hörte nur immer den Namen von den Kellnern ausgesprochen. Er selbst hatte nie das Wort an sie gerichtet. Da saß sie, etwas dick, nicht mehr ganz jung, immerfort beschäftigt. Niemals hatte er sich um sie im geringsten gekümmert. Jetzt plötzlich, nur weil er sie zufällig angesehen, trat sie aus all den andern hervor. Das Kaffeehaus war ziemlich gefüllt, mindestens sechzig, achtzig, vielleicht hundert Menschen waren da. Höchstens von zweien oder dreien kannte er den Namen. Unbegreiflich, daß diese gleichgültige Kassierin plötzlich die wichtigste Person war. Einfach dadurch, daß er sie ansah. Von allen andern wußte er gar nichts, alle waren sie Schatten. Auch seine Frau, seine Kinder, alle waren sie geradezu nichts im Verhältnis zu Fräulein Magdalene. Die Frage war jetzt nur, was für einen Zettel man ihr ankleben sollte. Magdalene? Fräulein Magdalene? Oder Sitzkassierin? Jedenfalls war es unmöglich, dieses Kaffee zu verlassen, ehe er sie richtig bezeichnet. Es war beruhigend zu wissen, daß draußen auf einer Tafel das Wort ›Park‹ geschrieben stand. Die ganze Landschaft, durch die er heute gewandert, verschwand wie hinter einem Vorhang. Sie existierte nicht mehr. Er atmete auf, wenn er an die hölzerne Tafel dachte. ›Park‹.

Indes hatte er seinen schwarzen Kaffee ausgetrunken, der Kellner räumte die Tasse mit Schale und Glas fort, die weiße Marmorplatte lag nackt vor ihm. Unwillkürlich nahm er seinen Bleistift und schrieb mit großen Buchstaben auf die Platte: ›Tisch‹. Auch das erleichterte ihn ein wenig. Aber wie viel gab es noch zu tun?

Als er wieder heimkam, waren alle Zettel entfernt, die er an die verschiedenen Gerätschaften befestigt hatte. Seine Frau fragte ihn, was ihm denn eigentlich eingefallen sei. Er fühlte, daß er sie vorläufig nicht einweihen durfte, und sagte, es sei ein Scherz gewesen. Immerhin, es sei doch ein nützlicher Scherz, nicht wahr? Man sollte die Kleinen rechtzeitig daran gewöhnen, von allen Dingen und Menschen auch zu wissen, wie sie heißen. Welche ungeheure Verwirrung war in der Welt. Niemand kennt sich aus.

Nachmittag kam die Schwiegermutter mit der verheirateten Schwägerin zu Besuch. Während sie drin ihren Kaffee trinken mit Marie (seiner Frau), benützt er die Gelegenheit, schreibt Zettel, ›Schwiegermutter‹, ›Schwägerin‹ und heftet sie an die Mäntel. Die merkten es nicht, als sie fortgingen.

Am nächsten Morgen versieht er die Kleidungsstücke von Sohn und Tochter, ehe sie in die Schule gehen, mit Zetteln.

Im Geschäft läßt er sich beim Chef melden, macht ihm Vorschläge: überall soll man Zettel hinspendeln, auch auf die Krawatten zum Beispiel, sogar die Farben muß man bezeichnen. Graue Krawatte, rote, es gibt ja Farbenblinde. Er besteht auch darauf, daß die einzelnen Verkäuferinnen betitelt werden.

Er kommt nach Hause, ist empört, daß alle Zettel wieder entfernt sind. Die Kinder kommen aus der Schule, er ist beruhigt, da er die Zettel, die aus irgendeinem Grunde nicht entfernt wurden, vorfindet.

Indessen hat die Frau den Arzt verständigt. Wie der hereintritt, tritt ihm der Kranke entgegen mit einem Zettel auf der Brust, auf dem mit großen Buchstaben steht: ›Ich‹. –

Elfriede Jelinek
Die Kinder der Toten
(Ausschnitt)

Das Land braucht oben viel Platz, damit seine seligen Geister über den Wassern ordentlich schweben können. An manchen Stellen gehts über dreitausend Meter weit hinauf. Soviel Natur ist auf dieses Land verwendet worden, daß es seinerseits, vielleicht um seine Schuld an die Natur zurückzuzahlen, mit seinen Menschen immer recht freigebig umgegangen ist und sie, kaum angebissen, auch schon wieder weggeworfen hat. Die großen Toten des Landes, um nur einige von ihnen zu nennen, heißen Karl Schubert, Franz Mozart, Otto Hayden, Fritz Eugen Letzter Hauch, Zita Zitter, Maria Theresiana, zuzüglich dem, was deren Militärakademie in Wiener Neustadt bis 1918 und in Stalingrad 1943 hervorgebracht hat und noch ein paar Millionen Zerquetschte. Ein Ort des Handelns und Dawiderhandelns also, und zu diesem Handel und Verwandel gehört der Fremdenverkehr, bei dem die Leute, statt abgenützt und weggeschmissen zu werden, neuer und besser zurückkommen, als sie hineingegangen sind, aber weniger für sich kriegen, denn ihr Budget ist aufgebraucht. Es hat sich aber ausgezahlt. Manche stürzen leider auch ab dabei. Wir befinden uns (und empfinden unser Dasein besonders stark!) in einem österreichischen Dorf – vielmehr an dessen äußersten Ausläufern, die sich der Berg schon in die Hosentaschen stopft. Es ist eher ein Randgebiet des Tourismus, beinahe unerschlossen. Nur ältere Menschen und kinderreiche Familien fahren hierher, denn es gibt wenig Sport- und Unterhaltungsmöglichkeiten. Dafür gute Luft und tiefe Wälder. Und schöne Berge, die etwa um die zweitausend Meter hoch sind, ein paar sind noch höher; das Gebiet gehört aber noch nicht ganz zum hochalpinen Bereich. Wanderwege, eine kleine Lokalbahn, Bäche, ein klarer Fluß, aber wenn die Techniker das Stauwerk zu schnell öffnen, dann ersticken die Forellen im Schlamm und treiben, die Bäuche nach oben, glitzernde Geschwader von Hundertschaften, die eben noch über ihre ziemlich schwankende Straße gezogen sind, bei der Brücke herum und vertreiben die Ausflügler, die hinüber in den Gasthof wollen, der in den Fels hineingebaut und nur über eine Art Hühnersteige, einen beinahe unwegsamen Pfad, zu erreichen ist.

Einige der Gäste haben sich heute für einen Ausflug angemeldet. Sie wollen das Wildalpengebiet mit seinen Seen und das Schlößchen des Erzherzogs der Habsburger besichtigen, welcher damals die Postmeisterstochter aus Aussee geheiratet und das Land daraufhin wie ein Maulwurf umgegraben hat – es mußte doch, außer den Töchtern über der Erde, auch noch etwas Eisen für die Söhne unter der Erde übriggeblieben sein, das man zu Scharen von Pflügen oder Kanonen, beide wie immer einträchtig nebeneinander, verarbeiten konnte. Die Erde gab das Erz, und die Hammerherren aus der Mürzfurche und die Eisenherren aus Wien gaben ihr des Landes weiche Kinder, Futter für die Kanonen, wieder zurück. In dieser Gegend kann man sich also eine Menge anschauen, wenn man sich für die Geschichte des Erzhauses interessiert. Frische kalte Luft. Der rechtzeitig bestellte Kleinbus hält vor dem Gasthof, der einen Bauernhof und eine Fremdenpension an sich angekoppelt hat. Es haben sich sechs Leute für die Tour angemeldet. Zwei von ihnen, ein Ehepaar aus dem Ruhrgebiet, trödeln im Eingang herum, fragen sich gegenseitig nach vergessenen Gegenständen und dem vorgesehenen Ort des Mittagessens ab (im Preis inbegriffen), nach einiger Zeit schließt sich ihnen eine alleinstehende Dame aus Halle an, man plaudert ein wenig, wird das Wetter halten, wird die Kleidung passend, wird gar eine Führung durch einen der Nachkommen des Erzherzogs zu erreichen sein? Wird man die berühmte Männertreu-Distel, die um der geliebten Postmeisterstochter willen vom Herrn Habsburg höchstpersönlich gepflanzt wurde, im Garten bewundern

können? Der Chrysler Voyager, der die Ausflüglergruppe aufnehmen möchte, schiebt seine Stupsnase über den Parkplatz, er hat schon Witterung aufgenommen von seiner lebendigen Beute. In seiner Macht liegt es, wen er am Ziel abliefern wird und in welchem Zustand, er hat wilde Pferde unter der Haube. Der Chauffeur ist jetzt schon leicht angetrunken, das macht ihm aber nichts, denn hier sind immer alle etwas bezecht, es ist ja Landessitte, und die Landesmeister treten mit ihren Ausscheidungen jeden Abend vor dem Gasthof gegeneinander an. Morgens um acht spielen noch nicht einmal die Vorrundenspieler, die schlafen, bleiern vom Vorabend. Als die drei Fahrgäste bereits die besten Plätze vorn erklommen haben, bereit, sich auf die wassergraue Landstraße hinausschieben zu lassen, die links und rechts, oben und unten von saftigem Grün beinahe zerquetscht wird, kommen die übrigen vier Personen, halt, das ist ja eine zuviel, macht nichts, wir rücken zusammen. In den Ferien mutet man sich gern zu, was man zu Hause nicht ertragen würde. Einer, ein junger Mann, hat sich nicht angemeldet, möchte aber trotzdem mit. Andre wieder, Mutter und Tochter offensichtlich, die Tochter auch nicht mehr die Jüngste, werden sicher nicht verzichten wollen oder sich trennen. Außerdem will die alte Frau unbedingt ganz vorne sitzen. Das geht nicht. Aber es geht sich aus, daß sich alle ins Auto hineinquetschen können. Wir sind ja alle nicht so dick, scherzen die Fahrgäste, die gern in Gesellschaft sind. In der Luft liegt ein geheimnisvolles Sagen, daß der Tag doch noch schön wird, und daß Menschen etwas lernen wollen, um von ihrer Zugehörigkeit zu dieser Welt gern, nur allzu gern, überzeugt zu werden.
Jetzt ist schon etliche Zeit vergangen, die Sonne ist ein wenig geklettert, sie holt jetzt, auf Mittag zu, Atem, aber der Wagen, der rollt, jetzt klettert er auch noch eine Bergstraße hoch, höher und immer höher schraubt er sich die Serpentinen hinan. Es scheint draußen recht warm zu sein. Menschen auf Rädern zeigen ihre Körper. Das Straßenband ein hellgraues, lebendiges Dauern. Das Bergpanorama erschließt sich hier, am sogenannten Niederalpl, in all seiner Pracht, die Gipfel werden benannt,

sie ertrinken fast in all der Sonne, beruhigend brummt der Motor. Es geht jetzt dem höchsten Punkt, dem Scheitel dieser uralten Paßstraße entgegen, und am anderen Ende müssen wir wieder hinunter. Die Unwetter des Sommers, die hier besonders heftig gewütet haben, sie haben Teile der Straße mit sich hinunter in den Fluß gerissen. Hübsche, rotweißrote Plastikstreifen sind immer wieder am Straßenrand zwischen Stöckchen gespannt, dort wo der Asphalt weggebrochen ist; Vorsicht Autofahrer unterwegs sowie andere Verkehrsteilnehmer! Wo früher ein festfrohes Bankett war und man stets grade noch ausweichen konnte, wenn einem ein größerer PKW entgegenkam, ist jetzt ein jäher Abbruch, eine gezackte Wunde in den Seiten der Straße. Man muß nichts, keine Lanze, hineintauchen, um zu sehen, daß die Wunde echt ist. Immer wieder Tafeln mit extremer Geschwindigkeitsbeschränkung, Schritttempo ist hier befohlen. Eine Stimme aus Halle an der Saale fordert in fremdartigem Deutsch die Einhaltung dieses Gebots, uralte Gehorsamkeiten zucken in den Pfoten dieser Frau, aber hierzulande beachtet man die Gebote der Behörden grundsätzlich nicht so genau, die hungrig an uns hängen und uns jeden Spaß verderben wollen. Hier ist die Obrigkeit noch etwas, das grundsätzlich bekämpft gehört. Na, fahren wir halt trotzdem einen Sechziger, was wird schon passieren. Ich sage es Ihnen: Es will leider ein Reisebus zufällig genau denselben Straßenabschnitt passieren. Pech. Diese mit buntem, werbendem Blech verkleidete Riesengestalt ist hier eindeutig der Stärkere. Das Ungeheuer, das vor einem Monat ein Stück von der Straße seitlich abgebissen und in den Bach gespuckt hat, bekommt unerwartet eine Nachspeise serviert, die auch nicht viel genießbarer ist. Nur etwas Garnierung fehlt noch, doch halt, die liefern wir nach: diese blutige Wolljacke zum Beispiel macht sich gut, der heruntergerissene Schuh dort, ja, ein bißchen asymmetrisch, der zweite fehlt, der steckt noch an einem verdreckten, verdrehten Fuß. Und was macht der Kleinbus auf einmal dort unten, wie ein unbedachter Käfer von einem Riesentritt auf den Rücken gewälzt, alle viere von sich gestreckt in hilflos radelndem Leerlauf? Hier liegen vier Personen, die herausgespritzt sind, natürlich nicht angeschnallt, und jetzt, bunte, farbige Schlagobers- oder Cremeparzen, den steilen Wiesenrain sprenkeln, der, mitsamt den Straßentrümmern, die noch nicht alle weggeräumt sind, in den immer noch hochwasserführenden Bach übergeht. Ein, zwei entwurzelte Bäume dazwischen, die aber noch aufs Schuldenkonto des Hochwassers gehen. Ein verdrehter junger Mann, zwei verdrehte Frauen, eine Alte, schreiend, schreiend wie eine Sünderin vor dem Tabernakel, rasch rasch!, damit sie noch ein paar schrille Laute anbringen kann, bevor dieser Gassenverkauf von Menschen geschlossen wird. Die Torsi sind abgeknickt, die Arme hochgeworfen, als hätte sich eine tiefe Freude der Armen bemächtigt. Kühle Bergluft streicht drüberhin. Die Räder drehen immer noch durch. Der Chauffeur ist eingeklemmt und klebt hinter seinem Lenkrad, das ihm den Brustkorb zerquetscht hat, aus dem Mund rinnt noch etwas Flüssigkeit. Die wird er wohl nicht mehr trinken können, er ist von seinem Getränkediskonter weggezerrt worden, die halbvolle Flasche seines Lebens in der Hand, noch scheint er sich gegen das Steuern eines Höheren stemmen zu wollen. Menschen gehen oben, aus dem Bus heraus, ihrer Wege, die sie, ebenfalls schreiend und weinend, hinabzusteigen versuchen zu der frohbunt menschengesprenkelten Wiese. Hohe Fichten ragen auf. Vögel schreien wegen der Störung, sind aber doch im Innersten unbeeindruckt. Der Busfahrer leiert etwas vor sich hin, er sitzt auf dem Trittbrett seines ihm anvertrauten gefährlichen Kolosses. Das würzige Bergklima hier ist aber auf jeden Fall voller. Der Fahrer ist, wie seine Insassen, Holländer und versteht die Berge nicht mehr, die Welt nicht und auch die geschlagenen Menschen hier nicht, diesen Menschenschlag, der sich für den Herren seiner Natur hält und nicht seines eigenen PKWs Herr werden kann. Da sind welche geschlägert worden, eine Lichtung hat sich aufgetan, die Bäume machen ihr bereitwillig Platz für den Einfall des Lichts, dies alles wie ein Scheinwerfer zu beleuchten. Hilfsbereite Bewohner der Ebene kraxeln, wie kollernde Steine, über die Leite. Von oben, von dem Riesenbalkon, der Veranda des Ausflugslokals, werden noch mehr Menschentrümmer herabgeworfen, die für diesmal überdauert haben und die die Opfer so sehr dauern, daß sie die Rettungsarbeiten behindern werden. Alles trägt bunte Ferienkleidung, bis der Abend kommt. Dann werden sie Strickjacken drüberziehen. Wie ein verspielter Hund, wollig und vorlaut, springt die Natur um ihre Gäste herum, umkreist sie, wirbelt sie durch die Luft, fängt sie nicht auf, weil ein anderes fliegendes Stöckchen mehr lockt; launisch legt die Natur auf dies und jenes ihre Pranken, läßt wieder los, ohne zu beachten, daß der Spielkamerad von ihr vollkommen zerquetscht, zerfetzt worden ist. Sie schnüffelt an den Stücken, heult ihr Lied ins Helle hinein, bis die Nacht kommt, und dann heult sie ein anderes Lied, tief aus der Kehle heraus. Natur! Raumgreifend sind ihre täppischen Sprünge, raumgreifend auch ihre Räumfahrzeuge, die bereits im Anrollen sind. Unaufhörlich entzücken solche menschengroßen Puppen, die hier herumgestreut sind, die Glieder gespreizt, die Münder reden keine Wörter mehr. Äste sind abgebrochen, Blätter welken bereits auf ihnen. Hochaufgeschossen in der Mittagswärme die Menschenhalden, Dekoration für die Landschaft, von der das Land lebt, sie ziehen sich den Hang empor, bis zum Raststättenbetrieb, und sie ziehen sich sogar hinein, wo die lebendig Fortdauernden herumwuseln und das Ihrige von der Müllhalde retten; sie sind erspart geblieben und können sich jetzt auf dem Trimmpfad ausgeben. Dunkle Wälder zum Abschluß, es ist eben nur der Saum vom vergangnen Unwetter etwas heruntergetreten worden, bald werden Bautrupps ihn wieder hochnähen und auch uns hochnehmen, falls wir mit mehr als dreißig kmh drüber wegzurasen wagen. Schreiten wir zu Fuß weiter, in den Hochwald! Die Sonne hält uns eine Lampe ins Gesicht, wir glauben, das Helle vor uns wäre ein Spiegel, und schlagen mit dem Kopf heftig an den Stein, der wir selber sind. So stürzen wir ins Hochtal hinunter, die Hunde bellen, etwas faßt uns am Genick, aber sie nicht, das wollen sie uns für diesmal versichern.

Joseph Roth
Barbara

Sie hieß Barbara. Klang ihr Name nicht wie Arbeit? Sie hatte eines jener Frauengesichter, die so aussehen, als wären sie nie jung gewesen. Man kann ihr Alter auch nicht mutmaßen. Es lag verwittert in den weißen Kissen und stach von diesen ab durch eine Art gelblichgrauer Sandsteinfärbung. Die grauen Augen flogen rastlos hin und her, wie Vögel, die sich in den Wust der Pölster verirrt; zuweilen aber kam eine Starrheit in diese Augen; sie blieben an einem dunklen Punkt oben an der weißen Zimmerdecke kleben, einem Loch oder einer rastenden Fliege. Dann überdachte Barbara ihr Leben.

Barbara war 10 Jahre alt, als ihre Mutter starb. Der Vater war ein wohlhabender Kaufmann gewesen, aber er hatte angefangen zu spielen und hatte der Reihe nach Geld und Laden verloren; aber er saß weiter im Wirtshause und spielte. Er war lang und dürr und hielt die Hände krampfhaft in den Hosentaschen versenkt. Man wußte nicht: wollte er auf diese Art das noch übrige Geld festhalten oder es verhüten, daß jemand in seine Tasche greife und sich von deren Inhalt oder Leere überzeuge. Er liebte es, seine Bekannten zu überraschen, und wenn es seinen Partnern beim Kartenspiel schien, daß er schon alles verloren habe, zog er zur allgemeinen Verblüffung noch immer irgendeinen Wertgegenstand, einen Ring oder eine Berlocke, hervor und spielte weiter. Er starb schließlich in einer Nacht, ganz plötzlich, ohne Vorbereitung, als wollte er die Welt überraschen. Er fiel, wie ein leerer Sack, zu Boden und war tot. Aber die Hände hatte er noch immer in den Taschen, und die Leute hatten Mühe, sie ihm herauszuzerren. Erst damals sah man, daß die Taschen leer waren und daß er vermutlich nur deshalb gestorben war, weil er nichts mehr zu verspielen hatte ...

Barbara war 16 Jahre alt. Sie kam zu einem Onkel, einem dicken Schweinehändler, dessen Hände wie die Pölsterchen »Ruhe sanft« oder »Nur ein halbes Stündchen« aussahen, die zu Dutzenden in seinem Salon herumlagen. Er tätschelte Barbara die Wange, und ihr schien es, als kröchen fünf kleine Ferkelchen über ihr Gesicht. Die Tante war eine große Person, dürr und mager wie eine Klavierlehrerin. Sie hatte große, rollende Augen, die aus den Höhlen quollen, als wollten sie nicht im Kopfe sitzenbleiben, sondern rastlos spazierengehen. Sie waren grünlichhell, von jener unangenehmen Grüne, wie sie die ganz billigen Trinkgläser haben. Mit diesen Augen sah sie alles, was im Hause und im Herzen des Schweinehändlers vorging, über den sie übrigens eine unglaubliche Macht hatte. Sie beschäftigte Barbara, »so gut es ging«, aber es ging nicht immer gut. Barbara mußte sich sehr in acht nehmen, um nichts zu zerbrechen, denn die grünen Augen der Tante kamen gleich wie schwere Wasserwogen heran und rollten kalt über den heißen Kopf der Barbara.

Als Barbara 20 Jahre alt war, verlobte sie der Onkel mit einem seiner Freunde, einem starkknochigen Tischlermeister mit breiten, schwieligen Händen, die schwer und massiv waren wie Hobel. Er zerdrückte ihre Hand bei der Verlobung, daß es knackte und sie aus seiner mächtigen Faust mit Not ein Bündel lebloser Finger rettete. Dann gab er ihr einen kräftigen Kuß auf den Mund. So waren sie endgültig verlobt.

Die Hochzeit, die bald darauf stattfand, verlief regelrecht und vorschriftsmäßig mit weißem Kleide und grünen Myrten, einer kleinen, öligen Pfarrersrede und einem asthmatischen Toast des Schweinehändlers. Der glückliche Tischlermeister zerbrach ein paar der feinsten Weingläser, und die Augen der Schweinehändlerin rollten über seine starken Knochen, ohne ihm was anhaben zu können. Barbara saß da, als säße sie auf der Hochzeit einer Freundin. Sie wollte es gar nicht begreifen, daß sie Frau war. Aber sie begriff es schließlich doch. Als sie Mutter war, kümmerte sie sich mehr um ihren Jungen als um den Tischler, dem sie täglich in die Werkstätte sein Essen brachte. Sonst machte ihr der fremde Mann mit den starken Fäusten keine Umstände. Er schien von einer eichenhölzernen Gesundheit, roch immer nach frischen Hobelspänen und war schweigsam wie eine Ofenbank. Eines Tages fiel ihm in seiner Werkstätte ein schwerer Holzbalken auf den Kopf und tötete ihn auf der Stelle.

Barbara war 22 Jahre alt, nicht unhübsch zu nennen, sie war Meisterin, und es gab Gesellen, die nicht übel Lust hatten, Meister zu werden. Der Schweinehändler kam und ließ seine fünf Ferkel über die Wange Barbaras laufen, um sie zu trösten. Er hätte es gar zu gerne gesehen, wenn Barbara sich noch einmal verheiratet hätte. Sie aber verkaufte bei einer günstigen Gelegenheit ihre Werkstätte und wurde Heimarbeiterin. Sie stopfte Strümpfe, strickte wollene Halstücher und verdiente ihren Unterhalt für sich und ihr Kind.

Sie ging fast auf in der Liebe zu ihrem Knaben. Es war ein starker Junge, die groben Knochen hatte er von seinem Vater geerbt, aber er schrie nur zu gerne und strampelte mit seinen Gliedmaßen so heftig, daß die zusehende Barbara oft meinte, der Junge hätte mindestens ein Dutzend fetter Beinchen und Arme. Der Kleine war häßlich, von einer geradezu robusten Häßlichkeit. Aber Barbara sah nichts Unschönes an ihm. Sie war stolz und zufrieden und lobte seine guten geistigen und seelischen Qualitäten vor allen Nachbarinnen. Sie nähte Häubchen und bunte Bänder für das Kind und verbrachte ganze Sonntage damit, den Knaben herauszuputzen. Mit der Zeit aber reichte ihr Verdienst nicht aus, und sie mußte andere Einnahmequellen suchen. Da fand sich, daß sie eigentlich eine zu große Wohnung hatte. Und sie hängte eine Tafel an das Haustor, an der mit komischen, hilflosen Buchstaben, die jeden Augenblick vom Papier herunterzufallen und auf dem harten Pflaster zu zerbrechen drohten, geschrieben stand, daß in diesem Hause ein Zimmer zu vermieten wäre. Es kamen Mieter, fremde Menschen, die einen kalten Hauch mit sich in die Wohnung brachten, eine Zeitlang blieben und sich dann wieder von ihrem Schicksal hinausfegen ließen in eine andere Gegend. Dann kamen neue.

Aber eines Tages, es war Ende März, und von den Dächern tropfte es, kam er. Er hieß Peter Wendelin, war Schreiber bei einem Advokaten und hatte einen treuen Glanz in seinen goldbraunen Augen. Er machte keine Scherereien, packte gleich aus und blieb wohnen.

Er wohnte bis in den April hinein. Ging in der Früh aus und kam am Abend wieder. Aber eines Tages ging er überhaupt nicht aus. Seine Türe blieb zu. Barbara klopfte an und trat ein, da lag Herr Wendelin im Bette. Er war krank. Barbara brachte ihm ein warmes Glas Milch, und in seine goldbraunen Augen kam ein warmer, sonniger Glanz.

Mit der Zeit entwickelte sich zwischen beiden eine Art Vertraulichkeit. Das Kind Barbaras war ein Thema, das sich nicht erschöpfen ließ. Aber man sprach auch natürlich von vielem andern. Vom Wetter und von den Ereignissen. Aber es war so, als steckte etwas ganz anderes hinter den gewöhnlichen Gesprächen und als wären die alltäglichen Worte nur Hüllen für etwas Außergewöhnliches, Wunderbares.

Es schien, als wäre Herr Wendelin eigentlich schon längst wieder gesund und arbeitsfähig und als läge er nur so zu seinem Privatvergnügen länger im Bett als notwendig. Schließlich mußte er doch aufstehen. An jenem Tage war es warm und sonnig, und in der Nähe war eine kleine Gartenanlage. Sie lag zwar staubig und trist zwischen den grauen Mauern, aber ihre Bäume hatten schon das erste Grün. Und wenn man die Häuser rings vergaß, konnte man für eine Weile meinen, in einem schönen, echten Park zu sitzen. Barbara ging zuweilen in jenen Park mit ihrem Kinde. Herr Wendelin ging mit. Es war ein Nachmittag, die junge Sonne küßte eine verstaubte Bank, und sie sprachen. Aber alle Worte waren wieder nur Hüllen, wenn sie abfielen, war nacktes Schweigen um die beiden, und im Schweigen zitterte der Frühling.

Aber einmal ergab es sich, daß Barbara Herrn Wendelin um eine Gefälligkeit bitten mußte. Es galt eine kleine Reparatur an dem Haken der alten Hängelampe, und Herr Wendelin stellte einen Stuhl auf den wackligen Tisch und stieg auf das bedenkliche Gerüst. Barbara stand unten und hielt den Tisch. Als Herr Wendelin fertig war, stützte er sich zufällig auf die Schulter der Barbara und sprang ab. Aber er stand schon lange unten und hatte festen Boden unter seinen Füßen, und er hielt immer noch ihre Schulter umfaßt. Sie wußten beide nicht, wie ihnen geschah, aber sie standen fest und rührten sich nicht und starrten nur einander an. So verweilten sie einige Sekunden. Jedes wollte sprechen, aber die Kehle war wie zugeschnürt, sie konnten kein Wort hervorbringen, und es war ihnen wie ein Traum, wenn man rufen will und doch nicht kann. Sie waren beide blaß. Endlich ermannte sich Wendelin. Er ergriff Barbaras Hand und würgte hervor: »Du!« »Ja!« sagte sie, und es war, als ob sie einander erst jetzt erkannt hätten, als wären sie auf einer Maskerade nur so nebeneinander hergegangen und hätten erst jetzt die Masken abgelegt.

Und nun kam es wie eine Erlösung über beide. »Wirklich? Barbara? Du?« stammelte Wendelin. Sie tat die Lippen auf, um »Ja« zu sagen, da polterte plötzlich der kleine Philipp von einem Stuhl herab und erhob ein jämmerliches Geschrei. Barbara mußte Wendelin stehenlassen, sie eilte zum Kinde und beruhigte es. Wendelin folgte ihr. Als der Kleine still war und nur noch ein restliches Glucksen durch das Zimmer flatterte, sagte Wendelin: »Ich hol' sie mir morgen! Leb wohl!« Er nahm seinen Hut und ging, aber um ihn war es wie Sonnenglanz, als er im Türrahmen stand und noch einmal auf Barbara zurückblickte.

Als Barbara allein war, brach sie in lautes Weinen aus. Die Tränen erleichterten sie, und es war ihr, als läge sie an einer warmen Brust. Sie ließ sich von dem Mitleid, das sie mit sich selbst hatte, streicheln. Es war ihr lange nicht so wohl gewesen, ihr war wie einem Kinde, das sich in einem Wald verirrt und nach langer Zeit wieder zu Hause angekommen war. So hatte sie lange im Walde des Lebens herumgeirrt, um jetzt erst nach Hause zu treffen. Aus einem Winkel der Stube kroch die Dämmerung hervor und wob Schleier um Schleier um alle Gegenstände. Auf der Straße ging der Abend herum und leuchtete mit einem Stern zum Fenster herein. Barbara saß noch immer da und seufzte still in sich hinein. Das Kind war in einem alten Lehnstuhl eingeschlummert. Es bewegte sich plötzlich im Schlafe, und das brachte Barbara zur Besinnung. Sie machte Licht, brachte das Kind zu Bett und setzte sich an den Tisch. Das helle, vernünftige Lampenlicht ließ sie klar und ruhig denken. Sie überdachte alles, ihr bisheriges Leben, sie sah ihre Mutter, ihren Vater, wie er hilflos am Boden lag, ihren Mann, den plumpen Tischler, sie dachte an ihren Onkel, und sie fühlte wieder seine fünf Ferkel.

Aber immer und immer wieder war Peter Wendelin da, mit dem sonnigen Glanz in seinen guten Augen. Gewiß würde sie morgen »Ja« sagen, der gute Mensch, wie lieb sie ihn hatte. Warum hatte sie ihm eigentlich nicht schon heute »Ja« gesagt? Aha! Das Kind! Plötzlich fühlte sie etwas wie Groll in sich aufsteigen. Es dauerte bloß den Bruchteil einer Sekunde, und sie hatte gleich darauf die Empfindung, als hätte sie ihr Kind ermordet. Sie stürzte zum Bett, um sich zu überzeugen, daß dem Kind kein Leid geschehn war. Sie beugte sich darüber und küßte es und bat es mit einem hilflosen Blick um Verzeihung. Nun dachte sie, wie doch jetzt alles so ganz anders werden müßte. Was geschah mit dem Kinde? Es bekam einen fremden Vater, würde er es liebhaben können? Und sie, sie selbst? Dann kamen andere Kinder, die sie mehr liebhaben würde. – – – War das möglich? Mehr lieb? Nein, sie blieb ihm treu, ihrem armen Kleinen. Plötzlich war es ihr, als würde sie morgen das arme, hilflose Kind verlassen, um in eine andere Welt zu gehen. Und der Kleine blieb zurück. – – Nein, sie wird ja bleiben, und alles wird gut sein, sucht sie sich zu trösten. Aber immer wieder kommt diese Ahnung. Sie sieht es, ja, sie sieht es schon, wie sie den Kleinen hilflos läßt. Selbst wird sie gehen mit einem fremden Manne. Aber er war ja gar nicht fremd!

Auf einmal schreit der Kleine laut auf im Schlafe. »Mama! Mama!« lallt das Kind; sie läßt sich zu ihm nieder, und er streckt ihr die kleinen Händchen entgegen. Mama! Mama! es klingt wie ein Hilferuf. Ihr Kind! – So weint es, weil sie es verlassen will. Nein! Nein! Sie will ewig bei ihm bleiben.

Plötzlich ist ihr Entschluß reif. Sie kramt aus der Lade Schreibzeug und Papier und zeichnet mühevoll hinkende Buchstaben auf das Blatt. Sie ist nicht erregt, sie ist ganz ruhig, sie bemüht sich sogar, so schön als möglich zu schreiben. Dann hält sie den Brief vor sich und überliest ihn noch einmal.

»Es kann nicht sein. Wegen meines Kindes nicht!« Sie steckt das Blatt in einen Umschlag und schleicht sich leise in den Flur zu seiner Tür. Morgen würde er es finden.

Sie kehrt zurück, löscht die Lampe aus, aber sie kann keinen Schlaf finden, und sie sieht die ganze Nacht zum Fenster hinaus.

Am nächsten Tage zog Peter Wendelin aus. Er war müde und zerschlagen, als hätte er selbst alle seine Koffer geschleppt, und es war kein Glanz mehr in seinen braunen Augen. Barbara blieb den ganzen Tag über in ihrem Zimmer. Aber ehe Peter Wendelin endgültig fortging, kam er mit einem Sträußlein Waldblumen zurück und legte es stumm auf den Tisch der Barbara. Es lag ein verhaltenes Weinen in ihrer Stimme, und als sie ihm die Hand zum Abschied gab, zitterte sie ein wenig. Wendelin sah sich noch eine Weile im Zimmer um, und wieder kam ein goldener Glanz in seine Augen, dann ging er. Drüben im kleinen Park sang eine Amsel, Barbara saß still und lauschte. Draußen am Haustor flatterte wieder die Tafel mit der Wohnungsanzeige im Frühlingswind.

Mieter und Monde kamen und gingen, Philipp war groß und ging in die Schule. Er brachte gute Zeugnisse heim, und Barbara war stolz auf ihn. Sie bildete sich ein, aus ihrem Sohne müsse etwas Besonderes werden, und sie wollte alles anwenden, um ihn studieren zu lassen. Nach einem Jahre sollte es sich entscheiden, ob er Handwerker werden oder ins Gymnasium kommen sollte. Barbara wollte mit ihrem Kinde höher hinauf. Alle die Opfer sollten nicht umsonst gebracht sein.

Zuweilen dachte sie noch an Peter Wendelin. Sie hatte seine vergilbte Visitkarte, die vergessen an der Tür steckengeblieben war, und die Blumen, die er ihr zum Abschied gebracht hatte, in ihrem Gebetbuch sorgfältig aufbewahrt. Sie betete selten, aber an Sonntagen schlug sie die Stelle auf, wo die Karte und die Blumen lagen, und verweilte lange über den Erinnerungen.

Ihr Verdienst reichte nicht, und sie begann, vom kleinen Kapital zu zehren, das ihr vom Verkauf der Werkstätte geblieben war. Aber es konnte auf die Dauer nicht weitergehen, und sie sah sich nach neuen Verdienstmöglichkeiten um. Sie wurde Wäscherin. In der Früh ging sie aus, und in der Mittagsstunde schleppte sie einen schweren Pack schmutziger Wäsche heim. Sie stand halbe Tage im Dunst der Waschküche, und es war, als ob der Dampf des Schmutzes sich auf ihrem Gesicht ablagerte.

Sie bekam eine fahle, sandsteinfarbene Haut, um die Augen zitterte ein engmaschiges Netz haarfeiner Falten. Die Arbeit verunstaltete ihren Leib, ihre Hände waren rissig, und die Haut faltete sich schlaff an den Fingerspitzen unter der Wirkung des heißen Wassers. Selbst wenn sie keinen Pack trug, ging sie gebückt. Die Arbeit lastete auf ihrem Rücken. Aber um den bittern Mund spielte ein Lächeln, sooft sie ihren Sohn ansah.

Nun hatte sie ihn glücklich ins Gymnasium hinüberbugsiert. Er lernte nicht leicht, aber er behielt alles, was er einmal gehört hatte, und seine Lehrer waren zufrieden. Jedes Zeugnis, das er nach Hause brachte, war für Barbara ein Fest, und sie versäumte es nicht, ihrem Sohn kleine Freuden zu bereiten. Extratouren gewissermaßen, die sie um große Opfer erkaufen mußte. Philipp ahnte das alles nicht, er war ein Dickhäuter. Er weinte selten, ging robust auf sein Ziel los und machte seine Aufgaben mit einer Art Aufwand von körperlicher Kraft, als hätte er ein Eichenbrett zu hobeln. Er war ganz seines Vaters Sohn, und er begriff seine Mutter gar nicht. Er sah sie arbeiten, aber das schien ihm selbstverständlich, er besaß nicht die Feinheit, um das Leid zu lesen, das in der Seele seiner Mutter lag und in jedem Opfer, das sie ihm brachte.

So schwammen die Jahre im Dunst der schmutzigen Wäsche. Allmählich kam eine Gleichgültigkeit in die Seele Barbaras, eine stumpfe Müdigkeit. Ihr Herz hatte nur noch einige seiner stillen Feste, zu denen die Erinnerung an Wendelin gehörte und ein Schulzeugnis Philipps. Ihre Gesundheit war stark angegriffen, sie mußte zeitweilig in ihrer Arbeit einhalten, der Rücken schmerzte gar sehr. Aber keine Klage kam über ihre Lippen.

Und auch wenn sie gekommen wäre, an der Elefantenhaut Philipps wäre sie glatt abgeprallt.

Er mußte nun daran gehen, an einen Beruf zu denken. Zu einem weiteren Studium mangelte es an Geld, zu einer anständigen Stelle an Protektion. Philipp hatte keine besondere Vorliebe für einen Beruf, er hatte überhaupt keine Liebe. Am bequemsten war ihm noch die Theologie. Man konnte Aufnahme finden im Seminar und hatte vor sich ein behäbiges und unabhängiges Leben. So glitt er denn, als er das Gymnasium hinter sich hatte, in die Kutte der Religionswissenschaft. Er packte seine kleinen Habseligkeiten in einen kleinen Holzkoffer und übersiedelte in die engbrüstige Stube seiner Zukunft.

Seine Briefe waren selten und trocken wie Hobelspäne. Barbara las sie mühevoll und andächtig. Sie begann, häufiger in die Kirche zu gehen, nicht weil sie ein religiöses Verlangen danach verspürte, sondern um den Priester zu sehen und im Geiste ihren Sohn auf die Kanzel zu versetzen. Sie arbeitete noch immer viel, trotzdem sie es jetzt nicht nötig hatte, aber sie glich einem aufgezogenen Uhrwerk etwa, das nicht stehenbleiben kann, solange sich die Rädchen drehen. Doch ging es merklich abwärts mit ihr. Sie mußte sich hie und da ins Bett legen und etliche Tage liegen bleiben. Der Rücken schmerzte heftig, und ein trockenes Husten schüttelte ihren abgemagerten Körper. Bis eines Tages das Fieber dazu kam und sie ganz hilflos machte.

Sie lag eine Woche und zwei. Eine Nachbarin kam und half aus. Endlich entschloß sie sich, an Philipp zu schreiben. Sie konnte nicht mehr, sie mußte diktieren. Sie küßte den Brief verstohlen, als sie ihn zum Absenden übergab. Nach acht langen Tagen kam Philipp. Er war gesund, aber nicht frisch und steckte in einer blauen Kutte. Auf dem Kopfe trug er eine Art Zylinder. Er legte ihn sehr sanft aufs Bett, küßte seiner Mutter die Hand und zeigte nicht das mindeste Erschrecken. Er erzählte von seiner Promotion, zeigte sein Doktordiplom und stand selbst dabei so steif, daß er aussah wie die steife Papierrolle und seine Kutte mit dem Zylinder wie eine Blechkapsel. Er sprach von seinen Arbeiten, trotzdem Barbara nichts davon verstand.

Zeitweilig verfiel er in einen näselnden, fetten Ton, den er seinen Lehrern abgelauscht und für seine Bedürfnisse zugeölt haben mochte. Als die Glocken zu läuten begannen, bekreuzigte er sich, holte ein Gebetbuch hervor und flüsterte lange mit einem andächtigen Ausdrucke im Gesicht.

Barbara lag da und staunte. Sie hatte sich das alles so ganz anders vorgestellt. Sie begann, von ihrer Sehnsucht zu sprechen und wie sie ihn vor ihrem Tode noch einmal hatte sehen wollen. Er hatte bloß das Wort »Tod« gehört, und schon begann er, über das Jenseits zu sprechen und über den Lohn, der die Frommen im Himmel erwartete. Kein Schmerz lag in seiner Stimme, nur eine Art Wohlgefallen an sich selbst und die Freude darüber, daß er am Lager seiner todkranken Mutter zeigen konnte, was er gelernt hatte.

Über die kranke Barbara kam mit Gewalt das Verlangen, in ihrem Sohn ein bißchen Liebe wachzurufen. Sie fühlte, daß es das letzte Mal war, da sie sprechen konnte, und wie von selbst und als hauche ihr ein Geist die Worte ein, begann sie, langsam und zögernd von der einzigen Liebe ihres Lebens zu sprechen und von dem Opfer, das sie ihrem Kinde gebracht. Als sie zu Ende war, schwieg sie erschöpft, aber in ihrem Schweigen lag zitternde Erwartung. Ihr Sohn schwieg. So etwas begriff er nicht. Es rührte ihn nicht. Er blieb stumpf und steif und schwieg. Dann begann er, verstohlen zu gähnen, und sagte, er gehe für eine Weile weg, um sich ein bißchen zu stärken.

Barbara lag da und begriff gar nichts. Nur eine tiefe Wehmut bebte in ihr und der Schmerz um das verlorene Leben. Sie dachte an Peter Wendelin und lächelte müde. In ihrer Todesstunde wärmte sie noch der Glanz seiner goldbraunen Augen. Dann erschütterte sie ein starker Hustenanfall. Als er vorüber war, blieb sie bewußtlos liegen. Philipp kam zurück, sah den Zustand seiner Mutter und begann, krampfhaft zu beten. Er schickte um den Arzt und um den Priester. Beide kamen; die Nachbarinnen füllten das Zimmer mit ihrem Weinen. Inzwischen aber taumelte Barbara, unverstanden und verständnislos, hinüber in die Ewigkeit.

Ingeborg Bachmann
Das Gebell

Die alte Frau Jordan, die schon drei Jahrzehnte »die alte Frau Jordan« genannt wurde, weil es danach eine junge Frau Jordan gab und jetzt wieder eine junge Frau Jordan, wohnte zwar in Hietzing, aber in einer verlotterten Villa, in einer Einzimmerwohnung mit einer winzigen Küche und einem Bad, in dem es nur eine Sitzbadewanne gab. Von ihrem berühmten Sohn Leo, dem Professor, bekam sie 1000 Schilling im Monat, und sie brachte es fertig, damit zu leben, obwohl diese 1000 Schilling in den letzten zwanzig Jahren so an Wert verloren hatten, daß sie nur mit Mühe eine ältere Frau zahlen konnte, eine gewisse Frau Agnes, die zweimal in der Woche zu ihr »hereinsah« und ein wenig aufräumte, »das Gröbste«, und sie sparte davon auch noch für die Geburtstagsgeschenke und für Weihnachtsgeschenke für ihren Sohn und für ihren Enkel aus der ersten Ehe des Professors, der pünktlich zu Weihnachten von der ersten jungen Frau geschickt wurde, um sein Geschenk entgegenzunehmen, und Leo wiederum hatte zuviel zu tun, um darauf zu achten, und seit er berühmt war und sein Lokalruhm in einen internationalen Ruhm überging, hatte er noch mehr zu tun. Eine Änderung trat erst ein, als die neueste junge Frau Jordan, so oft sie konnte, zu der alten Frau kam, ein wirklich nettes sympathisches Mädchen, wie die alte Frau sich bald eingestand, und sie sagte nur jedesmal: Aber Franziska, das ist nicht richtig, Sie sollten nicht so oft kommen, und was für eine Verschwendung. Ihr werdet selber genug Auslagen haben, aber der Leo ist halt ein so guter Sohn!

Franziska brachte jedesmal etwas mit, Delikatessen und Sherry, etwas Gebäck, denn sie erriet, daß die alte Frau gerne einen Schluck trank, und etwas mehr noch, daß sie großen Wert darauf legte, etwas zum »Aufwarten« zu haben, denn Leo konnte doch vorbeikommen, und er durfte nicht merken, daß sie nichts hatte und den ganzen Tag darüber nachgrübelte, wie das Geld einzuteilen sei und was für die Geschenke übrigbleiben mußte. Ihre Wohnung war peinlich sauber, aber es war ein leichter Geruch darin nach alter Frau, von dem sie nichts wußte und der Leo Jordan rasch in die Flucht trieb, ganz abgesehen davon, daß er keine Zeit zu verlieren hatte und absolut nicht wußte, worüber er mit seiner fünfundachtzigjährigen Mutter reden sollte. Belustigt war er nur manchmal gewesen – soviel wußte Franziska –, wenn er mit einer verheirateten Frau eine Beziehung hatte, denn dann schlief die alte Frau Jordan nicht und machte seltsame, umständliche Anspielungen, da sie für sein Leben zitterte und sich verheiratete Männer von Frauen, die mit Leo Jordan lebten, für gefährlich und eifersüchtig und blutrünstig hielt, und sie beruhigte sich erst wieder, als er Franziska geheiratet hatte, die keinen eifersüchtigen Mann im Gebüsch lauern hatte, sondern jung und fröhlich war, eine Waise, zwar nicht aus einer Akademikerfamilie, aber einen Bruder hatte sie, der Akademiker war. Akademikerfamilie und Akademiker waren für Frau Jordan von einer großen Wichtigkeit, obwohl sie nie unter Leute kam und nur von ihnen erzählen hörte. Aber ihr Sohn hätte ein Recht darauf gehabt, in eine Akademikerfamilie zu heiraten. Die alte Frau und Franziska sprachen fast nur von Leo, da er das einzige ergiebige Thema zwischen ihnen sein konnte, und Franziska mußte viele Male das Fotoalbum ansehen, Leo im Kinderwagen, Leo in einem Strandbad und Leo durch alle Jahre, auf Wanderungen, beim Briefmarkenkleben und so fort, bis zu seiner Militärzeit.

Es war ein ganz anderer Leo, den sie durch die alte Frau kennenlernte, als den, mit dem sie verheiratet war, und wenn dann beide Frauen ihren Sherry tranken, sagte die alte Frau: Er war ein kompliziertes Kind, ein merkwürdiger Bub, es war eigentlich alles vorauszusehen, was dann aus ihm geworden ist.

Franziska hörte eine Zeitlang diese Beteuerungen mit Freude an, auch daß Leo so gut zu seiner Mutter war und ihr immer aufs Erdenklichste geholfen hatte, bis sie merkte, daß etwas nicht stimmte, und sie fand bestürzt heraus, was nicht stimmte: Die alte Frau fürchtete sich vor ihrem Sohn. Es fing damit an, daß die alte Frau – denn sie hielt das für eine geschickte Taktik, die Franziska niemals durchschauen würde, da sie ihren Mann blind bewunderte – manchmal hastig und beiläufig sagte: Aber bitte kein Wort zu Leo, Sie wissen ja, was für ein besorgter Mensch er ist, es könnte ihn aufregen, sagen Sie ihm bloß nicht, daß mit meinem Knie etwas nicht in Ordnung ist, es ist ja eine solche Kleinigkeit, aber er könnte sich aufregen.

Franziska kam zwar zum Bewußtsein, daß Leo sich doch überhaupt nie aufregte, jedenfalls nicht seiner Mutter wegen, und ihren Berichten daher abwesend zuhörte, aber sie unterdrückte ihr erstes Begreifen. Das von dem Knie hatte sie ihm leider schon erzählt, schwor aber der alten Frau, kein Wort davon zu sagen, denn Leo hatte sowieso ärgerlich reagiert und dann, sie begütigend, gemeint, wegen einer solchen Lappalie könne er wirklich nicht nach Hietzing fahren. Sag ihr doch – er gebrauchte rasch ein paar medizinische Ausdrücke –, sie soll sich das und das kaufen und möglichst wenig tun und herumgehen. Franziska kaufte widerspruchslos die Medikamente und behauptete in Hietzing, sie habe heimlich, ohne einen Namen zu nennen, mit einem Assistenzarzt ihres Mannes gesprochen, der ihr diesen Rat gegeben habe, aber wie sie, ohne Pflegerin, die alte Frau im Bett halten sollte, das wußte sie auch nicht. Und sie hatte keine Courage mehr, deswegen Leo zu fragen, denn eine Pflegerin kostete Geld, und nun fand sie sich zwischen zwei Fronten. Auf der einen Seite wollte Frau Jordan nichts wissen davon, auf der andren wollte Leo Jordan, wenn auch aus ganz andren Gründen, einfach nicht zuhören. In der Zeit des entzündeten Knies log sie ihren Mann einige Male an, sie fuhr schnell nach Hietzing, um angeblich zum Friseur zu gehen, räumte die kleine Wohnung auf und brachte alles mögliche mit, sie kaufte ein Radio, und danach wurde ihr allerdings unbehaglich, denn Leo würde diese Ausgabe bemerken, und so buchte sie schnell noch einmal alles um und griff ihr weniges Geld auf dem Sparbuch an, von dem abgemacht worden war, daß es ihre eiserne Reserve sein solle für irgendeinen Notfall, der hoffentlich nie eintreten würde und auch nur ein kleiner Notfall hätte sein dürfen, denn sie hatte mit ihrem Bruder das Wenige geteilt, was nach dem Tod ihrer ganzen Familie geblieben war, außer einer Keusche in Südkärnten, die langsam verfiel. Sie rief dann einen praktischen Arzt aus der Nebenstraße und ließ ihn eine Weile die alte Frau behandeln, bezahlte wieder aus ihrer eisernen Reserve und was viel wichtiger war – sie durfte dem Arzt nicht zu erkennen geben, wer sie war und wer die alte Frau war, denn es hätte Leos Ruf nur geschadet, und Leos Ruf lag auch im Interesse von Franziska, aber viel selbstloser dachte die alte Frau, denn sie konnte von ihrem berühmten Sohn nicht noch verlangen, daß er sich ihr Knie ansah. Einen Stock hatte sie schon früher benutzt, aber nach der Kniegeschichte brauchte sie den Stock wirklich, und darum fuhr Franziska sie manchmal in die Stadt. Es war etwas mühsam, mit der alten Frau einkaufen zu gehen, sie brauchte einmal nur einen Kamm, aber es gab keine Kämme mehr wie »zu ihrer Zeit«, und wenn die alte Frau auch höflich war, würdevoll in dem Geschäft stand, so verärgerte sie doch die kleine Verkäuferin, indem sie mißtrauisch auf die Preise sah und sich nicht enthalten konnte, Franziska laut zuzuflüstern, daß das räuberische Preise seien, daß sie besser woanders hingingen. Die Verkäuferin sagte frech, da sie nicht wissen konnte, wie groß dieses Problem des Kammkaufens für die alte Frau war, zu andren Preisen gebe es nichts und nirgendwo. Franszika verhandelte verlegen mit der Mutter, sie nahm den Kamm, der gefallen hatte, der aber der alten Frau ein Vermögen zu kosten schien, und bezahlte ihn rasch, sie sagte: Er ist einfach schon ein Weihnachtsgeschenk von uns, ein Vorausgeschenk. Die Preise sind jetzt wirklich überall horrend gestiegen. Die alte Frau sagte kein Wort, sie fühlte ihre Niederlage, aber wenn es doch räuberische Preise waren und früher so ein Kamm zwei Schilling gekostet hatte, heute aber sechzig, dann gab es für sie nicht mehr viel zu verstehen in dieser Welt.

Nach der Zeit, in der das Thema »guter Sohn« erschöpft war, lenkte Franziska die Unterhaltung öfter auf die alte Frau selbst, denn sie wußte nur, daß Leos Vater früh gestorben war, an einem Infarkt oder Schlaganfall, ganz plötzlich, auf einer Treppe, und das mußte lange her sein, denn wenn man nachrechnete, dann war diese Frau schon fast seit fünfzig Jahren Witwe, zuerst noch Jahre beschäftigt, ihr einziges Kind großzuziehen, und dann eine alte Frau, um die sich niemand mehr kümmerte. Von ihrer Ehe sprach sie nie, sondern nur im Zusammenhang mit Leo, der eben ein ganz schweres Leben gehabt hatte, ohne Vater, und sie stellte, besessen von Leo, keinen Bezug her zu Franziska, die beide Eltern früh verloren hatte, denn schwer konnte es nur ihr Sohn gehabt haben, und heraus kam dann eigentlich, daß er es so schwer nicht gehabt hatte, weil ein entfernter Vetter ihm dann das Studium bezahlt hatte, dieser Johannes, von dem Franziska noch wenig gehört hatte, nur ein paar abfällige, kritische Sätze über diesen Verwandten, der im Geld schwimme und das Leben eines ewigen Müßiggängers führe, jetzt eines älteren, mit allen Lächerlichkeiten, der sich ein wenig mit Kunst beschäftige, chinesische Lackarbeiten sammle, einer dieser Schmarotzer eben, wie sie in jeder Familie vorkommen. Daß er homosexuell war, wußte Franziska auch, und war nur etwas scharf verwundert, daß jemand wie Leo, der schon durch seinen Beruf angehalten war, Homosexualität und noch ganz andere Phänomene neutral und wissenschaftlich zu sehen, sich über diesen Vetter ausließ, als hätte er sich schuldhaft Kunstgegenstände, Homosexualität und auch noch ererbtes Geld zugezogen, aber damals bewunderte Franziska ihren Mann noch so sehr, um mehr als irritiert und verletzt zu sein. Auch hörte sie erleichtert von der alten Frau, als auf diese schweren Zeiten die Rede kam, daß Leo nämlich von einer unermeßlichen Dankbarkeit war und diesem Johannes sehr geholfen hatte, der in vielen persönlichen Schwierigkeiten steckte, über die man besser nicht sprach. Die alte Frau zögerte und sagte ermutigt, weil sie immerhin der Frau eines Psychiaters gegenübersaß: Sie müssen nämlich wissen, der Johannes ist sexuell.

Franziska beherrschte sich und unterdrückte ein Lachen, es war sicher die größte Kühnheit, zu der sich die alte Frau aufgerafft hatte seit Jahren, aber mit Franziska wurde sie immer offener und sie erzählte, wie Johannes sicher oft einen Rat bekommen hätte von Leo und selbstverständlich, ohne zahlen zu müssen, aber mit Johannes sei es eben hoffnungslos, und wenn jemand keinen guten Willen hatte, sich zu ändern, war das begreiflich, daß jemand wie Leo vor den Kopf gestoßen war, denn es solle ja alles weitergehen mit Johannes, wie eh und je. Franziska übersetzte sich vorsichtig diese naive Erzählung in die Wirklichkeit, verstand immer weniger, warum Leo so abfällig und boshaft über den Vetter sprach, und sie kam damals nicht auf den naheliegenden Grund, daß Leo ungern erinnert sein wollte an eine Verpflichtung, wie er ungern an seine Mutter und seine früheren Frauen erinnert sein wollte, die eine einzige Konspiration von Gläubigern für ihn darstellten, denen er nur entkam, wenn er sie herabsetzte vor sich und anderen, denn so ähnlich gingen ja auch seine Reden über seine erste Frau, die ein Ausbund an Teufelei und Unverständnis und Niedertracht gewesen sein mußte, was sich bei der Scheidung erst ganz herausstellte, als ihr nobler Herr Vater ihr einen Anwalt genommen hatte und einen Teil des Gelds sicherstellen wollte für das Kind, Geld, das sie ihm gegeben hatte in den zweiten schwierigen Zeiten als junger Arzt. Es war eine für Franziska erschreckend hohe Summe, aber wie sie hörte, war von der »Baronin«, wie Leo sie immer ironisch nannte, nichts anderes zu erwarten gewesen, denn diese Familie hatte ihn ja immerzu wie einen Emporkömmling behandelt, ohne die geringste Ahnung zu haben, wen sie vor sich hatte, und auch daß die »Baronin« danach nie mehr heiratete, sondern völlig zurückgezogen lebte, vermerkte er belustigt, denn außer ihm hätte sich kein Trottel gefunden, jung und dumm und arm wie er damals war, der dieses preziöse Fräulein geheiratet hätte. Von seiner Arbeit habe sie nichts, einfach nichts verstanden, und was die Abmachungen des Sohnes wegen betraf, so verhielt sie sich zwar fair, sie schickte ihn regelmäßig, und lehrte den Sohn, seinen Vater zu achten, aber natürlich nur, um aller Welt zu beweisen, wie nobel sie war, aus keinem anderen Grund.

Der dornenreiche, leidvolle Aufstieg eines genialen Arztes war schon Franziskas Religion zu der Zeit, und immer wieder hielt sie sich vor, wie er, unter unsäglichen Mühen und trotz dem Hindernis dieser furchtbaren Ehe, seinen Weg nach oben gemacht hatte. Auch die Last, die seine Mutter doch darstellte, finanziell und moralisch war für ihn keine leichte, und die wenigsten konnte Franziska ihm abnehmen. Obwohl es ihr sonst vielleicht nicht gerade in den Sinn gekommen wäre, ihre freien Stunden mit einer alten Frau zu verbringen, wurden die, im Gedanken an Leo, zu etwas besonderem, zu einer Handreichung, einem Liebesbeweis für ihn, damit er seinen Kopf ganz frei hatte für die Arbeit.

Leo war eben auch zu gut zu ihr, er sagte ihr, das sei übertrieben, wie sie sich um seine Mutter kümmere, ein Anruf hie und da genüge auch. Seit ein paar Jahren hatte die alte Frau ein Telefon, das sie aber mehr fürchtete als liebte, denn sie telefonierte nicht gerne und schrie immer zu sehr hinein und hörte schlecht, was der andere sagte, außerdem kostete das Telefon zuviel, aber das dürfe Franziska Leo ja nicht sagen. Die alte Frau, von Franziska angeregt und vor einem zweiten Glas Sherry, fing einmal doch an, von früheren Zeiten zu sprechen, von den ganz frühen, und es stellte sich heraus, daß sie aus keiner Akademikerfamilie war, ihr Vater war Handschuh- und Sockenstricker in einer kleinen Fabrik in Niederösterreich gewesen, und sie war das älteste von acht Kindern, aber dann hatte sie trotzdem eine wunderbare Zeit gehabt, als sie in Stellung ging, denn sie kam zu einer griechischen Familie, zu immens reichen Leuten, die einen kleinen Buben hatten, das schönste Kind, das sie je gesehen hatte, und sie wurde seine Gouvernante, denn Gouvernante war eine sehr gute Stellung, nichts Erniedrigendes, und die junge Frau des Griechen hatte ja Dienstboten genug, oh ja, sie hatte schon ein besonderes Glück gehabt, denn es war damals schwierig gewesen, eine so gute Stellung zu finden. Kiki hatte das Kind geheißen. Kiki wurde es jedenfalls damals von allen genannt. Wenn die alte Frau immer häufiger von Kiki zu sprechen anfing und jedes Detail ihr einfiel, was Kiki gesagt hatte, wie drollig und zärtlich er war, welche Spaziergänge sie miteinander gemacht hatten, kam ein Glanz in ihre Augen, der niemals darin war, wenn sie von ihrem eigenen Kind sprach. Kiki war einfach ein kleiner Engel gewesen, ohne Unarten, betonte sie, ohne alle Unarten, und die Trennung mußte so furchtbar gewesen sein, Kiki hatte man verheimlicht, daß das Fräulein wegging, und sie hatte die ganze Nacht geweint, und Jahre später hatte sie noch einmal versucht, herauszufinden, was aus der Familie geworden war, einmal hieß es, sie seien auf Reisen, dann wieder in Griechenland, und nun wußte sie überhaupt nicht, was aus Kiki geworden war, der jetzt über sechzig Jahre alt sein mußte, ja, über sechzig, sagte sie gedankenvoll, und gehen hatte sie müssen, weil die Griechen damals eine erste lange Reise machen mußten und sie nicht mitnehmen konnten, und sie hatte zum Abschied ein wunderbares Geschenk bekommen von der jungen Frau. Die alte Frau stand auf und kramte in einer Kassette, sie zeigte ihr die Brosche von Kikis Mutter, eine echte, mit Brillanten, aber sie fragte sich noch heute, ob man sie nicht hatte gehen lassen, weil die junge Frau gemerkt hatte, daß Kiki mehr an ihr hing als an seiner Mutter, verstehen könnte sie es schon, aber es sei der schwerste Schlag gewesen, und sie sei nie ganz darüber hinweggekommen. Franziska schaute nachdenklich die Brosche an, die vielleicht wirklich sehr wertvoll war, sie hatte aber keine Ahnung von Schmuck, nur die erste Ahnung, daß dieser Kiki der alten Frau mehr bedeutet haben mußte als Leo. Denn sie zögerte oft, etwas von Leos Kinderzeit zu erzählen, oder sie fing an, brach erschreckt ab und sagte rasch: Es waren eben Kindereien, Buben sind eben so schwer aufzuziehen, und absichtlich hat er es nicht getan, aber damals hatte er eben eine so schwierige Zeit und ich hatte schon meine liebe Not, aber man bekommt das ja alles tausendfach zurück, wenn ein Kind groß ist und dann seinen Weg macht und so berühmt wird, er war eigentlich mehr seinem Vater ähnlich als mir, wissen Sie.

Franziska gab behutsam die Brosche zurück, und die alte Frau erschrak wieder. Bitte, Franziska, aber sagen Sie nur ja kein Wort zu Leo, wegen der Brosche, er weiß nichts davon, und es könnte ihn verärgern, aber ich habe so meine Pläne, denn wenn ich krank werde, dann könnte ich sie verkaufen, damit ich ihm nicht noch mehr zur Last fallen muß. Franziska umarmte die alte Frau furchtsam und heftig. Das dürfen Sie niemals tun, versprechen Sie's mir, daß Sie diesen Schmuck nie verkaufen. Sie fallen uns doch nicht zur Last!

Auf der Heimfahrt machte sie Umwege kreuz und quer, denn es war eine solche Turbulenz in ihr, diese arme Frau wollte doch wohl nicht diese Brosche verkaufen, während sie und Leo ziemlich viel Geld ausgaben, reisten, Gäste hatten, und sie überlegte immerzu, was sie eigentlich Leo sagen müsse, aber etwas warnte sie, es war ein erster leiser Alarm in ihr, denn in irgend etwas, auch wenn sie schrullig war und übertrieb, mußte die alte Frau recht haben, und deswegen sagte sie dann doch kein Wort zuhause, nur fröhlich, daß es der Mutter ausgezeichnet gehe. Vor der Reise zu einem Kongreß nach London schloß sie aber heimlich mit einer Garage, die Autos vermietete und Taxis privat auf Bestellung schickte, einen Vertrag, den sie anzahlte, und zu der alten Frau sagte sie vor der Reise: Uns ist da so eine Idee gekommen, weil Sie nicht allein zu weit gehen sollten; Sie rufen jetzt jedesmal ein Taxi, es kostet so gut wie nichts, es ist einfach eine Gefälligkeit von einem alten Patienten, aber reden Sie nicht darüber und vor allem nicht mit Leo, Sie kennen ihn ja, er mag nicht, daß Sie sich bedanken und so, und Sie fahren in die Stadt, wenn Sie etwas brauchen und lassen den Wagen warten und lassen sich nur von Herrn Pineider fahren, dem jungen. Der weiß übrigens nicht, daß sein Vater ein Patient von Leo war, das fällt unter die ärztliche Schweigepflicht, wissen Sie, ich komme gerade von ihm, und Sie versprechen mir, Leo zuliebe, daß Sie den Wagen nehmen, es beruhigt uns einfach. In der ersten Zeit machte die alte Frau wenig Gebrauch von diesem Wagen, und Franziska schimpfte sie aus, als sie aus England zurückkam, denn mit dem Bein ging es wieder schlechter und die alte Frau hatte natürlich alle Einkäufe zu Fuß gemacht und war sogar einmal mit der Straßenbahn in die Innere Stadt gefahren, weil man in Hietzing fast nichts bekam, und Franziska sagte energisch wie zu einem widerspenstischen Kind, das dürfe einfach nicht mehr vorkommen.

Auch die Zeit der Gespräche über Kiki, das Leben einer jungen Gouvernante im Wien vor dem Ersten Wehkrieg und vor der Heirat gingen vorüber, und manchmal erzählte auch nur Franziska, besonders wenn sie von einer Reise zurückgekommen war mit Leo, etwa was für einen großartigen Vortrag Leo gehalten hatte auf dem Kongreß, und daß er ihr jetzt diesen Sonderdruck für die Mutter mitgegeben habe. Die alte Frau las mühsam und angestrengt den Titel: »Die Bedeutung endogener und exogener Faktoren beim Zustandekommen von paranoiden und depressiv gefärbten Psychosen bei ehemaligen Konzentrationslagerhäftlingen und Flüchtlingen«. Franziska versicherte, es sei nur eine kleine Vorarbeit für eine viel größere, an der er arbeite, und sie dürfe jetzt auch schon mitarbeiten, es werde wahrscheinlich das bedeutendste und erste wichtige Buch auf diesem Gebiet sein. Von einer noch unabsehbaren Bedeutung.

Die alte Frau war merkwürdig stumm, sie verstand sicher nicht die Tragweite dieser Arbeiten, vielleicht überhaupt nicht, was ihr Sohn tat. Dann sagte sie überraschend: Wenn er sich nur nicht zu viele Feinde damit macht, hier in Wien, und dann ist da noch etwas ...

Franziska erregte sich: Aber das wäre sogar sehr gut, es ist auch eine Provokation, und Leo fürchtet niemand, denn für ihn ist das die einzig wichtige Aufgabe, die noch weit über ihre wissenschaftliche Bedeutung hinausgeht.

Ja, natürlich, sagte die alte Frau schnell, und er weiß sich zu verteidigen, und Feinde hat man überhaupt, wenn man berühmt ist. Ich habe nur an Johannes gedacht, es ist aber schon so lange her. Wissen Sie, daß er eineinhalb Jahre, vor dem Kriegsende, im KZ war? Franziska war überrascht, sie hatte es nicht gewußt, verstand dann aber den Zusammenhang nicht.

Die alte Frau wollte nicht weiterreden und tat es dann doch. Für Leo war es schon eine gewisse Gefahr, damals, einen Verwandten zu haben, der, nun Sie verstehen schon. Ja, natürlich, sagte Franziska. Sie blieb aber etwas verstört, denn die alte Frau hatte manchmal eine so umständliche Art, Dinge zu sagen und doch nicht zu sagen, und sie fand sich dann nicht zurecht, obwohl sie auf einmal ganz von Stolz erfüllt war, daß jemand aus Leos Familie etwas so Furchtbares durchgemacht hatte, und daß Leo, in seiner taktvollen bescheidenen Weise, ihr nie etwas darüber gesagt hatte, auch nicht in welcher Gefahr er sich, als junger Arzt, befunden haben mußte. An diesem Nachmittag wollte die alte Frau nicht mehr weitersprechen, sondern sagte, zusammenhanglos: Hören Sie das auch?

Was?

Die Hunde, sagte die alte Frau. Früher hat es nie so viele Hunde gegeben in Hietzing, ich habe wieder welche bellen gehört, und nachts bellen sie auch. Die Frau Schönthal nebenan hat jetzt einen Pudel. Der bellt aber wenig, er ist ein sehr lieber Hund, ich treffe sie fast jeden Tag beim Einkaufen, aber wir grüßen einander nur, der Mann ist nicht Akademiker.

Franziska mußte rasch heimfahren in die Stadt, und diesmal wollte sie Leo fragen, ob das etwas zu bedeuten habe, daß seine Mutter auf einmal von Hunden sprach, ob es ein bedenkliches Symptom war, es konnte mit dem Alter zusammenhängen. Aufgefallen war ihr auch, daß die alte Frau sich irgendwann einmal aufgeregt hatte, wegen zehn Schilling, die auf dem Tisch gelegen waren, dann nicht mehr da waren, als die Frau Agnes weggegangen war, und diese Erregung wegen der zehn Schilling, die fehlten, was sie sich aber gewiß nur einbildete, das waren doch Anzeichen von einem Prozeß, denn die Bedienerin konnte sie unmöglich genommen haben, sie war, was man, in manchen Kreisen, den besseren, eine kreuzbrave Frau nennt, die mehr aus Mitleid kam als des Geldes wegen, das sie überhaupt nicht brauchte, es war eine Gefälligkeit, weiter nichts. Auch die hilflosen Geschenke der alten Frau Jordan, eine abgeschabte uralte Handtasche oder sonst ein unnützer Gegenstand hätten diese Frau Agnes kaum veranlaßt, zu kommen, denn daß es weder von der Alten noch von ihrem Sohn etwas zu erwarten gab für sie, das hatte sie längst begriffen, und von Franziskas eifervollen Gedanken, die Lage zu verbessern, wußte sie nichts, und Franziska hatte deswegen der alten Frau gut zugeredet wie einem Kind, denn sie wollte nicht, daß die kostbare Hilfe verlorenging, wegen einer Altersstörrischkeit und einem Verdacht, der haltlos war.

Sie fand die alte Frau immer öfter am Fenster, wenn sie kam, und sie saßen nicht mehr beisammen, wenn Franziska kam, um den Sherry zu trinken und kleines Gebäck zu knabbern, und es ging also weiter mit diesen Hunden, während zugleich doch ihre Schwerhörigkeit zuzunehmen begann, und Franziska war ratlos, denn es mußte doch etwas geschehen, und Leo, dem sie zwar alles fernhielt, würde eines Tages auch nicht darum herumkommen, sich mit seiner Mutter beschäftigen zu müssen. Nur fing gerade damals etwas an, kompliziert zwischen Leo und ihr zu werden, und sie entdeckte, daß er sie schon dermaßen eingeschüchtert hatte, daß sie sich fürchtete vor ihm, aber wenigstens einmal, in einem Anfall von ihrem alten Mut, ihre unbegreifliche Furcht überwindend, schlug sie beim Abendessen vor: Warum nehmen wir denn die Mutter nicht zu uns, wir haben doch Platz, und dann wäre doch unsere Rosi immer bei ihr und du brauchtest dir nie Sorgen zu machen, außerdem ist sie so still und ohne Bedürfnisse, sie würde dich niemals stören und mich schon gar nicht, ich sage es deinetwegen, weil ich weiß, welche Sorgen du dir machst. Leo, der an diesem Abend bei guter Laune war und sich über etwas heimlich freute, und sie erriet nur nicht worüber, aber sie nutzte die Gelegenheit, antwortete lachend: Was für eine Idee, du hast überhaupt kein Gefühl für die Situation, mein Schatz, alte Leute darf man nicht mehr verpflanzen, es würde sie nur bedrücken, und sie braucht ihre Freiheit, sie ist eine starke Frau, die Jahrzehnte allein gelebt hat, und wie ich sie kenne, kennst du sie wohl kaum, sie würde ja vor Angst umkommen hier, schon der Leute wegen, die zu uns kommen, und dann womöglich stundenlang Skrupel haben, auch nur ins Bad zu gehen, vor Ängstlichkeit, daß einer von uns auch ins Bad wollen könnte. Aber, Franziskalein, bitte, nicht so ein Gesicht, ich finde deine Anwandlung rührend und lobenswert, aber du würdest sie glatt damit umbringen, mit deiner wunderbaren Idee. Nur, glaub mir, über diese Dinge weiß ich eben doch besser Bescheid.

Aber diese Sache mit den Hunden ...? Franziska fing zu stottern an, denn sie hatte davon gar nicht sprechen wollen und hätte gern sofort jedes Wort zurückgenommen. Sie war nicht mehr fähig, ihre Besorgnis richtig auszudrücken.

Was, fragte ihr Mann, völlig verändert, will sie noch immer einen Köter? Ich verstehe nicht, antwortete Franziska. Wieso sollte sie – du meinst doch nicht, daß sie einen Hund haben will?

Aber natürlich, und ich bin nur froh, daß dieses kindische Zwischenspiel rasch vorübergegangen ist, denn sie würde doch nicht, in ihrem Alter, noch mit einem Hund zurechtkommen, sie soll auf sich selber aufpassen, das ist mir wichtiger, ein Hund ist eine derartige Plage, von der sie sich, bei dieser fortschreitenden Senilität, doch keine Vorstellung macht. Sie hat nie etwas gesagt, erwiderte Franziska schüchtern, ich glaube nicht, daß sie einen Hund will. Ich wollte etwas ganz anderes sagen, aber es ist ohne Bedeutung, verzeih. Nimmst du einen Cognac, arbeitest du noch, soll ich dir etwas abtippen?

Bei ihrem nächsten Besuch wußte Franziska nicht, wie sie es anstellen sollte, aus der alten Frau, die auf der Hut war, etwas herauszufragen, was sie wissen mußte. Sie fing es auf einem Umweg an und sagte beiläufig: Ich habe übrigens heute den Pudel von der Frau Schönthal gesehen, wirklich ein hübscher Hund, ich mag Pudel sehr, überhaupt alle Tiere, weil ich doch auf dem Land aufgewachsen bin, wir hatten immer Hunde, ich meine, meine Großeltern und alle Leute im Dorf, und Katzen natürlich auch. Wäre es für Sie nicht gut, einen Hund zu haben, oder eine Katze, jetzt wo Sie sich mit dem Lesen schwer tun, so was geht zwar vorüber, aber ich zum Beispiel würde schrecklich gern einen Hund haben, nur, wissen Sie, in der Stadt, das ist eine Mühe und für einen Hund nichts Rechtes, aber in Hietzing, wo er im Garten herumtollen kann und man spazieren gehen kann ...

Die alte Frau sagte erregt: Einen Hund, nein, nein, ich will keinen Hund! Franziska merkte, daß sie etwas falsch gemacht hatte, aber sie fühlte zugleich, daß sie die alte Frau nicht gekränkt hatte, als hätte sie ihr vorgeschlagen, sich einen Papagei zu halten oder Kanarienvögel, es mußte etwas ganz anderes sein, was sie so erregt hatte. Nach einer Weile sagte die alte Frau sehr ruhig: Nuri war ja ein sehr schöner Hund, und ich bin gut mit ihm ausgekommen, das war, lassen Sie mich nachdenken, das muß schon fünf Jahre her sein, aber ich habe ihn dann weggegeben, in so ein Asyl oder wo sie die weiterverkaufen. Leo mag Hunde nicht. Nein, was sage ich da, es war ganz anders, in diesem Hund war etwas, was ich mir nicht erklären kann, er konnte Leo nicht leiden, er ist ihn jedesmal angeflogen und hat gebellt wie verrückt, wenn Leo auch nur auf die Tür zugegangen ist, und dann hätte er ihn beinahe gebissen, und Leo hat sich so empört, das ist ja natürlich, ein Hund, der so scharf ist, aber das war er sonst nie, mit keinem Fremden, und dann habe ich ihn selbstverständlich weggegeben. Ich konnte doch Leo nicht von Nuri anbellen und beißen lassen, nein, das war zuviel, denn Leo soll es doch gemütlich haben, wenn er zu mir kommt und sich nicht ärgern müssen über einen unerzogenen Hund.

Franziska dachte, daß Leo, obwohl kein Hund mehr da war, der ihn anflog und nicht leiden konnte, doch reichlich selten kam und immer weniger, seit Franziska ihm das abnahm. Wann war er denn überhaupt hier gewesen? Einmal hatten sie zu dritt eine kleine Spazierfahrt gemacht über die Weinstraße und ins Helenental und in einem Gasthaus gegessen mit der Mutter, aber sonst kam doch nur Franziska.

Sagen Sie Leo nur ja nichts, das mit Nuri hat ihn sehr getroffen, er ist sehr verletzlich, wissen Sie, und ich kann es mir heute noch nicht verzeihen, daß ich so egoistisch war, Nuri haben zu wollen, aber alte Leute sind eben sehr egoistisch, liebe Franziska, das verstehen Sie noch gar nicht, Sie sind noch so jung und gut, aber wenn man sehr alt ist, dann kommen diese egoistischen Wünsche, und man darf sich da nicht nachgeben. Wenn Leo nicht für mich sorgte, was wäre dann aus mir geworden, sein Vater ist ja so plötzlich gestorben und hat an nichts mehr denken können, und Geld war auch keines da, mein Mann war ein bißchen leichtsinnig, nein, nicht ein Verschwender, aber er hat es schwergehabt und keine glückliche Hand mit dem Geld, da ist ihm Leo nicht nachgeraten, nur habe ich damals noch arbeiten können, denn es war ja für den Buben, und ich war noch jung, aber was sollte ich heute denn tun? Meine einzige Angst war immer, in ein Altersheim zu müssen, und das würde Leo nie zulassen, und hätte ich nicht diese Wohnung, müßte ich in ein Heim, und das ist wohl ein Hund nicht wert. Franziska hörte ihr verkrampft zu, und sie sagte in sich hinein: Das also ist es, das ist es, und sie hat ihren Hund für ihn weggegeben. Was sind wir für Menschen, sagte sie sich – denn sie war unfähig zu denken, was ist mein Mann für ein Mensch! – wie gemein sind wir doch, und sie hält sich für eine Egoistin, während wir alles haben! Um nicht ihre Tränen zu zeigen, packte sie rasch ein kleines Paket von MEINL aus, mit Kleinigkeiten, und tat, als hätte sie nichts verstanden. Ach, übrigens, wo hab ich bloß meine Gedanken, ich habe Ihnen nur den Tee und den Kaffee gebracht und ein bißchen Lachs und russischen Salat, ganz zusammen paßt es wohl nicht, aber ich war heute ziemlich verdreht beim Einkaufen, weil Leo abreist und ein Manuskript noch nicht fertig ist, er wird Sie aber heute abend anrufen, und er kommt ja schon in einer Woche zurück.

Er sollte ausspannen, sagte die alte Frau, sorgen Sie doch dafür, ihr habt doch noch keine Ferien gehabt in diesem Jahr. Franziska sagte lebhaft: Das ist ein guter Gedanke, ich bekomme ihn schon irgendwie herum, man muß das ein bißchen listig machen, aber das ist ein guter Rat, den Sie mir da geben, denn er überarbeitet sich ja ständig, und ich muß ihn einmal bremsen.

Was Franziska nicht wußte, war, daß es ihr letzter Besuch bei der alten Frau war, und sie keine kleine List mehr nötig hatte, weil andere Geschehnisse kamen und von einer so orkanartigen

Stärke, daß sie beinahe die alte Frau vergaß und vieles andre mehr.

Die alte Frau, in ihrer Furcht, fragte ihren Sohn am Telefon nicht, warum Franziska nicht mehr kam. Sie beunruhigte sich, aber ihr Sohn klang vergnügt und unbesorgt, und einmal kam er sogar und blieb zwanzig Minuten. Das Gebäck rührte er nicht an, den Sherry trank er nicht aus, von Franziska sprach er nicht, aber eine ganze Menge von sich, und das machte sie überglücklich, denn er hatte schon lange nicht mehr von sich selber gesprochen. Er verreise jetzt also, ausspannen müsse er, nur bei dem Wort »Mexiko« bekam die alte Frau einen gelinden Schrecken, denn gab es dort nicht Skorpione und Revolutionen, und Wilde und Erdbeben, aber er lachte sie aus, küßte sie und versprach zu schreiben, er schickte auch ein paar Ansichtskarten, die sie andächtig las. Franziskas Grüße fehlten darauf. Von Franziska bekam sie einmal einen Anruf aus Kärnten. Ach, was diese jungen Leute da an Geld hinauswarfen! denn Franziska erkundigte sich nur, ob alles gut ginge. Sie sprachen dann von Leo, nur die alte Frau schrie immer im unpassendsten Moment: Es wird aber zu teuer, Kind, aber Franziska redete weiter, ja, es sei ihr gelungen, er spanne jetzt endlich aus, und sie habe zu ihrem Bruder fahren müssen, etwas sei zu regeln hier, deswegen habe sie Leo nicht begleiten können. Familienangelegenheiten in Kärnten. Wegen des Hauses. Dann bekam die alte Frau noch ein merkwürdiges Kuvert, mit ein paar Zeilen von Franziska, außer Herzlichkeiten stand nichts weiter darin, als daß sie ihr gerne eine Fotografie lassen möchte, die sie selber gemacht habe, das Foto zeigte Leo, vermutlich auf dem Semmering, lachend, in einer Schneelandschaft, vor einem großen Hotel. Die alte Frau beschloß, Leo nichts zu sagen, und fragen würde er ohnehin nicht. Sie versteckte das Bild unter der Brosche in der Kassette.

Bücher konnte sie jetzt überhaupt nicht mehr lesen und das Radio langweilte sie, nur nach Zeitungen verlangte sie, die Frau Agnes ihr brachte. In den Zeitungen, für die sie Stunden brauchte, las sie die Todesanzeigen, es war immer eine gewisse

Befriedigung in ihr, wenn jemand gestorben war, der jünger war als sie. So, also auch der Professor Haderer, er konnte höchstens siebzig Jahre alt sein. Die Mutter von Frau Schönthal war auch gestorben, an Krebs, noch nicht einmal fünfundsechzig. Sie kondolierte steif in der Milchhandlung und schaute den Pudel nicht an, und dann ging sie wieder nachhause und stellte sich an das Fenster. Sie schlief nicht so wenig, wie man oft von alten Leuten behauptet, aber oft wachte sie auf, und schon hörte sie die Hunde. Wenn die Bedienerin kam, erschrak sie, denn es störte sie schon jedes Kommen von jemand, seit Franziska nicht mehr kam, und ihr selber war, als veränderte sie sich. Denn jetzt ängstigte sie es wirklich, daß sie plötzlich auf der Straße umfallen könne oder sich nicht mehr in der Kontrolle hatte, wenn sie etwas in der Stadt brauchte, und sie rief darum gehorsam immer nach dem jungen Herr Pineider, der sie herumfuhr. Und sie gewöhnte sich an diese kleinen Bequemlichkeiten aus Sicherheitsgründen. Den Zeitsinn verlor sie ganz, und als Leo einmal, braungebrannt, zu ihr kam, auf einen Sprung, wußte sie nicht mehr, ob er jetzt aus Mexiko zurück war oder wann er überhaupt dort gewesen war, aber sie war zu klug, um sich zu erkundigen, und dann entnahm sie einem Satz, daß er geradewegs aus Ischia kam, von einer Italienreise. Sie sagte zerstreut: Gut, gut. Das hat dir gut getan. Und während er ihr etwas erzählte, fingen die Hunde zu bellen an, mehrere gleichzeitig, in großer Nähe, und sie war so eingekreist von dem Gebell und einem sehr sanften, sanften Schrecken, daß sie sich vor ihrem Sohn nicht mehr fürchtete. Die Furcht eines ganzen Lebens wich auf einmal aus ihr.

Als er ihr sagte, im Gehen: Das nächste Mal bringe ich dir Elfi mit, du mußt sie endlich kennenlernen!, wußte sie überhaupt nicht, wovon er sprach. War er nicht mehr verheiratet mit Franziska, und seit wann eigentlich nicht mehr, und die wievielte Frau war das nun eigentlich, sie erinnerte sich nicht mehr, wie lange er mit Franziska gelebt hatte und wann, und sie sagte: Bring sie nur. Gut. Wenn es nur gut für dich ist. Einen Augenblick lang hatte sie die Gewißheit, Nuri sei wieder bei ihr und würde ihn anfliegen, anbellen, so nahe war jetzt das Gebell. Er sollte doch endlich gehen, sie wollte allein sein. Aus Gewohnheit bedankte sie sich, vorsichtshalber, und er fragte verwundert: Aber wofür denn? Jetzt habe ich doch tatsächlich vergessen, dir mein Buch mitzubringen. Ein phänomenaler Erfolg. Ich lasse es dir schicken.

Also vielen Dank, mein Bub. Schick es nur, aber deine dumme Mutter kann ja leider kaum mehr lesen und versteht so wenig.

Sie ließ sich von ihm umarmen und fand sich schon wieder allein, diesem Bellen ausgesetzt. Es kam aus allen Gärten und Wohnungen von Hietzing, eine Invasion der Bestien hatte angefangen, die Hunde näherten sich ihr, bellten ihr zu, und sie stand aufrecht, wie immer, da und träumte nicht mehr von der Zeit mit Kiki und den Griechen, sie dachte nicht mehr an den Tag, an dem der letzte Zehnschillingschein verschwunden war und Leo sie angelogen hatte, sondern versuchte nur noch angestrengt, die Dinge besser zu verstecken, sie wollte sie auch wegwerfen, besonders die Brosche und die Fotografie, damit von Leo nichts gefunden würde nach ihrem Tod, aber es fiel ihr kein gutes Versteck ein, nur der Kübel mit den Abfällen, aber der Frau Agnes traute sie auch immer weniger, denn ihr hätte sie den Mistkübel geben müssen, und sie hatte den Verdacht, daß diese Person ihn durchstöberte und dann die Brosche finden würde. Etwas zu unfreundlich sagte sie einmal: Geben Sie doch wenigstens die Knochen und die Reste den Hunden.

Die Bedienerin schaute sie erstaunt an und fragte: Welchen Hunden? Den Hunden natürlich, beharrte die alte Frau herrisch, ich möchte, daß es die Hunde bekommen!

Eine verdächtige Person, eine Diebin, die würde sich die Knochen wahrscheinlich nachhause tragen.

Den Hunden, sage ich. Verstehen Sie mich denn nicht, sind Sie schwerhörig? Kein Wunder, in Ihrem Alter.

Dann bellten die Hunde leiser, und sie dachte, jemand habe die Hunde entfernt oder einige Hunde weggegeben, denn es war nicht mehr das starke und häufige und feste Bellen von früher. Je leiser sie bellten, desto unbeugsamer wurde sie, sie wartete nur auf die Wiederkehr des stärkeren Bellens, man mußte warten können, und sie konnte warten. Es war auf einmal endlich nicht mehr ein Bellen, obwohl es unzweifelhaft von den Hunden kam aus der Nachbarschaft, auch nicht ein Knurren, nur hin und wieder das große, wilde, triumphierende Aufjohlen eines einzigen Hundes, ein Gewimmer danach und im Hintergrund das sich entfernende Gebell aller anderen.

Eines Tages erhielt Herr Dr. Martin Ranner, fast zwei Jahre nach dem Tod seiner Schwester Franziska, eine Rechnung von einer Firma Pineider, über Taxifahrten, die genau datiert waren, auch von Frau Franziska Jordan angezahlt und in Auftrag gegeben worden waren, aber da nur wenige Fahrten zu ihren Lebzeiten gemacht worden waren, die meisten nach ihrem Tod, rief er die Firma an, um eine Erklärung für diese mysteriöse Rechnung zu bekommen. Die Erklärung erklärte ihm zwar nur wenig, aber da er nicht wünschte, seinen ehemaligen Schwager anzurufen oder ihn noch einmal im Leben wiederzusehen, bezahlte er, ratenweise, diese Fahrten einer Frau, die er nicht gekannt hatte und die ihn überhaupt nichts anging. Er kam zu dem Schluß, daß die alte Frau Jordan, die dieser Pineider gefahren hatte, vor einiger Zeit gestorben sein mußte, denn die Firma hatte mehrere Monate seit der letzten Fahrt, aus Pietät vielleicht, verstreichen lassen, ehe sie ihre Forderungen geltend machte.

Robert Musil
Grigia

Es gibt im Leben eine Zeit, wo es sich auffallend verlangsamt, als zögerte es weiterzugehn oder wollte seine Richtung ändern. Es mag sein, daß einem in dieser Zeit leichter ein Unglück zustößt.

Homo besaß einen kranken kleinen Sohn; das zog durch ein Jahr, ohne besser zu werden und ohne gefährlich zu sein, der Arzt verlangte einen langen Kuraufenthalt, und Homo konnte sich nicht entschließen, mitzureisen. Es kam ihm vor, als würde er dadurch zu lange von sich getrennt, von seinen Büchern, Plänen und seinem Leben. Er empfand seinen Widerstand als eine große Selbstsucht, es war aber vielleicht eher eine Selbstauflösung, denn er war zuvor nie auch nur einen Tag lang von seiner Frau geschieden gewesen; er hatte sie sehr geliebt und liebte sie noch sehr, aber diese Liebe war durch das Kind trennbar geworden, wie ein Stein, in den Wasser gesickert ist, das ihn immer weiter auseinander treibt. Homo staunte sehr über diese neue Eigenschaft der Trennbarkeit, ohne daß mit seinem Wissen und Willen je etwas von seiner Liebe abhanden gekommen wäre, und so lang die Zeit der vorbereitenden Beschäftigung mit der Abreise war, wollte ihm nicht einfallen, wie er allein den kommenden Sommer verbringen werde. Er empfand bloß einen heftigen Widerwillen gegen Bade- und Gebirgsorte. Er blieb allein zurück und am zweiten Tag erhielt er einen Brief, der ihn einlud, sich an einer Gesellschaft zu beteiligen, welche die alten venezianischen Goldbergwerke im Fersenatal wieder aufschließen wollte. Der Brief war von einem Herrn Mozart Amadeo Hoffingott, den er vor einigen Jahren auf einer Reise kennen gelernt und während weniger Tage zum Freund gehabt hatte.

Trotzdem entstand in ihm nicht der leiseste Zweifel, daß es sich um eine ernste, redliche Sache handle. Er gab zwei Telegramme auf; in dem einen teilte er seiner Frau mit, daß er schon jetzt abreise und ihr seinen Aufenthalt melden werde, mit dem zweiten nahm er das Angebot an, sich als Geologe und vielleicht auch mit einem größeren Betrag Geldes an den Aufschließungsarbeiten zu beteiligen.

In P., das ein Maulbeer und Wein bauendes, verschlossen reiches italienisches Städtchen ist, traf er mit Hoffingott, einem großen, schönen schwarzen Mann seines eigenen Alters, zusammen, der immer in Bewegung war. Die Gesellschaft verfügte, wie er erfuhr, über gewaltige amerikanische Mittel, und die Arbeit sollte großen Stil haben. Einstweilen ging zur Vorbereitung eine Expedition talein, die aus ihnen beiden und drei Teilhabern bestand, Pferde wurden gekauft, Instrumente erwartet und Hilfskräfte angeworben.

Homo wohnte nicht im Gasthof, sondern, er wußte eigentlich nicht warum, bei einem italienischen Bekannten Hoffingotts. Es gab da drei Dinge, die ihm auffielen. Betten von einer unsagbar kühlen Weichheit in schöner Mahagonischale. Eine Tapete mit einem unsagbar wirren, geschmacklosen, aber durchaus unvollendbaren und fremden Muster. Und ein Schaukelstuhl aus Rohr; wenn man sich in diesem wiegt und die Tapete anschaut, wird der ganze Mensch zu einem auf- und niederwallenden Gewirr von Ranken, die binnen zweier Sekunden aus dem Nichts zu ihrer vollen Größe anwachsen und sich wieder in sich zurückziehen.

In den Straßen war eine Luft, aus Schnee und Süden gemischt. Es war Mitte Mai. Abends waren sie von großen Bogenlampen erhellt, die an quergespannten Seilen so hoch hingen, daß die Straßen darunter wie Schluchten von dunklem Blau lagen, auf deren finstrem Grund man dahingehen mußte, während sich oben im Weltraum weiß zischende Sonnen drehten. Tagsüber sah man auf Weinberg und Wald. Das hatte den Winter rot, gelb und grün überstanden; weil die Bäume das Laub nicht abwarfen, war Welk und Neu durcheinandergeflochten wie in Friedhofskränzen, und kleine rote, blaue und rosa Villen staken, sehr sichtbar noch, wie verschieden gestellte

Würfel darin, ein ihnen unbekanntes, eigentümliches Formgesetz empfindungslos vor aller Welt darstellend. Oben aber war der Wald dunkel und der Berg hieß Selvot. Er trug über dem Wald Almböden, die, verschneit, in breitem, gemäßigtem Wellenschlag über die Nachbarberge weg das kleine hart ansteigende Seitental begleiteten, in das die Expedition einrücken sollte. Kamen, um Milch zu liefern und Polenta zu kaufen, Männer von diesen Bergen, so brachten sie manchmal große Drusen Bergkristall oder Amethyst mit, die in vielen Spalten so üppig wachsen sollten wie anderswo Blumen auf der Wiese, und diese unheimlich schönen Märchengebilde verstärkten noch mehr den Eindruck, daß sich unter dem Aussehen dieser Gegend, das so fremd vertraut flackerte wie die Sterne in mancher Nacht, etwas sehnsüchtig Erwartetes verberge. Als sie in das Gebirgstal hineinritten und um sechs Uhr Sankt Orsola passierten, schlugen bei einer kleinen, eine buschige Bergrinne überquerenden Steinbrücke wenn nicht hundert, so doch sicher zwei Dutzend Nachtigallen; es war heller Tag.

Als sie drinnen waren, befanden sie sich an einem seltsamen Ort. Er hing an der Lehne eines Hügels; der Saumweg, der sie hingeführt hatte, sprang zuletzt förmlich von einem großen platten Stein zum nächsten, und von ihm flossen, den Hang hinab und gewunden wie Bäche, ein paar kurze, steile Gassen in die Wiesen. Stand man am Weg, so hatte man nur vernachlässigte und dürftige Bauernhäuser vor sich, blickte man aber von den Wiesen unten herauf, so meinte man sich in ein vorweltliches Pfahldorf zurückversetzt, denn die Häuser standen mit der Talseite alle auf hohen Balken, und ihre Abtritte schwebten etwas abseits von ihnen wie die Gondeln von Sänften auf vier schlanken baumlangen Stangen über dem Abhang. Auch die Landschaft um dieses Dorf war nicht ohne Sonderbarkeiten. Sie bestand aus einem mehr als halbkreisförmigen Wall hoher, oben von Schroffen durchsetzter Berge, welche steil zu einer Senkung abfielen, die rund um einen in der Mitte stehenden kleineren und bewaldeten Kegel lief, wodurch das Ganze einer leeren gugelhupfförmigen Welt ähnelte, von der ein kleines Stück durch den tief fließenden Bach abgeschnitten worden war, so daß sie dort klaffend gegen die hohe, zugleich mit ihm talwärts streichende andere Flanke seines Ufers lehnte, an welcher das Dorf hing. Es gab ringsum unter dem Schnee Kare mit Knieholz und einigen versprengten Rehen, auf der Waldkuppe in der Mitte balzte schon der Spielhahn, und auf den Wiesen der Sonnseite blühten die Blumen mit gelben, blauen und weißen Sternen, die so groß waren, als hätte man einen Sack mit Talern ausgeschüttet. Stieg man aber hinter dem Dorf noch etwa hundert Fuß höher, so kam man auf einen ebenen Absatz von nicht allzugroßer Breite, den Äcker, Wiesen, Heuställe und verstreute Häuser bedeckten, während von einer gegen das Tal zu vorspringenden Bastion die kleine Kirche in die Welt hinausblickte, welche an schönen Tagen fern vor dem Tal wie das Meer vor einer Flußmündung lag; man konnte kaum unterscheiden, was noch goldgelbe Ferne des gesegneten Tieflands war und wo schon die unsicheren Wolkenböden des Himmels begonnen hatten.

Es war ein schönes Leben, das da seinen Anfang nahm. Tagsüber auf den Bergen, bei alten verschütteten Stolleneingängen und neuen Schürfversuchen, oder auf den Wegen des Tal hinaus, wo eine breite Straße gelegt werden sollte; in einer riesigen Luft, die schon sanft und schwanger von der kommenden Schneeschmelze war. Sie schütteten Geld unter die Leute und walteten wie die Götter. Sie beschäftigten alle Welt, Männer und Frauen. Aus den Männern bildeten sie Arbeitspartien und verteilten sie auf die Berge, wo sie wochenüber verbleiben mußten, aus den Weibern formierten sie Trägerkolonnen, welche ihnen Werkzeugersatz und Proviant auf kaum wegsamen Steigen nachschafften. Das steinerne Schulhaus ward in eine Faktorei verwandelt, wo die Waren aufbewahrt und verladen wurden; dort rief eine scharfe Herrenstimme aus den schwatzend wartenden Weihern eins nach dem andern vor, und es wurde der große leere Rückenkorb so lange befrachtet, bis die Knie sich bogen und die Halsadern anschwollen. War solch ein hübsches junges Weib beladen, so hing ihm der Blick bei den Augen heraus und die Lippen blieben offen stehn; es trat in die Reihe, und auf das Zeichen begannen diese stillgewordenen Tiere hintereinander langsam in langen Schlangenwegen ein Bein vor das andre bergan zu setzten. Aber sie trugen köstliche, seltene Last, Brot, Fleisch und Wein, und mit den Eisengeräten mußte man nicht ängstlich umgehn, so daß außer dem Barlohn gar manches Brauchbare für die Wirtschaft abfiel, und darum trugen sie es gerne und dankten noch den Männern, welche den Segen in die Berge gebracht hatten. Und das war ein herrliches Gefühl; man wurde hier nicht, wie sonst überall in der Welt, geprüft, was für ein Mensch man sei, – ob verläßlich, mächtig und zu fürchten oder zierlich und schön, – sondern was immer für ein Mensch man war und wie immer man über die Dinge des Lebens dachte, man fand Liebe, weil man den Segen gebracht hatte; sie lief wie ein Herold voraus, sie war überall wie ein frisches Gastbett bereitet, und der Mensch trug Willkommensgeschenke in den Augen. Die Frauen durften das frei ausströmen lassen, aber manchmal, wenn man an einer Wiese vorbeikam, vermochte auch ein alter Bauer dort zu stehn und winkte mit der Sense wie der leibhafte Tod.

Es lebten übrigens merkwürdige Leute in diesem Talende. Ihre Voreltern waren zur Zeit der tridentinischen Bischofsmacht als Bergknappen aus Deutschland gekommen, und sie saßen heute noch eingesprengt wie ein verwitterter deutscher Stein zwischen den Italienern. Die Art ihres alten Lebens hatten sie halb bewahrt und halb vergessen, und was sie davon bewahrt hatten, verstanden sie wohl selbst nicht mehr. Die Wildbäche rissen ihnen im Frühjahr den Boden weg, es gab Häuser, die einst auf einem Hügel und jetzt am Rand eines Abgrunds standen, ohne daß sie etwas dagegen taten, und umgekehrten Wegs spülte ihnen die neue Zeit allerhand ärgsten Unrat in die Häuser. Da gab es billige polierte Schränke, scherzhafte Postkarten und Öldruckbilder, aber manchmal war ein Kochgeschirr da, aus dem schon zur Zeit Martin Luthers gegessen worden sein mochte. Sie waren nämlich Protestanten; aber wenn es wohl auch nichts als dieses zähe Festhalten an ihrem Glauben war, was sie vor der Verwelschung geschützt hatte, so waren sie dennoch keine guten Christen. Da sie arm waren, verließen fast alle Männer kurz nach der Heirat ihre Frauen und gingen für Jahre nach Amerika; wenn sie zurückkamen, brachten sie ein wenig erspartes Geld mit, die Gewohnheiten der städtischen Bordelle und die Ungläubigkeit, aber nicht den scharfen Geist der Zivilisation.

Homo hörte gleich zu Beginn eine Geschichte erzählen, die ihn ungemein beschäftigte. Es war nicht lange her, mochte so etwa in den letzten fünfzehn Jahren stattgefunden haben, daß ein Bauer, der lange Zeit fortgewesen war, aus Amerika zurückkam und sich wieder zu seiner Frau in die Stube legte. Sie freuten sich einige Zeit, weil sie wieder vereint waren, und ließen es sich gut gehen, bis die letzten Ersparnisse weggeschmolzen waren. Als da die neuen Ersparnisse, die aus Amerika nachkommen sollten, noch immer nicht eingetroffen waren, machte sich der Bauer auf, um – wie es alle Bauern dieser Gegend taten – den Lebensunterhalt draußen durch Hausieren zu gewinnen, während die Frau die uneinträgliche Wirtschaft wieder weiter besorgte. Aber er kehrte nicht mehr zurück. Dagegen traf wenige Tage später auf einem von diesem abgelegenen Hofe der Bauer aus Amerika ein, erzählte seiner Frau auf den Tag genau, wie lange es her sei, verlangte zu essen, was sie damals am Tag des Abschieds gegessen hatten, wußte noch mit der Kuh Bescheid, die längst nicht mehr da war, und fand sich mit den Kindern in einer anständigen Weise zurecht, die ihm ein andrer Himmel beschert hatte als der, den er inzwischen über seinem Kopf getragen hatte. Auch dieser Bauer ging nach einer Weile des Behagens und Wohllebens auf die Wanderschaft mit dem Kram und kehrte nicht mehr zurück. Das ereignete sich in der Gegend noch ein drittes und viertes Mal, bevor man darauf kam, daß es ein Schwindler war, der drüben mit den Männern zusammen gearbeitet und sie ausgefragt hatte. Er wurde irgendwo von den Behörden festgenommen und eingesperrt, und keine sah ihn mehr wieder. Das soll allen leid getan haben, denn jede hätte ihn gern noch ein paar Tage gehabt und ihn mit ihrer

Erinnerung verglichen, um sich nicht auslachen lassen zu müssen; denn jede wollte wohl gleich etwas gemerkt haben, das nicht ganz zum Gedächtnis stimmte, aber keine war dessen so sicher gewesen, daß man es hätte darauf ankommen lassen können und dem in seine Rechte wiederkehrenden Mann Schwierigkeiten machen wollte.

So waren diese Weiber. Ihre Beine staken in braunen Wollkitteln mit handbreiten roten, blauen oder orangenen Borten, und die Tücher, die sie am Kopf und gekreuzt über der Brust trugen, waren billiger Kattundruck moderner Fabrikmuster, aber durch irgend etwas in den Farben oder deren Verteilung wiesen sie weit in die Jahrhunderte der Altvorderen zurück. Das war viel älter als Bauerntrachten sonst, weil es nur ein Blick war, verspätet, durch all die Zeiten gewandert, trüb und schwach angelangt, aber man fühlte ihn dennoch deutlich auf sich ruhn, wenn man sie ansah. Sie trugen Schuhe, die wie Einbäume aus einem Stück Holz geschnitten waren, und an der Sohle hatten sie wegen der schlechten Wege zwei messerartige Eisenstege, auf denen sie in ihren blauen und braunen Strümpfen gingen wie die Japanerinnen. Wenn sie warten mußten, setzten sie sich nicht auf den Wegrand, sondern auf die flache Erde des Pfads und zogen die Knie hoch wie die Neger. Und wenn sie, was zuweilen geschah, auf ihren Eseln die Berge hinanritten, dann saßen sie nicht auf ihren Röcken, sondern wie Männer und mit unempfindlichen Schenkeln auf den scharfen Holzkanten der Tragsättel, hatten wieder die Beine unziemlich hochgezogen und ließen sich mit einer leise schaukelnden Bewegung des ganzen Oberkörpers tragen.

Sie verfügten aber auch über eine verwirrend freie Freundlichkeit und Liebenswürdigkeit. »Treten Sie bitte ein«, sagten sie aufrecht wie die Herzoginnen, wenn man an ihre Bauerntür klopfte, oder wenn man eine Weile mit ihnen stand und im Freien plauderte, konnte plötzlich eine mit der höchsten Höflichkeit und Zurückhaltung fragen: »Darf ich Ihnen nicht den Mantel halten?« Als Doktor Homo einmal einem reizenden vierzehnjährigen Mädel sagte, »Komm ins Heu«, – nur so, weil ihm das Heu plötzlich so natürlich erschien wie für Tiere das Futter, – da erschrak dieses Kindergesicht unter dem spitz vorstehenden Kopftuch der Altvordern keineswegs, sondern schnob nur heiter aus Nase und Augen, die Spitzen ihrer kleinen Schuhboote kippten um die Fersen hoch, und mit geschultertem Rechen wäre sie beinahe aufs zurückschnellende Gesäß gefallen, wenn das Ganze nicht bloß ein Ausdruck lieblich ungeschickten Erstaunens über die Begehrlichkeit des Manns hätte sein sollen, wie in der komischen Oper. Ein andermal fragte er eine große Bäurin, die aussah wie eine deutsche Wittib am Theater, »bist Du noch eine Jungfrau, sag?!« und faßte sie am Kinn, – wieder nur so, weil die Scherze doch etwas Mannsgeruch haben sollten; die aber ließ das Kinn ruhig auf seiner Hand ruhn und antwortete ernst: »Ja, natürlich.« Homo verlor da fast die Führung: »Du bist noch eine Jungfrau?!« wunderte er sich schnell und lachte. Da kicherte sie mit. »Sag?!« drang er jetzt näher und schüttelte sie spielend am Kinn. Da blies sie ihm ins Gesicht und lachte: »Gewesen!«

»Wenn ich zu Dir komm, was krieg ich?« frug es sich weiter.

»Was Sie wollen.«

»Alles, was ich will?«

»Alles.«

»Wirklich alles?!«

»Alles! Alles!!« und das war eine so vorzüglich und leidenschaftlich gespielte Leidenschaft, daß diese Theaterechtheit auf sechzehnhundert Meter Höhe ihn sehr verwirrte. Er wurde es nicht mehr los, daß dieses Leben, welches heller und würziger war als jedes Leben zuvor, gar nicht mehr Wirklichkeit, sondern ein in der Luft schwebendes Spiel sei.

Es war inzwischen Sommer geworden. Als er zum erstenmal die Schrift seines kranken Knaben auf einem ankommenden Brief gesehen hatte, war ihm der Schreck des Glücks und heimlichen Besitzes von den Augen bis in die Beine gefahren; daß sie jetzt seinen Aufenthaltsort wußten, erschien ihm wie eine ungeheure Befestigung. Er ist hier, oh, man wußte nun alles, und er brauchte nichts mehr zu erklären. Weiß und violett, grün und braun standen die Wiesen. Er war kein Gespenst. Ein Märchenwald von alten Lärchenstämmen, zartgrün behaarten, stand auf smaragdener Schräge. Unter dem Moos mochten violette und weiße Kristalle leben. Der Bach fiel einmal mitten im Wald über einen Stein so, daß er aussah wie ein großer silberner Steckkamm. Er beantwortete nicht mehr die Briefe seiner Frau. Zwischen den Geheimnissen dieser Natur war das Zusammengehören eines davon. Es gab eine zart scharlachfarbene Blume, es gab diese in keines anderen Mannes Welt, nur in seiner, so hatte es Gott geordnet, ganz als ein Wunder. Es gab eine Stelle am Leib, die wurde versteckt und niemand durfte sie sehn, wenn er nicht sterben sollte, nur einer. Das kam ihm in diesem Augenblick so wundervoll unsinnig und unpraktisch vor, wie es nur eine tiefe Religion sein kann. Und er erkannte jetzt erst, was er getan hatte, indem er sich für diesen Sommer absonderte und von seiner eigenen Strömung treiben ließ, die ihn erfaßt hatte. Er sank zwischen den Bäumen mit den giftgrünen Bärten aufs Knie, breitete die Arme aus, was er so noch nie in seinem Leben getan hatte, und ihm war zu Mut, als hätte man ihm in diesem Augenblick sich selbst aus den Armen genommen. Er fühlte die Hand seiner Geliebten in seiner, ihre Stimme im Ohr, alle Stellen seines Körpers waren wie eben erst berührt, er empfand sich selbst wie eine von einem anderen Körper gebildete Form. Aber er hatte sein Leben außer Kraft gesetzt. Sein Herz war demütig vor der Geliebten und arm wie ein Bettler geworden, beinahe strömten ihm Gelübde und Tränen aus der Seele. Dennoch stand es fest, daß er nicht umkehrte, und seltsamerweise war mit seiner Aufregung ein Bild der rings um den Wald blühenden Wiesen verbunden, und trotz der Sehnsucht nach Zukunft das Gefühl, daß er da, zwischen Anemonen, Vergißmeinnicht, Orchideen, Enzian und dem herrlich grünbraunen Sauerampfer, tot liegen werde. Er streckte sich am Moose aus. »Wie Dich hinübernehmen?« fragte sich Homo. Und sein Körper fühlte sich sonderbar müd wie ein starres Gesicht, das von einem Lächeln aufgelöst wird. Da hatte er nun immer gemeint, in der Wirklichkeit zu leben, aber war etwas unwirklicher, als daß ein

Mensch für ihn etwas anderes war als alle anderen Menschen? Daß es unter den unzähligen Körpern einen gab, von dem sein inneres Wesen fast ebenso abhing wie von seinem eigenen Körper? Dessen Hunger und Müdigkeit, Hören und Sehen mit seinem zusammenhing? Als das Kind aufwuchs, wuchs das, wie die Geheimnisse des Bodens in ein Bäumchen, in irdisches Sorgen und Behagen hinein. Er liebte sein Kind, aber wie es sie überleben würde, hatte es noch früher den jenseitigen Teil getötet. Und es wurde ihm plötzlich heiß von einer neuen Gewißheit. Er war kein dem Glauben zugeneigter Mensch, aber in diesem Augenblick war sein Inneres erhellt. Die Gedanken erleuchteten so wenig wie dunstige Kerzen in dieser großen Helle seines Gefühls, es war nur ein herrliches, von Jugend umflossenes Wort: Wiedervereinigung da. Er nahm sie in alle Ewigkeiten immer mit sich, und in dem Augenblick, wo er sich diesem Gedanken hingab, waren die kleinen Entstellungen, welche die Jahre der Geliebten zugefügt hatten, von ihr genommen, es war ewiger erster Tag. Jede weltläufige Betrachtung versank, jede Möglichkeit des Überdrusses und der Untreue, denn niemand wird die Ewigkeit für den Leichtsinn einer Viertelstunde opfern, und er erfuhr zum erstenmal die Liebe ohne allen Zweifel als ein himmlisches Sakrament. Er erkannte die persönliche Vorsehung, welche sein Leben in diese Einsamkeit gelenkt hatte, und fühlte wie einen gar nicht mehr irdischen Schatz, sondern wie eine für ihn bestimmte Zauberwelt den Boden mit Gold und Edelsteinen unter seinen Füßen.

Von diesem Tag an war er von einer Bindung befreit, wie von einem steifen Knie oder einem schweren Rucksack. Der Bindung an das Lebendigseinwollen, dem Grauen vor dem Tode. Es geschah ihm nicht, was er immer kommen geglaubt hatte, wenn man bei voller Kraft sein Ende nahe zu sehen meint, daß man das Leben toller und durstiger genießt, sondern er fühlte sich bloß nicht mehr verstrickt und voll einer herrlichen Leichtheit, die ihn zum Sultan seiner Existenz machte.

Die Bohrungen hatten zwar nicht recht vorwärts geführt, aber es war ein Goldgräberleben, das sie umspann. Ein Bursche hatte

Wein gestohlen, das war ein Verbrechen gegen das gemeine Interesse, dessen Bestrafung allgemein auf Billigung rechnen konnte, und man brachte ihn mit gebundenen Händen. Mozart Amadeo Hoffingott ordnete an, daß er zum abschreckenden Beispiel Tag und Nacht lang an einen Baum gebunden stehen sollte. Aber als der Werkführer mit dem Strick kam, ihn zum Spaß eindrucksvoll hin und her schwenkte und ihn zunächst über einen Nagel hing, begann der Junge am ganzen Leib zu zittern, weil er nicht anders dachte, als daß er aufgeknüpft werden solle. Ganz das gleiche geschah, obwohl das schwer zu begründen wäre, wenn Pferde eintrafen, ein Nachschub von außen oder solche, die für einige Tage Pflege herabgeholt worden waren: sie standen dann in Gruppen auf der Wiese oder legten sich nieder, aber sie gruppierten sich immer irgendwie scheinbar regellos in die Tiefe, so daß es nach einem geheim verabredeten ästhetischen Gesetz genau so aussah wie die Erinnerung an die kleinen grünen, blauen und rosa Häuser unter dem Selvot. Wenn sie aber oben waren und die Nacht über in irgend einem Bergkessel angebunden standen, zu je dreien oder vieren an einem umgelegten Baum, und man war um drei Uhr im Mondlicht aufgebrochen und kam jetzt um halb fünf des Morgens vorbei, dann schauten sich alle nach dem um, der vorbeiging, und man fühlte in dem wesenlosen Frühmorgenlicht sich als einen Gedanken in einem sehr langsamen Denken. Da Diebstähle und mancherlei Unsicheres vorkamen, hatte man rings in der Umgebung alle Hunde aufgekauft, um sie zur Bewachung zu benützen. Die Streiftrupps brachten sie in großen Rudeln herbei, zu zweit oder dritt an Stricken geführt ohne Halsband. Das waren nun mit einemmal ebensoviel Hunde wie Menschen am Ort, und man mochte sich fragen, welche von beiden Gruppen sich eigentlich auf dieser Erde als Herr im eigenen Hause fühlen dürfe, und welche nur als angenommener Hausgenosse. Es waren vornehme Jagdhunde darunter, venezianische Bracken, wie man sie in dieser Gegend noch zuweilen hielt, und bissige Hausköter wie böse kleine Affen. Sie standen in Gruppen, die sich, man wußte nicht warum, zusammengefunden hatten und fest zusammenhielten, aber von Zeit zu Zeit fielen sie in jeder Gruppe wütend übereinander her. Manche waren halbverhungert, manche verweigerten die Nahrung; ein kleiner weißer fuhr dem Koch an die Hand, als er ihm die Schüssel mit Fleisch und Suppe hinstellen wollte, und biß ihm einen Finger ab. – Um halb vier Uhr des Morgens war es schon ganz hell, aber die Sonne war noch nicht zu sehen. Wenn man da oben am Berg an den Malgen vorbeikam, lagen die Rinder auf den Wiesen in der Nähe halb wach und halb schlafend. In mattweißen steinernen großen Formen lagen sie auf den eingezogenen Beinen, den Körper hinten etwas zur Seite hängend; sie blickten den Vorübergehenden nicht an, noch ihm nach, sondern hielten das Antlitz unbewegt dem erwarteten Licht entgegen, und ihre gleichförmig langsam mahlenden Mäuler schienen zu beten. Man durchschritt ihren Kreis wie den einer dämmrigen erhabenen Existenz, und wenn man von oben zurückblickte, sahen sie wie weiß hingestreute stumme Violinschlüssel aus, die von der Linie des Rückgrats, der Hinterbeine und des Schweifs gebildet wurden. Überhaupt gab es viel Abwechslung. Zum Beispiel, es brach einer ein Bein und zwei Leute trugen ihn auf den Armen vorbei. Oder es wurde plötzlich »Feuer« gerufen, und alles lief, um sich zu decken, denn für den Wegbau wurde ein großer Stein gesprengt. Ein Regen wischte gerade mit den ersten Strichen naß über das Gras. Unter einem Strauch am andern Bachufer brannte ein Feuer, das man über das neue Ereignis vergessen hatte, während es bis dahin sehr wichtig gewesen war; als einziger Zuseher stand daneben jetzt nur noch eine junge Birke. An diese Birke war mit einem in der Luft hängenden Bein noch das schwarze Schwein gebunden; das Feuer, die Birke und das Schwein sind jetzt allein. Dieses Schwein hatte schon geschrien, als es ein einzelner bloß am Strick führte und ihm gut zusprach, doch weiter zu kommen. Dann schrie es lauter, als es zwei andre Männer erfreut auf sich zurennen sah. Erbärmlich, als es bei den Ohren gepackt und ohne Federlesens vorwärtsgezerrt wurde. Es stemmte sich mit den vier Beinen dagegen, aber der Schmerz in den Ohren zog es in kurzen Sprüngen vorwärts. Am andern Ende der Brücke hatte schon einer nach der Hacke gegriffen und schlug es mit der Schneide gegen die Stirn. Von diesem Augenblick an ging alles viel mehr in Ruhe. Beide Vorderbeine brachen gleichzeitig ein, und das Schweinchen schrie erst wieder, als ihm das Messer schon in der Kehle stak; das war zwar ein gellendes, zuckendes Trompeten, aber es sank gleich zu einem Röcheln zusammen, das nur noch wie ein pathetisches Schnarchen war. Das alles bemerkte Homo zum erstenmal in seinem Leben.

Wenn es Abend geworden war, kamen alle im kleinen Pfarrhof zusammen, wo sie ein Zimmer als Kasino gemietet hatten. Freilich war das Fleisch, das nur zweimal der Woche den langen Weg heraufkam, oft etwas verdorben, und man litt nicht selten an einer mäßigen Fleischvergiftung. Trotzdem kamen alle, sobald es dunkel wurde, mit ihren kleinen Laternen die unsichtbaren Wege dahergestolpert. Denn sie litten noch mehr als an Fleischvergiftung an Traurigkeit und Öde, obgleich es so schön war. Sie spülten es mit Wein aus. Eine Stunde nach Beginn lag in dem Pfarrzimmer eine Wolke von Traurigkeit und Tanz. Das Grammophon räderte hindurch wie ein vergoldeter Blechkarren über eine weiche, von wundervollen Sternen besäte Wiese. Sie sprachen nichts mehr miteinander, sondern sie sprachen. Was hätten sie sich sagen sollen, ein Privatgelehrter, ein Unternehmer, ein ehemaliger Strafanstaltsinspektor, ein Bergingenieur, ein pensionierter Major? Sie sprachen in Zeichen – mochten das trotzdem auch Worte sein: des Unbehagens, des relativen Behagens, der Sehnsucht –, eine Tiersprache. Oft stritten sie unnötig lebhaft über irgendeine Frage, die keinen etwas anging, beleidigten einander sogar, und am nächsten Tag gingen Kartellträger hin und her. Dann stellte sich heraus, daß eigentlich überhaupt niemand anwesend gewesen war. Sie hatten es nur getan, weil sie die Zeit totschlagen mußten, und wenn sie auch keiner von ihnen je wirklich gelebt hatte, kamen sie sich doch roh wie die Schlächter vor und waren gegeneinander erbittert.

Es war die überall gleiche Einheitsmasse von Seele: Europa. Ein so unbestimmtes Unbeschäftigtsein, wie es sonst die Beschäftigung war. Sehnsucht nach Weib, Kind, Behaglichkeit. Und zwischendurch immer von neuem das Grammophon. Rosa, wir fahr'n nach Lodz, Lodz, ... und Komm in meine Liebeslaube ... Ein astraler Geruch von Puder, Gaze, ein Nebel von fernem Varieté und europäischer Sexualität. Unanständige Witze zerknallten zu Gelächter und fingen alle immer wieder mit den Worten an: Da ist einmal ein Jud auf der Eisenbahn gefahren ...; nur einmal fragte einer: Wieviel Rattenschwänze braucht man von der Erde zum Mond? Da wurde es sogar still, und der Major ließ Tosca spielen und sagte, während das Grammophon zum Loslegen ausholte, melancholisch: »Ich habe einmal die Geraldine Farrar heiraten wollen.« Dann kam ihre Stimme aus dem Trichter in das Zimmer und stieg in einen Lift, diese von den betrunkenen Männern angestaunte Frauenstimme, und schon fuhr der Lift mit ihr wie rasend in die Höhe, kam an kein Ziel, senkte sich wieder, federte in der Luft. Ihre Röcke blähten sich vor Bewegung, dieses Auf und Nieder, dieses eine Weile lang angepreßt Stilliegen an einem Ton, und wieder sich Heben und Sinken, und bei alldem dieses Verströmen, und immer doch noch von einer neuen Zuckung Gefaßtwerden, und wieder Ausströmen: war Wollust. Homo fühlte, es war nackt jene auf alle Dinge in den Städten verteilte Wollust, die sich von Totschlag, Eifersucht, Geschäften, Automobilrennen nicht mehr unterscheiden kann, – ah, es war gar nicht mehr Wollust, es war Abenteuersucht, – nein, es war nicht Abenteuersucht, sondern ein aus dem Himmel niederfahrendes Messer, ein Würgengel, Engelswahnsinn, der Krieg? Von einem der vielen langen Fliegenpapiere, die von der Decke herabhingen, war vor ihm eine Fliege heruntergefallen und lag vergiftet am Rücken, mitten in einer jener Lachen, zu denen in den kaum merklichen Falten des Wachstuchs das Licht der Petroleumlampe zusammenfloß; sie waren so vorfrühlingstraurig, als ob nach Regen ein starker Wind gefegt hätte. Die Fliege machte ein paar immer schwächer werdende Anstrengungen, um sich aufzurichten, und eine zweite Fliege, die am Tischtuch äste, lief von Zeit zu Zeit hin, um sich zu überzeugen, wie es stünde. Auch Homo sah ihr genau zu, denn die Fliegen waren hier eine große Plage. Als aber der Tod kam, faltete die Sterbende ihre sechs Beinchen ganz spitz zusammen und hielt sie so in die Höhe, dann starb sie in ihrem blassen Lichtfleck am Wachstuch wie in einem Friedhof von Stille, der nicht in Zentimetermaßen und nicht für Ohren, aber doch vorhanden war. Jemand erzählte gerade: »Das soll einer einmal wirklich ausgerechnet haben, daß das ganze Haus Rothschild nicht so viel Geld hat, um eine Fahrkarte dritter Klasse bis zum Mond zu bezahlen.« Homo sagte leise vor sich hin: »Töten, und doch Gott spüren; Gott spüren, und doch töten?« und er schnellte mit dem Zeigefinger dem ihm gegenübersitzenden Major die Fliege gerade ins Gesicht, was wieder einen Zwischenfall gab, der bis zum nächsten Abend vorhielt.

Damals hatte er schon lange Grigia kennen gelernt, und vielleicht kannte sie der Major auch. Sie hieß Lene Maria Lenzi; das klang wie Selvot und Gronleit oder Malga Mendana, nach Amethystkristallen und Blumen, er aber nannte sie noch lieber Grigia, mit langem I und verhauchtem Dscha, nach der Kuh, die sie hatte, und Grigia, die Graue, rief. Sie saß dann, mit ihrem violett braunen Rock und dem gesprenkelten Kopftuch, am Rand ihrer Wiese, die Spitzen der Holländerschuhe in die Luft gekrümmt, die Hände auf der bunten Schürze verschränkt, und sah so natürlich lieblich aus wie ein schlankes giftiges Pilzchen, während sie der in der Tiefe weidenden Kuh von Zeit zu Zeit ihre Weisungen gab. Eigentlich bestanden sie nur aus den vier Worten »Geh ea!« und »Geh aua!«, was soviel zu bedeuten schien wie »komm her« und »komm herauf«, wenn sich die Kuh zu weit entfernte; versagte aber Grigias Dressur, so folgte dem ein heftig entrüstetes: »Wos, Teufi, do geh hea«, und als letzte Instanz polterte sie wie ein Steinchen selbst die Wiese hinab, das nächste Stück Holz in der Hand, das sie aus Wurfdistanz nach der Grauen sandte. Da Grigia aber einen ausgesprochenen Hang hatte, sich immer wieder talwärts zu entfernen, wiederholte sich der Vorgang in allen seinen Teilen mit der Regelmäßigkeit eines sinkenden und stets von neuem aufgewundenen Pendelgewichts. Weil das so paradiesisch sinnlos war, neckte er sie damit, indem er sie selbst Grigia rief. Er konnte sich nicht verhehlen, daß sein Herz lebhafter schlug, wenn er sich der so Sitzenden aus der Ferne nahte; so schlägt es, wenn man plötzlich in Tannenduft eintritt oder in die würzige Luft, die von einem Waldboden aufsteigt, der viele Schwämme trägt. Es blieb immer etwas Grauen vor der Natur in diesem Eindruck enthalten, und man darf sich nicht darüber täuschen, daß die Natur nichts weniger als natürlich ist; sie ist erdig, kantig, giftig und unmenschlich in allem, wo ihr der Mensch nicht seinen Zwang auferlegt. Wahrscheinlich war es gerade das, was ihn an die Bäuerin band, und zur anderen Hälfte war es ein nimmermüdes Staunen, weil sie so sehr einer Frau glich. Man würde ja auch staunen, wenn man mitten im Holz eine Dame mit einer Teetasse sitzen sähe.

Bitte, treten Sie ein, hatte auch sie gesagt, als er zum erstenmal an ihre Tür klopfte. Sie stand am Herd und hatte einen Topf am Feuer; da sie nicht wegkonnte, wies sie bloß höflich auf die Küchenbank, später erst wischte sie die Hand lächelnd an der Schürze ab und reichte sie den Besuchern; es war eine gut geformte Hand, so samten rauh wie feinstes Sandpapier oder rieselnde Gartenerde. Und das Gesicht, das zu ihr gehörte, war ein ein wenig spöttelndes Gesicht, mit einer feinen, graziösen Gratlinie, wenn man es von der Seite ansah, und einem Mund, der ihm sehr auffiel. Dieser Mund war geschwungen wie Kupidos Bogen, aber außerdem war er gepreßt, so wie wenn man Speichel schluckt, was ihm in all seiner Feinheit eine entschlossene Roheit, und dieser Roheit wieder einen kleinen Zug von Lustigkeit gab, was trefflich zu den Schuhen paßte, aus welchen das Figürchen herauswuchs wie aus wilden Wurzeln. – Es galt irgendein Geschäft zu besprechen, und als sie fortgingen, war wieder das Lächeln da, und die Hand ruhte vielleicht einen Augenblick länger in der seinen als beim Empfang. Diese Eindrücke, die in der Stadt so bedeutungslos wären, waren hier in der Einsamkeit Erschütterungen, nicht anders, als hätte ein Baum seine Äste bewegen wollen in einer Weise, die durch keinen Wind oder eben wegfliegenden Vogel zu erklären war.

Kurze Zeit danach war er der Geliebte einer Bauernfrau geworden; diese Veränderung, die mit ihm vorgegangen war, beschäftigte ihn sehr, denn ohne Zweifel war da nicht etwas durch ihn, sondern mit ihm geschehen. Als er das zweitemal gekommen war, hatte sich Grigia gleich zu ihm auf die Bank gesetzt, und als er ihr zur Probe, wie weit er schon gehen dürfe, die Hand auf den Schoß legte und ihr sagte, du bist hier die Schönste, ließ sie seine Hand auf ihrem Schenkel ruhen, legte bloß ihre darauf, und damit waren sie versprochen. Nun küßte er sie auch zum Siegel, und ihre Lippen schnalzten danach, so wie sich Lippen befriedigt von einem Trinkgefäß lösen, dessen Rand sie gierig umfaßt hielten. Er erschrak sogar anfangs ein wenig über diese gemeine Weise und war gar nicht bös, als sie sein weiteres Vordringen abwehrte; er wußte nicht warum, er verstand hier überhaupt nichts von den Sitten und Gefahren und ließ sich neugierig auf ein andermal vertrösten. Beim Heu, hatte Grigia gesagt, und als er schon in der Tür stand und auf Wiedersehen sagte, sagte sie »auf's g'schwindige Wiederseh'n« und lächelte ihm zu.

Er war noch am Heimweg, da wurde er schon glücklich über das Geschehene; so wie ein heißes Getränk plötzlich nachher zu wirken beginnt. Der Einfall, zusammen in den Heustall zu gehn – man öffnet ein schweres hölzernes Tor, man zieht es zu, und bei jedem Grad, um den es sich in den Angeln dreht, wächst die Finsternis, bis man am Boden eines braunen, senkrecht stehenden Dunkels hockt – freute ihn wie eine kindliche List. Er dachte an die Küsse zurück und fühlte sie schnalzen, als hätte man ihm einen Zauberring um den Kopf gelegt. Er stellte sich das Kommende vor und mußte wieder an die Bauernart zu essen denken; sie kauen langsam, schmatzend, jeden Bissen würdigend, so tanzen sie auch, Schritt um Schritt, und wahrscheinlich ist alles andere ebenso; er wurde so steif in den Beinen vor Aufregung bei diesen Vorstellungen, als stäken seine Schuhe schon etwas im Boden. Die Frauen schließen die Augendeckel und machen ein ganz steifes Gesicht, eine Schutzmaske, damit man sie nicht durch Neugierde stört; sie lassen sich kaum ein Stöhnen entreißen, regungslos wie Käfer, die sich tot stellen, konzentrieren sie alle Aufmerksamkeit auf das, was mit ihnen vorgeht. Und so geschah es auch; Grigia scharrte mit der Kante der Sohle das bißchen Winterheu, das noch da war, zu einem Häuflein zusammen und lächelte zum letztenmal, als sie sich nach dem Saum ihres Rockes bückte wie eine Dame, die sich das Strumpfband richtet.

Das alles war genau so einfach und gerade so verzaubert wie die Pferde, die Kühe und das tote Schwein. Wenn sie hinter den Balken waren und außen polterten schwere Schuhe auf dem Steinweg heran, schlugen vorbei und verklangen, so pochte ihm das Blut bis in den Hals, aber Grigia schien schon am dritten Schritt zu erraten, ob die Schuhe herwollten oder nicht. Und sie hatte Zauberworte. Die Nos, sagte sie etwa, und statt Bein der Schenken. Der Schurz war die Schürze. Tragt viel aus, bewunderte sie, und geliegen han i an bißl ins Bett eini, machte es unter verschlafenen Augen. Als er ihr einmal drohte, nicht mehr zu kommen, lachte sie: »I glock an bei Ihm!« und da wußte er nicht, ob er erschrak oder glücklich war, und das mußte sie bemerkt haben, denn sie fragte: »Reut's ihn? Viel reut's ihn?« Das waren so Worte wie die Muster der Schürzen und Tücher und die farbigen Borten oben am Strumpf, etwas angeglichen der Gegenwart schon durch die Weite der Wanderschaft, aber geheimnisvolle Gäste. Ihr Mund war voll von ihnen, und wenn er ihn küßte, wußte er nie, ob er dieses Weib liebte, oder ob ihm ein Wunder bewiesen werde, und Grigia nur der Teil einer Sendung war, die ihn mit einer Geliebten in Ewigkeit weiter verknüpfte. Einmal sagte ihm Grigia geradezu: »Denken tut er was ganz andres, i seh's ihm eini«, und als er eine Ausflucht gebrauchte, meinte sie nur, »ah, das is an extrige Sküß«. Er fragte sie, was das heißen solle, aber sie wollte nicht mit der Sprache heraus, und er mußte selbst erst lange nachdenken, bis er soviel aus ihr herausfragen konnte, um zu erraten, daß hier vor zweihundert Jahren auch französische Bergknappen gelebt hatten, und daß es einmal vielleicht excuse geheißen habe. Aber es konnte auch etwas Seltsameres sein.

Man mag das nun stark empfinden oder nicht. Man mag Grundsätze haben, dann ist es nur ein ästhetischer Scherz, den man eben mitnimmt. Oder man hat keine Grundsätze oder sie haben sich vielleicht eben etwas gelöst, wie es bei Homo der Fall war, als er reiste, dann kann es geschehen, daß diese fremden Lebenserscheinungen Besitz von dem ergreifen, was herrenlos geworden ist. Sie gaben ihm aber kein neues, von Glück ehrgeizig und erdfest gewordenes Ich, sondern sie siedelten nur so in zusammenhanglos schönen Flecken im Luftriß seines Körpers. Homo fühlte an irgend etwas, daß er bald sterben werde, er wußte bloß noch nicht, wie oder wann. Sein altes Leben war kraftlos geworden; es wurde wie ein Schmetterling, der gegen den Herbst zu immer schwächer wird.

Er sprach manchmal mit Grigia davon; sie hatte eine eigene Art, sich danach zu erkundigen: so voll Respekt wie nach etwas, das ihr anvertraut war, und ganz ohne Selbstsucht. Sie schien es in Ordnung zu finden, daß es hinter ihren Bergen Menschen gab, die er mehr liebte als sie, die er mit ganzer Seele liebte. Und er fühlte diese Liebe nicht schwächer werden, sie wurde stärker und neuer; sie wurde nicht blasser, aber sie verlor, je tiefer sie sich färbte, desto mehr die Fähigkeit, ihn in der Wirklichkeit zu etwas zu bestimmen oder an etwas zu hindern. Sie war in jener wundersamen Weise schwerlos und von allem Irdischen frei, die nur der kennt, welcher mit dem Leben abschließen mußte und seinen Tod erwarten darf; war er vordem noch so gesund, es ging damals ein Aufrichten durch ihn wie durch einen Lahmen, der plötzlich seine Krücken fortwirft und wandelt.

Das wurde am stärksten, als die Heuernte kam. Das Heu war schon gemäht und getrocknet, mußte nur noch gebunden und die Bergwiesen hinaufgeschafft werden. Homo sah von der nächsten Anhöhe aus zu, die wie ein Schaukelschwung hoch und weit davon losgehoben war. Das Mädel formt – ganz allein auf der Wiese, ein gesprenkeltes Püppchen unter der ungeheuren

Glasglocke des Himmels – auf jede nur erdenkliche Weise ein riesiges Bündel. Kniet sich hinein und zieht mit beiden Armen das Heu an sich. Legt sich, sehr sinnlich, auf den Bauch über den Ballen und greift vor sich an ihm hinunter. Legt sich ganz auf die Seite und langt nur mit einem Arm, soweit man ihn strecken kann. Kriecht mit einem Knie, mit beiden Knien hinauf. Homo fühlt, es hat etwas vom Pillendreher, jenem Käfer. Endlich schiebt sie ihren ganzen Körper unter das mit einem Strick umschlungene Bündel und hebt sich mit ihm langsam hoch. Das Bündel ist viel größer als das bunte schlanke Menschlein, das es trägt – oder war das nicht Grigia?

Wenn Homo, um sie zu suchen, oben die lange Reihe von Heuhaufen entlang ging, welche die Bäurinnen auf der ebenen Stufe des Hangs errichtet hatten, ruhten sie gerade; da konnte er sich kaum fassen, denn sie lagen auf ihren Heuhügeln wie Michel Angelos Statuen in der Mediceerkapelle zu Florenz, einen Arm mit dem Kopf aufgestützt und den Leib wie in einer Strömung ruhend. Und als sie mit ihm sprachen und ausspucken mußten, taten sie es sehr künstlich; sie zupften mit drei Fingern ein Büschel Heu heraus, spuckten in den Trichter und stopften das Heu wieder darüber: das konnte zum Lachen reizen: bloß wenn man zu ihnen gehörte, wie Homo, der Grigia suchte, mochte man auch plötzlich erschrecken über diese rohe Würde. Aber Grigia war selten dabei, und wenn er sie endlich fand, hockte sie in einem Kartoffelacker und lachte ihn an. Er wußte, sie hat nichts als zwei Röcke an, die trockene Erde, die durch ihre schlanken, rauhen Finger rann, berührte ihren Leib. Aber die Vorstellung hatte nichts Ungewöhnliches mehr für ihn, sein Inneres hatte sich schon seltsam damit vertraut gemacht, wie Erde berührt, und vielleicht traf er sie in diesem Acker auch gar nicht zur Zeit der Heuernte, es lebte sich alles so durcheinander.

Die Heuställe hatten sich gefüllt. Durch die Fugen zwischen den Balken strömt silbernes Licht ein. Das Heu strömt grünes Licht aus. Unter dem Tor liegt eine dicke goldene Borte.

Das Heu roch säuerlich. Wie die Negergetränke, die aus dem Teig von Früchten und menschlichem Speichel entstehn. Man brauchte sich nur zu erinnern, daß man hier unter Wilden lebte, so entstand schon ein Rausch in der Hitze des engen, von gärendem Heu hochgefüllten Raums.

Das Heu trägt in allen Lagen. Man steht darin bis an die Waden, unsicher zugleich und überfest gehalten. Man liegt darin wie in Gottes Hand, möchte sich in Gottes Hand wälzen wie ein Hündchen oder ein Schweinchen. Man liegt schräg, und fast senkrecht wie ein Heiliger, der in einer grünen Wolke zum Himmel fährt.

Das waren Hochzeitstage und Himmelfahrtstage.

Aber einmal erklärte Grigia: es geht nicht mehr. Er konnte sie nicht dazu bringen, daß sie sagte, warum. Die Schärfe um den Mund und die lotrechte kleine Falte zwischen den Augen, die sie sonst nur für die Frage anstrengte, in welchem Stadel ein nächstesmal das schönste Zusammenkommen sei, deutete schlecht Wetter an, das irgendwo in der Nähe stand. Waren sie ins Gerede gekommen? Aber die Gevatterinnen, die ja vielleicht etwas merkten, waren alle immer so lächelnd wie bei einer Sache, der man gern zusieht. Aus Grigia war nichts herauszubekommen. Sie gebrauchte Ausreden, sie war seltener zu treffen; aber sie hütete ihre Worte wie ein mißtrauischer Bauer.

Einmal hatte Homo ein böses Zeichen. Die Gamaschen waren ihm aufgegangen, er stand an einem Zaun und wickelte sie neu, als eine vorbeigehende Bäurin ihm freundlich sagte: »Laß er die Strümpf doch unten, es wird ja bald Nacht.« Das war in der Nähe von Grigias Hof. Als er es Grigia erzählte, machte sie ein hochmütiges Gesicht und sagte: »Die Leute reden, und den Bach rinnen, muß man lassen«; aber sie schluckte Speichel und war mit den Gedanken anderswo. Da erinnerte er sich plötzlich einer sonderbaren Bäurin, die einen Schädel wie eine Aztekin hatte und immer vor ihrer Tür saß, das schwarze Haar, das ihr etwas über die Schultern reichte, aufgelöst, und von drei pausbäckigen gesunden Kindern umgeben. Grigia und er kamen alle Tage achtlos vorbei, es war die einzige Bäurin, die er nicht kannte, und merkwürdigerweise hatte er auch noch nie nach ihr gefragt, obgleich ihm ihr Aussehen auffiel; es war fast, als hätten sich stets das gesunde Leben ihrer Kinder und das gestörte ihres Gesichts gegenseitig als Eindrücke zu Null aufgehoben. Wie er jetzt war, schien es ihm plötzlich gewiß zu sein, daß nur von daher das Beunruhigende gekommen sein könnte. Er fragte, wer sie sei, aber Grigia zuckte bös die Achseln und stieß nur hervor: »Die weiß nit, was sie sagt! Ein Wort hie, ein Wort über die Berge!« Das begleitete sie mit einer heftigen Bewegung der Hand an der Stirn vorbei, als müßte sie das Zeugnis dieser Person gleich entwerten.

Da Grigia nicht zu bewegen war, wieder in einen der um das Dorf liegenden Heuställe zu kommen, schlug ihr Homo vor, mit ihm höher ins Gebirg hinauf zu gehen. Sie wollte nicht, und als sie schließlich nachgab, sagte sie mit einer Betonung, die Homo hinterdrein zweideutig vorkam, »Guat; wenn man weg müass'n gehen.« Es war ein schöner Morgen, der noch einmal alles umspannte; weit draußen lag das Meer der Wolken und der Menschen. Grigia wich ängstlich allen Hütten aus, und auf freiem Felde zeigte sie – die sonst stets von einer reizenden Unbekümmertheit in allen Dispositionen ihrer Liebesstrategie gewesen war – Besorgtheit vor scharfen Augen. Da wurde er ungeduldig und erinnerte sich, daß sie eben an einem alten Stollen vorbeigekommen waren, dessen Betrieb auch von seinen eigenen Leuten bald wieder aufgegeben worden war. Er trieb Grigia hinein. Als er sich zum letztenmal umwandte, lag auf einer Bergspitze Schnee, darunter war golden in der Sonne ein kleines Feld mit gebundenen Ähren, und über beiden der weißblaue Himmel. Grigia machte wieder eine Bemerkung, die wie eine Anzüglichkeit war, sie hatte seinen Blick bemerkt und sagte zärtlich: »Das Blaue am Himmel lassen wir lieber hübsch oben, damit es schön bleibt«; was sie damit eigentlich meinte, vergaß er aber zu fragen, denn sie tasteten nun mit großer Vorsicht in ein immer enger werdendes Dunkel hinein. Grigia ging voraus, und als nach einer Weile sich der Stollen zu einer kleinen Kammer erweiterte, machten sie halt und umarmten einander. Der Boden unter ihren Füßen machte einen guten trockenen Eindruck, sie legten sich nieder, ohne daß Homo das Zivilisationsbedürfnis empfunden hätte, ihn mit dem Licht eines Streichholzes zu untersuchen. Noch einmal rann Grigia wie weich trockene Erde durch ihn, fühlte er sie im Dunkel erstarren und steif von Genuß werden, dann lagen sie nebeneinander und blickten, ohne sprechen zu wollen, nach dem kleinen fernen Viereck, vor dem weiß der Tag strahlte. In Homo wiederholte sich da sein Aufstieg hieher, er sah sich mit Grigia hinter dem Dorf zusammenkommen, dann steigen, wenden und steigen, er sah ihre blauen Strümpfe bis zu dem orangenen Saum unterm Knie, ihren wiegenden Gang auf den lustigen Schuhen, er sah sie vor dem Stollen stehen bleiben, sah die Landschaft mit dem kleinen goldenen Feld, und mit einemmal gewahrte er in der Helle des Eingangs das Bild ihres Mannes.

Er hatte noch nie an diesen Menschen gedacht, der bei den Arbeiten verwendet wurde; jetzt sah er das scharfe Wilddiebsgesicht mit den dunklen jägerlistigen Augen und erinnerte sich auch plötzlich an das einzigemal, wo er ihn sprechen gehört hatte; es war nach dem Einkriechen in einen alten Stollen, das kein anderer gewagt hatte, und es waren die Worte: »I bin von an Spektakl in andern kemma; das Zruckkemma is halt schwer.« Homo griff rasch nach seiner Pistole, aber im gleichen Augenblick war Lene Maria Lenzis Mann verschwunden, und das Dunkel ringsum war so dick wie eine Mauer. Er tastete sich zum Ausgang, Grigia hing an seinen Kleidern. Aber er überzeugte sich sofort, daß der Fels, der davor gerollt worden war, weit schwerer wog, als seine Kraft, ihn zu bewegen, reichte; er wußte nun auch, warum ihnen der Mann so viel Zeit gelassen hatte, er brauchte sie selbst, um seinen Plan zu fassen und einen Baumstamm als Hebel zu holen.

Grigia lag vor dem Stein auf den Knien und bettelte und tobte; es war widerwärtig und vergebens. Sie schwur, daß sie nie etwas Unrechtes getan habe und nie wieder etwas Unrechtes tun wolle, sie zeterte sogleich wie ein Schwein und rannte sinnlos gegen den Fels wie ein scheues Pferd. Homo fühlte schließlich, daß es so ganz in der Ordnung der Natur sei, aber er, der gebildete Mensch, vermochte anfangs gar nichts gegen seine Ungläubigkeit zu tun, daß wirklich etwas Unwiderrufliches geschehen sein sollte. Er lehnte an der Wand und hörte Grigia zu, die Hände in den Taschen. Später erkannte er sein Schicksal; traumhaft fühlte er es noch einmal auf ihn herabsinken, tage-, wochen- und monatelang, wie eben ein Schlaf anheben muß, der sehr lang dauert. Er legte sanft den Arm um Grigia und zog sie zurück. Er legte sich neben sie und erwartete etwas. Früher hätte er wohl vielleicht gedacht, die Liebe müßte in solchem unentrinnbaren Gefängnis scharf wie Bisse sein, aber er vergaß überhaupt an Grigia zu denken. Sie war ihm entrückt oder er ihr, wenn er auch noch ihre Schulter spürte; sein ganzes Leben war ihm gerade so weit entrückt, daß er es noch da wußte, aber nimmer die Hand darauf legen konnte. Sie regten sich stundenlang nicht. Tage mochten vergangen sein und Nächte, Hunger und Durst lagen hinter ihnen, wie ein erregtes Stück Wegs, sie wurden immer schwächer, leichter und verschlossener; sie dämmerten weite Meere und wachten kleine Inseln. Einmal fuhr er ganz grell in so ein kleines Wachen auf: Grigia war fort; eine Gewißheit sagte ihm, daß es eben erst geschehen sein mußte. Er lächelte; hat ihm nichts gesagt von dem Ausweg; wollte ihn zurücklassen, zum Beweis für ihren Mann …! Er stützte sich auf und sah um sich; da entdeckte auch er einen schwachen, schmalen Schimmer. Er kroch ein wenig näher, tiefer in den Stollen hinein – sie hatten immer nach der andern Seite gesehen. Da erkannte er einen schmalen Spalt, der wahrscheinlich seitwärts ins Freie führte. Grigia hatte feine Glieder, aber auch er, mit großer Gewalt, mußte sich da vielleicht durchzwängen können. Es war ein Ausweg. Aber er war in diesem Augenblick vielleicht schon zu schwach, um ins Leben zurückzukehren, wollte nicht oder war ohnmächtig geworden.

Zur gleichen Stunde gab, da man die Erfolgslosigkeit aller Anstrengungen und die Vergeblichkeit des Unternehmens einsah, Mozart Amadeo Hoffingott unten die Befehle zum Abbruch der Arbeit.

Robert Schindel
Der Spazierstockjohnny

1

In dieser mistigen Stadt an der Donau ging ich oft nachts in den Süden Bier trinken, und ich redete mit den Leuten. Im Süden umarmte ich Beatrix zwei- bis dreimal die Woche. Ach, damals war ich sechzehn Jahre.

Leopold, ein Bier, sagte ich zum Ecknwirt am ersten Donnerstag meiner Geschichte. Alabaster war bereits besoffen, als der Laabergraunzer eintrat. Ein Arschloch gab das andere. Da flogen die Biergläser, sie nahmen mich mit. Ich ging aufrecht zur Wachstube.

Revierinspektor Raucherzeh begann in mich hineinzufragen, statt dessen spielte ein Lächeln um meinen Mund. Raucherzeh schlug mir aufs Maul, ich blieb stehen, wo er mich hintrat, und spielte mit meiner Blonden, die bloß fünfzig Meter die Straße weiter sicherlich hinterm Fenster durch den Vorhang herausschaute. Raucherzeh und seine Leute wollten mich hin- und hertreten, aber ich stand wie ein verträumter Klotz, und nichts brachte mich weg von dort.

Alabaster blieb der Mund offenstehen, sein Rausch verflog. Da griff Raucherzeh nach Alabaster, in der Mitte des Raumes gab er ihm Kopfstückln.

Wie heißt der Kerl, Sie Bsuff! Sag mir den Namen dieses Herrn, wirds! Laabergraunzer antwortete statt Alabaster und sprach:

Wir nennen ihn Spazierstockjohnny. Raucherzeh gab ihm eine Maulschelle.

Hach, haun Sie mich nicht, was haun Sie mich, immer wird ghaut am Laaberg. Hach, ich mag nicht mehr ghaut werden. Inspektor, hach hauns die Leut nicht!

Raucherzeh gab ihm noch eine Maulschelle, derweil ging ich aufrecht aus dem Wachzimmer.

Leopold erzählte es straßenweis weiter, aber ich herzte Beatrix bis in die Früh. Wir liefen dann hinauf und hinab den Laaberg. Die Wachmänner verkrochen sich und umrundeten bisweilen die Litfaßsäulen.

2

Ich war sechzehn, aber im Süden der Stadt trank ich mein Bier bei Leopold an der Eckn, und die Herrn Wirtshausraufer machten mir Platz, die Marktfrauen erzählten ihren Hausmeistern glühend von Spazierstockjohnny. Unlängst – Beatrix war seit einigen Tagen abgängig – traf ich Raucherzeh bei der Trafik.

Hallo, Inspektor Raucherzeh, was schleichen Sie da so herum in Ihrem Revier, ich wünsch Ihnen einen guten Abend.

Alabaster, um die Ecke, legte sein Ohr an die Hauswand, als Raucherzeh hervorkam: Hallo Spazierstockjohnny.

Sagen Sie, Herr Revierinspektor, warum haun Sie denn so herum? Raucherzeh fuhr mit der Hand zur Brust:

Spazierstockjohnny, verstehen Sie mich. Ich muß dreinhauen, sonst raufen die Leute von früh bis spät, ohne daß denen jemand in den Arm fällt. Sehen Sie nur meine Hände an.

Sie waren mir zugewandt, hart und verschrammt. Der Inspektor fuhr fort:

Beim Raufen, Spazierstockjohnny, muß den Leuten RAUCHERZEH einfallen. Auch im Süden der Stadt muß sich das Gesetz durchsetzen. Im Norden bei Hahnemann sind die Fuhrmänner und Fährmänner von ihm und seiner Mannschaft schon ziemlich abgewatscht worden, die raufen jetzt bloß noch unter Wasser, da hört der Hahnemann weg. Im Westen bei Streckengaul stänkern die Straßenbahner und Schleusenwärter im Flüsterton, dann gehns ohne Übergang zu die Messer über, da kann der Streckengaul kaum was machen. Nur im Osten bei Bammerl und da bei mir muß dreingehaut werden, daß die Funken spritzen. Beim Bammerl raufen die Selbstmörderfischer und die

Tierverwerter mit Ketten. Der Bammerl haut's aus der Wachstube mit nassen Fetzen, bei klarem Wetter können Sie das bis daher hören.

Raucherzeh äugte zu mir herauf. Da mußte ich sehr freundlich auf ihn draufschauen:

Herr Revierinspektor, man muß aufrecht gehen, nicht gespreizt, aber eben auch nicht auf dem Boden schleichen. Man kann das lernen, falls man um den Mund herum lächeln kann.

Raucherzeh winkte – vorsichtig – ab:

So eine aufrechte Haltung hält meine Ziegelbrenner und Kartenbändiger nie im Leben zurück.

Nein, Sie mißverstehen mich ganz und gar. Den Leuten muß man so eine Haltung beibringen und vorführen.

Raucherzeh starrte mich an.

Sie, Spazierstockjohnny, möchten Sie womöglich, daß überall, wo zugeschaut wird, die Leute sich beim Raufen wenigstens gradhalten sollen?

Wozu sollen Sie denn raufen, wenns aufrecht gehen und um den Mund herum lächeln können?

3

Raucherzeh schwieg. Alabaster, um die Ecke, hielt den Atem an, das hörte ich. Da prustete er auch schon los, behend eilte Raucherzeh zu ihm hin:

Was ist los, Alabaster?

Tschuldigen, aber den Ziegelbrenner möcht ich mir anschauen, der um den Mund herum ... Alabaster wie ein Narr: Ein lächelnder Ziegelbrenner.

Damals lachte sich Alabaster einen Ast, und bald lachte es im ganzen Süden und bei Bammerl im Osten, im Norden bei Hahnemann, und sogar im Westen hörte man ein rostiges Grinsen. Streckengaul kudderte seit zwanzig Jahren zum erstenmal herzhaft und das minutenlang.

Im Zentrum hob Vizeoberrevierinspektor Seidler irritiert die linke Augenbraue und schnarrte seine Unterkonsorten an:

Was ist denn in den Stadtecken los? Geh Hirnschrott, was spielens denn heute im Fernsehen?

Hilfswachmann Hirnschrott warf einen Blick auf die schwarze Tafel: Nix, das heißt, oja, aber nichts Lustiges, FALSTAFF. Da hat noch nie jemand gelacht.

Ich zog meinen Hut. Raucherzeh hielt mich zögernd fest.

Sagen Sie, wie erlernt man so eine Haltung? Ich antwortete artig:

Das kann ich Ihnen in so kurzer Zeit nicht erklären.

Der Revierinspektor sah kurz auf Alabaster, der sich beim Hydranten zerkugelte, er wollte offenbar nur von mir gehört werden, da spitzte er auch schon seinen Mund, schob ihn zu meiner Ohrmuschel.

Wollen Sie, Spazierstockjohnny, zu uns kommen, bei uns eintreten? Können Sie uns beibringen, wie man in der aufrechten Haltung lächelnd Watschen und Tritte, egal wohin und wie lang, übersteht? Wenn die Polizei das lernt, brauchen wir nicht extra die Leut in die Wachstuben bringen. Wir könnten ruhig wie ein Fels dazwischentreten. Spazierstockjohnny, denken Sie jetzt nicht an meine geschundenen Händ, denken Sie ans Gesetz.

Ich bin sechzehn, Herr Revierinspektor.

Raucherzeh dachte nach.

4

Der Laabergraunzer torkelte auf uns zu.

Sie könnten uns dennoch behilflich sein, flüsterte Raucherzeh, ich sah, wie sich seine Ohren im Wind bewegten. Der Laabergraunzer sah kurz auf den ausklingenden Alabaster, tat das Maul auf und sprach:

Auf dem Ziegelteich schwimmt ein dasoffenes Madl, so a junge, gachblonde. Man vermutet, die schaut aus wie früher die Beatrixie von Nummero sieben. Natürlich, da fahrt schon der Chefreporter Zeppelin mit sein Mini auffe.

Ich schaute dem Auto nach:

Ach, Beatrix, süße Beatrix. So schnell sind sie mit dir gefahren, die Glockenblumen und die Wasserflöh?

Plötzlich fing es stark in meinem Bauch zu ziehen an. Alabaster durchforschte mein Antlitz, das ich verbergen wollte, weil es mir den Mund herunterbog und das Wasser in die Augen trieb, aber da schrie Alabaster bereits, sein sämtliches Gesicht schien auf einmal mit einem leeren Irrsinn zu kämpfen:

Der lächelt um den Mund herum! Schauts euch das Gfrieß an! He he he, dreimal vier ist Donnerstag, hehehe! Schauts euch den da an!

Die anderen und er stierten mich an, und ich erschrak bis tief in meine Seele.

Die sehen meine Tränen nicht. Die glauben, ich lach. Aber verdammt verdammt, ich lach nicht, und die Menge, der ganze Auflauf, sah aufrechten Ganges mich entfernen, sah das Lächeln um meinen Mund spielen.

Da ging ich. Ich betrat den Ecknwirt. Leopold, ein Seiten, Leopold, ein Seiten. Abend kam und Nacht, ich schüttete das Bier auf den Tisch, und die Menschen wichen zurück vor mir. Die Ziegelbrenner begannen gruppenweise zu brüten. Es war ein Heiliger Abend wie schon lange nicht am Laaerberg. Ein Stern dritter Ordnung beleuchtete allein und seltsam die wildesten Gstätten.

Ach Gott, damals war ich jung, eben erst sechzehn. Ich bezahlte. Leopold gab mir die Hand.

Servus Spazierstockjohnny.

Servus Leopold. Verstehst mich?

In meinem Wirtshaus versteh ich alles, Spazierstockjohnny.

Damals verließ ich den Süden für viele Jahre, bis heute.

5

Hier am Laaerberg bleib ich stehn. Die Sonne brennt hier besonders in die Häuser hinein. Bald werden die Leute mich beim Ziegelteich treffen. An der Stelle, wo Beatrix herausgezogen wurde, werden viele Leute unruhig verharren mit mir.

Raucherzeh und seine Gehülfen werden zwischen den Leuten dezent herumgehen, bis der Befehl vom Revierinspektor kommt, den alle befolgen müssen:

Hosentüren schließen, auch du, Laabergraunzer und Mützen ab! Vorwärts!

6

Spazierstockjohnny wird ein Bad nehmen im Teiche am letzten Donnerstag seiner Geschichte.

Clemens Eich
Zustände

Ich habe gewisse Traurigkeiten, bin meinen leichten Schwankungen unterworfen und im Genuß gelegentlicher Melancholien. Aber bin ich ein unglücklicher Mensch? Jemand fragte mich kürzlich danach. Ein wirklich unglücklicher Mensch? Ich will versuchen zu antworten.

Vielleicht ein schwieriger Mensch. Sicher ein schwieriger Mensch. Oder ein schlechter Charakter. Nicht durchwegs. Gelegentlich bösartig, aber im Grunde doch harmlos und leicht zu durchschauen.

Angefangen ist angefangen, aber aufgehört ist nie aufgehört. Ich kann einen Punkt setzen, ein Ende bereiten, Schluß machen, der Anfang steht da wie ein Block, erratisch, zu nichts zu gebrauchen, fast ewig.

Also zurück zu diesem Anfang, doch er ängstigt mich, er ist ich.

Ein wirklich unglücklicher Mensch? Die Antwort fällt schwer. »Was machst du eigentlich?« Ich höre die Frage aus dem Mund einer jungen Frau, die sich gerade ihr Leben einrichtet. Sie fragt, ob ich mein Leben beschreiben kann, ob ich mir mein Leben vorspiele, ob ich mein Leben trage. In meiner Seele klingt es, als meinte sie, ob es für mein Leben nicht besser wäre, wenn es mich nicht mehr gäbe.

Ich beantworte ihre Fragen nach den herkömmlichen Mustern, aber sie hört schon nicht mehr zu, sie fährt sich durchs Haar, wirft den Kopf zurück, lacht und nimmt einen Schluck.

Ich bemühe mich, wahrhaftiger zu scheinen, ändere den Tonfall, werde eindringlicher, senke düster den Kopf, spiele mit der Zündholzschachtel. Eine Antwort erwartend, schaue ich sie an. Dort wo sie stand, steht eine andere. Sie hört mir aufmerksam zu. Sie sieht mich mit großen Augen an und sagt nach einer Weile versonnen und mit belegter Stimme: »Du suchst das Beispiel für dich selbst immer nur in anderen Personen, nie in dir selbst. Das ist, glaube ich, dein Grundfehler.« Ich zahle.

Ein unglücklicher Mensch? Wer hat mich eigentlich danach gefragt und warum wollte er es wissen? Ich weiß nicht, wann ich geboren bin, ich weiß nicht, wo ich geboren bin. Mit Sicherheit kann ich nur sagen, daß ich Deodorants aus Frankreich und Italien verwende. Sind das ausreichende Gründe, um unglücklich zu sein? Wirklich unglücklich? Ich möchte sagen, nein.

Nein, das reicht bei weitem nicht.

Josef Winkler
Wenn es soweit ist

Mit seinen groben, rissigen, angeschwollenen Händen in einem Fotoalbum blätternd, berichtete der kahlköpfige, neunzigjährige Greis mit dem graumelierten Oberlippenbärtchen und den gestutzten Augenbrauen wieder aus seiner Kindheit und erzählte, daß er noch keine zwölf Jahre alt war, als er mit einer Strohgarbe in der Hand kopfüber von der Pranta vier Meter tief auf die Tenne hinunterfiel und ohnmächtig liegenblieb. Mein Gott, der Bua! rief sein Vater und trug den ohnmächtigen Knaben vom Heustadel ins Bauernhaus hinein, wo sein Nacken mit kaltem Brunnenwasser abgeschreckt und der Knabe von seinen laut betenden Eltern wachgerüttelt wurde. Zwei Stunden später, so der Greis grinsend, war ich schon wieder mit einer Strohgarbe in den Händen auf der Pranta. Zum Glück schlug mein Kopf auf dem Strohbündel auf, sonst hätte ich mir am harten, nägelbeschlagenen Heuboden das Genick gebrochen.

In der Umgebung des Dorfes lebte der Georg Fuhrmann, der in Spittal an der Drau mitten auf dem Hauptplatz seine Notdurft verrichtete. Nach Schweinsschlachtungen auf seinem Bauernhof urinierte er ins Wurstfleisch, anstatt Knoblauchwasser in die Fleischmasse zu schütten, knetete das urindurchtränkte Fleisch und füllte es mit seiner Frau in die entleerten und gereinigten weißgrauen Schweinsdärme. Damals, als ich zwölf Jahre alt war, so der greise Erzähler, wollte mich der Fuhrmann mit dem Gesicht voran in seine Fäkalien hinein stecken. Während ich mich schreiend an seinen Hosenbeinen festhielt, drückte er am Genick meinen Kopf nach unten, wenige Zentimeter über den noch rauchenden Kothaufen. Als aber wenige Tage danach der Vater meinen Peiniger traf, rief der Fuhrmann schon von weitem: Bittschön, Kirchheimer, erschlag mich nicht!

Von seinem vierzehnten Lebensjahr an begleitete er Jahr für Jahr im Spätfrühjahr mit seinem älteren Bruder Lazarus mehr als dreißig Schafe von seinem elterlichen Bauernhof in Pulsnitz auf die fünfzig Kilometer weit entfernte Roseniealm in die Innerkrems, wo er schon als fünf- und sechsjähriger Knabe zwei Sommer lang mit seiner unter Asthma leidenden Großmutter in einer kleinen, über einen Bach gebauten Hütte gehaust, in der er Tag und Nacht das Rauschen des Wassers, tagsüber das Zirpen der Grillen, abends das Quaken der Frösche gehört hatte. Nicht selten, erzählte er, hüpfte ein Frosch oder eine Kröte unter dem Eßtisch über seine nackten Zehen. Im Sommer fuhr der Halbwüchsige einmal oder zweimal mit einem Fahrrad in die Innerkrems, ging auf die Rosenie, zählte die Schafe und brachte ihnen Leck, ein paar Kilo rosarotes Viehsalz und Getreide. Um bei der Rückfahrt, beim Abwärtsfahren auf dem Waldweg die Felgen und Bremsklötze seines Fahrrads zu schonen, schnitt er eine buschige Fichte vom Wegrand ab, band sie mit dem Wipfel voran am Gepäckträger fest, so daß sich beim Abwärtsfahren im Leerlauf auf dem Waldweg die Äste der Fichte aufstellten und bremsten. Im Tal angekommen, warf er die verstaubten Reste des Fichtenbäumchens mit seinen gebrochenen Zweigen in den Bach und fuhr mit dem Fahrrad weiter die engen Straßen des Maltatales am Ufer der Lieser entlang nach Hause.

Nach vier Monaten, im September, meistens wenige Tage vor dem Pulsnitzer Kirchweihfest, ging er mit seinem ältesten Bruder, dem Lazarus mit den dicken Ohrläppchen, zu Fuß, begleitet von einem Hund, in die Innerkrems und suchte am nächsten Morgen, sobald es hell wurde, die Schafe. Unter den Tausenden Schafen, die über den Sommer auf der Alm weideten, die auch von anderen, von weither kommenden Bauern benutzt wurde, suchten die beiden Brüder ihre eigenen Schafe heraus. Mit zusammengekniffenen Augenlidern aus dem Küchenfenster auf die fallenden gelb und rot gefärbten Herbstblätter eines Ahornbaums schauend, erinnerte sich der Vater Maximilians grinsend und stolz: Ich habe die Schafe an ihren Gesichtern wiedererkannt! Meistens kamen wir am Abend zum Betläuten mit dem Schafrudel in Pulsnitz wieder an. Einmal, erzählte er, als wir wohl schon fünfundzwanzig Jahre alt waren, haben der Schaflechnerbauer und ich zwei Schafe von anderen Bauern beim Almabtrieb gestohlen und unterwegs verkauft. Dann haben wir ein Kirchtaggeld gehabt!

Während des Ersten Weltkrieges, als in Kindelbrücken eine Bäckerei aufgelassen wurde, kaufte der Großvater des Knochensammlers, der Florian Kirchheimer, den Bäckerwagen, der an den Seitenwänden mehrere kleine Fenster, an der Rückseite eine zweiflüglige Tür hatte. Mit dem Wagen fuhr er von Bauernhof zu Bauernhof, lud die gefüllten Milchkannen auf und brachte sie in Kindelbrücken zum Bahnhof. Die Milchkannen wurden in einen Zugwaggon gehoben, in Villach ausgeladen und zur Molkerei gebracht. An diesen Bäckerwagen spannte er einen Gaul, einen russischen Heimkehrer, wie das Pferd genannt wurde, das auf einem Auge blind war und oft ausschlug, so daß er dem Gaul, wenn er ihn im Stall säubern wollte, ein Bein anwinkeln, einen Stahlring über das angewinkelte Bein schieben mußte, damit er nicht mehr ausschlagen konnte. Nach dem Säubern des Pferdes urinierte der Pferdezüchter und Großvater Maximilians in seine Hand und glänzte mit dem Urin Kopf und Rücken des Tieres.

Als Vierzehnjähriger fuhr der Vater Maximilians, inzwischen ein neunzigjähriger Greis mit graumeliertem Oberlippenbärtchen und gestutzten Augenbrauen, Tag für Tag, im Sommer wie im Winter, in den ringsumliegenden Ortschaften von Bauernhof zu Bauernhof, sammelte die gefüllten Milchkannen und brachte sie zum Bahnhof. Auf dem Bäckerwagen sitzend, hüllte er im Winter seinen Unterkörper mit einer Wolldecke ein. Wenn es besonders kalt war, lief er, das Zaumzeug in den Händen haltend, neben dem einäugigen Gaul und dem Bäckerwagen her. Einmal, als er den Frühzug versäumt hatte und mit den Milchkannen auf den nächsten Zug warten mußte, war auch der Dorffriseur zu spät gekommen, der immer ein Hemd mit einem hohen, weißen, steifen Kragen trug, den die Leute Feuermauer nannten. Den Zylinder auf seinem Kopf festhaltend, lief der Friseur neben dem abfahrenden Zug her, winkte und wollte ihn anhalten, dabei soll, so der Greis, damals das Anfahren eines Zuges am meisten Energie gekostet haben, zwanzig Schilling rechnete man dafür. Einmal wurde der Bäckerwagen, an dem der schwarze, einäugige Gaul angespannt war, von einem Rudel bellender Hunde, das von einem großen weißen Hund angeführt wurde, den der Vierzehnjährige beim täglichen Vorbeifahren, mit seinen Füßen auf das Trittbrett des Wagens polternd, immer wieder gereizt hatte, durchs Dorf verfolgt, bis die Dorfleute, der Friseur, der Fleischermeister, der Gerber und der Schneider mit ihrem Werkzeug in der Hand vor ihre Geschäftstüren liefen.

Ein anderes Mal, als er die vollen Milchkannen an der Sammelstelle bereits in den Zugwaggon geschoben hatte und mit dem einäugigen, mit schwarzem, die stechenden und Blut saugenden Mücken und Bremsen vertreibendem Knochensud im Gesicht maskierten Gaul wieder am Kindelbrückener Dorfplatz angekommen war, erfuhr der damals Sechzehnjährige von seiner den Wagen anhaltenden Tante, daß sein Onkel, der Leopold Höfferer, an Tuberkulose gestorben sei und in Kindelbrücken in seinem Haus aufgebahrt liege. Der Halbwüchsige sprang vom Bäckerwagen, befestigte den Zügel des einäugigen Gauls neben dem Lindenbaum an einem Eisenring und ging über die Straße ins Sterbehaus. Im Totenzimmer, als er vor dem noch im Bett liegenden, aber bereits mit einem schwarzen Anzug bekleideten verstorbenen Onkel stand, dem die Hände auf der Brust gefaltet waren, flüsterte die Tante: Bua, mach ein Kreuz auf deiner Stirn!, worauf er mit seinem nach Milch riechenden rechten Daumen Stirn, Lippen und Brust bekreuzigte, das Vaterunser betete, den Fichtenzweig aus einer mit Weihwasser gefüllten Kaffeeschale nahm und die am Zweig hängengebliebenen Weihwassertropfen auf den Verstorbenen spritzte. Lange blieben die Weihwassertropfen auf der gelben Gesichtshaut des Toten liegen, andere sickerten sofort in den Baumwollstoff seines schwarzen Anzugs.

Wenn er im Frühjahr die Milchkannen am Bahnhof abgeliefert hatte, spannte er den schwarzen, einäugigen Gaul vom Bäckerwagen los, band ihn an einen einscharigen Pflug und half seinem Onkel beim Pflügen des Ackers. Seine vier Cousinen, die Töchter seines Onkels, pflanzten mit weißen, armlangen Handschuhen Erdäpfel in die Ackerrillen ein und sangen dabei zweistimmig Kirchen- und Heimatlieder, so der neunzigjährige Greis mit dem graumelierten Oberlippenbärtchen und den gestutzten Augenbrauen.

Unmittelbar nach dem Ersten Weltkrieg ließ Florian Kirchheimer in Pulsnitz auf eigene Kosten das erste, aber völlig unrentable Elektrizitätswerk mit Geldern errichten, mit denen er, so klagt sein inzwischen neunzigjähriger Sohn noch heute, die gesamten Pulsnitzer Auen oder einen Bauernhof mit Wald und Feld hätte kaufen können. Beim Installieren des ersten elektrischen Lichts in der Pulsnitzer Kirche, die bis dahin mit Wachskerzen beleuchtet worden war, steckte beim Jausenbrot ein Arbeiter der Petrusstatue eine Speckschwarte in den Mund. Um den Kopf der Jungfraumaria, die in der Altarmitte stand, wurde ein aus kleinen Glühbirnen zusammengesetzter Kranz angebracht, der zum ersten Mal am Allerheiligentag des Jahres 1918 zur Gräberbesprengung aufleuchtete. Bezahlt wurde der Strom von den Dorfleuten nach der Anzahl der Glühbirnen, aber die wenigsten hatten Geld, so der Vater Maximilians, wenn ich im Dorf zu den Strombeziehern ging und kassieren wollte. Der Pfarrhof hat eine Glühbirne umsonst bekommen, weil ein Teil der Staumauer für das Elektrizitätskraftwerk auf einem Kirchengrundstück gebaut werden mußte. Der Kirche haben wir übrigens den Strom geschenkt. Auch der Nischelwitzer hat sechs Glühbirnen gratis bekommen, weil wir auf seinem Grundstück eine Werkzeughütte gebaut haben. Im Dorf gab es damals zwei Elektromotoren, die sich die Bauern untereinander ausborgten, an die Futterschneide- und Getreidemaschinen angeschlossen wurden. Die Tage, an denen die Bauern einen Elektromotor anschließen durften, wurden genau bestimmt, da die Elektrizität zusammenbrach, wenn im Dorf gleichzeitig zwei Motoren liefen. Den Dorfleuten wurde ausdrücklich verboten, ein elektrisches Bügeleisen anzustecken, da ein einziges Bügeleisen soviel Strom verbrauchte, daß die Lichter in den Glühbirnen der anderen Häuser zu flackern begannen. Als wieder einmal das Licht der Glühbirnen schwächer wurde und zu zucken begann, wußte ich, wer schon wieder das Bügeleisen eingeschaltet hatte. Ich ging ins Schaflechnerhäusl, öffnete die Küchentür, deutete auf die Bügelwäsche und sagte: Frau Lenhart, wer hat Ihnen erlaubt, das Bügeleisen anzustecken? Wenn Sie das Bügeleisen noch einmal anstecken, dann zwick ich Ihnen den Strom ab!

Wenn der Dorfbach im Winter wenig Wasser trug, ging ich um zehn Uhr in der Nacht mit einer Petroleumlampe den eisigen Bachrand entlang, durch die Felsschluchten in den stockfinsteren Wald hinauf, um den Wasserablauf des dreißig Meter langen und sechs Meter breiten Bassins die Nacht über abzudrehen, damit es sich wieder auffüllen konnte. Die Wassertiefe des gefüllten Bassins betrug vier Meter. Wenn ich mit der brennenden Petroleumlampe auf dem Eis ausgerutscht und ins Bassin gefallen wäre, so wäre ich darin wohl umgekommen, ich kann bis heute nicht schwimmen. Um fünf Uhr früh, als es noch finster war, ging ich wieder mit dem Petroleumlicht den oft oberschenkeltief eingeschneiten Bachrand entlang in der schwarzen, moosigen, mit Eiszapfen behängten Felsschlucht hinauf in den Wald, um den Abfluß zu öffnen, damit das aufgestaute Wasser in die Rohre fließen und das Elektrizitätswerk in Gang gebracht werden konnte. Dann leuchteten in der Kirche, in den Häusern und in den Stallgebäuden die Glühbirnen wieder auf.

Einmal, erzählte der Vater Maximilians, war die achtzig Meter lange Wasserleitung eingefroren, die vom Wasserbassin zum Holzhäuschen führte und in dem die Wasserturbine, die den Durchmesser – er deutete dabei auf die Küchenuhr – eines Ziffernblatts hatte, an einen Motor angeschlossen war. Die zusammengestückelten Wasserleitungsrohre waren voller Eis. Es waren alles Mannesmann-Rohre, 150er, betonte er. Ich, mein Vater Florian und der Knecht hängten einen mit dicker Glut gefüllten Kessel ans Eisenrohr, erhitzten es, bis das Eis im Inneren des Rohrs zu schmelzen begann, zogen den Heizkessel mit dem Hanfstrick Schritt für Schritt zum Bassin hinauf, bis das Eis geschmolzen und das Elektrizitätswerk wieder funktionstüchtig war. Das Erhitzen des Rohrs, in dem eine achtzig Meter lange oberschenkeldicke Eisstange steckte, dauerte drei Tage lang. Wir haben dafür fast eine ganze Hütte voll Holz aufgeheizt!

Hertha Kräftner
Die Versuchung

Jeden Abend ging sie durch die breite Straße mit den Bäumen. Sie wagte nicht, langsam zu gehen, um nicht wie jene Frauen zu sein, die der Straße gehörten. Aber jeder Abend hatte diesen Wunsch: einmal langsam zu gehen, um das Bild jener Frauen tief in sich zu nehmen, um ihrem Gehen, ihrem Lehnen an den Toren nachzuspüren, um eine Bewegung ihrer Leiber mitzutragen in die Nacht, auf daß man seinen eigenen Leib hineindenke und daß einem Träume daraus würden. An allen Abenden rafften ihre hastigen Augen zusammen, was jene an Eindrücken in sie fallen ließen, wenn sie wie Zufälle an ihr vorbeikamen. Aber das schloß sich nicht zu einem Bild, das erkennen ließ. Das blieb ein offenes Gebilde, an dem das Fragen immer neue Stellen fand. Sie sah so vieles an den Frauen und wußte dennoch nicht, wie sie waren. Ihre grellen Münder verbargen Worte, die stark waren und süß, weil sie nannten und nicht deuteten. Ihre Kleider waren dünn und gehorchten den Leibern und machten die deutlichen Schenkel zu Verheißungen. Männer folgten ihnen in Zimmer, von denen man schon im Eintreten wußte, daß Laute an den Wänden hingen, die von einer ungeheuren Lust geblieben waren.

Wer waren jene Frauen? Welchem Gesetz waren sie verbunden? Ihr erschien, als sei ihnen keines gegeben. Zeit und Ort gehörten ihnen. Sie waren unbegrenzt in allem, was sie taten. Und doch mußte eines über ihnen sein, dem ihre Empfindungen nachgaben. An manchen Abenden im Sommer schienen sie ihr schwer und müde vor lauter Aufgetansein. Und an anderen Tagen waren sie flüchtig und zärtlich, wie dem Wind verfallen. Vielleicht gehorchten sie einem Gefühl ... Sie kannte sie nicht und beneidete sie. Jene wußten Dinge, die sie nie erfuhr, und jeden Abend gingen sie in eine Welt, die ihr kein Tor zeigte.

Bisweilen stand sie in einer kleinen Gasse still und horchte in die Allee zurück und sehnte sich hin. Wenn der Wind um sie ging in großen Bewegungen, wurden die Spitzen ihrer Brüste hart und sie fühlte die Schwere fremder Männer auf sich.

Einmal ging sie mit ihrem Geliebten. Da kam eine dieser Bunten und Leichten an ihnen vorbei. Sie blieb stehen und lächelte dem Mann ins Gesicht. Und er nahm den Blick und gab ihr seinen. Obgleich er nicht einmal lächelte, war doch ein Vertraulichsein von ihm zu ihr. Noch als die andere lang vorbei war, fühlte sie die Welle, die von dem Manne neben ihr zu jener hinten schlug und leise noch einmal zurückkam. Und sie empfand sich klein daneben und ausgeschlossen. Denn eine Frau, die er nicht kannte, band ihn an Abenteuer seines Blutes, die sie nie erfahren hatte. Und zugleich war ein kleiner Hohn über ihr und das Lächeln eines Mitleids. Sie quälte sich: Wie waren jene Frauen, daß sie keinem Mann fremd blieben?

In dieser Nacht erkannte sie, daß sie ihnen gleichen wollte. Von da an hatte sie den Mut, abends langsam in der Straße hin und her zu gehen. Sie sah die Männer an und merkte, wie sie mit den Frauen waren. Sie erblaßte, wenn sie die Griffe am eigenen Körper spürte, die sie den anderen gaben und manchmal – wenn sie sich den Gesichtern der Frauen näherten – empfand sie den Geruch der Männer wie eine Herausforderung. Wenn sie im Gehen Worte hörte, die sie nicht wußte und dennoch verstand, dachte sie an die Stunde, die solche Worte über die eigene Haut hinstreichen ließe.

Sie mußte werden wie jene. Sie war schon eine von ihnen. Einen raschen Gedanken gab sie noch ihrem Geliebten, aber die Lust, die unbekannte Männer für sie bereithielten, war schon stärker. Und an dem Abend, da sie zum ersten Mal an einem Baum lehnte und sich hinhielt, hatte sich alles Unbestimmte in ihr verdichtet, daß sie wußte: wie immer sie sich selbst am Morgen fand, Reue würde nicht in ihrem Bette sein. Notwendigkeit machte sie sicher und sie lächelte in das Gesicht eines Fremden, wie sie nie zuvor gelächelt hatte.

Melitta Breznik
Die Spinnen

Für morgen früh hat er seinen Besuch angekündigt, nach zwei Jahren, in denen er nichts von sich hören ließ, hat er ausgerechnet gestern angerufen und gesagt, er würde endlich die Bücher abholen. Es war ein Zufall, daß ich ans Telephon gegangen bin, und danach habe ich mich wieder auf das Bett gelegt, schon vor Stunden, und es ist immer noch dunkel draußen, ich liege in meinen Kleidern auf der Überdecke und starre auf die von der Lampe schwach erhellte Wand, betrachte die feinen Risse im Verputz, die unter der weißen Farbschicht durchschimmern. Vor Jahren habe ich hier selbst ausgemalt, ich erinnere mich an die Herbstsonne, die mir den Rücken gewärmt hat, als ich auf der Leiter gesessen bin, um in aller Ruhe das neu gestrichene Zimmer zu betrachten, bevor ich die letzte Fläche in Angriff nahm, und die Handgelenke taten mir weh von der ungewohnten Bewegung. Jetzt spüre ich die Kälte an meinen Knöcheln hochkriechen, versuche mich zu bewegen, unfähig, die Wolldecke über mich zu breiten, und weiß nicht, wieviel Zeit ich schon so verharre und warte. Das ist mir von früher bekannt, es fängt aus heiterem Himmel an, und ich ahne schon, ich werde mich wieder vergeblich dagegen wehren, es ist zu spät für simple Ablenkungsmanöver wie Einkaufen, ich kann mich dazu nicht mehr aufraffen. Tage lebe ich dann von den Resten im Kühlschrank, Milch und Butter gibt es nicht mehr, das letzte Gemüse verfault, aber ich habe ohnehin keinen Hunger, fühle mich besser, wenn ich nichts esse. Die Stunden, in denen ich in der Küche sitze und zum Fenster hinausstarre oder bewegungslos auf dem Sofa im Wohnzimmer liege, werden immer länger, Stunden ohne Inhalt, und wenn ich von meinem Platz aufstehe, um etwas zu tun, zweifle ich gleich wieder an meinem Vorhaben. Außer Haus zu gehen, habe ich keine Lust, es erscheint mir zu beschwerlich, geradezu unmöglich, geschweige, daß ich es schaffe, die wenigen Verabredungen einzuhalten, die ich ohnehin nur treffe, um mich zu überlisten. Es kommt vor, daß jemand am Tor läutet, nicht oft, aber dann verstecke ich mich hinter dem Küchenvorhang, um von dort aus beobachten zu können, was draußen geschieht, das Haus ist versperrt, der Schlüssel abgezogen. Vorige Woche haben die Nachbarn die Polizei vorbeigeschickt, weil ich ein paar Tage nicht mehr im Geschäft um die Ecke und auch nicht im Garten aufgetaucht bin, aber ich habe erst geöffnet, als man mir drohte, die Tür aufzubrechen. Seit es den Hund nicht mehr gibt, ist es im Haus still, ich vermisse die Geräusche, die er gemacht hat, er hatte sich ständig in meiner Nähe gehalten, und wenn mir auch sonst nichts mehr wichtig war, sah ich doch zu, daß er täglich sein Futter bekam, und war zufrieden, wenn er dann schnarchend auf dem Balkon oder unter den Bäumen schlief. Ich habe mich lange dagegen gewehrt, ihn einschläfern zu lassen, ihn aber dann selbst unter dem Zwetschgenbaum vor dem Haus begraben, und jedesmal, wenn ich aus dem Küchenfenster sehe, bleibt mein Blick an dieser Stelle hängen.

Mir fällt die Zeit wieder ein, als ich das Haus in wenigen Tagen bezugsbereit gemacht habe, obwohl es heruntergekommen war. Für mich war es ein Glücksgefühl gewesen, als die ersten Schachteln mit Geschirr im Hausgang aufgetürmt vor mir standen, der noch feucht nach Farbe roch, ich war stolz darauf, alles selbst bewerkstelligt zu haben, weil es in der Eile nicht möglich gewesen war, Handwerker aufzutreiben. Ich hatte entrümpelt, die Wände mit Leimfarbe gestrichen, die Türen in den Garten getragen und dort abgeschliffen und neu lackiert. Diese Art Arbeit war mir von früher vertraut, denn während des Studiums hatte ich gemeinsam mit Freundinnen einen Trupp für Reparaturen jeder Art auf die Beine gestellt, Mädchen-für-Alles nannten wir uns, Umzüge rasch und billig, Auto vorhanden, wir hatten in den Lokalblättern und in der Studentenzeitung inseriert und konnten eine Weile gut davon leben. Er war gerade drei

Wochen auf Reisen, als ich angefangen hatte zu renovieren, und ich nahm es ihm nicht übel, daß er immer irgendwelche Ausflüchte fand, wenn er helfen sollte, ich wußte, daß er keine Vorstellung davon hatte, was zu tun war, bis man endlich einziehen konnte. Offenbar hatte er keinen Sinn dafür, und selbst als ich ihn darauf aufmerksam machte, daß das Dach undicht sei und das Wasser schon im obersten Gang von der Decke tropfte, wich er aus, sagte, es wäre nicht so wichtig, man könne sich mit einer Plastikplane behelfen. Er war ein Büchermensch, der in seiner eigenen Welt lebte, den der Alltag nicht interessierte, und ich machte es ihm leicht, sich noch weiter zurückzuziehen. Oft blieb er länger fort als geplant, wollte für sein neu eröffnetes Antiquariat noch etwas besorgen, und ich erinnere mich genau daran, daß er keinen einzigen Handgriff selbst erledigen mußte, er zog mit seinen vier Koffern ein, in denen er seine persönliche Habe transportierte, für alles andere im Haus hatte ich bereits gesorgt. Ganze Tage verbrachte er lesend in seinem Zimmer, im Lehnstuhl oder am Schreibtisch, und er kam nur zum Frühstück und zum Abendessen in die Küche. Anfangs habe ich ihm eine Tasse Tee gebracht, aber als ich seine Tür immer öfter versperrt vorgefunden habe und er mir nur nach langem Klopfen öffnete, habe ich meine Besuche eingestellt. Wenn ich nachdenke, wieviele Menschen wohl in den fünfzehn gemeinsamen Jahren die Türschwelle des Hauses übertreten haben, waren es ganz wenige, und fast niemand mehr, seit ich allein hier wohne, nur der Stromableser und der Briefträger sind regelmäßig bis in den Hausflur vorgedrungen. Bevor ich ihn kennengelernt hatte, war häufig jemand zum Abendessen eingeladen, und oft wohnte eine Freundin in den Ferien bei mir. Ich sehe an meinem Körper hinunter, sehe die Falten des blauen Kleides über meinen Hüftknochen, warum habe ich mir dieses Blau einreden lassen, dieses blaue lange Kleid, das er mir in einer Laune gekauft hatte. Früher habe ich gern Braun und Weiß getragen, aufeinander abgestimmt, Blau war nie meine Farbe gewesen, ich habe seine Stimme ganz dicht an meinem Ohr, du bist schön in diesem Blau, unendlich schön, und ich habe das Kleid auch seit der Scheidung nicht mehr getragen, bis es mir gestern in die Hände gefallen ist, als ich vor der Garderobe gestanden bin und mich, wie so oft in letzter Zeit, nicht entscheiden konnte, was ich anziehen sollte. Dann erscheint mir jede Hose zu weit, alle Farbkombinationen sind untragbar, und ich muß mich zusammennehmen, nicht auf der Stelle umzudrehen, wenn ich aus dem Haus gehe. Ich fühle mich angestarrt, in der Straßenbahn, im Geschäft, und ich bin froh, nicht mehr zur Arbeit gehen zu müssen, seit mich der Arzt vor ein paar Wochen krankgeschrieben hat.

Als es allmählich heller wird, ertappe ich mich dabei, wie ich fixiert auf einen Fleck über dem Spiegel starre, zuerst habe ich nur flüchtig hingesehen, ein schwarzer Punkt, nichts weiter, aber dann erkenne ich eine Spinne, sehe ihre langen Beine, die sich träge bewegen, und ich weiß, daß es wieder soweit ist, ich bin mir sicher, daß sie kommen, genau so wie damals. Ich stehe auf, ziehe mir den Morgenmantel über, zwinge mich, nicht noch einmal an die Wand zu sehen, als ich mich beim Hinausgehen umdrehe, und nehme die fast leere Medikamentendose mit, die ich auf dem Nachtkästchen liegengelassen habe. Am besten, ich schlucke zwei Tabletten, um mich zu beruhigen, und vielleicht kann ich dann sogar schlafen und liege nicht wieder wach im dunklen Zimmer, lausche nicht auf das kreischende Geräusch der Straßenbahn. Ich schalte die Herdplatte und den Heizkörper ein, und als ich eine Tasse aus der Kredenz hole, sehe ich das dahinter gestapelte Geschirr, das wir nie benutzt haben. Die vielen Teller und Tassen waren mir aus der Zeit nach dem Einzug geblieben, als ich alles für ein Gartenfest zur Hauseinweihung gekauft hatte, aber bevor ich die Einladungen verschicken konnte, bat er mich, damit zu warten, er fühle sich nicht imstande, diesen Almauftrieb zu ertragen, und es kam auch später nicht dazu. Er wollte niemanden im Haus haben, keine Arbeiter, nicht die Putzfrau, die ich angestellt hatte, und Besuche meldeten sich keine, ich vermied es, Bekannte einzuladen, weil er eine Art hatte, höflich mit ihnen umzugehen und unwichtige Fragen zu stellen, auf die er keine Antwort erwartete. Jeder fühlte sich unwohl und konnte nicht genau sagen, warum, ich hatte lange genug zugeschaut, um es zu wissen, und manchmal taten mir seine Sätze weh, es war ein Ziehen, nicht genau lokalisierbar, aber eigentlich konnte man ihm nichts vorwerfen. Er wußte nicht, was er sagen sollte, war schnell unsicher, und die einzigen Male, wo er aus sich herausging, waren Abende im Gespräch mit jemandem, der genau wie er unentwegt über Bücher reden konnte. Oft langweilte es mich, wenn es dazu kam, und es hatte keinen Zweck, auf seine Hilfe zu hoffen, auf Erklärungen oder auch nur auf ein an mich gerichtetes Wort, so gab ich es auf, mich gegen meine Zuhörerpose zu wehren und zeigte kein Interesse mehr dafür, womit er sich beschäftigte.

Beim ersten Auftauchen der Spinnen war ich nicht beunruhigt gewesen, Ungeziefer gehörte zu einem alten Haus, und vereinzelte Nester hatte es immer schon gegeben, in den Dielenecken, hinter den rostigen Rohren im Keller, bis sie nach und nach in jedem Raum ihren Platz beanspruchten. Er gab vor, sie nicht zu bemerken, und nach einigen vergeblichen Versuchen machte ich mir nicht mehr die Mühe, ihn darauf hinzuweisen, er wollte sie nicht sehen, sprach von Hirngespinsten, und damit basta. Der große Einfall kam, als er mit seiner Sekretärin zusammengezogen war und seine Koffer abgeholt hatte. Die darauffolgende Nacht verbrachte ich allein im Haus, und als ich aufstand, um mir zum Einschlafen ein Glas Wasser zu holen, knirschte es bei jedem Schritt unter meinen Füßen, der ganze Boden wimmelte vor Spinnen, sie waren in allen Zimmern, an den Wänden, in den Vorhängen, auf der Treppe, im Gang. Ich floh ins Gartenhaus und legte mich in die Hängematte, aber am nächsten Morgen waren sie auch dort, und als er mich anrief, willigte ich in die Scheidung ein. Es lag mir nichts mehr daran, mit ihm verheiratet zu sein, ich hätte ihm nie zugetraut, daß er mich wegen einer anderen Frau verlassen würde, hatte selbst nicht einmal im Traum daran gedacht, ihn zu betrügen. Der Abschied war wortkarg verlaufen, von dem Zeitpunkt an, als er mir sagte, daß er gehen würde, ich hatte ihn behandelt, als sei er Luft, hatte an ihm vorbeigesehen und auf seine Fragen nicht mehr geantwortet. Er war damit beschäftigt gewesen, seine Koffer und Truhen zu packen und die letzten Bücher, für die er keinen Platz mehr hatte, in Kisten auf den Dachboden zu schleppen. Es dauerte nicht lange, und die Spinnen nahmen derart überhand, daß ich zum erstenmal froh über mein einsames Leben war, ich hätte mich geschämt, wenn jemand zufällig vorbeigekommen wäre. Ich versuchte, so lange das Haus mit Insektenmitteln zu reinigen, bis ich erschöpft den Arzt anrief, und war schließlich einverstanden, eine Woche auf Erholung zu einer Freundin zu fahren. Dort angekommen, sah ich schon am ersten Abend die kleinen schwarzen Knäuel aus meinem Koffer fallen, und von da an war mein Verdacht bestätigt, daß sie in dem Buch nisten, das er mir geschenkt hatte. Über seine Geste war ich erstaunt gewesen, denn sonst hatte ich nicht einmal eines zur Ansicht bekommen, und erst als ich die Viecher während meines ganzen Aufenthaltes nicht mehr los wurde, wunderte ich mich nicht mehr und bestellte nach meiner Rückkehr den Kammerjäger, um wenigstens das Haus von der Plage zu befreien.

Ich setze den Teekessel auf die Herdplatte, das alte Ding habe ich einmal von meiner Mutter geschenkt bekommen, Erbstück ihres Großvaters, eingebeult und zerkratzt, solange ich zurückdenken kann, ist er zu Hause auf dem Ofen in der Küche gestanden. Mit seinem leisen Knacken und Pfeifen hat er mich beruhigt, und die Geräusche haben mir auch dieses Haus vertraut gemacht, wenn ich in der Küche am Tisch gesessen bin und wie jetzt gewartet habe, bis langsam der Dampf aus dem Kessel aufzusteigen beginnt, sich am Fenster verfängt, zuerst an den oberen Scheiben und nach und nach die Sicht auf die Straßenlaternen vernebelt. Alles geht langsam vor sich, ich habe Zeit und gehe zum Herd, um einen Blick dahinter zu werfen, ich habe es geahnt, dort hinten am Rand des schwarzen Lochs neben der Sesselleiste tasten sich feingliedrige Fühler an der Wand entlang, Spinnenbeine, wahrscheinlich ist der ganze schmale Raum unter den Dielen des Holzbodens bereits voll von ineinander verwobenen und übereinander krabbelnden Leibern, dort warten sie, um aus allen Ritzen zu kriechen. Er wird sie nicht wieder wegleugnen können, wenn er heute kommt, ich werde mich von ihm nicht länger wie eine Verrückte behandeln lassen. Mein Blick bleibt am Türstock hängen, auf dem Nagel für den verrosteten Schlüssel, der zum Schloß der Dachbodentür gehört, und auch dort bewegt sich ein winziger Punkt die Leiste entlang bis zum Abschluß des Türrahmens, an dem die oberste elfenbeinfarbene Schicht abzublättern beginnt, ich habe mir vorgenommen, den Lack dieses Frühjahr zu erneuern, inzwischen ist der Sommer schon fast vorüber und nichts ist geschehen. Auf einmal fallen mir die Kisten wieder ein, die er am Dachboden über die Jahre gestapelt hat, alle voll alter Bücher, mit den letzten, die er bei seinem Auszug dort hinaufgetragen hatte, müssen es an die vierzig sein. Er hatte mich weggeschickt, als ich damals beim Verstauen helfen wollte, geradeso als hätte er die Spinnen mitverpackt. Sie haben sich dort ungestört vermehren können, sich die ganze Zeit über von seinen Büchern ernährt, wahrscheinlich existiert kein einziges Exemplar mehr, die Schachteln und Kisten quellen davon über, und sie warten nur darauf, ans Tageslicht zu kommen, um mich anzufallen, wenn ich mich zum Schlafen lege.

Ich muß etwas unternehmen, und zwar jetzt, es hat keinen Zweck zu warten, er wird bald da sein. Ich hole die alten Gummistiefel aus der Truhe im oberen Stock und ziehe sie an, ich habe sie noch aus der Zeit, als der Hund jung war und ich mit ihm stundenlange Spaziergänge im Wald unternommen habe. Den Regenanzug kann ich nicht finden, und es bleibt keine Zeit mehr, nach ihm zu suchen. Ich ziehe die schwarzen Lederhandschuhe über, die ich im Vorbeigehen von der Garderobe genommen habe, schnüre den Morgenmantel fest, unter dem das blaue Kleid hervorschaut, schnappe einen Zipfel des weichen Stoffes und stecke ihn in den Gürtel, um beim Gehen nicht behindert zu sein. Im Stiegenaufgang zum Dachgeschoß ist die Deckenbeleuchtung kaputt, ich taste mit feuchten Fingern im Dunkeln nach dem Schloß und höre mich dabei schimpfen, als würde das etwas nützen. Der Klang meiner Stimme macht mich mutiger, und ich zögere nur einen Augenblick, als sich die Tür fast geräuschlos öffnet. Ein modriger Geruch steigt mir in die Nase, und im schmutzigen Licht tappe ich langsam voran, bis ich auf die Kisten stoße. Ich trage eine nach der anderen direkt unter das Fenster und staple sie dort. Von der ungewohnten Anstrengung sofort schweißnaß, arbeite ich ohne Unterbrechung und klettere schließlich mit der ersten Ladung auf das Dach, die leicht abschüssige Ziegelfläche nach vorn bis zur Regenrinne, dort hole ich Schwung und werfe sie über den Vorsprung hinaus. Dann warte ich, bis ich von unten ein Poltern höre, krieche auf allen vieren zurück, und kaum ist die letzte Kiste zwischen den Büschen im Vorgarten gelandet, laufe ich hinunter, trage die verstreuten Seiten und Bücher zusammen, gehe in den Keller, um den Reservekanister zu holen und übergieße alles mit Benzin. Ich nehme eines der losen Blätter, die im Gras liegen, zünde es an und werfe es auf den Haufen, der vor Spinnen ganz schwarz ist, trete zurück und suche in meinen Taschen nach einer Zigarette. Das Feuer flammt auf und wird kleiner, aber bevor es ausgeht, stürze ich ins Haus, suche im Wohnzimmer nach der Schachtel mit den Photos aus unserer gemeinsamen Zeit, trage sie mit beiden Händen hinaus und lege sie vorsichtig auf die Glut. Danach suche ich in der Abstellkammer das Gift, das ich schon vor Monaten gekauft habe, und beginne damit, alle Räume anzusprühen, entlang den Sesselleisten, den Türrahmen, kein Spalt im Haus darf vergessen werden. Wieder im Garten, ziehe ich den Morgenmantel aus, das blaue Kleid, und werfe beides in die noch glosende Asche.

Die Glut knistert und kracht noch, als ich ein kurzes blaues Blitzen in den Fenstern des Hauses gespiegelt sehe, ein regelmäßiges An- und Abschwellen, das nicht aufhören will, es blinkt stumm im Takt, und ich lausche, aber es ist ruhig im Garten, bis vom Tor her Stimmen laut werden. Ein Auto ist vorgefahren, und ich erwarte ihn schon, aber über den Kiesweg herauf kommen drei Gestalten auf mich zu. Drei Männer in weißer Kleidung. Dahinter steht er auf der Straße, und ich höre, wie er meinen Namen ruft. Es dämmert bereits. Es ist soweit.

Christian Fuchs
Die Katze

Ich war erschöpft und hungrig, als ich den häßlichen Platz erreicht hatte, wo mein Auto stand. Die tiefstehende Sonne wärmte weder mich noch die verzweifelt auf gefrorenen Pfützen und in vereisten Reifenspuren hüpfenden nahrungsuchenden Wintervögel. Nichts über den erfrorenen Körper in der Toilettenkabine aus grünem Kunststoff. Nichts über das Nachtkonzert im Autoradio. Ich fuhr weg. In der nahen Landeshauptstadt nahm ich mir ein Zimmer, duschte heiß, ruhte aus und verbrachte die Nacht dann doch woanders. Vor der Morgendämmerung verließ ich das Bett und die Wohnung einer Frau.

Ich hatte sie in einer Konditorei, in der wärmenden Rückständigkeit des niedlichen, in Beige und Rosa gehaltenen Gastraumes getroffen, wo an kleinen Tischen kartenspielende, spitzohrige, pelzhutbewehrte Damen den Nachmittag verbrachten. Sie überrumpelte mich, indem sie mir nach einem kurzen Blickwechsel von ihrem Tisch aus den Vorschlag machte, mit ihr zu gehen; wir wechselten zunächst das Lokal und tranken ein wenig, so lange wahrten wir voreinander den Schein, dann sagte sie mir mit männlicher Grobheit, daß sie es von mir wollte, jetzt.

Schließlich, lachend, landeten wir bei ihr, ich weiß noch, daß wir miteinander so laut und ausgiebig Spaß hatten – eine ekstatische Ausgelassenheit, die kein Ende fand –, daß ihre Hausnachbarn sich aus den Fenstern beugten und manche in unser Lachen einstimmten. Vielleicht wandert es jetzt noch durch die Welt, dieses Lachen.

Ich spürte ihre Haut, als umarmte mich das Leben selbst. Wie soll ich bessere Worte finden für das, was mir widerfuhr. Wir trennten uns, ohne Worte für den Abschied gefunden zu haben.

Aber im Weggehen wußte ich, daß die natürliche Logik meiner Welt wieder hergestellt war, der Unsinn des Mordes am Vortag getilgt.

Ich hatte mit meinem fast unbenutzten Hotelzimmer, auf meinen Namen gebucht, eine kräftige Täterspur hinterlassen, und ein kluger Detektiv hätte es vermutlich geschafft, einen Zusammenhang zwischen meinem grundlosen Hiersein und der vielleicht schon aufgefundenen Leiche meines Kollegen auf dem Parkplatz herzustellen. Diese Möglichkeit erfüllte mich mit satter Zufriedenheit.

Mein Auto hatte die Kälte nicht vertragen; ich brachte es zu einer Werkstätte. Hinter der Garage standen Gebrauchtwagen. Ich stellte meinen dazu und nahm dafür eine mir völlig gleichgültige Summe entgegen. Ich hatte nie ein Auto gewollt, aber jetzt war der Tag, an dem Dinge geändert werden konnten.

Ich ließ mich zum Flughafen bringen und buchte Rom. Dort machte ich mir Notizen über architektonische Visionen im Faschismus und über das Déjà vu. Weininger war der erste, der Reisen und Geschlechtlichkeit miteinander verschränkte, oder doch Laurence Sterne? Jene Frau; ich unterließ es, sie anzurufen. Nackt war ihr Körper so wunderbar gewesen, bar jeder Jugend, die sich mit Scham verbünden konnte, so gegenwärtig. Ich floh jede Dauer, starrte aus Taxi- und Hotelfenstern in den Regen, war ratlos, wie es weitergehen sollte. Ich rannte einem Gedanken nach, der mich von meinem Weg lockte. Einem Gedanken, der sich nicht fassen ließ. Was mir in den Sinn kam, war nur Abglanz einer auf immer verlorenen Idee. Wie stets.

Wie in der verächtlichsten Zeit meines Lebens, als ich Honorare oder Spesen, die mir bar ausgezahlt wurden, noch am selben Abend zu Prostituierten getragen hatte, benutzte ich den Körper einer käuflichen Römerin, um mich von meinen im Kreis laufenden Gedanken zu befreien. In den Armen von Huren spürte ich stets, daß mich Bilder aus der dumpfen Erregung gekaufter Leidenschaften rissen, Bilder, die jenen Frauen kamen, wenn sie ihr Geschlecht verborgten, Bilder des Trotzes, der Abwesenheit, der Flucht aus jenem Bett, in dem sie es vor dem Freier ekelte, dessen Körper sich auf den ihren wälzte, in der Hoffnung auf Erlösung.

Sie strickten im Geiste oder lösten Rätsel. Sie träumten sich einen Himmel mit verblassenden Kondensstreifen, eine Katze, die auf einer Wiese saß. Die Jahreszeit wechselte, die Katze blieb. Der Blick des Tieres auf den Platz vor ihm, sichere Beute. Getier, das nicht lernte, wo der Tod wartete. Ein Bild, das ich in meinem Inneren getragen hatte, mein Leben lang, das hinter mir hergeschlichen war, ruhig und lautlos, wissend, daß ich ihm nicht entkommen würde auf Dauer, dieses Bild des trügerischen Friedens, dieses Idyll eines bevorstehenden bestialischen Raubmordes, der vielleicht stundenlangen Quälerei, endend mit dem Tod, dem erlösenden Eintritt ins Nichts; diese malerische Botschaft unseres Daseins war in den Armen einer Straßendirne lebendig geworden.

Das Gesicht jener Römerin war ruhig gewesen, sie atmete langsam, wartete, daß der Mann über ihr zu einem Ende käme. Ihre Wangen waren sanft und alt, ihre Augen müde, aber der Blick heiter und weit weg, darin die Katze und die Landschaft ihrer und meiner Kindheit. Sie hatte mit einem Schlüssel gewunken, und ich war ihr wortlos gefolgt. Stärker als die Lust war die Neugierde, einen fremden Körper zu erforschen, der plötzlich aus der Nacht getreten war, unverhofft.

Sie trug einfache, warme Wäsche, denn auch hier war der Winter hart, Bäuerinnenwäsche, die sie zusammenlegte, als sie sich für mich auszog. Ganz nackt legte sie sich ins Bett und wartete, ohne mich anzusehen. Umarmte mich, als gelte es eine heilige Pflicht zu erfüllen. Griff an mein Geschlecht, um das Spiel rasch zu eröffnen. Zog mich zu sich und betrieb die Vereinigung. Dann die Bilder, das eine vor allem. Ich hatte sie letztlich begehrt, nun aber stand ich vorsichtig auf, und sie zog die Decke über ihren Körper, wartete. Sie war noch in ihrem Bild; lächelte. Die Katze, so sagte ich, gatta, si, antwortete die Frau. Sie drehte sich zur Seite, seufzte müde. Ich gab ihr das Geld, ging leise aus dem Zimmer. In der Liebe ist man einsam, und es hilft keine Lüge.

Eine Frau, unbefragt und ewig, jene einzige, deren Bild verblaßt ist, jene verlorene, die mir in einem der letzten segensreichen Friedensjahre unser Kind schenken hätte können, ging vor mir bergan. Die Dörfer suchten die Anhöhen, im Tal stehen bloß vereinzelte verwunschene Gehöfte. Dunst über Wiesenstreifen, die Katze – ich darf sie nicht vergessen, diese Katze –, weißer Himmel, ein Raubvogel darin, Mahnmal, verächtlich blickend. Sein Mantel war honigbraun, er ist weggeflogen. Sein Ziel sei in anderen Breiten. Ich schnüre mir die Schuhe. Das Land ist arm, weil irgendwer eine Grenze gezogen hat, in Sichtweite; drüben leben sie anders, heißt es; dort sei das Paradies. Hier dreht man jede Schraube um, aber die Raubvögel fühlen sich wohl und auch die Kaninchen.

Die vielen Krater mit wucherndem Gras darin; gesprengte Einstiegslöcher in den Hades. Vergangener Krieg vom Hörensagen. Die Welt blüht. Bin ebensogut dieser andere dort. Andere Zeit, anderes Glück, andernorts. Wie hieß die Frau, und wie konnte sie sterben? Die Katze, das Kind.

Ich sehne mich nach einer Friedhofsmauer, die den Klang meiner Schritte zurückwirft, es ist eine ganz bestimmte Mauer, von der ich weiß, daß ich sie finden werde, wenn ich nur will. Nein, ohne es zu wollen. Eines Abends. Ich sehne mich auch nach dem Geruch von Heu, das die Nässe der Nacht aufnimmt, nach einer Frau, deren Hand ich halte, während wir in eine Stube eintreten, von einem freundlichen Feuer gewärmt. Ich will den Kies des Vorplatzes spüren, die Kälte des nahen Baches. Das Gewitter soll erwartet worden sein wie der langersehnte Besuch.

Der fremde Gebirgszug. An den Flüssen erkennst du das ferne Land und an den Menschen, die einer mehrtausendjährigen Frömmigkeit ergeben sind, der Lebenslust zugleich. Ihr Schicksal hieß Wandern, und der friedliche Platz hinter dem Haus bedeutet nur vorübergehendes Glück.

Das könnte mein Leben sein. Es ist anders. Ich bin in einer anderen Geschichte. Ich bin glücklich zu wissen, wonach ich mich sehne und daß das Ziel meiner Sehnsucht in steter Weite bleiben wird. Die Idyllen wurden deportiert, mit der dunklen, weichen Hand einer einzigen all dieser Frauen. Der Erlöser blieb ungeboren. Soviel zu diesem Wort: Glück.

Stille, als sei der Frieden über mich gekommen. Als sei die Zeit des Kämpfens vorbei. Nichts Grausameres aber gibt es als Frieden zur falschen Zeit. Ich habe einen Mord begangen und bin deshalb ein Reisender geworden; es gibt für mich kein Recht auf Ruhe, und ich finde sie nicht. Es denkt und denkt in mir, und ich suche den Ausgang, tappe im Halbdunkel.

Wörter über Wörter und kein Licht. Vielleicht habe ich einmal etwas gewußt, jetzt ruht das Wissen, und das zu Sagende ist gesagt. Es war nicht allzu viel. Ich habe zwei Köpfe und weiß nicht, welcher denkt und regiert, im Augenblick. Einmal werde ich nicht mehr aufwachen; ich werde verrückt sein, wenn ich es nicht rechtzeitig erahne und vorher den naheliegenden Ausweg wähle, das Fensterkreuz oder einen Fluß, der mich birgt. Das letzte, das ich wahrnehme, wird ein Bild sein, jenes, das mir die Römerin geschenkt hatte; das Bild jener Katze auf ihrem Feld, der Katze, die keine Jahreszeiten kennt.

Reinhard P. Gruber
Das Wunschkonzert

Am liebsten essen die Steirer die hausgemachte Kost. Ein Wurzelfleisch mit Apfelkren lieben sie ebenso wie eine Klachlsuppe mit Heidensterz oder ein knuspriges steirisches Backhenderl mit grünem Salat und Kürbiskernöl, dazu ein Glaserl Schilcher. Ein Verhackertbrot würden sie nie verachten, es könnte auch Grammelschmalz sein, oder ein Leberaufstrich nach Hausrezept. Ebenso sind sie dem Polenta oder Türkensterz zugeneigt, wenn sie nicht gerade bei einer Beuschelsuppe sitzen, die auch eine Flecksuppe sein kann. Viele sind auch dem Rollgerstl zugetan, welches sich u.U. auch in einer Breinwurst befindet. Ist diese nicht zur Hand, tut's auch eine Blut- oder Leberwurst, äußerstenfalls auch eine Bratwurst oder gleich eine Braunschweiger. Lieber ist ihnen jedoch die Schwammerlsuppe, zur Abwechslung auch in Form eines Schwammerlgulaschs. Das Gulasch selbst kann ja und da speziell das Erdäpfelgulasch als der ständige Begleiter des Steirers angesehen werden. Das schließt jedoch eine Vorliebe zum Ochsenschlepp durchaus nicht aus. Auch Liebe zum Kalb ist zu vermerken, vornehmlich in Form einer gefüllten Brust, oder bei besonders festlichen Anlässen, als steirischer Kalbsnierenbraten, wobei auch das Vogerl, die Schulter, der Haxen und der Kopf samt Ohren und Zunge sowie Hirn, Leber, Nieren, Lunge, Bries und Gekröse in die Kochtöpfe und Pfannen und Häfen wandern. Bisweilen kommt sogar das Schöpserne in der Steiermark zu Ehren, eher aber wohl eine Haussulz oder eine obligate Krainer, geräucherte vielleicht, nebst einem guten Teller Stainzer Schinken. Im Winter verachtet der Steirer keineswegs einen Fasan oder ein Rebhuhn oder eine Gans oder eine Ente oder einen Indianer, oder einen Hasen, ein Reh, einen Hirsch, ein Wildschwein, eine Gemse mit Biersuppe oder Weinsuppe, je nachdem, ob er aus der Wein- oder der Biergegend stammt. Da darf ein Bluttommerl mit Grammelknödeln oder Ritschert nicht fehlen.

Bei den Nachspeisen kommt die Hausmannskost natürlich auch nicht in Verlegenheit. Man greift zu Strauben, Türkentommerl, Speckkuchen, Schmalztorte, Nußputitze, Mohnputitze, zum Reinling, zum Triet, zu allerlei Topfen-, Apfel-, Kirschen-, Schwarzbeerstrudeln und zu Kürbis in jeder Form, man liebt den Zwetschgenröster und die Palatschinke, winters auch das Kletzenbrot vor, während und nach dem Essen. Und Buchteln? Auch Buchteln, speziell mit Vanillesoße. Auch den Marillen- und Zwetschkenknödel verachtet man nicht und der Kirche gedenkt man mit einem angesoffenen Kapuziner, dieses Gedenken mundet besonders.

Ist das alles aber nicht gleich bei der Hand, so grämt sich der Steirer keineswegs, er schenkt sich ein Krügel Most ein und schneidet sich ein Stück Geselchtes ab. Dann schaltet der das Radio ein und hört das Wunschkonzert.

Elisabeth Reichart
Die Narbe

Kondensstreifen verblaßten, lösten sich auf, ein Fliegenschwarm umkreiste einen unkenntlich gewordenen Tierkadaver, auf den Manuela beinahe gestiegen wäre, immer diese Sucht, den Sonnenuntergang zu beobachten, mich aufzulösen mit dem Licht, seinem Verglühen, das sich nur außerhalb von mir vollendet.

Langsam ging sie nach Hause, wartete bei den Mohnblumen auf den Hund, der nicht auf ihre Rufe reagierte. Bis sie endlich Gypsys aufgeregtes Bellen hörte, hatte sie die Stelle kahlgepflückt. Den Strauß wollte sie in die weiße Vase geben, die sie auf eine ebenso weiße Decke stellen würde. Sie konnte stundenlang zusehen, wie ein Blatt nach dem anderen abfiel, sich die Decke dunkelrot färbte, eine neue Ordnung entstand, Leere und Fülle die Plätze wechselten.

Gypsy sprang an ihr hoch, stupste sie, schleckte ihre Hand ab. Sie redete zärtlich auf den Spaniel ein, genoß seine Liebkosungen, solange niemand in der Nähe war. Einmal hatte Gerhard sie beim Spielen mit dem Hund überrascht, und sein verzerrtes Gesicht drängte sich seither vor jedes, dem sie mit dem Tier begegnete. Wortlos hatte er sich umgedreht und die Tür hinter sich zugeschlagen, gleich darauf konnte sie ihn mit dem Wagen wegfahren hören. »Jetzt hat er einen Filmhelden aus sich gemacht«, hatte sie zu Gypsy, der mit eingezogenem Schwanz neben ihr stand, gesagt und es sich selbst eingeredet.

Im Haus brannte kein Licht, die Garage war leer, erleichtert sperrte sie auf, wischte dem Hund die Pfoten ab und gab ihm sein Fressen, bevor sie für Gerhard und sich das Abendessen kochte. Heute wollte sie ihm wieder einmal Rindsrouladen machen, ihr erstes gemeinsames Essen in einem kleinen Lokal in der Innenstadt, das es längst nicht mehr gab. Er hatte sie dazu überreden müssen, hatte es mit viel Ausdauer und Geduld getan, »du wirst sehen, niemand starrt dich an!«, ihr bei Tisch den großen Schlapphut, den sie sich tief ins Gesicht zog, sobald sie ihre Wohnung verlassen mußte, abgenommen und gemeint: »Nun sieh dich um! Niemand beachtet uns.« Doch jedes Mal, wenn der Ober zu ihrem Tisch gekommen war, hatte sie ihr Gesicht weggedreht. Diese Reaktion konnte er sowenig verhindern wie die ihrer Lider, die sich senkten, sobald sich Köpfe bewegten.

Sie schälte die Kartoffeln etwas zu dick, wusch den Salat, bis er unter dem scharfen Wasserstrahl verwelkte, holte einen neuen aus dem Garten, achtete nun auf ihr Tun. Dann zog sie sich um und legte sich mit einem Bildband über Ernst Barlach auf die Couch, schlug die Seite mit der Kußgruppe auf und verliebte sich wie beim ersten Blick auf die Skulptur sofort wieder in die beiden. Sie waren nicht schön, auch saß die Frau mit ihrem Unterkörper eigenartig abgewandt von dem breitbeinig dasitzenden Mann, doch wie sie sich umarmten, einander hielten, als wollten sie sich nie mehr loslassen, geborgen und sicher in dieser unbequemen Stellung, sie ihren Kopf leicht nach hinten gebeugt, er seinen schräg nach vorne, ihre Münder, die sich fast noch suchten oder gerade erkannten ... erkannt werden wollen, ein kaum erinnerter Wunsch, wenigstens so gehalten werden, mich so hingeben können, manche Wünsche waren eingekerbt in ein Bild.

»Wie dir diese plumpen Figuren gefallen können, ist mir schleierhaft.« Gerhard nahm ihr das Buch aus der Hand, trug es zum Bücherregal und stellte es an seinen Platz zurück. Er hatte die Angewohnheit, alles sehr leise zu tun, lautlos zu kommen und zu gehen, außer, wenn er verärgert war. Unter seinen beschwichtigenden Worten, daß das Haus einbruchsicher gebaut sei, seinen Beteuerungen, er könne einfach nicht anders, er hasse jedes Getrampel, hatte sie es aufgegeben, ihn zu bitten, sie nicht zu erschrecken.

Sie verbarg ihr Zittern vor ihm und ging in die Küche, stellte den Wecker auf dreißig Minuten.

»Dreißig Minuten Ruhe, wenn ich nach Hause komme, geht das nicht in deinen hübschen Kopf, mein Liebling?«

Die Rindsrouladen waren weich geworden, nur den Rotwein hatte sie zu öffnen vergessen. Hastig zog sie den Stöpsel aus der Flasche, roch daran, auch er war in Ordnung. Den Tisch im Speisezimmer deckte sie immer, bevor sie zu kochen anfing. Er vertrug während seiner Ruhezeit nicht einmal Geschirrgeklapper. Lauter lösbare Probleme, nicht wahr, Gypsy, er hat vollkommen recht.

Manuela mochte schön gedeckte Tische, feines Porzellan und glitzernde Kristallgläser genauso wie Gerhard. Beide zogen sich für das Abendessen um, seit Weihnachten hatten sie die Gewohnheit angenommen, im Smoking und Abendkleid zu erscheinen. Gerhard war stets der erste im Speisezimmer, Manuela wartete in der Küche, bis er sie rief. Während des Essens schwiegen sie die meiste Zeit, manchmal machte ihr Gerhard Komplimente über ihren guten Geschmack, außer in Kunstfragen, in dieser Hinsicht hätte er sie leider zu spät kennengelernt.

Sie räumte den Tisch ab, er verteilte seine Post in Mappen: »wegwerfen«, »nach frühestens einer Woche beantworten«, »dringend«, erledigte einige Anfragen.

Manuela blieb in der Küche sitzen, streichelte selbstvergessen Gypsy. Wieder hatte sie umsonst darauf gewartet, daß er sie auffordern würde zu bleiben. Es ist lächerlich, daß ich immer noch Angst vor ihm habe. Ich bin zweiundvierzig. Mit zweiundvierzig hat man keine Angst mehr vor seinem Ehemann zu haben. Ich gehe jetzt hinüber und umarme ihn. Er wartet vielleicht nur darauf.

Sie konnte ihren eigenen Worten nicht glauben, die sich weigerten, die Wahrheit auszusprechen, daß er sich vor ihr ekelte, seitdem er sie mit dem Hund herumbalgen gesehen hatte. Sie hatte ihn ohnedies nur bekommen, weil er immer öfter zu Kongressen fuhr, sie sich allein in dem Haus fürchtete und versprochen hatte, genaue Reinlichkeitsregeln einzuhalten. Einmal pro Woche mußte er gebadet und täglich im Freien gebürstet werden, er durfte sich nur in der Küche und im Vorzimmer aufhalten, deren Böden sie täglich aufwischte und stets im Auge behielt, außerdem hatte sie seine Pfoten nach jedem Spaziergang gründlich zu reinigen, ihm ein Flohband umzubinden und ihn regelmäßig auf Würmer und andere Krankheitsmöglichkeiten untersuchen zu lassen. Der Tierarzt lachte inzwischen, wenn sie einmal im Monat mit dem kerngesunden Hund zur Kontrolle kam, weckte in ihr den Verdacht, Gypsy nur oberflächig anzusehen.

In dieser Nacht kam Gerhard in ihr Schlafzimmer, schob ihr das Nachthemd hoch und versuchte, in sie einzudringen. Sie schrie auf, ihre Scheide war vollkommen trocken, und ein brennender Schmerz zog die Muskeln noch mehr zusammen. Ich will es ja auch, aber bitte nicht so, bitte nicht so.

»Dich könnte keiner vergewaltigen.«

Er verachtet mich. Sogar das ist ihm ein Grund, mich zu verachten.

Sie drehte die Nachttischlampe an, sah ihm ins Gesicht, versuchte die Falten glattzustreicheln. Er legte sich neben sie, die verlorenen Nächte zählend, begann sie leise zu weinen, spürte, wie ihn ihr Weinen erregte, unterdrückte es nicht länger, schluchzte und heulte, daß es sie schüttelte, und ihre Scheide weinte mit, machte es ihm leicht, nahm ihn auf, wollte ihn nicht wieder hergeben.

Er schlief auf ihr liegend ein, endlich kann ich mit dir reden, du sturer Kerl. Du bist groß genug, einen ganzen Kopf größer als ich sogar, du mußt nicht mehr wachsen. Würdest du mich lieben, wärst du ganz leicht. Sie hatte geglaubt, ihr Schädel würde platzen, wenn sie die Worte nicht schleunigst herausließ, jetzt stellte sie irritiert fest, daß sie ihm nichts zu sagen hatte. Sie hätte ihn gern abgeschüttelt, war zu schwach dazu, vertraute Schwäche mit dem beißenden Geruch von Kampfer, auf den Knien rutschte sie über die Böden, den Lappen in das heiße Wasser tauchen, gerötete Haut unter den Handschuhen, er nahm ihr die Luft, ließ sie husten und röcheln, doch der Boden blitzte und war keimfrei, sah nicht länger aus wie ein praktisches Ding, auf dem man gehen konnte, glich vielmehr der Wasseroberfläche an den seltenen windstillen Tagen, in der sich kein Schatten rührte.

Gemächlich stieg sie den Berg hinauf. Gypsy hatte heute keine Lust herumzutoben, wollte nur nach ihren Steckerln jagen. Als sie den tosenden Wasserfall hören konnte, ging sie schneller, wählte den Weg durch die Schlucht, kühle Schlucht, feuchte Schlucht, über ihr kreiste das Bussardpaar, das sie seit Tagen vermißt hatte. Sie kletterte über Felsbrocken, die im Weg lagen, rettete einen Salamander vor Gypsys neugieriger Nase, hörte sich ihrer beider Echo an. Sie war jedes Mal aufgeregt, wenn sie sich dem Ende der Schlucht näherte, ging einmal besonders langsam, um den Augenblick, in dem sie ihren Platz sehen konnte, hinauszuzögern, lief dann wieder, um schneller dort zu sein, blieb stehen, sobald er sich ihr zeigte. In ihm vereinigten sich Ruhe und Bewegung, Licht und Schatten, Kraft und Weichheit, Chaos und Ordnung. Der Wasserfall stürzte in einen kleinen See, bewegte ihn ununterbrochen, die Wassertropfen funkelten in der Sonne. Der erste See floß über eine niedrige Stufe in einen zweiten, der die Form eines fünfblättrigen Kleeblattes hatte und in seinen Ausbuchtungen von dem tosenden Treiben unberührt zu bleiben schien. An einer Stelle war das ansonsten steinige Ufer sandig, weißer, feiner Sand rieselt zwischen meinen Fingern durch, hab keine Angst, ich will dich nicht zerstören. Das Gras ist ein weiches Lager, es richtet sich wieder auf, nachdem ich es verlassen habe. Ein Ahornbaum stand auf ihrem Platz, hinter dem sich ein undurchdringliches Gestrüpp von Himbeer- und Brombeersträuchern den Felsen hinaufwand, so voll von Früchten, daß sie und die Vögel wochenlang davon satt wurden.

Manuela zog ihre Kleider aus und ließ sich langsam in das Wasser gleiten, dessen Kälte sie lähmte. Gypsy weigerte sich, mehr als eine Pfote hineinzustrecken, die er sofort wieder zurückzog. Unruhig beobachtete er sie, schleckte ihr Gesicht warm, bellte zwischendurch. Allmählich wurde ihr Körper gefühllos, spürte sie die Kälte nicht mehr, nur noch Gypsys nasse Zunge. Ich hätte ihn anbinden sollen, so werde ich nie erfahren, was ein durch und durch erkalteter Körper ist, und einmal wenigstens möchte auch ich vollkommen sein.

Die Sonne trocknete ihre Haut, wärmte sie schnell. Gypsy war zufrieden und erkundete die Gegend. Sie zog sich an und ging den Weg durch den Wald, die Felder nach Hause.

Es war früher Nachmittag, sie konnte den Hund noch im Garten lassen, vor sechs würde Gerhard nicht zurück sein. Sie holte ein Staubtuch und begann das Wohnzimmer zu reinigen, hob die Zeitschriften und Mappen von seinem Schreibtisch hoch, wischte darunter sauber. Es war ihre Aufgabe, die Papiere aus der Mappe, auf der »wegwerfen« stand, zu entfernen, die anderen gingen sie nichts an. Sie trug die Angebote der Chemiekonzerne, diverser Kosmetikfirmen zum Altpapier, doch zwischen ihnen ertasteten ihre Fingerspitzen ein einfaches Blatt Papier, zogen es heraus.

Es war der Brief eines siebzehnjährigen Mädchens, das nach einem Autounfall durch eine Narbe vom linken Auge bis zum Kinn verunstaltet war und das darum bat, nein, bettelte, Gerhard möge sie operieren, obwohl sie ihn jetzt noch nicht bezahlen konnte.

Manuela betastete ihre Wange, glaubte, ihre eigene Narbe unter der glatten Haut zu spüren. Immerzu stürzte das Wasser auf sie herunter, riß sie mit in die Tiefe. Dort lauerte ein winziger Kobold mit scharfen Zähnen auf sie, mit denen er sich in ihrem Nacken verbiß. Sie konnte sich noch so winden und schütteln, er fiel nicht von ihr ab, zwang sie, das zu sehen, was er sah, eine Kirche, die nur aus Armen erbaut war. Ellbogen ragten aus der Fleischmauer, Hände und Knochen, Hautfetzen flogen in dem riesigen Raum herum, legten sich auf sie, verlangten, daß sie die Haut der Toten trage, rissen ihr ihre vom Leib, Flickwerk, zwischen dem ihr Blut herausquoll, das niemanden nährte.

Sie ging ins Schlafzimmer, packte den kleinen Koffer, bestellte sich ein Taxi und fuhr mit Gypsy zum Bahnhof. Sie hatte nicht lange überlegt, es war ihr auch gleichgültig, ob dieses Mädchen ihr zuhören wollte, hatte nur gegen das Gefühl gekämpft, daß Gerhard eigentlich sie mit diesem Brief wegwarf, mit seiner Weigerung, der Unbekannten zu helfen, fast so jung wie ich, als mein Gesicht aufgerissen wurde. Er war nicht geizig, das mangelnde Geld war kein Grund. Er hatte mit vielen Patienten langfristige Zahlungsverträge abgeschlossen, und dieses Mädchen würde zahlen, es würde alles tun, um ihre Narbe loszuwerden.

Manuela hatte nichts dafür getan. Gerettet aus dem brennenden Auto, getötet als Frau, die sie erst hätte werden wollen. Vierzehn Jahre war sie mit ihrer Narbe den Blicken ausgewichen, nachdem sie sich ihnen schutzlos ausgesetzt hatte, so sehr hoffend, daß sich irgend jemand nicht von ihr abwenden würde, ihre Häßlichkeit ertragen könnte. Sie hatte Buchhaltung gelernt und zu Hause für kleinere Firmen und Privatpersonen gearbeitet, einem blinden Chiropraktiker hatte sie den Haushalt geführt. Sie würde dem Mädchen von einer Operation abraten. Es verschwindet mit der Narbe der ganze Mensch. Zumindest war es bei mir so, aber vielleicht habe ich sie zu lange angestarrt. Vierzehn Jahre, in denen ich lernte, allein zu sein und dankbar, daß ich noch lebe. Das mag für Sie ganz unwichtig sein im Moment, doch diese tiefe Dankbarkeit ist ein wunderbares Netz, das einen trägt, leicht und ohne zu behindern. Ich vermisse sie immer noch.

Das Mädchen verstand sie nicht. Seine Narbe leuchtete rot hinter der vorgehaltenen Hand, erinnerte Manuela an ihre eigenen hilflosen Versuche, sie zu verstecken. Sie schämte sich ihrer makellosen Haut, die sie Gerhard verdankte, dem dieses Mädchen nichts zu verdanken brauchte, doch das behielt sie für sich. Er war wegen Rückenschmerzen zu dem Chiropraktiker gekommen und hatte sich in ihre unverletzte Seite verliebt, die sie inzwischen automatisch jedem Eintretenden zuwandte.

Sie ging mit Gypsy in einen Park spazieren, ließ ihn herumlaufen. Langsam wurde es dunkel, und sie überlegte, sich ein Hotel zu suchen, da nichts in ihr danach drängte zurückzufahren, außer die Freude auf ihren Platz, den sie durch Gypsy kennengelernt hatte, der gar nicht weit genug laufen konnte, den sie anfangs nicht frei laufen ließ. Er hatte sie in die Schlucht gezogen und weiter, immer weiter, bis an ihr ganz anderes Ende. Gerhard hatte sie aus ihrem Alleinsein, ihrem mühselig errungenen Einverständnis mit ihrem Schicksal herausgelockt mit seinen Schönheitsversprechungen, die er gehalten hatte. Aber das andere war durch nichts ersetzt worden, ich konnte es durch nichts ersetzen. Es war, als sei ich zu schwach gewesen, noch einmal mit einem neuen Gesicht zu leben. Drei Gesichter sind zu viel für ein Leben.

In dem Moment, da sie den Hund rufen wollte, hörte sie ein eigenartiges Knacken, wie damals im Auto, unmittelbar nach dem Zusammenprall, der ihren Eltern das Genick gebrochen hatte. Sie wußte, was geschehen war, bevor sie es sah. Gypsy war in einen Lastwagen gelaufen, er hat mir die Entscheidung abgenommen. Ohne ihn gibt es keinen Grund mehr, in einem Haus auf dem Land zu leben, mit einem Mann, der mich zum Hinsehen ermutigt, es mir ermöglicht hat, und dessen Anblick mir nicht geheuer ist. Ich habe zu lange den Blick von den Menschen abgewandt, meine Augen haben sich nie wieder an sie gewöhnt. Allein würde ich es ja doch nie wagen, die Schlucht zu durchqueren, mich der Kälte des Wassers auszusetzen. Diese Stadt war so gut wie jede andere. Sie würde sich umsehen, ob sie ihr gefallen könnte. Außerdem kannte sie hier einen Menschen, der sie brauchte, auch wenn er nichts von ihr wissen wollte.

Barbara Frischmuth
Glück

Ich bin glücklich, dachte sie. Es war als Gefühl über sie gekommen, ohne Warnung. So, wie ich da sitze, bin ich glücklich.

Sie hatte die Ellbogen auf die Armlehnen des Fauteuils gestützt, auf diese Weise konnte sie das Kind längere Zeit im Arm halten, ohne zu ermüden. Das Kind hatte nach seiner Decke verlangt, mit deren glattem Saum es sich übers Gesicht strich. Der Blick, halb verdeckt von den langen Wimpern, war auf nichts Bestimmtes mehr gerichtet und würde bald hinter den zugefallenen Lidern verschwunden sein. Sie fuhr mit der Wange über das weiche feine Haar, und ihre Lippen streiften die Stirn des Kindes in der ganzen Breite. Es war unklug, das Kind jetzt einschlafen zu lassen. Es hatte noch nichts zu essen gehabt und war sicher naß. Bald würde es wieder aufwachen und dann nicht mehr einschlafen können. Es würde dabei sein wollen, wenn Paul und sie zu Mittag aßen, und am Nachmittag würde man es immer öfter beruhigen müssen.

Sie rührte sich nicht, ließ es zu, daß der kleine Körper des nun schlafenden Kindes sich immer mehr auf ihr einrichtete und in seiner ganzen Entspanntheit Besitz von ihr ergriff.

Sie konnte auf einen blühenden Birnbaum hinaussehen, der im Wind seine Blütenblätter verlor. Getäuscht durch die Wärme, die von der Zentralheizung unter dem Fenster aufstieg, hatte sie die Vorstellung von einem milden Frühlingstag, doch die Leute, die sie auf der Straße sah, trugen Hüte und wetterfeste Mäntel, manche auch noch Schals. Sie hielten sich alle in dieselbe Richtung, als glaubten sie, dem Wind dadurch ausweichen zu können.

Das Kind war gerade ein Jahr alt. Ein Jahr. Man denkt, das erlebt man nie. Ein Jahr Karenz. Es war doch vorbeigegangen, vorbeigegangen wie die Geburt, wie die Nächte, in denen sie oft hatte aufstehen müssen, wie die erste fiebrige Erkrankung. Ab morgen würde sie wieder ihren Beruf ausüben, leben wie die anderen, die Kolleginnen, die sich gegenseitig über die Schreibtische hinweg die Fotos ihrer Kinder hinhielten. Gut entwickelte kleine Buben und Mädchen, die den Tag in der Obhut von Großmüttern, Tagesmüttern und Kindergärtnerinnen verbrachten.

Weißt du, hatte Irene, die an dem Schreibtisch ihr gegenüber saß, einmal gesagt, wenn ich mir dann ein Wochenende wirklich Zeit nehme für Pippa, ist sie selig, richtig selig. Nur der Montagmorgen ... da gibt es Tränen beim Aufbruch, Protest, und sie will partout nicht zu Mutter ... . Und wenn sie mich dann vor lauter Schluchzen gar nicht mehr sehen kann, muß ich sie einfach in die Arme nehmen und sagen: wart nur, heut abend bringt Mama dir was Schönes ...

Ich weiß, ich weiß, hatte Irene abgewinkt, dabei hatte sie nur fragen wollen, wer denn Mutter Köck sei. Ich soll die Kleine nicht verwöhnen, aber wenn sie so, in Tränen aufgelöst, vor mir steht, werde ich jedesmal weich. Dabei hat sie es wirklich gut bei Mutter Köck. Eine warmherzige Frau ist das, und wie sie es versteht mit den Kindern, die machen alles, was sie sagt. Du solltest hören, was Pippa aufführt, wenn ich ihr einmal drohe: na dann nehm ich dich eben weg von Mutter Köck und geb dich woanders hin. Du solltest bloß hören, was sie dann aufführt.

Du würdest sie mir also empfehlen, diese Mutter Köck? hatte sie gefragt. Es war noch lang Zeit, und das Kind war nicht einmal auf der Welt gewesen, sie hatte sich nur schon Gedanken gemacht.

Und ob ich sie dir empfehle, du mußt nur rechtzeitig bei ihr anfragen. Und dann hatte Irene ihr die Adresse von Mutter Köck aufgeschrieben.

Sie hatte sich ein Jahr frei genommen, ein ganzes Jahr, um bei dem Kind bleiben zu können. Sie hatte einmal irgendwo gelesen, daß dieses erste Jahr das wichtigste sei, und da sie auf keinen Fall etwas falsch machen wollte, hatte sie ohne Zögern dem Kind dieses eine Jahr zukommen lassen. Sie wollte eine gute

Mutter sein und es dem Kind an nichts fehlen lassen, auch nicht an Nähe, wenn es sie brauchte.

Ich bin glücklich, wirklich glücklich, dachte sie. Sie spürte, wie die Wärme des schlafenden Kinderkörpers durchs Gewand auf ihre Haut drang. Der Kopf des Kindes lag in ihrer Armbeuge, die Hand hatte es gegen ihre Brust gelegt. Sie hätte das Kind gerne auf die Wangen geküßt, auf die Nase und auf den Mund, aber schon dieses Wenige an Bewegung hätte wahrscheinlich eine Veränderung gebracht. Es war aber gut so, wie es war, in diesem Augenblick.

Sie dachte an die vielen Male, wo sie aufgeatmet hatte, wenn das Kind endlich im Bett lag und sie das Licht löschen konnte, ohne damit rechnen zu müssen, daß es vor dem frühen Morgen nach ihr rufen oder auch nur weinen würde. Nicht daß sie vorhatte, während dieser Zeit das Haus zu verlassen, aber es tat ihr wohl, zu wissen, daß sie ein Kind hatte, daß dem Kind nichts fehlte, daß es wuchs und gedieh, daß sie sich aber nun in Ruhe hinsetzen und etwas anderes machen konnte, lesen, fernsehen oder sich mit Paul unterhalten.

Oft aber war sie sehr erschöpft, wenn das Kind endlich schlief, und dann hatte sie große Lust, sich ebenfalls hinzulegen. Wenn Paul eine Bemerkung machte und ihre offensichtliche Müdigkeit an seiner berechtigten, da vom Beruf her bedingten, zu messen begann, redete sie von dem toten Punkt, den sie erst überwinden müsse, dann ginge es schon wieder, und sie kochte starken schwarzen Kaffee und tat einen Schuß Cognac hinein, weil das noch am ehesten eine Wirkung hatte.

Ich weiß auch nicht, wovon ich so müde bin, sagte sie dann, um Paul den Wind aus den Segeln zu nehmen. Einerseits, weil sie die Diskussion um ihr Zuhausesein leid war, andererseits, weil es ihr schwergefallen wäre, zuzugeben, daß das bißchen Haushalt, wie sie es selbst nannte, sie müde gemacht hatte.

Weißt du, das Kind ... und darauf hatten sie sich immer noch einigen können. Paul in seinem Stolz, daß es ein so lebhafter und gesunder Bub war, und sie, weil es ihr Gewissen beruhigte, sich zumindest während der Zeit, wo sie noch zu Hause war, wirklich mit dem Kind beschäftigt zu haben.

Etwas in ihr trat sofort die Flucht an, wenn sie an den morgigen Tag dachte. Es war alles abgesprochen und in die Wege geleitet, es würde funktionieren, man mußte sich nur daran gewöhnen. Kinder wollen zu Kindern, hatte Paul gesagt. Das Kind würde bei Mutter Köck alles das haben, was sie ihm zu Hause gar nicht bieten konnte. Es würde ganz früh lernen, sich in die Gemeinschaft einzufügen.

Sie würde nicht mehr dieselbe sein, wenn sie morgen wieder an ihrem alten Schreibtisch im Übersetzungsbüro saß – oder doch? Sie dachte an die Jahre, die sie zusammen mit ihren Kolleginnen, beinah waren es Freundinnen, dort verbracht hatte. Das Arbeitsklima war gut, wenn auch manchmal hektisch, was von der Anzahl der Aufträge abhing und davon, wie rasch sie erledigt werden mußten. Aber es gab auch ruhigere Wochen, in denen sie Zeit hatten, Kaffee zu kochen und sich über private Dinge zu unterhalten. Wo sie es sogar riskieren konnten, eine von ihnen während der Dienstzeit weggehen und Besorgungen machen zu lassen, damit sie sich dann nach Büroschluß nicht mehr so hetzen mußte, um all das Nötige einzukaufen.

Ein seltener Fall von Verträglichkeit, hatte sie den Chef einmal zu jemandem am Telefon sagen hören, und sie war sicher, daß er sie alle meinte. Gewiß, eine jede von ihnen hatte ihre Eigenheiten, über die die anderen Bemerkungen machten, wenn diejenige nicht da war, aber das fiel nie so stark ins Gewicht, daß daraus Gehässigkeit entstanden wäre, höchstens leiser Spott und die Erkenntnis, daß niemand ohne Fehler sei.

Man saß hinter seinem Schreibtisch und tat, was man konnte, selten mehr. Und wenn einem etwas hinunterfiel, glitt man mit dem fahrbaren Stuhl ein wenig zurück, bückte sich im Sitzen und stöhnte über die eigene Ungeschicklichkeit. Eintönig war die Arbeit nicht, es gab immer wieder neue Formulierungen, manche von großer, wenn auch unfreiwilliger Komik, die sie sich gegenseitig vorlasen, wobei sie sich in irres Gelächter hineinsteigern konnten. Es gab aber auch die sogenannten unlösbaren Probleme beim Übertragen von einer Sprache in die andere, die man aber doch auf irgendeine Weise lösen mußte, und sie setzte ihren ganzen Ehrgeiz darein, solche Lösungen zu finden.

Sie hatte die paar Male, als ihre Mutter auf das Kind aufpaßte und sie mit Paul ausgegangen war, sehr genossen. Sie waren ins Kino gegangen und danach essen, und sie hatte darauf bestanden, Wein zu trinken, und war nur spät zum Heimgehen bereit gewesen.

Das Zuhausehocken bekommt dir nicht, hatte Paul gesagt, du bist nicht wiederzuerkennen, und dann waren sie Arm in Arm und zu Fuß durch die Nacht gegangen, singend und lachend, wie zu der Zeit, als sie einander kennengelernt hatten.

Abends weggehen würde sie deshalb auch nicht öfter können. Ihre Mutter war noch berufstätig und konnte nur selten aushelfen. Auch war die Wohnung zu klein, und ihre Mutter mußte auf der schmalen Couch im Kinderzimmer schlafen, oder Paul mußte dort liegen, wenn ihre Mutter sich im Ehebett schlafen gelegt hatte. Eine unbequeme Lösung in jedem Fall.

Sie hatte es aber auch genossen, an den Nachmittagen, an denen das Kind in seinem Wagen lag und schlief, durch die Straßen zu bummeln, die Auslagen der Boutiquen anzusehen und dabei festzustellen, daß Männer einen auf ganz bestimmte Weise ansahen, wenn man ein hübsches Gesicht hatte und einen Kinderwagen vor sich herschob, auf eine Weise, die über die Blicke hinausging, die sie gut aussehenden Frauen sonst zuwarfen, die aber nicht unangenehm war, eine Mischung aus Wohlgefallen und Erotik.

Und es hatte ihr Spaß gemacht, sich in einem Straßencafé hinzusetzen, Campari Soda zu bestellen und die Leute zu beobachten, während das Kind an einer Waffel lutschte und in seinem Wagen saß, bis ihm langweilig wurde und es nach den Gegenständen auf dem Tisch zu greifen begann, was sie ihm nicht erlauben konnte. Aber es fand sich fast immer jemand, der mit dem Kind »guggu und dadda« machte und seine dicken Backen lobte.

Bis es Zeit war, nach Hause zu fahren, wo sie sich dann, schon in der Vorfreude auf den Abend, dem täglichen Ritual des Badens, Fütterns und Insbettbringens hingab und noch lange mit dem Kind herumschmuste, bevor sie das Licht ausmachte und mit einer gewissen Erleichterung erst einmal eine Zigarette rauchte, um dann für Paul etwas zum Essen zurechtzumachen.

Du hast es doch am Abend und an den Wochenenden, hatte Paul gesagt und vergessen hinzuzufügen: so wie mich. Es war darum gegangen, daß der Gedanke sie erschreckte, das Kind nun nicht mehr ständig um sich zu haben. Sie litt unter der Vorstellung, das Kind könne zu sprechen anfangen, ohne daß sie wußte, welches Wort es als erstes gesagt hatte. Paul war auf seine Weise darauf eingegangen. Ich weiß, was du meinst, hatte er gesagt, aber du wirst durch Mutter Köck einige Probleme los, schaff dir doch jetzt keine neuen. Es ist ganz natürlich, daß du an dem Kind hängst, aber irgendeine Lösung müssen wir finden. Du willst doch nicht wirklich zu Hause bleiben, vom Finanziellen einmal abgesehen.

Nein, hatte sie erwidert, das nicht.

Schon als junges Mädchen, aber auch später, als sie noch nicht schwanger gewesen war, hatte sie manchmal einen Traum gehabt, der in ähnlicher Form immer wiederkehrte. Sie sah sich nackt an einem Strand entlang durchs Wasser gehen, mit einem ebenfalls nackten Säugling im Arm. Die Sonne schien heiß, und ihre Strahlen wurden vom Glitzern der Wellen reflektiert. Dieses Bild machte sie ungeheuer froh, sie empfand gleichzeitig Erregung und Beruhigung. Inzwischen war der Traum nicht wiedergekommen, aber manchmal, wenn sie durch das Schreien des Kindes geweckt wurde und festgestellt hatte, daß ihm weiter nichts fehlte, daß es trocken, satt und fieberfrei war, begriff sie, daß sie wußte, warum das Kind schrie, und daß ihr Wunsch sich mit dem des Kindes deckte.

Erst gar nicht damit anfangen, hatte man ihr noch in der Klinik eingeschärft. Und darum war auch sie es gewesen, die nein gesagt hatte, als Paul einmal das Kind zu ihnen ins Bett bringen wollte. Und als es Zähne bekam und nachts immer von neuem zu weinen begann, hatte sie sein Bettchen ganz nah an ihre Seite des Ehebettes gestellt, damit sie es jederzeit streicheln konnte, aber zu sich genommen hatte sie es nicht.

Sie saß noch immer so da, mit dem Kind im Arm. Paul hatte sich mit einem Freund, der früher einmal in derselben Firma gearbeitet hatte, auf ein Bier getroffen. Er würde jeden Augenblick zurück sein, und sie hatte noch nicht damit begonnen, das Essen, das sie vorbereitet hatte, zu Ende zu kochen. Paul aber haßte es, aufs Essen warten zu müssen.

Sie spürte, wie es naß auf ihren Schoß sickerte, und es wäre nur vernünftig gewesen, das Kind nun behutsam auf den Wickeltisch zu legen und so vorsichtig wie möglich seine Windeln zu wechseln. Es mußte gar nicht aufwachen dabei. Aber sie brachte es nicht fertig. Es war, als wäre etwas in der Schwebe zwischen ihnen beiden, und sie fürchtete, daß es mit dem Glück, das sie zu empfinden glaubte, sofort vorbei sein würde, wenn sie sich bewegte oder gar aufstand, so als würde dann das, was noch in der Schwebe war, gezwungen abzustürzen. Und wohin auch immer es fallen mochte, es würde etwas anderes als dieses augenblickliche Glücklichsein bedeuten.

Dann glaubte sie, von dem Gesicht des schlafenden Kindes den Ausdruck ablesen zu können, den es haben würde, wenn sie es morgen bei Mutter Köck zurückließ, denselben etwas unsicheren, verwunderten und gar nicht unfreundlichen Ausdruck, den es hatte, wenn sie es in der Obhut ihrer Mutter zu Hause gelassen hatte, bei Arztbesuchen oder ähnlichen Anlässen, nur daß Mutter Köck nicht ihre Mutter und deren Wohnung nicht zu Hause war.

Ich kann doch in den nächsten Jahren nicht nur daheim hocken und das Kind hüten. Selbst wenn ein zweites ... aber dann brauchen wir eine größere Wohnung und Paul allein ... Nacheinander fielen ihr Sätze ein, die sie immer wieder gehört, erwogen, aber nie in Frage gestellt hatte. Sätze, gegen deren

Gewalt sie nicht einmal in Gedanken ankonnte. Und sie sah einen Herd, einen Sparherd, wie sie ihn gar nicht mehr hatten, und volle Stoffwindeln vor sich, obwohl sie von Anfang an Papierwindeln benutzt hatte, wenn sie an die üble Laune dachte, die sie manchmal hatte, wenn das Kind tagsüber besonders anstrengend gewesen war und sie dann am Abend weiter nichts tun konnte, als zu Hause rumsitzen, und all ihre aufmunternden und tröstlichen Worte längst schon verbraucht waren, sodaß Paul sich vernachlässigt vorkam und stumm vor dem Fernseher sitzen blieb, bis das Programm zu Ende war.

Wir haben alle mehr voneinander, wenn wir uns zwischendurch mit etwas anderem beschäftigen und dann zueinander heimkommen können. Ein Kind braucht Kinder. Viele Kinder – andere Kinder. Unsere Ansprüche gehen schon jetzt auseinander, so ist es, wir können einander schon jetzt nicht mehr genügen. Ich brauche Menschen um mich und das Kind Kinder. Wir können sie nicht hierherholen, also müssen wir zu ihnen gehen. Mein Gott, früher, da lebten die Menschen und die Kinder dichter beisammen. Vielleicht ändert sich alles wieder, vielleicht wird man es in ein paar Jahren ganz anders sehen, aber heute, heute ... Und während sie das Kind nun doch an sich drückte, gingen ihr die Augen über. Ein paar Tränen liefen von ihren Wangen bis an den Halsansatz hinunter.

Und Paul, der gerade nach Hause gekommen war, fragte sie, was sie denn habe, als er sie so dasitzen sah.

Nichts, sagte sie. Es ist schon vorüber. Und als sie aufstand und das Kind vorsichtig auf den Wickeltisch legte, spürte sie, wie der große nasse Fleck auf ihrem Schoß plötzlich kühl und unangenehm wurde.

Christian Futscher
Kürzestgeschichten

Die armen Frauen

Jeden Morgen, wenn ich, bevor ich zur Arbeit gehe, auf den Balkon trete, um meine Margeriten, Geranien und den Asparagus zu gießen, bietet sich mir unten auf den Straßen das gleiche Bild: Dutzende von leichenblassen, verkaterten Männern sind hustend und spuckend auf der Suche nach ihren Autos. Sie haben sie am Vorabend im Zustand vollkommener Trunkenheit irgendwo in der Nähe geparkt, können sich aber nicht mehr erinnern, wo genau.

Und jeden Morgen wieder das gleiche Bild: Dutzende von leichenblassen, verkaterten Männern, hustend und spuckend auf der Suche nach ihren Autos.

Was für ein Glück, daß ich kein Auto habe und auch sonst ein recht bescheidener Mensch bin.

Ein Nachruf

»Sauf doch nicht soviel«, habe ich immer zu ihm gesagt, aber er wollte nicht auf mich hören.

Jetzt hat er den Dreck!

Ein Traumtag

Ich stand zeitig auf, trank zusammen mit meiner Mutter Kaffee und erzählte ihr die Träume, die ich in der Nacht gehabt hatte. Darüber wurde es Abend.

Kurz nach 22 Uhr hatte ich alle meine Träume erzählt. Mutter gab mir einen Gutenachtkuß und sagte, sie freue sich schon auf die Träume, die ich ihr am nächsten Tag erzählen würde.

Das weise Ei

Ein Ei, welches in kochendes Wasser gelegt wurde, meinte: »Was einen nicht umbringt, macht einen nur härter.«
Hut ab vor diesem Ei!

Der Ball und der Baum
Eine Parabel

Ein Ball hatte die ganze Nacht im Freien verbracht. Er war dort von irgendwelchen Kindern, die mit ihm gespielt hatten, vergessen worden.

Als der Ball am Morgen erwachte, begrüßte ihn ein Baum, der in der Nähe stand, mit den Worten: »Guten Morgen, lieber Ball.«

»Schnauze, Baum!« fuhr ihn der Ball an. »Ich habe die ganze Nacht gefroren wie ein Einser und überhaupt ...«

»Und überhaupt«, unterbrach ihn der Baum verärgert, »würde ich dir gern einen ordentlichen Tritt geben, wenn ich könnte, du aufgeblasener Wicht!«

»Wenn du könntest —«, sagte der Ball.

Ein gelungener Abend

Vom Hirschen zum Löwen, vom Löwen zur Blauen Gans, von der Blauen Gans zum Schwarzen Rössel, vom Schwarzen Rössel zum Bären, vom Bären zum Fidelen Affen, vom Fidelen Affen zum Ochsen, vom Ochsen zu den Bullen in die Ausnüchterungszelle.

Die Bücher

Bücher seien die besten Freunde.
 Kann man von ihnen Geld ausleihen?
 Nein.
 Na also.

Daniel Kehlmann
Auflösung

Nach der Schule versuchte er es mit verschiedenen Berufen, aber nichts wollte ihm so recht passen. Eine Zeitlang machte er die Kleinarbeit in einem Bürokomplex – Papiere sortieren, Briefmarken kleben, stempeln; – aber wem gefällt so etwas schon? Dann nahm er eine Stelle in einer Autowerkstatt an. Zuerst ging es ganz gut, aber dann fand er heraus, daß die tiefe Zuneigung, die seine Kollegen zu den Fahrzeugen hatten, sich in ihm niemals entwickeln würde. So gab er es bald auf und sah sich nach etwas anderem um.

Er war damals ziemlich religiös. Vielleicht war das der Grund, daß er nirgendwo so recht hingehörte. Er ging fast regelmäßig in die Kirche, und einmal las er auch die Bekenntnisse des heiligen Augustinus. Er kam nicht bis zum Ende, aber der seltsame Ton der Sätze, die alle nachhallen, als würden sie im Inneren einer Kathedrale vorgetragen, beeindruckte ihn sehr. Er arbeitete auch in der Pfarre mit, bei der Organisation von Prozessionen, der Vorbereitung von Messen und solchen Dingen, und weil das nicht gerade viele Leute tun, fiel er einigen Herren im Pfarrgemeinderat auf. Einer von ihnen bot ihm eine Stellung an.

Es klang ziemlich interessant: Der Beruf dieses Mannes war es, Kongresse zu organisieren, also jedem, der einen veranstalten wollte, dafür einen Saal und Hotelzimmer in der nötigen Zahl zu verschaffen, Mikrofone und Lautsprecher anzuschließen, Bleistifte und Papier einzukaufen und allerlei Dinge bereitzustellen, an die jemand anderer nie gedacht hätte. Nun wollen die Veranstalter von Kongressen üblicherweise alle Reden, Referate und Diskussionen auf Tonband aufgenommen haben, zur Erinnerung, oder wer weiß warum. Und damit das auch sicher funktioniert, muß jemand mit Kopfhörern am Aufnahmegerät sitzen und aufpassen, daß die Aufzeichnung störungsfrei vor sich geht: fällt ein Mikrofon aus, muß er Alarm schlagen, und spricht jemand zu leise, muß er am Empfindlichkeitsregler nachjustieren.

Das machte er nun. Es war weiß Gott nicht schwer, die einzige Anforderung bestand darin, daß er immer zuhören und die kleinen Lichtpunkte, die den Lautstärke- und den Tonhöhenpegel anzeigten, im Auge behalten mußte. Er durfte also nicht weggehen, lesen oder auf irgendeine andere Art geistesabwesend sein, aber es war ihm noch nie schwergefallen, sich zu konzentrieren, und das Gehalt war auch recht gut. Also saß er täglich in irgendeinem Kongreßsaal, ganz hinten an der Wand vor seinem Tisch mit dem Aufnahmeapparat, und hörte zu. Davor die Hinterköpfe der letzten Reihe, die Haare meist grau und spärlich, Hinterköpfe so abgewetzt wie die Kanten der Sessellehnen darunter. Die Leute, die vorne standen und sprachen, waren meist alt und ihre Stimmen hoch und schwach, so daß er ihnen mit dem Verstärker Kraft leihen mußte.

Natürlich verstand er sehr wenig, meist ging es um medizinische oder komplizierte technische Dinge. Aber immer hörte er zu. Aufmerksam und offen.

Er hatte bald begriffen, daß es besser war, nicht zu versuchen, über das, was er gehört hatte, nachzudenken. Es führte zu nichts und weckte in ihm ein unbehagliches Gefühl, als ob er sich in der Nähe von etwas seltsam Boden- und Formlosem bewegte. Und so bemühte er sich, das, was Tag für Tag vor ihm geredet wurde, an sich vorbeifließen zu lassen und allem gegenüber gleichgültig zu bleiben. Und das gelang auch.

Zu Beginn jedenfalls. Er hörte Vorträge über so ziemlich alles. Und er sah, daß es keine Einigkeit gab. Niemals. Wann immer jemand von einer Entdeckung erzählte, folgte ihm ein anderer und erklärte die Entdeckung für Blödsinn. Und nach ihm kam wieder ein dritter und sagte, es sei falsch, die Entdeckung für Blödsinn zu halten, und dann wieder ein anderer, und so ging es weiter, und so war es immer, auf jedem Kongreß, ganz egal, ob es um Zahnheilkunde ging oder um Werbestrategien. Einmal, es war eine Tagung von Philosophen, hörte er, daß vor langer Zeit jemand behauptet hatte, man könne alles bezweifeln, nur nicht, daß man selbst es sei, der zweifle; hierin also liege eine Gewißheit, und zwar die einzige. Aber dann wurde genau diese Idee angegriffen und mit Begriffen, die er nicht kannte, widerlegt. Also auch das nicht.

Ein Stein kann jahrtausendelang daliegen, von Wasser umspült, und doch ein Stein bleiben. Aber wie lang ist die Zeit? Denn einmal wird er ausgehöhlt sein. Er hörte vom unendlichen Raum, der doch nicht unendlich ist, von dem Geheimreich der Zahlen, von der chemischen Bindung und Lösung. Mit all dem füllten sich vor ihm viele Kilometer Magnetband, die keiner jemals wieder anhören würde. So vergingen die Jahre.

An einem Sonntagvormittag ging er im Park spazieren. Es war Frühling, in den fernen Autolärm mischten sich Vogelstimmen und das Quieken kleiner Kinder im Sandkasten. Die Bäume ließen ihre weißen Blüten aufstrahlen; ein schwacher Wind wehte. Plötzlich blieb er stehen und setzte sich, sehr erstaunt, auf eine Bank. Er saß lange da, und als er aufstand, wußte er, daß er keinen Glauben mehr hatte. Er ging nach Hause, starr und ein etwas schiefes Lächeln auf dem Gesicht. Daheim weinte er dann.

Sonst ereignete sich wenig. Es hatte für ihn immer festgestanden, daß er einmal heiraten sollte. Irgendwann aber bemerkte er, daß es bald zu spät sein würde. Er kam kaum mehr in Gesellschaft, seine Freunde von früher fanden, daß er ein wenig seltsam geworden war, und neue hatte er nicht. Wenn er sich früher seine Zukunft ausgemalt hatte, war da immer eine Frau gewesen und, etwas verschwommen, auch Kinder. Aber sie war nie aufgetaucht. Jetzt mußte er wohl handeln. – Aber wie? Und überhaupt, seine Fähigkeit zu handeln war mit der Zeit fast verschwunden. Dann fand er zu seiner Überraschung, daß der Gedanke, daß es sie vielleicht niemals geben würde, eigentlich nichts Schmerzliches hatte. Und dann, bald darauf, war es auch wirklich zu spät.

Unterdessen zeichnete er weiter Vorträge auf. Eine eigenartige Verwirrung umspülte ihn, nicht einmal unangenehm, er stand darin und spürte, wie er versank. Es war nicht Zweifel, sondern ein allumfassender Unglaube, eine nirgendwo endende, alles durchdringende, von nichts begrenzte Leere. Nichts war richtig, nichts endgültig, nichts besser oder schlechter als alles andere. Täglich hörte er Leute ihre Meinungen verkünden und andere ihnen widersprechen, und er sah, daß sie nie zu einem Ende kamen. Fanden sie doch eine Einigung, trat sicher ein dritter auf, der ihre Einigung verwarf. Bei alldem hatte er, ganz von selbst und eigentlich gegen seinen Willen, allmählich ein großes Wissen gewonnen. Aber davon hielt er nichts.

Und die Welt um ihn, alles Normale und Alltägliche, die Dinge, mit denen er immer zu tun hatte, an die er anstieß, auf denen er saß, die er berührte und roch, wurden unmerklich andere. Seine Wohnung, Bett und Tisch und der Fernseher, die langen Sitzreihen in den Konferenzsälen, der graue Asphalt der Wege, der Himmel darüber und die Bäume und Häuser – alles hatte an Intensität verloren: die Farben waren matter geworden, es war weniger Glanz darin. Ein feiner Nebel, kaum zu erkennen, hatte sich um all das gelegt, der Nebel eines schläfrigen Novembermorgens.

Der Mann, der ihn damals angestellt hatte, war längst gestorben. Die Geschäfte wurden von dessen Sohn weitergeführt, der sich in nichts Wesentlichem von seinem Vater unterschied, und auch sonst gab es keine Veränderung, die von Bedeutung war. Er machte seine Arbeit, und es war inzwischen offensichtlich, daß er sie für immer machen würde. Morgens war er da, schaltete die Geräte ein, setzte die Kopfhörer auf und hörte zu. Abends ging er heim. Wenn ihn jemand ansprach, antwortete er kurz, manchmal auch gar nicht.

Wenn er frei hatte, ging er durch die Stadt und sah die Menschen an. Sie zogen an seinem Blick vorbei: oft schien ihm, daß sie sich bald auflösen würden oder langsam durchsichtig werden und verschwinden. Aber das geschah nicht, oder jedenfalls zu selten. Und so verlor er auch daran das Interesse.

Er begann, zu spät zu kommen. Nicht aus Faulheit, sondern weil der Zusammenhang zwischen der fließenden Zeit und dem

Winkel der Zeigerchen auf seiner Armbanduhr ihm entglitt. Es wurde zunächst toleriert (»... doch schon so lange Mitarbeiter, da kann man doch nicht einfach ...«), aber seine Verspätungen wurden häufiger und länger. Und das Schlimmste daran war, daß er nicht nur nicht bereit war, eine Erklärung dafür zu geben oder sich eine auszudenken, sondern daß er gar nicht zu verstehen schien, daß eine Verfehlung vorlag. Das Problem löste sich von selbst: Eines Tages kam er gar nicht mehr. Seine Kündigung, fristgerecht und mit einem sehr höflichen Schreiben des Chefs, kam mit der Post.

Er las sie nie. Er öffnete keine Briefe mehr. Er saß am Fenster und sah hinaus auf den Himmel. Dort zogen Vögel vorbei, deren Farbe sich mit der Jahreszeit änderte. Der Himmel selbst war gewöhnlich grau. Wolken malten Muster auf ihn, morgens rotgezackt und flammend, abends trüb. Im Winter Schnee: Unzählbar die Flocken, lautlos und langsam, ungeheuer weiß. Manchmal, selten, auch hell und blau. Keine Wolken, viel Licht, und die Vögel schienen freundlicher. An diesen Tagen war alles gut.

Dann erfüllte ihn eine eigenartige Heiterkeit. Er spürte: Wären Menschen um ihn, gäbe es einiges, was er ihnen sagen könnte. Aber das ging vorbei. Dann stand er auf und ging einkaufen.

Ja, einkaufen ging er noch. Etwas in ihm zog es noch regelmäßig in das Lebensmittelgeschäft unten an der Ecke. Dort kaufte er wenig und immer das gleiche. All sein Geld hatte er schon vor Monaten von der Bank geholt, jetzt lag es in seiner Wohnung, ein schmaler Stapel von Banknoten, der stetig kleiner wurde.

Und irgendwann war nichts mehr da. Er zuckte die Achseln und kaufte ohne Geld ein. Eine Zeitlang – ziemlich lange – gab die Besitzerin des Ladens ihm Kredit. Dann nicht mehr.

Eine Frau vom Sozialamt besuchte ihn, geschickt von der Ladenbesitzerin, die sich Sorgen gemacht hatte. Er ließ sie herein, aber er sprach nicht mit ihr. Von da an kam täglich jemand und brachte Essen. Einmal war ein Psychiater dabei; auch dem gab er keine Antwort. Ein Gutachten wurde erstellt, und zwei höfliche Männer holten ihn ab.

Die Anstalt war kalt, weiß und roch nach chemischer Sauberkeit. Manchmal schrie jemand. Das Mondlicht fiel nachts durch das Fenstergitter in dünnen Streifen auf seine Bettdecke. Er war mit drei anderen im Zimmer. Sie waren meist ruhig und rührten sich nicht, aus ihren Augen blickten verkrümmte Seelen. Hin und wieder versuchten zwei von ihnen, sich zu unterhalten, aber sie brachten es nicht fertig; es war, als ob sie in verschiedenen Sprachen redeten; bald gaben sie es auf. Mittags brachte ein Pfleger Tabletten. Draußen stand ein Baum und glänzte in der Sonne, oft regnete es, und Flugzeuge malten Streifen in den Himmel, aber von alldem wußte er nichts. Er ging nicht mehr zum Fenster, sondern sah hinauf zur Decke. Eine weiße Fläche, durchschnitten von einem länglichen Riß. Abends, ehe das Licht eingeschaltet wurde, war sie grau. Morgens gelblich.
Einmal besuchte ihn sein ehemaliger Chef. Aber er reagierte nicht, es war nicht auszumachen, ob er ihn erkannte, ob er ihn überhaupt wahrnahm.

Sein Posten wurde nicht nachbesetzt; es gab inzwischen ein Gerät, das das genausogut machte. Er blieb noch einige Jahre in der Anstalt, dann, plötzlich, hörte er auf zu leben. Sein Körper sah friedlich aus, sein Gesicht unberührt, als wäre es nie in der Welt gewesen. Und sein Bett bekam ein anderer.

GESCHICHTSBILDER:
ZURICHTUNG
UND AUFLEHNUNG

Karl Kraus
Die letzten Tage der Menschheit
(Ausschnitt)

II. Akt, 28. Szene

Hauptquartier. Kinotheater. In der ersten Reihe sitzt der Armeeoberkommandant Erzherzog Friedrich. Ihm zur Seite sein Gast, der König Ferdinand von Bulgarien. Es wird ein Sascha-Film vorgeführt, der in sämtlichen Bildern Mörserwirkungen darstellt. Man sieht Rauch aufsteigen und Soldaten fallen. Der Vorgang wiederholt sich während anderthalb Stunden vierzehnmal. Das militärische Publikum sieht mit fachmännischer Aufmerksamkeit zu. Man hört keinen Laut. Nur bei jedem Bild, in dem Augenblick, in dem der Mörser seine Wirkung übt, hört man aus der vordersten Reihe das Wort:
Bumsti!
(Verwandlung.)

29. Szene

Der Optimist und der Nörgler im Gespräch.

DER OPTIMIST: Ja, was wäre denn dann nach Ihrer Ansicht der Heldentod?

DER NÖRGLER: Ein unglücklicher Zufall.

DER OPTIMIST: Wenn das Vaterland so dächte wie Sie, würde es gut aussehn!

DER NÖRGLER: Das Vaterland denkt so.

DER OPTIMIST: Wie, es nennt den Heldentod ein Unglück, einen Zufall?

DER NÖRGLER: Annähernd, es nennt ihn einen schweren Schicksalsschlag.

DER OPTIMIST: Wer? Wo? Es gibt keinen militärischen Nachruf, wo nicht davon die Rede wäre, es sei einem Soldaten vergönnt gewesen, den Tod für das Vaterland zu sterben, und es erscheint keine Parte, in der nicht der bescheidenste Privatmann, der wohl sonst von einem schweren Schicksalsschlag gesprochen hätte, in schlichten Worten, gewissermaßen stolz bekanntgäbe, sein Sohn sei den Heldentod gestorben. Sehen Sie, zum Beispiel hier, in der heutigen Neuen Freien Presse.

DER NÖRGLER: Ich sehe. Aber blättern Sie im Text zurück. So. Hier dankt der Generalstabschef Conrad von Hötzendorf dem Bürgermeister für dessen Kondolenz »anläßlich des grausamen Schicksalsschlages«, der ihn getroffen hat, da sein Sohn gefallen ist. Er hat auch in der Todesanzeige so gesprochen. Sie haben ganz recht, jeder Ratenhändler, dessen Sohn gefallen ist, nimmt die staatlich vorgeschriebene Haltung des Heldenvaters an. Der Chef des Generalstabs entsagt der Maske und kehrt zum alten bescheidenen Gefühl zurück, das hier wie vor keinem andern Tod berechtigt ist und in der konventionellen Formel noch lebt. Eine bayrische Prinzessin hat einem Verwandten zum Heldentod seines Sohnes gratuliert. Auf solcher gesellschaftlichen Höhe besteht eine gewisse Verpflichtung zum Megärentum. Der Chef unseres Generalstabes läßt sich nicht nur kondolieren, sondern beklagt sich auch immer wieder über das grausame Schicksal. Der Mann, der eben diesem Schicksal doch etwas näher steht als das ganze Ensemble, als die Soldaten, die es treffen kann, und als die Väter der Soldaten, die es beklagen können – wenn schon nicht dessen Autor, so doch dessen Regisseur oder sagen wir verantwortlicher Spielleiter, und wenn das nicht, so wenigstens dessen Inspizient – eben der spricht vom grausamen Schicksalsschlag. Und er sagt die Wahrheit, und alle andern müssen lügen. Er hat mit seinem privaten Schmerz aus der heroischen Verpflichtung glücklich heimgefunden. Die andern bleiben darin gefangen. Sie müssen lügen.

DER OPTIMIST: Nein, sie lügen nicht. Das Volk steht dem Heldentod durchaus pathetisch gegenüber und die Aussicht, auf dem Felde der Ehre zu sterben, hat für die Söhne des Volkes vielfach etwas Berauschendes.

DER NÖRGLER: Leider auch für die Mütter, die auf ihre Macht verzichtet haben, das Zeitalter aus dieser Schmach zu retten.
DER OPTIMIST: Für Ihr zersetzendes Denken waren sie eben noch nicht reif. Und das Vaterland als solches erst recht nicht. Daß die Oberen so denken müssen, versteht sich von selbst. Der Fall, den Sie berührt haben, ist ein Zufall. Baron Conrad hat einfach etwas Konventionelles hingeschrieben. Er hat es sich entgleiten lassen –
DER NÖRGLER: Ja, ein Gefühl.
DER OPTIMIST: Jedenfalls beweist der Fall nichts. Etwas anderes, das ich Ihnen zeigen will, beweist mehr und alles für meine Auffassung. Da werden selbst Sie einen Beweis haben –
DER NÖRGLER: Wofür?
DER OPTIMIST: Für die geradezu zauberhafte Einigkeit, für dieses Zusammenstehn in gemeinsamem Leid, wo alle Stände wetteifern –
DER NÖRGLER: Zur Sache!
DER OPTIMIST: Hier – warten Sie, das muß ich Ihnen vorlesen, damit ich auch sicher bin, daß Ihnen kein Wort entgeht: »Eine Kundgebung des Kriegsministeriums. Das Telegraphen-Korrespondenzbüro teilt mit: Das k. u. k. Kriegsministerium bewilligt, daß der gesamten Arbeiterschaft, welche in jenen Betrieben beschäftigt ist, die sich mit der Munitionserzeugung und Elaborierung sowie mit der Erzeugung von Trainmaterial befassen, der 18. August d. J. als besonderer Feiertag freigegeben werde. Bei dieser Gelegenheit sieht sich das Kriegsministerium veranlaßt, die besondere Pflichttreue und den unermüdlichen Fleiß aller jener Arbeitskräfte hervorzuheben, die unseren unvergleichlich tapferen Truppen durch ihrer Hände Fleiß mitverholfen haben, die hehren Siegeslorbeeren in todesverachtender Tapferkeit zu erwerben.« Nun?

(Der Nörgler schweigt.)

Es scheint Ihnen die Rede verschlagen zu haben? Die sozialdemokratische Presse druckt es unter dem stolzen Titel: »Die

Leistung der Arbeiter wird anerkannt.« Und wie viele dieser Arbeitskräfte mögen unglücklich darüber sein, daß sie zur Belohnung bloß einen Tag, wenn's auch Kaisers Geburtstag ist, frei bekommen –

DER NÖRGLER: Gewiß.

DER OPTIMIST: – anstatt daß man ihnen die Genugtuung widerfahren ließe, sie endlich aus der Fabrik herauszunehmen –

DER NÖRGLER: Allerdings.

DER OPTIMIST: – und ihnen Gelegenheit gibt, die Munition, die sie dort nur zu erzeugen haben, endlich auch an der Front erproben zu dürfen! Die Wackern sind gewiß untröstlich darüber, daß sie nur mit ihrer Hände Fleiß zu ihren Volks- und Klassengenossen stehen sollen und sich ihnen nicht auch ihrerseits in todesverachtender Tapferkeit anschließen dürfen! Die Gelegenheit, an die Front zu kommen, die höchste Auszeichnung, die einem Sterblichen –

DER NÖRGLER: Die Sterblichkeit scheint im Qualitätsnachweis hauptsächlich erfordert zu werden. Sie meinen also, daß die Zuweisung an die Front als höchster Lohn empfunden wird, nämlich von dem Empfänger?

DER OPTIMIST: Jawohl, das meine ich.

DER NÖRGLER: Das kann schon sein. Meinen Sie aber auch, daß sie als höchster Lohn vergeben wird?

DER OPTIMIST: Das doch sicher! Es scheint Ihnen die Rede verschlagen zu haben.

DER NÖRGLER: In der Tat, und darum bin ich statt eigener Worte nur in der Lage, mich mit dem Text einer Kundgebung zu revanchieren. Ich werde sie Ihnen vorlesen, damit ich auch sicher bin, daß Ihnen kein Wort entgeht.

DER OPTIMIST: Aus einer Zeitung?

DER NÖRGLER: Nein, sie dürfte kaum veröffentlicht werden können. Sie würde wie ein weißer Fleck aussehen. Sie ist aber in jenen industriellen Betrieben affichiert, die sich durch die Wohltat, unter staatlichen Schutz gestellt zu sein, jede Unzufriedenheit in der Arbeiterschaft vom Hals zu schaffen gewußt haben.

DER OPTIMIST: Sie haben doch gehört, daß die Arbeiterschaft mit Begeisterung bei der Sache ist und höchstens unzufrieden, weil sie nicht anders mitwirken kann. Wenn sogar das Kriegsministerium selbst die Hingabe anerkennt –

DER NÖRGLER: Sie scheinen die Rede, die es mir verschlagen hat, ersetzen zu wollen. So lassen Sie doch das Kriegsministerium zu Worte kommen! »14. VI. 15. Dem Kriegsministerium wurde zur Kenntnis gebracht, daß das Verhalten der Arbeiter bei zahlreichen industriellen Betrieben, welche auf Grund des Kriegsleistungsgesetzes in Anspruch genommen sind, in disziplinärer und moralischer Hinsicht außerordentlich ungünstig ist. Unbotmäßigkeiten, Frechheiten, Auflehnung gegen die Arbeitsleiter und Meister, passive Resistenz, mutwillige Beschädigung von Maschinen, eigenmächtiges Verlassen der Arbeitsstätten etc. sind Delikte, gegen welche sich auch die Anwendung des Strafverfahrens in vielen Fällen als wirkungslos erweist –«

DER OPTIMIST: Offenbar sind die Leute schon ungeduldig, an die Front zu kommen. Diese Auszeichnung wird ihnen vorenthalten –

DER NÖRGLER: Nein, sie wird ihnen angeboten: »Das Kriegsministerium sieht sich daher zu der Verfügung veranlaßt, daß in solchen Fällen unbedingt die gerichtliche Ahndung in Anwendung zu bringen ist. Die diesfalls vorgesehenen Strafen sind empfindlich und können durch entsprechende Verschärfungen noch empfindlicher gestaltet werden, auch bezieht der Verurteilte während der Haft keinen Lohn, so daß die gerichtliche Verurteilung gerade in solchen Fällen ein höchst wirksames Abschreckungs- und Besserungsmittel sein dürfte –«

DER OPTIMIST: Nun ja, das sind harte Strafen, und solche Elemente haben auch die Aussicht verwirkt, je noch an die Front geschickt zu werden.

DER NÖRGLER: Nicht so ganz. »Jene kriegsdienstpflichtigen Arbeiter, welche bei gerichtlich zu ahndenden Ausschreitungen als *Rädelsführer* ausgeforscht werden, sind nach der ge-

richtlichen Austragung der Angelegenheit und nach erfolgter Abbüßung der Strafe nicht mehr in den Betrieb einzuteilen, sondern seitens der militärischen Leiter der betreffenden Unternehmungen dem nächsten Erg.Bez. Kom. *behufs Einrückung* zu den zuständigen Truppenkörpern zu übergeben. Dort sind diese Leute sofort der Ausbildung zu unterziehen und beim nächsten *Marsch-Baon* einzuteilen. Ist der betreff. *einrückend gemachte* Arbeiter nur zum Bewachungsdienst geeignet klassifiziert, so ist Vorsorge zu treffen, daß derselbe nach erfolgter Ausbildung zu einem Wachkörper eingeteilt wird, der im Armeebereich oder nahe demselben gelegen ist. Für den Minister: Schleyer m. p. F.Z.M.«
(Der Optimist ist sprachlos.)
DER NÖRGLER: Es scheint Ihnen die Rede verschlagen zu haben? Sie sehen, daß Leute, die sich nach der Wohltat sehnen, an die Front zu kommen, dafür strafweise an die Front geschickt werden.
DER OPTIMIST: Ja – sogar zur Strafverschärfung!
DER NÖRGLER: Jawohl, das Vaterland faßt die Gelegenheit, für das Vaterland zu sterben, als Strafe auf und als die schwerste dazu. Der Staatsbürger empfindet es als die höchste Ehre. Er will den Heldentod sterben. Statt dessen wird er ausgebildet und dem nächsten Marsch-Baon zugeteilt. Er will einrücken, statt dessen wird er einrückend gemacht.
DER OPTIMIST: Ich kann es nicht fassen – eine Strafe!
DER NÖRGLER: Es gibt Abstufungen. Erstens Disziplinarstrafe, zweitens gerichtliche Abstrafung, drittens Verschärfung der Arreststrafe und viertens, als die schwerste Verschärfung des Arrests: die Front. Die Unverbesserlichen schickt man aufs Feld der Ehre. Die Rädelsführer! Bei mehrfacher Vorbestraftheit wird der Heldentod verhängt. Der Heldentod ist für den Chef des Generalstabes, nämlich wenn ihn sein Sohn erleidet, ein schwerer Schicksalsschlag und der Kriegsminister nennt ihn eine Strafe. Beide haben recht – Dies und das – die ersten wahren Worte, die in diesem Krieg gesprochen wurden.
DER OPTIMIST: Ja, Sie machen es einem schwer, Optimist zu sein.

DER NÖRGLER: Nicht doch. Ich gebe ja zu, daß auch wahre Worte im Krieg gesprochen werden. Besonders was die Hauptsache betrifft. Das allerwahrste hatte ich beinahe vergessen.

DER OPTIMIST: Und das wäre?

DER NÖRGLER: Eines, das beinahe mit dem Einrückendgemachtsein versöhnen könnte, die Revanche für die Schändung der Menschheit zum Menschenmaterial: die Aktivierung auf *Mob-Dauer!* Nach Flak und Kag und Rag und all den sonstigen Greueln hat man einmal an diesen Sprach- und Lebensabkürzern seine Freude. Gewiß, wir sind auf Mob-Dauer aktiviert!

DER OPTIMIST: Ihr Verfahren entfärbt alle Fahnen des Vaterlands. Alles Lüge, alles Prostitution? Wo ist Wahrheit?

DER NÖRGLER: Bei den Prostituierten!
Weh dem, der sich vermißt, das Angedenken
gefallener Frauen nun gering zu achten!
Sie standen gegen einen größern Feind,
Weib gegen Mann. Nicht Zufall der Maschine,
der grad entkommt, wer ihr nicht grad verfällt,
hat sie geworfen, sondern Aug in Aug,
aus eigenem Geheiß, eins gegen alle,
im Sturm der unerbittlichen Moral
sind sie gefallen. Ehre jenen sei,
die an der Ehre starben, heldische Opfer,
geweiht dem größern Mutterland Natur!

(Verwandlung.)

Leo Perutz
Das Gespräch der Hunde

An einem Wintertage des Jahres 1609, einem Sabbat, wurde der Jude Berl Landfahrer aus der Stube, die er in einem Hause des Ufergäßleins in der Prager Judenstadt innehatte, herausgeholt und in das Altstädter Gefängnis abgeführt, das die Prager Juden in Erinnerung an die Zwingburgen Ägyptens »Pithon« oder auch »Ramses« nannten. Er sollte am nächsten Morgen auf dem Schindanger zwischen zwei Straßenhunden gehängt und auf diese Art vom Leben zum Tode befördert werden.

Dieser Berl Landfahrer war sein ganzes Leben lang vom Unglück verfolgt. Von Jugend auf war ihm alles mißraten. Er hatte es mit vielen Berufen versucht und war dabei mit aller Mühe und Plage so arm geblieben, daß er am Sabbat und an Wochentagen den gleichen Rock trug, und andere haben doch für jeden Halbfeiertag einen anderen Rock. Zuletzt hatte er in den Dörfern der Umgebung die Häute des geschlagenen Viehs, die ihm die christlichen Fleischhauer übrigließen, gekauft, aber das geschah zu einer Zeit, in der sich die Bauern in den Kopf gesetzt hatten, zwölf Kreuzer für eine Haut zu verlangen, die nicht achte wert war. Wenn der Berl Landfahrer – sagten seine Nachbarn in der Ufergasse – beginnt, mit Kerzen zu handeln, so geht die Sonne gewiß nicht mehr unter. Wenn es Dukaten regnet – sagten sie –, sitzt er in der Stube, aber wenn Steine vom Himmel fallen, da ist er auf der Gass'. Es gibt keinen Knüppel, über den er nicht stolpert, und wenn er Brot hat, so fehlt ihm das Messer, und hat er beides, so findet er kein Salz.

Daß er am heiligen Sabbat, aus der Festesfreude heraus, verhaftet und hinweggeführt worden war, das gehörte auch zu seinem Unglück. Dabei konnte man nicht sagen, daß er in dieser Sache völlig unschuldig war, denn das wahre Mißgeschick kommt ja nicht von Gott. Er hatte von einem Soldaten einen mit Zobelpelz verbrämten Mantel und ein Samtgewand mit hängenden Ärmeln zu einem, wie er selbst zugab, ungewöhnlich billigen Preis gekauft. Er wußte nicht, daß der Herr Oberst Strassoldo, Kommandant der in der Altstadt liegenden kaiserlichen Truppen, der vom Kaiser der unruhigen Zeiten wegen große Vollmachten erhalten hatte, zwei Tage zuvor mit Androhung des Galgens ein Verbot erlassen hatte, irgend etwas von Soldaten zu kaufen, wenn diese nicht eine Bescheinigung ihres Hauptmannes vorweisen konnten, daß ihnen der Verkauf erlaubt sei. Es waren nämlich in der Altstadt von unbekannten Soldaten Einbrüche verübt und aus adeligen Häusern kostbare Stoffe, Vorhänge und Kleider entwendet worden. Das Verbot war dem Brauche gemäß in allen Gotteshäusern der Judenstadt, in der Alt- und in der Neuschul', in der Pinchas-, der Klaus-, der Zigeuner-, der Meisl-, der hohen- und der Altneuschul', ausgerufen worden, aber just an diesem Tage war Berl Landfahrer daheim in seiner Stube so tief in die geheimen Lehren des Buches »Raja Mehemna« oder »Der getreue Hirte« versenkt gewesen, daß er darüber den »Schulgang« versäumt hatte. Wohl hatte er den Zobelmantel und den Samtrock dem Vorsteher der Judengemeinde übergeben, sobald er erfahren hatte, daß ihm Diebsgut in die Hände geraten war. Aber es war zu spät. Der Kommandant der Altstädter Truppen war ergrimmt darüber, daß sein Verbot mißachtet worden war, und wollte nicht mit sich reden lassen. Und so sollte der Berl Landfahrer am nächsten Morgen als warnendes Exempel zwischen zwei Hunden am Galgen hängen.

Die Judenältesten und die Judenräte taten alles, was sie vermochten, um dieses Los von ihm abzuwenden, sie liefen hierhin und dorthin, sie baten, sie versprachen, – es war alles vergeblich. Es schien, als hätten sich die Mächte des Schicksals gegen den Berl Landfahrer verschworen. Eine Audienz beim Kaiser in der Burg war auch durch die Gunst seines Ofenheizers nicht zu erlangen, – der Kaiser lag mit Fieber zu Bett und im Kapuzinerkloster auf dem Hradschin beteten neun Mönche Tag und Nacht für seine Genesung. Die Ehefrau der Herrn Czernin von

Chudenitz war mit dem Strassoldo verschwägert, aber sie befand sich auf ihrem Gut Neudeck, drei Tagesreisen weit von Prag. Der Prior des Kreuzherrenklosters, der den Juden wohlgesinnt war und sich schon oft für sie verwendet hatte, war auf dem Weg nach Rom. Und der hohe Rabbi, das Haupt und die Leuchte der Verbannung, auf dessen Wort auch die Christen gehört hatten, war schon lange in der anderen Welt.

Die beiden Straßenhunde hatten nichts verbrochen. Nur um die Schmach des Juden zu vergrößern, sollten sie mit ihm zugleich den Tod erleiden. Sie hatten niemanden, der für sie sprach.

Der eine von ihnen war schon in der Gefängniszelle, als der Schließer den Berl Landfahrer hineinführte. Es war ein großer, bis auf die Knochen abgemagerter, armseliger Bauernköter mit struppigem rotbraunem Fell und großen, schönen Augen. Er mochte seinen Herrn verloren haben oder ihm entlaufen sein, denn schon seit einigen Tagen hatte er sich hungernd in den Gassen der Altstadt umhergetrieben. Jetzt nagte er an einem Knochen, den ihm der Schließer hingeworfen hatte. Er hob, als der Schließer mit dem Berl Landfahrer in die Zelle trat, den Kopf und knurrte sie an.

Der Berl Landfahrer besah sich seinen Schicksalsgenossen mit Besorgnis. Den großen Hunden traute er nicht, sie waren auf den Bauernhöfen seine schlimmsten Feinde gewesen, hatten ihm die Häute, die er hinwegführte, immer mißgönnt.

»Beißt er?« fragte er.

»Nein«, sagte der Schließer. »Tu du ihm nichts, so wird er dir nichts tun. Vertrag' dich mit ihm, denn ihr müßt morgen miteinander in das Tal Hinnom fahren.«

Und er ließ den Berl mit dem Hund allein und schloß die Türe hinter sich zu.

Das Tal Hinnom, – so heißt die Hölle in der Redeweise der Juden. Der Schließer kannte die Sprache der Juden, er hatte ihrer genug bei sich beherbergt.

»Ins Tal Hinnom!« murmelte der Berl Landfahrer mit einem Erschauern. »Was weiß denn der, wohin ich gehe! Kennt er mich denn? Aus Bosheit hat er es gesagt, er hat solch einen

Blick, wenn er ins Wasser schaut, sterben die Fische. Ins Tal Hinnom! Ewiger und gerechter Gott, – nicht daß ich Dir es vorhalte, aber Du weißt es, Du hast es gesehen, wie ich mein Leben mit Lernen, Beten und Fasten verbracht und wie ich mein Stücklein Brot in Ehren gesucht habe.«

Er seufzte und blickte durch das vergitterte Fenster zum Himmel hinauf.

»Drei Sterne seh' ich«, sagte er, »der Sabbat ist zu Ende. Zuhaus' bei mir, in der Stube nebenan, da sitzen sie jetzt, der Simon Brandeis, der Bierzapfer, und sein Weib, die Gittel. Er hat die Hawdala gesprochen, das Gebet der Unterscheidungen, und jetzt singt er den Segen für die kommende Woche, er wünscht sich und seinem Weib ›viel Freuden und Gesund, soviel begehrt dein Mund zu jeder Zeit und Stund‹, und die Gittel fällt wie an jedem Sabbatausgang mit ihrem Sprüchlein ein: ›Amen! Amen! Es soll werden wahr, der Meschiach soll kommen in diesem Jahr.‹ Und jetzt sprechen sie vielleicht, während das Feuer im Herd gemacht und die Abendsuppe auf den Tisch gestellt wird, von mir, und sie nennen mich den armen Berl Landfahrer oder, mag sein, den guten Berl Landfahrer, denn ich hab' der Gittel erst gestern wieder Öl für die Sabbatlampen gegeben und Wein auf Kiddusch, sie hatte nicht Geld, das Notwendige einzukaufen. Heute bin ich in der Menschen Mund der arme oder der gute Berl Landfahrer und morgen bin ich der Berl Landfahrer seligen Angedenkens oder der Berl Landfahrer, Friede sei mit ihm. Heute bin ich der Berl Landfahrer, der in der Ufergasse im Haus ›zum Hahn‹ wohnt, und morgen heiß' ich der Berl Landfahrer, der in der Wahrheit ist. Gestern wußt' ich nicht, wie gut es mir in der Welt erging: Ich hab' gegessen, was mich gelüstete, hab' in der Schrift gelesen und mich des Abends in mein Bett gelegt. Heut' ist die Hand des Feindes über mir. Wem soll ich's klagen? Den Steinen in der Erde muß ich es klagen. Was hilft's? Ich muß ertragen, was Er über mich beschlossen hat. Gelobt seist Du, ewiger und gerechter Richter! Ein Gott der Treue bist Du, Dein Tun ist ohne Fehle.«

Und da es dunkel geworden war, wendete er sein Gesicht gegen Osten und sprach das Abendgebet. Dann kauerte er sich in einen Winkel der Zelle auf der Erde nieder, so daß er den Hund, der wiederum knurrte, im Auge behalten konnte.

»Kalt ist es, als ob Himmel und Erde zusammenfrieren wollten«, sagte er. »Der Hund will auch nicht Frieden halten, knurrt und bleckt die Zähne. Wenn er erst wüßt', was ihm bevorsteht! Aber solch ein Tier, – was verliert es, was kann man ihm nehmen? Nur das sinnliche Leben. Der Mensch verliert den Ruach, sein geistiges Wesen, und wir Juden, wir verlieren mit dem Leben mehr als alle anderen Menschen, denn was wissen denn die anderen von der süßen Freude, die wir gewinnen, wenn wir uns in die Bücher der Frommen versenken, in das ›Buch der Ährenlese‹, in das ›Buch der vier Reihen‹, in das ›Buch des Lichtes‹.«

Er schloß die Augen und flüchtete mit seinen Gedanken in die Höhen und Tiefen der geheimen Lehre, von der es heißt, daß sie über zehn Stufen zu den Engeln Gottes hinaufführt. Er tat dies, weil geschrieben steht: ›Beschäftige dich mit den Geheimnissen der Weisheit und der Erkenntnis, so wirst du die Angst vor dem Morgen in dir überwinden.‹ Und die Angst vor dem Morgen war groß in ihm und fast nicht zu ertragen.

Er durchmaß in seinem Geiste die Welt der göttlichen Gewalten, die von den Eingeweihten »Apirjon«, das ist »die Hochzeitssänfte« genannt wird, dort sind die »ewig Leuchtenden« zu Hause, die auch »die Bringer der Einsicht« heißen, sie sind in dieser Welt die Stützen und die Säulen. Er sann über die bewegenden Kräfte nach, die der vierbuchstabige Gottesname in sich birgt, und über den Geheimnisvollen, der sie beherrscht, der »der Verborgenste unter den Verborgenen« genannt wird, »der, der gänzlich unerkannt ist«. Er ließ die Buchstaben des Alphabets mit ihrer nur dem Wissenden verständlichen Bedeutung an sich vorüberziehen; wie er aber zur Betrachtung des Caf gelangte, das, wenn es am Ende eines Wortes steht, das Lächeln Gottes ist, da wurde die Türe aufgeschlossen und geöffnet, und der Schließer stieß den zweiten Hund zu ihm hinein.

Dieser Hund war ein weißer Pudel mit zottigem Haar und je einem schwarzen Fleck unter dem rechten Auge und über dem linken Ohr. Der Berl Landfahrer kannte ihn, die ganze Prager Judenstadt kannte ihn, denn dieser Pudel war viele Jahre lang im Hause des reichen Mordechai Meisl gehalten worden, der dann als armer Mann gestorben war. Und seit dem Tod des Mordechai Meisl strich der Hund in den Gassen der Alt- und Judenstadt umher, suchte sich seine Nahrung bald hier, bald dort und war mit jedermann gut Freund, doch er wollte keinen neuen Herrn haben.

»Meisls seligen Angedenkens Pudelhund«, murmelte der Berl Landfahrer betroffen. »Dem wollen sie also auch ans Leben! Wer das dem Meisl selig gesagt hätt', daß sein Pudelhund einmal am Galgen hängen müßt'!«

Er sah den beiden Hunden zu, wie sie einander nach Hundeart begrüßten, indem sie kläffend übereinander herfielen und sich balgten. Bald aber wurde ihm ihr Lärmen verdrießlich, denn die Hunde wollten nicht aufhören, einer hinter dem anderen in der Zelle hin und her zu jagen und dabei zu knurren und zu kläffen. Und nun begannen auch die Hunde des ganzen Viertels sich in den Lärm zu mengen, sie bellten und heulten bald aus der Nähe und bald aus der Ferne.

»Stille!« rief der Berl Landfahrer erzürnt den beiden Hunden zu. »Müßt ihr denn immer knurren und kläffen, könnt ihr nicht Ruhe halten? Es ist spät, die Leut' wollen schlafen.«

Aber das war wie in den Wind gesprochen, die Hunde hörten nicht auf ihn und fuhren fort, zu lärmen und zu toben. Der Berl Landfahrer wartete eine gute Weile, er dachte, die beiden Hunde würden vielleicht doch ihres Spiels müde werden und sich zum Schlafen niederlegen. Er selbst dachte nicht an Schlaf, er wußte, er würde ihn nicht finden. Er wollte in dieser Nacht bis zu ihrer letzten Stunde in tiefer Versenkung mit den heiligen Gegenständen verbunden sein, aber die Hunde ließen es nicht zu.

Nun verleiht die geheime Lehre, die Kabbala, denen, die in ihre tiefsten Tiefen eingedrungen sind, die ihre Abgründe durchmessen und ihre Höhen erklommen haben, große Kräfte von besonderer Art. Er durfte diese Kräfte nicht verwenden, um sein Leben zu retten, denn damit hätte er dem göttlichen Ratschluß entgegen getrachtet. Aber er konnte sich durch sie zum Meister über diese Kreaturen machen, die ihm nicht gehorchen wollten.

Von dem hohen Rabbi sagte man, er habe mit den Melochim – den Engeln – gesprochen, als wären sie seine Diener gewesen. Er aber, der Berl Landfahrer, hatte sich der enthüllten Geheimnisse und ihrer magischen Kräfte in seinem Leben nie bedient, denn er war von furchtsamer Natur und er wußte: Die Feuerflamme der geheimen Lehre zündet und verzehrt, was nicht Feuer ist wie sie. Jetzt aber, in dieser Stunde, entschloß er sich zitternd und in großer Bangigkeit, es zu versuchen und sich mit Hilfe der geheimen Formel und der magischen Anrufung zum Herrn über die lästigen Hunde zu machen, die ihm in seiner letzten Nacht den Frieden der Seele und die Gottesnähe nicht vergönnen wollten.

Er wartete, bis der Mond hinter den Wolken hervortrat, und dann schrieb er mit dem Finger in den Staub, der die Wände der Zelle bedeckte, den Buchstaben Waw. Mit diesem Zeichen muß jede Beschwörung beginnen, denn im Waw vereinigt sich der Himmel mit dem Weltengrund.

Unter das Waw schrieb er das Zeichen des Stiers, denn in diesem Zeichen sind alle Kreaturen inbegriffen, die auf der Erde unter den Menschen leben. Daneben schrieb er das Zeichen des göttlichen Thronwagens in den Staub und darunter in der vorgeschriebenen Reihenfolge sieben von den zehn Gottesnamen und als ersten Ehieh, das ist »das Immer«, denn die Kräfte dieses Namens sind es, von denen der Stier gelenkt und geleitet wird. Und unter das Ehieh setzte er den Buchstaben des Alphabets, der die Kraft und die Gewalt in sich birgt.

Nun wartete er, bis der Mond wieder hinter den Wolken verschwunden war. Dann rief er die zehn Engel mit ihren Namen, die Werkleute Gottes, die zwischen Gott und der Welt stehen. Sie sind genannt: »Die Krone«, »das Wesen«, »die Gnade«, »die Gestalt«, »das hohe Gericht«, »das strenge Beharren«,

»die Pracht«, »die Majestät«, »der Urgrund« und »das Reich«. Er beschwor flüsternd die drei himmlischen Urmächte. Und zuletzt rief er mit lauter Stimme die Engelscharen der unteren Bereiche: Die »Lichter«, die »Räuber« und die »Tiere der Heiligkeit«.

»Ich weiß nicht, warum er schreit. Nicht immer kann man sie verstehen. Vielleicht hat er Hunger«, sagte in diesem Augenblick der Pudel zu dem Bauernköter.

Der Berl Landfahrer ist sich nie darüber klar geworden, welcher Fehler sich in seine magische Formel eingeschlichen hatte. Er hatte unter den ersten der sieben Gottesnamen den Buchstaben Theth gesetzt, aber sein Gedächtnis hatte ihn dabei getäuscht. Denn der Buchstabe Theth begreift nicht die Kraft und die Gewalt in sich, sondern das Eindringen und das Erkennen. Und diese Veränderung der Beschwörungsformel hatte bewirkt, daß er nicht die Gewalt über die Kreaturen gewann, sondern nur ihrer Sprache kundig wurde.

Er dachte darüber nicht nach. Er wunderte sich auch nicht darüber, daß er plötzlich verstehen konnte, was der Pudel zu dem Bauernhund sagte. Es erschien ihm selbstverständlich, daß er es verstand. Es war so einfach und so leicht. Er konnte nur nicht begreifen, wieso er es bisher nicht verstanden hatte.

Er lehnte sich in seinem Winkel zurecht und hörte zu, was die Hunde einander sagten.

»Hunger habe ich auch«, knurrte der Bauernköter.

»Ich werde dich morgen zu den Fleischbänken führen«, versprach ihm der Pudel. »Ihr Landhunde findet euch allein ja nicht zurecht. Du wirst aufrecht auf zwei Beinen gehen und einen Stock im Maul tragen und für diese Kunst wird man dir einen schönen Knochen geben mit Fleisch und Fett daran.«

»Zu Hause auf dem Hof bekam ich Knochen, ohne daß ich auf zwei Beinen gehen mußte«, sagte der Bauernhund. »Auch Grütze bekam ich. Ich mußte dafür nur den Hof hüten und achthaben, daß sich die Füchse nicht über unsere Gänse hermachten.«

»Was sind ›die Füchse‹?« fragte der Pudel.

»Füchse«, wiederholte der Dorfköter. »Wie soll ich dir erklären, was Füchse sind? Sie haben keinen Herrn. Sie leben in den Wäldern. Sie kommen nachts und stehlen Gänse. Das sind die Füchse.«

»Und was sind Wälder?« erkundigte sich der Pudel.

»Du weißt auch gar nichts«, knurrte der Bauernhund. »Wälder, das sind nicht etwa drei Bäume oder vier, sondern – ich weiß nicht wie ich es dir erklären soll – wohin du schaust, nichts als Bäume. Und hinter den Bäumen wieder Bäume. Von dort her kommen die Füchse. Wenn einer eine Gans wegschleppte, bekam ich Stockprügel.«

»Ich habe niemals Schläge bekommen«, rühmte sich der Pudel. »Auch nicht, als mich mein Herr auf zwei Beinen gehen und tanzen lehrte. Er war immer freundlich zu mir. Wir hatten auch Gänse, aber die Füchse ließen sie in Frieden, denn es gibt hier keine Wälder, aus denen Füchse kommen. Wenn es hier Wälder und Füchse gäbe, hätte mein Herr es mir gesagt. Er sagte mir alles, er verbarg nichts vor mir, ich weiß sogar, wo er das Geld vergraben hat, das man bei ihm nicht finden sollte, und wem es gehört.«

»Ja, sie vergraben Geld«, bestätigte der Bauernköter. »Wozu? Man kann's nicht essen.«

»Das verstehst du nicht«, wies ihn der Pudel zurecht. »Es ist klug, Geld zu vergraben. Alles, was er tat, war klug. Ich war in jener Nacht bei ihm, in der sie ihn in Leinwand hüllten und davontrugen. Aber vorher kam einer, der brachte ihm das Geld in einem Beutel, achtzig Gulden seien es, sagte er, und damit sei die Schuld beglichen. Mein Herr ging mit ihm zur Tür, er ging sehr langsam, er war krank, und als er zurückkam, fragte er mich: ›Was soll ich mit diesem Geld beginnen? Ich hab das Geld von mir getan, aber es läuft mir nach. Sie sollen es hier nicht finden, wenn sie morgen kommen, nicht einen Groschen davon sollen sie finden, heute nacht noch muß es fort von hier. Aber wohin, sag mir, wohin?‹ Er hustete und klagte über Schmerzen, hielt immer ein Tüchlein vor den Mund. Dann sagte er: ›Ich weiß einen, der niemals Glück gehabt hat, dem könnt' mit diesem Geld geholfen sein. Glück, – das kann ich ihm nicht hinterlassen, aber die achtzig Gulden, die soll er haben.‹ Gleich darauf aber schlug er sich mit der Hand vor die Stirn und hustete und lachte. ›Das sieht ihm gleich, dem Berl Landfahrer‹, sagte er. ›Wenn es hier Gulden regnet, ist er nicht da, ist er mit seinem Karren über Land gefahren. Wahrhaftig, dem ist schwer zu helfen.‹ Er dachte eine Weile nach und dann nahm er seinen Stock, seinen Hut und seinen Mantel, und den Beutel nahm er auch, und wir gingen hinaus und durch die Gassen zum Flußufer, und dort hieß er mich die Erde aufscharren und vergrub den Beutel. Er sagte: ›Wenn der Berl Landfahrer in die Stadt zurückkommt, dann fasse ihn am Mantel und führe ihn hierher, das Geld ist sein, aber ich kann's ihm nicht mehr geben, denn ich werde heute noch den Weg aller Menschen gehen. Du kennst den Berl Landfahrer, – er geht ein wenig schief und vorn im Mund fehlen ihm drei Zähne.«

»Das ist nicht gut«, meinte der Dorfköter. »Er soll aufhören, Knochen zu nagen. Er soll Grütze essen, sag' ihm das.«

»Aber ich kannte ihn nicht und ich kenne ihn auch heute nicht«, rief der Pudel. »Ich kann mich seiner nicht entsinnen. Das Geld liegt noch heute in der Erde. Wie kann ich denn sehen, wem die Zähne fehlen, die Leute gehen doch nicht mit offenem Maul über die Gasse. Wie soll ich wissen, wer von ihnen der Berl Landfahrer ist?«

Der Berl Landfahrer hatte mit Verwunderung gemerkt, daß von ihm die Rede war, und von da an hatte er mit gespannter Aufmerksamkeit zugehört. Und wie er jetzt vernahm, daß Meisls Pudelhund ihn seit Jahren suchte, kam er aus seinem Winkel hervor und sagte vorwurfsvoll und traurig:

»Ich bin Berl Landfahrer.«

»Du bist der Berl Landfahrer?« rief der Pudelhund und er stellte sich auf seine Hinterbeine und begann aufgeregt zu wedeln und aufzuwarten. »Laß sehen! Mach' das Maul auf! Ja, die Zähne fehlen dir. Du bist also der Berl Landfahrer. Nun gut, – morgen geh ich mit dir und zeigt dir, wo dein Geld vergraben ist.«

Und er ließ sich wieder auf seine Vorderpfoten fallen.

»Morgen?« rief der Berl Landfahrer mit einem schrillen Lachen. »Morgen? Ich bin doch der Berl Landfahrer! Morgen werden wir alle drei gehängt.«

»Wer wird gehängt?« fragte der Pudel.

»Ich, du und dieser dort«, sagte der Berl Landfahrer und wies auf den Dorfköter, der eingeschlafen war.

»Warum sollt' man mich hängen?« fragte der Pudel verwundert.

»Es ist so der Befehl«, gab der Berl Landfahrer zur Antwort.

»Dich werden sie vielleicht hängen«, meinte der Pudel. »Mich nicht. Mich hängt man nicht. Sie brauchen nur die Türe aufzumachen, so bin ich auch schon fort.«

Er begann sich im Kreise zu drehen, und dann ließ er sich auf dem Boden nieder.

»Ich will jetzt schlafen«, sagte er. »Leg' auch du den Kopf zwischen die Beine! Du bist also der Berl Landfahrer. Nein, mich hängt man nicht.«

Und damit schlief er ein.

Als der Morgen graute, wurde die Tür geöffnet, aber nicht der Henker kam, den Berl Landfahrer zur Richtstatt zu führen, sondern es traten Rebb Amschel und Rebb Simcha, die beiden Judenräte, in die Zelle. Der Herr Oberst Strassoldo hatte sich auf vieles Bitten und Drängen hin bereitfinden lassen, gegen ein Bußgeld von hundertfünfzig Gulden, das die Judenältesten sogleich zu erlegen hatten, dem Berl Landfahrer die Strafe zu erlassen.

»Wir bringen Freiheit dem Gefangenen und Erlösung dem Gefesselten«, rief Rebb Amschel. »Lobpreiset Gott, der uns seine Gnade nicht entzogen hat.«

Und Rebb Simcha sagte das Gleiche, nur mit nüchterneren Worten:

»Ihr seid frei, Rebb Berl. Das Bußgeld ist für Euch bezahlt, Ihr könnt nachhause gehen.«

Aber es schien, als hätte sie der Berl Landfahrer nicht verstanden.

»Der Hund! Der Hund!« schrie er. »Wo ist der Hund, er war doch eben noch hier. Meisls Hund! Er weiß, wo mein Geld vergraben ist. Achtzig Gulden!«

»Rebb Berl, Ihr seid frei«, wiederholten die Judenräte. »Versteht Ihr nicht? Gott hat geholfen, die Strafe ist Euch erlassen. Ihr könnt nachhause gehen.«

»Der Hund! Der Hund!« jammerte der Berl Landfahrer. »Habt Ihr ihn nicht gesehen? Er ist zur Tür hinaus. Meisls Pudelhund, ich muß ihn finden. Achtzig Gulden! Ich Unglücklicher, ich Geschlagener! Wo ist der Hund?«

Man sah ihn noch viele Jahre in der Prager Judenstadt und in der Altstadt, er lief den Hunden nach und lockte sie an sich und hielt sie fest und dann fragte er sie, ob sie nicht den weißen Pudel gesehen hätten, den mit dem schwarzen Fleck unter dem Aug' und über dem Ohr, und wenn sie ihn träfen, so sollten sie ihm doch sagen, er, der Berl Landfahrer, sei nicht gehängt, und der Pudel solle doch zu ihm in die Ufergasse kommen, es werde ihm nichts geschehen, er werde nicht gehängt werden, das Bußgeld sei auch für ihn, den Pudel, bezahlt worden. Die Hunde schnappten nach ihm und rissen sich los, und der Berl Landfahrer lief den Hunden nach, und die Kinder liefen dem Berl Landfahrer nach, und die Erwachsenen schüttelten die Köpfe und sagten: »Der arme Berl Landfahrer! Er hat in jener Nacht in der Zelle vor Angst seine Menschenseele verloren.«

Elias Canetti
Ausbruch des Krieges

Den Sommer 1914 verbrachten wir in Baden bei Wien. Wir wohnten in einem gelben, einstöckigen Haus, ich weiß nicht in welcher Straße, und teilten dieses Haus mit einem hohen Offizier in Pension, einem Feldzeugmeister, der mit seiner Frau den unteren Stock bewohnte. Es war eine Zeit, in der man nicht umhin konnte, Offiziere zu bemerken.

Einen guten Teil des Tages verbrachten wir im Kurpark, wohin uns die Mutter mitnahm. In einem runden Kiosk, in der Mitte des Parks, spielte die Kurkapelle. Der Kapellmeister, ein dünner Mensch, hieß Konrath, wir Buben nannten ihn auf englisch unter uns ›carrot‹, Karotte. Mit den kleinen Brüdern sprach ich noch ungeniert englisch, sie waren drei und fünf Jahre alt, ihr Deutsch war etwas unsicher, Miss Bray war erst vor wenigen Monaten nach England zurückgefahren. Es wäre ein unnatürlicher Zwang für uns gewesen, untereinander anders als englisch zu sprechen, und man kannte uns im Kurpark als die kleinen englischen Buben.

Es waren immer viele Leute da, schon wegen der Musik, aber Ende Juli, als der Ausbruch des Krieges bevorstand, wurde die Masse von Menschen, die sich in den Kurpark drängte, immer dichter. Die Stimmung wurde erregter, ohne daß ich begriff, warum, und als die Mutter mir sagte, daß wir beim Spielen nicht so laut englisch schreien sollten, nahm ich nicht viel Notiz davon und die Kleinen natürlich noch weniger.

An einem Tage, ich glaube, es war der 1. August, begannen die Kriegserklärungen. Carrot dirigierte, die Kurkapelle spielte, jemand reichte Carrot einen Zettel hinauf, den er öffnete, er unterbrach die Musik, klopfte kräftig mit dem Taktstock auf und las laut vor: »Deutschland hat Rußland den Krieg erklärt.« Die Kapelle stimmte die österreichische Kaiserhymne an, alle standen, auch die, die auf den Bänken gesessen waren, erhoben sich und sangen mit: »Gott erhalte, Gott beschütze unsern Kaiser, unser Land.« Ich kannte die Hymne von der Schule her und sang etwas zögernd mit. Kaum war sie zu Ende, folgte die deutsche Hymne: ›Heil dir im Siegerkranz‹. Es war, was mir, mit anderen Worten, von England als ›God save the King‹ vertraut war. Ich spürte, daß es eigentlich gegen England ging. Ich weiß nicht, ob es aus alter Gewohnheit war, vielleicht war es auch aus Trotz, ich sang, so laut ich konnte, die englischen Worte mit und meine kleinen Brüder, in ihrer Ahnungslosigkeit, taten mir's mit ihren dünnen Stimmchen nach. Da wir dicht gedrängt unter all den Leuten standen, war es unüberhörbar. Plötzlich sah ich wutverzerrte Gesichter um mich, und Arme und Hände, die auf mich losschlugen. Selbst meine Brüder, auch der Kleinste, Georg, bekamen etwas von den Schlägen ab, die mir, dem Neunjährigen, galten. Bevor die Mutter, die ein wenig von uns weggedrängt worden war, es gewahr wurde, schlugen alle durcheinander auf uns los. Aber was mich viel mehr beeindruckte, waren die haßverzerrten Gesichter. Irgend jemand muß es der Mutter gesagt haben, denn sie rief sehr laut: »Aber es sind doch Kinder!« Sie drängte sich zu uns vor, packte uns alle drei zusammen und redete zornig auf die Leute ein, die ihr gar nichts taten, da sie wie eine Wienerin sprach, und uns schließlich sogar aus dem schlimmen Gedränge hinausließen.

Ich begriff nicht ganz, was ich getan hatte, um so unauslöschlicher war dieses erste Erlebnis einer feindlichen Masse. Es hatte die Wirkung, daß ich während des ganzen Krieges, bis 1916 in Wien und dann in Zürich englisch gesinnt blieb. Aber ich hatte von den Schlägen gelernt: ich hütete mich wohl, solange ich noch in Wien war, etwas von meiner Gesinnung merken zu lassen. Englische Worte außer Haus waren uns nun strengstens verboten. Ich hielt mich daran und blieb um so eifriger bei meinen englischen Lektüren.

Die vierte Klasse der Volksschule, die meine zweite in Wien war, fiel schon in den Krieg und alles, woran ich mich erinnere, hängt mit dem Krieg zusammen. Wir bekamen ein gelbes Heft mit Liedern, die sich in dieser oder jener Weise auf den Krieg bezogen. Es begann mit der Kaiserhymne, die wir täglich als erstes und letztes sangen. Zwei Lieder im gelben Heft gingen mir nähe: »Morgenrot, Morgenrot, leuchtest mir zum frühen Tod«, mein liebstes Lied aber begann mit den Worten: »Drüben am Wiesenrand hocken zwei Dohlen«, ich glaube, es ging weiter: »Sterb ich in Feindesland, fall ich in Polen«. Wir sangen zuviel aus diesem gelben Liederbuch, aber der Ton der Lieder war gewiß noch erträglicher als die abscheulichen komprimierten Haß-Sätzchen, die bis zu uns kleinen Schülern ihren Weg fanden. »Serbien muß sterbien!« »Jeder Schuß ein Russ!« »Jeder Stoß ein Franzos!« »Jeder Tritt ein Britt!« – Als ich zum ersten und einzigen Mal einen solchen Satz nach Hause brachte und zu Fanny sagte: »Jeder Schuß ein Russ!«, beschwerte sie sich darüber bei der Mutter. Vielleicht war es eine tschechische Empfindlichkeit von ihr, sie war keineswegs patriotisch und sang nie mit uns Kindern die Kriegslieder, die ich in der Schule lernte. Vielleicht aber war sie ein vernünftiger Mensch und empfand die Roheit des Satzes »Jeder Schuß ein Russ!« im Munde eines neunjährigen Kindes als besonders anstößig. Es traf sie schwer, denn sie verwies es mir nicht direkt, sondern verstummte, sie ging zur Mutter und sagte ihr, daß sie bei uns nicht bleiben könne, wenn sie von uns Kindern solche Sätze zu hören bekomme. Die Mutter nahm mich unter vier Augen vor und fragte mich sehr ernst, was ich mit diesem Satz meine. Ich sagte: nichts. Die Buben in der Schule sagten solche Sätze, die ganze Zeit, und ich könnte es nicht leiden. Das war nicht gelogen, denn ich war, wie ich schon sagte, englisch gesinnt. »Warum plapperst du es dann nach? Die Fanny mag das nicht hören. Es kränkt sie, wenn du etwas so Häßliches sagst. Ein Russe ist ein Mensch wie du und ich. Meine beste Freundin in Rustschuk war eine Russin. Du erinnerst dich nicht mehr an Olga.« Ich hatte sie vergessen und jetzt fiel sie mir wieder ein. Ihr Name pflegte früher oft bei uns zu fallen. Diese einzige Rüge genügte. Ich wiederholte nie wieder einen solchen Satz, und da die Mutter ihr Mißfallen darüber so deutlich gezeigt hatte, empfand ich Haß gegen jeden bestialischen Kriegssatz, den ich später noch in der Schule hörte, ich hörte sie täglich. Es waren keineswegs alle, die so daherredeten, es waren nur einige, aber die taten es immer wieder. Vielleicht weil sie in einer Minderzahl waren, taten sie sich gern damit hervor.

Fanny kam aus einem mährischen Dorf, eine kräftige Person, alles an ihr war fest, auch ihre Meinungen. Am Versöhnungstag standen fromme Juden am Ufer des Donaukanals und warfen ihre Sünden ins Wasser. Fanny, die mit uns vorüberging, hielt sich darüber auf. Sie dachte sich immer ihren Teil und sagte es gerade heraus. »Sollen sie lieber Sünden nicht machen«, meinte sie, ›wegschmeißen kann ich auch.« Das Wort ›Sünde‹ war ihr nicht geheuer und große Gesten mochte sie schon gar nicht. Ihre tiefste Abneigung galt Bettlern und Zigeunern. Bettler und Diebe, das war für sie dasselbe. Sie ließ sich nichts vormachen und haßte Szenen. Hinter aufgeregten Reden witterte sie eine schlechte Absicht. Das Schlimmste für sie war Theater und davon gab es bei uns zu viel. Ein einziges Mal ließ sie sich selbst zu einer Szene hinreißen und die war so grausam, daß ich sie nie vergaß.

Es läutete an unserer Wohnungstür, ich war neben ihr, als sie öffnete. Ein Bettler stand davor, weder alt noch verstümmelt, warf sich vor Fanny auf die Knie und rang die Hände. Seine Frau liege auf dem Totenbett, er habe acht Kinder zuhause, hungrige Mäuler, unschuldige Würmer. »Haben Sie Erbarmen, die Dame! Was können die unschuldigen Würmer dafür!« Er blieb auf den Knien liegen und wiederholte leidenschaftlich seinen Spruch, es war wie ein Lied, und immer sagte er zu Fanny: »die Dame!« Ihr verschlug es die Rede, eine Dame war sie nicht und wollte sie gar nicht sein, und wenn sie zur Mutter »gnä' Frau« sagte, klang es gar nicht unterwürfig. Eine Weile sah sie sich schweigend den Knienden an, sein Gesang hallte laut und schmelzend im Gange wider. Plötzlich warf sie sich selber auf die Knie und machte ihn nach. Jeden seiner Sätze bekam er in böhmischem Tonfall aus ihrem Mund zurück und das Duett war so eindrucksvoll, daß ich die Worte mitzusprechen begann. Weder Fanny noch der Bettler ließen sich beirren. Aber schließlich stand sie auf und schlug ihm die Tür vor der Nase zu. Er lag immer noch auf den Knien und durch die geschlossene Tür sang er weiter: »Haben Sie Erbarmen, die Dame, was können die armen Würmer dafür!«

»Schwindler!« sagte Fanny, »hat keine Frau und liegt nicht im Sterben. Hat kein Kind, frißt alles selber. Faul ist, und will selber alles fressen. Junger Mensch! Wann hat acht Kinder gemacht!« Sie war so empört über den Lügner, daß sie der Mutter, die bald nach Hause kam, die ganze Szene vorspielte, ich assistierte ihr beim Kniefall; und noch manchmal spielten wir die Szene zusammen. Ich spielte ihr vor, was sie getan hatte, und wollte sie für ihre Grausamkeit strafen, aber ich wollte es auch besser spielen als sie. So bekam sie von mir die Sätze des Bettlers zu hören und dann nochmals das gleiche in ihrem eigenen Tonfall. Sie wurde wütend, wenn ich mit »Haben Sie Erbarmen, die Dame!« begann, und zwang sich, nicht wieder auf die Knie zu fallen, obschon sie mein eigener Kniefall dazu verlockte. Es war eine Qual für sie, denn sie fühlte sich in ihrer eigenen Sprache verhöhnt und plötzlich war diese feste, kompakte Person ganz hilflos. Einmal vergaß sie sich und gab mir die Ohrfeige, die sie dem Bettler so gern gegeben hätte.

Fanny bekam nun richtige Angst vor Theater. Die abendlichen Lesungen mit der Mutter, die sie in der Küche hören konnte, gingen ihr auf die Nerven. Wenn ich am nächsten Tag etwas darüber zu ihr sagte oder auch nur vor mich hinsprach, schüttelte sie den Kopf und sagte: »Soviel aufgeregt! Wie soll Bub schlafen?« Mit der Zunahme des dramatischen Lebens in der Wohnung wurde Fanny gereizt und als sie eines Tages kündigte, meinte die Mutter: »Die Fanny hält uns für verrückt. Sie versteht das nicht. Diesmal bleibt sie vielleicht noch. Aber ich glaube, wir werden sie bald verlieren.« Ich hing sehr an ihr, auch die kleinen Brüder. Der Mutter gelang es, nicht ohne Mühe, sie umzustimmen. Aber dann verlor sie einmal den Kopf und stellte in ihrer Redlichkeit ein Ultimatum. Sie könne es nicht mehr mitansehen, der Bub schlafe zu wenig. Wenn das Getue abends nicht aufhöre, müsse sie gehen. So ging sie, und wir waren alle traurig. Es kamen öfters Postkarten von ihr, ich, als ihr Quälgeist, durfte sie behalten.

Alois Brandstetter
Weltkriege

Den Ersten Weltkrieg, sagt Großvater, kann man mit dem Zweiten Weltkrieg gar nicht vergleichen. Im Zweiten Weltkrieg ging nämlich alles maschinell, während im Ersten Weltkrieg noch sehr viel mit der Hand und mit den Pferden gemacht werden mußte. Der Erste Weltkrieg hat sich weitgehend zu Fuß abgespielt. Nur wenn man in einem Auto oder auf einem Motorrad sitzt, spielen Senkfüße keine Rolle.

Auch die Kameradschaft war im Ersten Weltkrieg eine andere als im Zweiten Weltkrieg, und zu Weihnachten 1915, als ihnen an der italienischen Front ein Pferd erfroren ist, haben mit Ausnahme eines gewissen Thomas Raffreider, eines Fleischhauergesellen aus St. Veit an der Glan, alle geweint. Keiner hat sich geschämt, weil es ergreifend war. Weihnachten an der Front ist das Schönste, was es überhaupt auf der Welt gibt. Im Frieden ist es leider ganz anders, weil es zu viele Geschenke gibt, sagt Großvater, jedoch keine Kameradschaft. Wenn man aber nicht weiß, ob man noch lange auf dieser Welt und am Leben ist, feiert man das Fest des Friedens ganz anders. Es ist sehr schön, wenn man sich, wie der Großvater, in der Stellung S auf der Marmolata befindet und mit den Kameraden stille Nacht und heilige Nacht singt und es ist ein Ros entsprungen. Draußen geht ein wilder Sturm, und es ist finster und unheimlich, wodurch es im Schneebunker warm und friedlich ist. Die Soldaten denken an daheim und an die Frau und die Kinder (wenn sie welche haben), die gerade den Christbaum entzünden und an den Vater an der Front denken und recht traurig sind, weil er nicht bei ihnen ist, sondern an der Front, sodaß sie ihn entbehren müssen. Es ist sehr erhebend, wenn man weiß, daß jemand an dich denkt, sagt Großvater, und im Ersten Weltkrieg hat man dieses Gefühl immer gehabt, jedoch am stärksten zu Weihnachten. Die Kriegsweihnachten sind allen in unvergeßlicher Erinnerung. Auch die Pferde haben gespürt, daß Christus der Heiland auf die Welt gekommen ist, obwohl sie zur unvernünftigen Kreatur gezählt werden müssen. Sie sind dagestanden und haben den Kopf gesenkt. Da haben die Soldaten gewußt, was sie sagen wollen. Nur im Krieg ist der Frieden wirklich schön.

Die Luft auf der Marmolata war aber sehr dünn, weil die Berge hoch sind, und viele haben Nasenbluten bekommen. Nasenbluten und Fußschäden lassen sich vergleichen, sagt Großvater.

Ein Krieg ist aber im Rosengarten schöner als in der Tiefebene. Jeden Abend im Sommer ist das Alpenglühen, das sich nicht um den Krieg kümmert. Im Krieg erlebt man das Alpenglühen aber stärker als im Frieden, weil man nicht weiß, wie oft man es noch erlebt. Das ganze Firmament ist blutrot. Das paßt sehr gut zum Kriegshandwerk, wo es auch nicht immer fein hergeht. Die Italiener haben nämlich oft eine Offensive angekündigt, obwohl der Respekt vor den italienischen Soldaten nicht sehr groß war, weil sie auch Katzelmacher genannt wurden und sehr verlaust waren, indem sie schwarze Haare hatten und viel zu viele Kinder, sodaß sie zu Hause die Not erlitten haben. Wurde jedoch ein Italiener erschossen, hat er dem Großvater aber auch leid getan, weil es sich bei einem Italiener fast immer um einen Familienvater handelt.

Die Junggesellen haben zu Weihnachten aber nicht an ihre Frau und ihre Kinder denken können, sondern an ihre Mutter; Die Junggesellen fühlen sich oft sehr zu ihrer Mutter hingezogen. Einige von ihnen haben noch im Tod vergebens nach ihrer Mutter gerufen. Sobald sie aber eine Frau haben, denken sie an dieselbe, und an ihre Kinder (sofern dieselbe schon welche geboren hat). Im Krieg kommen aber bekanntlich nicht so viele Kinder auf die Welt. Großvater sagt, das hängt mit dem Urlaub zusammen, den man aber nicht immer bekommt, wenn man gerade möchte, und starke Lust hätte, jedoch einen steifen Korporal, welcher die Situation an der Front im Auge hat und an seinen Kaiser denkt, während der gemeine Soldat dauernd nur noch an seine Frau denken kann. Der Krieg hat schon manche Empfängnis verhütet. Einmal hat der Briefträger aber einem Soldaten, einem gewissen Josef Leitner aus St. Thomas am Blasenstein, ein Telegramm an die Front gebracht, worin geschrieben gestanden ist, daß seine Frau das erwartete Kind erhalten hat. Da haben alle zu schießen aufgehört und dem Kameraden zum freudigen Ereignis gratuliert und die Hand geschüttelt. Der Feldkurat hat sich gewünscht, daß der neue Erdenbürger ein anständiger Mensch und ein braver Soldat für den Kaiser werden möge. Der Kamerad hat aber gesagt, sie sollen sich nicht über ihn lustig machen, weil damals die Offensive war und von einem Urlaub gar keine Rede. Das war allen ein wenig unangenehm, und sie haben wieder weitergeschossen, weil die Italiener auch keine Pause gemacht haben.

Großvater sagt, daß sein Gedächtnis leider schon sehr schlecht ist. Die toten Kameraden kann er aber trotzdem nicht vergessen. Er erinnert sich gern an die toten Kameraden, sagt Großvater. Es ist sehr schade, daß sie den Frieden leider nicht mehr erleben durften. Es war aber leider ein Schandfrieden. Leider haben wir den Krieg nicht gewonnen, sodaß die Opfer leider umsonst gewesen sind, genaugenommen.

Einmal hat sich aber ein Pferd vor einen Soldaten gestellt, den die Italiener von der anderen Seite herüber erschießen wollten. Da hat einer gesagt, daß der Bräunl eigentlich einen Verdienstorden kriegen müßte, was aber nicht sein kann, weil er leider tot ist, und auch wenn er noch am Leben wäre, wäre er leider nur ein Pferd, für welches der Kaiser keine Orden vorgesehen hat. Ein Pferd ist jedoch oft treuer als ein Mensch, sagt Großvater, und namentlich im Krieg. Im Krieg weiß man, was man an einem Pferd hat. Zwischen einem Pferd im Krieg und einem Pferd im Frieden ist ein himmelweiter Unterschied. Ein Pferd und ein Kraftfahrzeug sind aber gänzlich zwei Paar Stiefel. Sie unterscheiden sich genauso wie der Erste Weltkrieg vom Zweiten Weltkrieg.

Es kann schon sein, sagt Großvater, daß es auch im Zweiten Weltkrieg zu Weihnachten oft schön war, wie Vater sagt. In Rußland kann er sich das schon vorstellen, weil die Winter dort empfindlich streng sind und die Luft ist klar, daß einem schier der Atem friert. Letztlich kann man aber den Zweiten Weltkrieg mit dem Ersten nicht vergleichen. Darüber sind sich auch alle Veteranen einig.

Ödön von Horvath
Der Vater aller Dinge

Ich bin Soldat.

Und ich bin gerne Soldat.

Wenn morgens der Reif auf den Wiesen liegt oder wenn abends die Nebel aus den Wäldern kommen, wenn das Korn wogt und die Sense blitzt, obs regnet, schneit, ob die Sonne lacht, Tag und Nacht – immer wieder freut es mich, in Reih und Glied zu stehen.

Jetzt hat mein Dasein plötzlich wieder Sinn! Ich war ja schon ganz verzweifelt, was ich mit meinem jungen Leben beginnen sollte. Die Welt war so aussichtslos geworden und die Zukunft so tot. Ich hatte sie schon begraben.

Aber jetzt hab ich sie wieder, meine Zukunft, und lasse sie nimmer los, auferstanden aus der Gruft!

Es ist noch kaum ein halbes Jahr her, da stand sie bei meiner Musterung neben dem Oberstabsarzt. »Tauglich!« sagte der Oberstabsarzt, und die Zukunft klopfte mir auf die Schulter. Ich spürs noch heut.

Und drei Monate später erschien ein Stern auf meinem leeren Kragen, ein silberner Stern. Denn ich hatte hintereinander ins Schwarze getroffen, der beste Schütz der Kompanie. Ich wurde Gefreiter und das will schon etwas heißen.

Besonders in meinem Alter.

Denn ich bin fast unser Jüngster.

Aber eigentlich sieht das nur so aus.

Denn eigentlich bin ich viel älter, besonders innerlich. Und daran ist nur eines schuld, nämlich die jahrelange Arbeitslosigkeit.

Als ich die Schule verließ, wurde ich arbeitslos.

Buchdrucker wollte ich werden, denn ich liebte die großen Maschinen, die die Zeitungen drucken, das Morgen-, Mittag- und Abendblatt.

Aber es war nichts zu machen.

Alles umsonst.

Nicht einmal zum Lehrling konnte ichs bringen in irgendeiner Vorstadtdruckerei. Von der inneren Stadt ganz zu schweigen!

Die großen Maschinen sagten: »Wir haben eh schon mehr Menschen, als wir brauchen. Lächerlich, schlag dir uns aus dem Kopf!«

Und ich verjagte sie aus meinem Kopf und auch aus meinem Herzen, denn jeder Mensch hat seinen Stolz. Auch ein arbeitsloser Hund.

Raus mit euch, ihr niederträchtigen Räder, Pressen, Kolben, Transmissionen! Raus!

Und ich wurde der Wohltätigkeit überwiesen, zuerst der staatlichen, dann der privaten –

Da stand ich in einer langen Schlange und wartete auf einen Teller Suppe. Vor einem Klostertor.

Auf dem Kirchendach standen sechs steinerne Figuren. Sechs Heilige. Fünf Männer und ein Weib.

Ich löffelte die Suppe.

Der Schnee fiel und die Heiligen hatten hohe weiße Hüte.

Ich hatte keinen Hut und wartete auf den Tau.

Die Sonne wurde länger und die Stürme wärmer – ich löffelte die Suppe.

Gestern sah ichs wieder, das erste Grün.

Die Bäume blühen und die Frauen werden durchsichtig.

Auch ich bin durchsichtig geworden.

Denn mein Rock ist hin und meiner Hose gings ebenso –

Man weicht mir fast schon aus.

Viele Ideen gehen durch meinen Kopf, kreuz und quer.

Mit jedem Löffel Suppe werden sie ekelhafter.

Plötzlich hör ich auf.

Ich stell das Blech auf den steinernen Boden, es ist noch halb voll und mein Magen knurrt, aber ich mag nicht mehr.

Ich mag nicht mehr!

Die sechs Heiligen auf dem Dache blicken in die blaue Luft.

Nein, ich mag sie nicht mehr, meine Suppe! Tag für Tag dasselbe Wasser! Mir wirds schon übel, wenn ich sie nur seh, diese Bettelbrüh!

Schütt sie aus, deine Suppe!

Weg! In den Dreck damit! –

Die Heiligen auf dem Dache schauen mich vorwurfsvoll an.

Glotzt nicht dort droben, helft mir lieber da drunten!

Ich brauch einen neuen Rock, eine ganze Hose – eine andere Suppe!

Abwechslung, Herrschaften! Abwechslung!

Lieber stehlen als betteln!

Und so dachten auch viele andere von unserer Schlange, ältere und jüngere – es waren nicht die schlechtesten.

Ja, wir haben viel gestohlen, meist warens dringende Lebensmittel. Aber auch Tabak und Zigaretten, Bier und Wein.

Meist besuchten wir die Schrebergärten. Wenn der Winter nahte und die glücklichen Besitzer daheim in der warmen Küche saßen.

Zweimal wurde ich fast erwischt, einmal bei einer Badehütte.

Aber ich entkam unerkannt.

Über das Eis, im letzten Moment.

Wenn mich der Kriminaler erreicht hätt, dann wär ich jetzt vorbestraft. Aber das Eis war mir gut, er flog der Länge nach hin.

Und meine Papiere blieben lilienweiß.

Kein Schatten der Vergangenheit fällt auf meine Dokumente.

Ich bin doch auch ein anständiger Mensch, und es war ja nur die Hoffnungslosigkeit meiner Lage, daß ich so schwankte wie das Schilf im Winde – sechs trübe Jahre lang. Die Ebene wurde immer schiefer und das Herz immer trauriger. Ja, ich war schon sehr verbittert.

Aber heut bin ich wieder froh!

Denn heute weiß ichs, wo ich hingehör.

Heut kenn ich keine Angst mehr, ob ich morgen fressen werde. Und wenn die Stiefel hin sind, werden sie geflickt, und wenn der Anzug hin ist, krieg ich einen neuen, und wenn der

Winter kommt, werden wir Mäntel bekommen. Große warme Mäntel. Ich hab sie schon gesehen.
Das Eis braucht mir nicht mehr gut zu sein!
Jetzt ist alles fest.
Endlich in Ordnung.
Adieu, ihr täglichen Sorgen! Jetzt ist immer einer neben dir. Rechts und links, Tag und Nacht.
»Angetreten!« tönt das Kommando.
Wir treten an, in Reih und Glied.
Mitten auf dem Kasernenhof.

Und die Kaserne ist so groß wie eine ganze Stadt, man kann sie auf einmal gar nicht sehen. Wir sind Infanterie mit leichten und schweren Maschinengewehren und nur zum Teil erst motorisiert. Ich bin noch unmotorisiert.

Der Hauptmann schreitet unsere Front ab, wir folgen ihm mit den Blicken, und wenn er beim dritten vorbei ist, schauen wir wieder vor uns hin. Stramm und starr. So haben wirs gelernt.

Ordnung muß sein!
Wir lieben die Disziplin.
Sie ist für uns ein Paradies nach all der Unsicherheit unserer arbeitslosen Jugend –
Wir lieben auch den Hauptmann.
Er ist ein feiner Mann, gerecht und streng, ein idealer Vater.
Langsam schreitet er uns ab, jeden Tag, und schaut nach, ob alles stimmt. Nicht nur, ob die Knöpfe geputzt sind – nein, er schaut durch die Ausrüstung hindurch in unsere Seelen. Das fühlen wir alle.

Er lächelt selten, und lachen hat ihn noch keiner gesehen. Manchmal tut er uns fast leid, aber man kann ihm nichts vormachen. Wie er möchten wir gerne sein. Wir alle.

Da ist unser Oberleutnant ein ganz anderes Kaliber. Er ist zwar auch gerecht, aber oft wird er schon furchtbar jähzornig und brüllt einen an wegen der geringsten Kleinigkeit oder wegen nichts und wieder nichts. Aber wir sind ihm nicht bös, er ist halt nervös, weil er vollständig überarbeitet ist. Er möcht nämlich in den Generalstab hinein und da lernt er Tag und

Nacht. Immer steht er mit einem Buch in der Hand und liest sein Zeug.

Neben ihm ist unser Leutnant nur ein junger Hund. Er ist kaum älter als wir, also auch so zirka zweiundzwanzig. Er möcht zwar oft auch gern brüllen, aber er traut sich nicht recht. Trotzdem haben wir ihn gern, denn er ist ein fabelhafter Sportsmann, unser bester Sprinter. Er läuft einen prächtigen Stil.

Überhaupt hat das Militär eine starke Ähnlichkeit mit dem Sport.

Man möcht fast sagen: es ist der schönste Sport, denn hier gehts nicht nur um den Rekord. Hier gehts um mehr. Um das Vaterland.

Es war eine Zeit, da liebte ich mein Vaterland nicht. Es wurde von vaterlandslosen Gesellen regiert und von finsteren überstaatlichen Mächten beherrscht. Es ist nicht ihr Verdienst, daß ich noch lebe.

Es ist nicht ihr Verdienst, daß ich jetzt marschieren darf.

Es ist nicht ihr Verdienst, daß ich heut wieder ein Vaterland hab.

Ein starkes und mächtiges Reich, ein leuchtendes Vorbild für die ganze Welt!

Und es soll auch einst die Welt beherrschen, die ganze Welt!

Ich liebe mein Vaterland, seit es seine Ehre wieder hat! Denn nun hab auch ich sie wieder, meine Ehre!

Ich muß nicht mehr betteln, ich brauch nicht mehr zu stehlen. Heute ist alles anders.

Und es wird noch ganz anders werden!

Den nächsten Krieg gewinnen wir. Garantiert!

Alle unsere Führer schwärmen zwar immer vom Frieden, aber ich und meine Kameraden, wir zwinkern uns nur zu. Unsere Führer sind schlau und klug, sie werden die anderen schon hineinlegen, denn sie beherrschen die Kunst der Lüge wie keine zweiten.

Ohne Lüge gibts kein Leben.

Wir bereiten uns immer nur vor.

Jeden Tag treten wir an, und dann gehts zum Tor hinaus, im gleichen Schritt und Tritt.

Wir marschieren durch die Stadt.

Die Zivilisten sehen uns glücklich an, nur einige Ausnahmen würdigen uns keines Blickes, als wären sie böse auf uns. Das sind aber immer nur alte Männer, die eh nichts mehr zählen. Aber es ärgert uns doch, wenn sie wegschauen oder plötzlich sinnlos vor einer Auslage halten, nur um uns nicht sehen zu müssen. Bis sie uns dann doch erblicken, bis sie es nämlich merken, daß wir uns im Glas der Auslage spiegeln. Dann ärgern sie sich immer wieder gelb und grün.

Jawohl, ihr Herrschaften, ihr Ewig-Gestrigen, Ausrangierten, mit eurem faden pazifistischen Gesäusel, ihr werdet uns nicht entrinnen! Betrachtet nur die Delikatessen, die Spielwaren, Bücher und Büstenhalter – ihr werdet uns überall sehen!

Wir marschieren auch durch die Auslagen!

Es ist uns bekannt, wir gefallen euch nicht.

Ich kenne euch schon – durch und durch!

Mein Vater ist auch so ein ähnlicher.

Auch er schaut weg, wenn er mich marschieren sieht.

Er kann uns Soldaten nicht ausstehen, weil er die Rüstungsindustrie haßt. Als wärs das Hauptproblem der Welt, ob ein Rüstungsindustrieller verdienen darf oder nicht!

Soll er verdienen, wenn er nur treu liefert!

Prima Kanonen, Munition und den ganzen Behelf –

Das ist für uns Heutige kein Problem mehr.

Denn wir haben erkannt, daß das Höchste im Leben der Menschen das Vaterland ist. Es gibt nichts, was darübersteht an Wichtigkeit. Alles andere ist Unsinn. Oder im besten Fall nur so nebenbei.

Wenn es dem Vaterland gut geht, geht es jedem seiner Kinder gut. Gehts ihm schlecht, geht es zwar nicht allen seinen Kindern schlecht, aber auf die paar Ausnahmen kommts auch nicht an im Angesicht des lebendigen Volkskörpers.

Und gut gehts dem Vaterland nur, wenn es gefürchtet wird, wenn es nämlich eine scharfe Waffe sein eigen nennt –

Und diese Waffe sind wir.

Auch ich gehör dazu.

Aber es gibt eben noch immer verrannte Leute, die sehen diese selbstverständlichen Zusammenhänge nicht, sie wollen sie auch nicht sehen, denn sie sind noch immer in ihren plumpen Ideologien befangen, die im neunzehnten Jahrhundert wurzeln. Auch mein Vater ist solch einer von dieser Garde.

Es ist ein traurige Garde. Eine geschlagene Armee.

Mein Vater ist ein verlogener Mensch.

Er war drei Jahre in Kriegsgefangenschaft, ab 1917. Erst Ende 1919 ist er wieder heimgekehrt. Ich selbst bin 1917 geboren, bin also ein sogenanntes Kriegskind, aber ich kann mich natürlich an diesen ganzen Weltkrieg nicht mehr erinnern. Und auch nicht an die Zeit hinterher, an die sogenannten Nachkriegsjahre. Nur manchmal so ganz verschwommen. Meine richtige Erinnerung setzt erst ein zirka 1923.

Mein Vater ist von Beruf Kellner, ein Trinkgeldkuli. Er behauptet, daß er durch den Weltkrieg sozial gesunken wäre, weil er vor 1914 nur in lauter vornehmen Etablissements arbeitete, während er jetzt draußen in der Vorstadt in einem sehr mittelmäßigen Betrieb steckt. Er hinkt nämlich etwas seit seiner Gefangenschaft, und ein hinkender Kellner, das kann halt in einem Luxuslokal nicht sein.

Aber trotz seiner Privattragödie hat er kein Recht, auf den Krieg zu schimpfen, denn Krieg ist ein Naturgesetz.

Überhaupt ist mein Vater ein Nörgler. Als ich noch bei ihm in seinem Zimmer wohnte, krachten wir uns jeden Tag. Immer schimpft er über die Leut, die das Geld haben, und derweil sehnt er sich nach ihnen – wie gern würde er sich wieder vor ihnen verbeugen, denn er denkt ja nur an sein Trinkgeld! Ja, er ist ein durch und durch verlogener Mensch, und ich mag ihn nicht.

Wenn er nicht zufällig mein Vater wär, würde ich mich fragen: wer ist denn dieser widerliche Patron?

Einmal sagte ich zu ihm: »Hab nur keine Angst vor dem kommenden Krieg, du kommst eh nimmer dran mit deinem

Alter!« Er blieb vorerst ganz ruhig und sah mich an, als würde er sich an etwas erinnern wollen. »Ja«, fuhr ich fort, »du zählst nicht mehr mit.« Er blieb noch immer ruhig, aber plötzlich traf mich ein furchtbar gehässiger Blick, wie aus einem Hinterhalt. Und dann begann er zu schreien. »So geh nur in deinen Krieg!« brüllte er. »Geh und lern ihn kennen! Einen schönen Gruß an den Krieg! Fall, wenn du magst! Fall!«

Das war vor drei Jahren.

Ich hör ihn noch brüllen und sehe mich im Treppenhaus. Auf einmal hielt ich an und ging zurück. Ich hatte meinen Bleistift vergessen, ich wollte nämlich zu den Redaktionen, wo die Zeitungen mit den kleinen Anzeigen im Schaukasten hängen, um dort vielleicht eine Arbeit zu finden, irgendeine – ja, damals glaubte ich trotz allem noch an Märchen.

Als ich das Zimmer wieder betrat, stand mein Vater am Fenster und sah hinaus. Es war sein freier Tag in der Woche.

Er wandte sich mir nur kurz zu –

»Ich hab meinen Bleistift vergessen«, sagte ich.

Er nickte und sah wieder hinaus.

Was war das für ein Blick? Hat er geweint?

Ich ging wieder fort.

Weine nur, dachte ich, du hast auch allen Grund dazu, denn eigentlich trägt deine Generation die Hauptschuld daran, daß es mir jetzt so dreckig geht – (damals war ich ja noch arbeitslos und hatte keine Zukunft).

Die Generation unserer Väter hat blöden Idealen von Völkerrecht und ewigem Frieden nachgehangen und hat es nicht begriffen, daß sogar in der niederen Tierwelt einer den anderen frißt. Es gibt kein Recht ohne Gewalt. Man soll nicht denken, sondern handeln!

Der Krieg ist der Vater aller Dinge.

Ich hab mit meinem Vater nichts mehr zu tun.

Ich kann es nicht ausstehen, das ewige Geweine!

Immer wieder hören müssen: »Vor dem Krieg, das war eine schöne Zeit!« – da werd ich ganz wild.

Mir hätt sie nicht gefallen, deine schöne Zeit!

Ich kann sie mir genau vorstellen nach den alten Photographien.

Du hattest eine Dreizimmerwohnung, warst noch nicht verheiratet und führtest, wie es seinerzeit hieß, ein flottes Junggesellenleben.

Mit Weibern und Kartenspiel.

Alle Welt hatte Geld.

Es war eine verfaulte Zeit.

Ich hasse sie.

Jeder konnte arbeiten, verdienen, keiner hatte Sorgen –

Eine widerliche Zeit!

Ich hasse das bequeme Leben!

Vorwärts, immer nur vorwärts!

Marsch, marsch!

Wir stürmen vor – nichts hält uns zurück!

Kein Acker, kein Zaun, kein Strauch –

Wir treten es nieder!

Marsch, marsch!

So stürmen wir vor und gehen auf einer Höhe in Deckung, um die Straße, die unten vorbeizieht, zu beherrschen.

Vorerst sinds nur noch Manöver.

Aber bald wirds ernst, die Zeichen werden immer sichtbarer.

Und der Krieg, der morgen kommen wird, wird ganz anders werden als dieser sogenannte Weltkrieg! Viel größer, gewaltiger, brutaler – ein Vernichtungskrieg, so oder so!

Ich oder du!

Wir schauen der Wirklichkeit ins Auge.

Wir weichen ihr nicht aus, wir machen uns nichts vor –

Jetzt schießen Haubitzen.

In der weiten flimmernden Ferne. Man hört sie kaum.

Sie schießen vorerst noch blind.

Unten auf der Straße erscheinen zwei radfahrende Mädchen.

Sie sehen uns nicht.

Sie halten plötzlich und sehen sich um.

Dann geht die eine hinter einen Busch und hockt sich hin.

Wir grinsen und der Leutnant hinter mir lacht ein bißchen.

Der Feldwebel schaut mit dem Feldstecher hin.
Jetzt surrt es am Himmel. Ein Flieger. Er fliegt über uns hiweg.
Das Mädchen läßt sich nicht stören, sondern blickt nur empor.
Er fliegt sehr hoch, der Flieger, und kann sie nicht sehen.
Das weiß sie.
An uns denkt sie nicht.
Und derweil werdens doch immer wir Infanteristen sein, die die Kriege entscheiden – und nimmer die Flieger! Obwohl man von ihnen so viel spricht und von uns so wenig. Obwohl sie die eleganteren Uniformen haben – werden sehen, ob sie das taugen, was sie sich einbilden! Die denken, sie legen ein Land von droben einfach in Trümmer und wir Infanteristen hätten dann einfach die Trümmer nur zu besetzen – ohne jede Gefahr! Eine bessere Polizei. Abwarten!
Werden sehen, ob wir überflüssig sind! Oder gar zweiten Ranges!
Nein, ich mag die Flieger nicht!
Ein hochnäsiges Pack.
Und die Weiber sind auch so blöd, sie wollen nur einen Flieger.
Das ist ihr höchstes Ideal!
Auch die zwei da drunten auf der Straße – jetzt winken sie ihm begeistert zu.
Alle Kühe wollen mit einem Flieger tanzen!
Winkt nicht, ihr Tiere – er schaut auch auf euch herab, weil ihr nicht fliegen könnt!
Jawohl, wir schlucken den Staub der Straßen und marschieren durch den Dreck! Aber wir werden dafür sorgen, daß der Dreck himmelhoch staubt!
Nur keine Angst!
»Um Gotteswillen!« kreischt der Leutnant.
Was ist denn los?!
Er starrt auf den Himmel –
Dort, der Flieger!
Er stürzt ab!
»Der linke Flügel ist futsch«, sagt der Feldwebel durch den Feldstecher.

Er stürzt, er stürzt –
Mit einer Rauchwolke hinter sich her –
Immer rascher.
Wir starren hin.
Und es fällt mir ein: Komisch, hast du nicht grad gedacht: stürzt ab –?
»Mit denen ists vorbei«, meint der Leutnant.
Wir waren alle aufgesprungen.
»Deckung!« schreit uns der Feldwebel an.
»Deckung!« – – –
Drei Särge liegen auf drei Lafetten, drei Fliegersärge. Pilot, Beobachter, Funker. Wir präsentieren das Gewehr, die Trommel rollt, und die Musik spielt das Lied vom guten Kameraden.
Dann kommt das Kommando: »Zum Gebet!«
Wir senken die Köpfe, aber wir beten nicht.
Ich weiß, daß bei uns keiner mehr betet.
Wir tun nur so.
Reine Formalität.
»Liebe deine Feinde« – das sagt uns nichts mehr. Wir sagen: »Hasse deine Feinde!«
Mit der Liebe kommt man in den Himmel, mit dem Haß werden wir weiterkommen – –
Denn wir brauchen keine himmlische Ewigkeit mehr, seit wirs wissen, daß der einzelne nichts zählt – er wird erst etwas in Reih und Glied.
Für uns gibts nur eine Ewigkeit: das Leben unseres Volkes. Und nur eine himmlische Pflicht: für das Leben unseres Volkes zu sterben.
Alles andere ist überlebt.
Wir treten an.
Ausgerichtet, Mann für Mann.
Ich bin der neunte von rechts, von den Größten her. Der Größte ist einsachtundachtzig, der Kleinste einssechsundfünfzig, ich einsvierundsiebzig. Gerade richtig, nicht zu groß und nicht zu klein.
So äußerlich gesehen, gefall ich mir ja.

Veza Canetti
Drei Helden und eine Frau

Frau Schäfer stand auf dem Flur und wusch Stiegen. Und obwohl alle Stufen schön ölig glänzten, rieb sie immer wieder mit dem nassen Lappen darüber, drang mit dem Besenstiel in die Ecken, daß es klatschte, stieß den Lappen in den Kübel, wrang ihn aus und schlug ihn wieder um den Besen. Plätschernd fiel der Lappen über die Stufen, und wer die Bewegung sah und Frau Schäfers Gesicht, der verstand: sie war nicht dabei. Sie war von einer Vorstellung gepackt, und was nützte alle Vernunft, sie wurde diese Vorstellung nicht los. Eine kleine Kirche war es, die Frau Schäfer vor sich sah, eine kleine Kirche quälte Frau Schäfer. Die Kirche stand in dem seltsamen Ruf, jeder Wunsch, in ihr ausgesprochen, gehe in Erfüllung.

Frau Schäfer war nicht gläubig; aber als der Mann im Krieg war und seine schwere Verwundung gemeldet wurde, schleppte sie sich in die Kirche und sank nieder. Ihr Mann kehrte vom Krieg zurück, und seither hatte auch Frau Schäfer ein zärtliches Lächeln beim Nennen der kleinen Kirche.

Bis das Furchtbare geschah.

Es begann damit, daß die Arbeiter, die in den Gemeindehäusern wohnen, von ihren Brüdern mit Kanonen beschossen wurden. Das große Gemeindehaus, in welchem Frau Schäfer seit Jahren die Arbeit besorgte, mußte sich ergeben, die Waffen wurden abgeliefert, und die Arbeiter flüchteten durch einen unterirdischen Gang in das Kirchlein. Sie glaubten sich geborgen. Einer nach dem andern wankte freudetrunken aus der Kirche in die Freiheit, und *jeder*, der aus der Kirche trat, wurde auf der Stelle niedergeschossen ...

Plötzlich fuhr Frau Schäfer heftig auf. Erschrocken drehte sie den Kopf. Durch die wild aufgerissene Glastüre stürmte ein Haufe junger Menschen herein und auf sie zu. Seltsam. Alle hatten das gleiche Gesicht. Todesangst und flehende Blicke. Und dann hob einer verlegen und heiß bittend die Hand und ließ sie mutlos sinken.

Sie verstand sofort. Ihr ging viel durch den Kopf. Daß die Jungens genau so aussahen wie ihr Sohn Franz, als sie ihn vor den Kanonen im Keller versteckte, wo er sicherer war als in der verfluchten Wunderkirche; daß diese hier auch gerettet werden wollten und auch jung waren und daß jeder eine Mutter hatte. Und dann dachte sie, was ihr bevorstand, wenn sie den Jungen half, und ihr Kinn zitterte.

»Erster Stock, Tür fünf«, sagte sie aber und ließ sie durch.

Die Jungens stürmten hinauf in blinder Angst auf die Nummer fünf zu.

Wenn dort Schwierigkeiten gemacht wurden, war es zu spät.

Auf Nummer fünf öffnete sich von selbst und lautlos die Tür, kein Priester, sondern ein Arbeiter tat es, lautlos gab er mit breiter Bewegung den Weg frei, und die Jungens wurden mäuschenstill. Mäuschenstill folgten sie den weit ausgestreckten Armen, die sie einließen, warme, glückliche, dankbare Blicke auf noch eben todesängstlichen Gesichtern. Und die schützende Türe schloß sich hinter ihnen.

Unten hörte Frau Schäfer die Klinke einschnappen, da wurde auch schon die Glastür aufgestoßen. Zwei Polizisten spießten Frau Schäfer mit ihren Bajonetten fast auf. Ein Polizeioffizier folgte.

»Hier sind die Kerle hereingelaufen«, schrie er.

»Wie bitte?« fragte Frau Schäfer und stemmte den Besen auf

»Hier sind die roten Hunde hineingelaufen. Machen Sie keine Faxen, sonst wirds schlecht ausgehn!«

»Herr Oberinspektor! Das Haus hat sechzehn Stiegen. Hier ist niemand durch! Ich hätte es sehen müssen, ich wasch hier schon seit einer Stunde auf!«

»Werden wir gleich haben«, sagte der Herr Oberinspektor und pochte an die Tür Nr. 1. »Wer wohnt hier?«

Frau Schäfer blickte angstvoll zu Boden und erschrak noch mehr. Auf den feuchten Stufen glänzten breit an die zwanzig

Fußstapfen, verschwammen ineinander und bildeten tückische, dicke Flecken auf den Stufen, die noch vor drei Minuten wie Öl geglänzt hatten.

Aber der Herr Oberinspektor hatte keine Zeit, von seiner Höhe herab zu schauen. Er war damit beschäftigt, die Tür Nr. 1 mit Schlägen zu bearbeiten. »Ach, bitte, klopfen Sie hier nicht an! Hier wohnt die Näherin Grün, sie ist seit den letzten Tagen sehr geschreckt, sie bekommt sofort Schreikrämpfe, sie wohnt ganz allein, sie hat bestimmt niemanden reingelassen, ich bin hier gestanden, ich hätt's sehen müssen. Schauen Sie in allen Wohnungen nach, nur nicht bei der Grün, Herr Oberinspektor!«

Der Herr Oberinspektor sah sie listig an und riß an der Glocke, daß der Knauf ihm in der Hand blieb. Verächtlich warf er ihn zu Boden. Eine fadendünne Frau öffnete einen Spalt und wurde vom Herrn Oberinspektor zur Seite gestoßen. Der zweite Polizist blieb bei der Tür stehen.

Frau Schäfer hob den Besen. Nur ihr Ohr hatte noch menschliche Funktionen, denn während ihre Arme wie automatische Stangen in rasender Eile über die Stufen fegten und die Spuren verwischten, waren die Ohren Augen im Rücken. Gerade tauchte sie den Lappen frisch in den Kübel, als der Herr Oberinspektor heraustrat. Drinnen die Näherin Grün hatte Schreikrämpfe.

»Wer wohnt hier!«, sagt der Oberinspektor gereizt und trat gegen die Türe Nr. 2.

»Hier wohnt der Kürschner Cibulka. Keine Spur, daß der jemanden eingelassen hat, Herr Oberinspektor! Der ist sehr heikel mit seinen Fellen, da kostet ein Stück hundert Schilling, sagt er immer. Nehmen Sie sich gar nicht erst die Mühe, vom ganzen Plafond hängen sie herunter, sie werden Ihnen auf den Kopf fallen!«

Der Oberinspektor klopfte den Kürschner Cibulka heraus. Ohne Umstände wurde in seine Werkstätte eingedrungen, der zweite Polizist wartete bei der Türe, mit erhobenem Gewehr.

»Lassen Sie das sein!« hörte Frau Schäfer den Cibulka drinnen sprechen, sie fuhr wieder ruhiger über die Stufen, die hatten beinahe wieder den alten Glanz. »Wichtigkeit, sind eich paar Burschen ins Haus gelaufen, hätten sie sich vielleicht vor eire Kanonen stellen soll!«

»Maul halten! Bleder Behm!« schrie der Herr Oberinspektor.

»Bei uns in Praha schießen sie aber nicht auf die eigenen Leit!«

Hierauf wurde Herr Cibulka aufgefordert mitzugehen, er leistete aber Widerstand. »Ich fircht mich nicht«, schrie er.

Der Oberinspektor hatte die Wahl, eine große Beute mit einer kleinen zu vertauschen, und begnügte sich damit, Herrn Cibulka aufzuschreiben. Frau Schäfer war plötzlich ruhig geworden. Der Herr Oberinspektor stapfte in den ersten Stock hinauf, seine Begleiter folgten.

»Herr Oberinspektor; bitte klopfen Sie hier leise an, hier wohnt der Schuster Pfeidl, seine Frau liegt im Sterben, der Sohn ist ihr vorgestern erschossen worden, wie er aus der Kirche gelaufen ist. Mit ihr geht es zu Ende.«

»Aufmachen!« schrie der Herr Oberinspektor, und der Schuster Pfeidl leistete keinen Widerstand. Der Herr Oberinspektor sah die sterbende Frau, die einen blutbefleckten Männerrock in den verkrampften Fingern hielt. Etwas verstimmt trat er heraus.

»Klopfen Sie lieber bei fünf an, nur nicht bei vier«, sagte Frau Schäfer, ohne gefragt zu werden. Auf vier sind alle tot, der Mann und zwei Söhne, die Frau hat sich gestern erhängt, nur die Großmutter ist drin, die ist vor Kummer närrisch geworden. Sie wird ihnen nicht aufmachen, ihre Nichte kommt erst gegen Mittag.

Der Herr Oberinspektor wußte sofort, daß auf Nr. vier die Banditen versteckt waren; die beiden Polizisten sprengten die Türe auf. In dem kahlen Zimmer saß beim Fenster eine Greisin und blickte mit toten Augen auf die Eintretenden. Der Oberinspektor war aber auf diese Wohnung versessen und durchsuchte jeden Raum. Sogar im Abtritt sah er nach, ob sich dort nicht zehn Menschen versteckt hielten.

»Wer wohnt hier!« fragte er etwas gedämpft beim Heraustreten und wies auf Nummer fünf.

Die Hausbesorgerin sah dem Tod ins Auge. Die Gefahr war so groß, daß sie ganz ruhig wurde.

»Hier wohnt die Bedienerin Neumann. Sie ist den ganzen Tag in Arbeit, aber das Kind ist zu Haus, die Steffi. Ich kann sie gleich rufen, wenn sie mich hört, macht sie gleich auf.«

»Bah!« sagte der Herr Oberinspektor, dem die Vorstellung, ein Kind in Furcht und Schrecken zu jagen, nicht imposant war. »Lassen wir das. Zurück!« kommandierte er und stieg mit seinen Begleitern hinunter, ohne Frau Schäfer eines Blickes zu würdigen.

Und das war gut. Denn kaum hatte sich die Glastüre geschlossen, da sank die Frau auf den Stufen nieder.

Die Jungens verbrachten die Nacht in leisen Gesprächen, und der Arbeiter von Nummer fünf wachte mit ihnen und holte dann seine Schwägerin, die Hausbesorgerin, herein.

Am Morgen wurde die erste Taube mit einer Milchkanne ausgeschickt. Viele Arbeiter gehen des morgens durch das riesige Gemeindehaus, und Nummer eins kam wohlbehalten durch. Der zweite trug eine Aktentasche. Eine Stunde später waren alle in Freiheit.

Walter Toman
Die Geschichtsstunde

Hans Zawischa war Probelehrer und unterrichtete Geschichte. Er war ein schüchterner Mensch mit einer schmalen Brust und dicken Brillen, und seine Lippen wurden beim Reden rasch feucht. Dadurch passierte es ihm nicht selten, daß kleine Speicheltropfen von seinem Mund absprangen, die er erst an den Bewegungen seiner Schüler in der ersten Reihe bemerkte, wenn sie mit viel Aufwand ihr Gesicht oder ihr Pult abwischten. Das brachte ihn allmählich dazu, einen Abstand von mindestens zwei großen Schritten von der ersten Bankreihe zu halten.

Diese Distanz übertrug sich auch auf sein Verhalten. Während er bis dahin voll Mitgefühl für die Schüler war und immer bestrebt, den Schülern die richtigen Gedanken von den Lippen zu locken, sobald er sie nur irgendwie vermutete, und die falschen Gedanken und Antworten übersah, war er nun genauer und gleichgültiger. Er zählte jetzt fast nur mehr die richtigen Antworten, nicht mehr die richtigen Gedanken, und auch falsche Antworten begann er zu notieren. Dadurch entwickelte sich eine Distanz zu den Schülern, die sich in den zwei Schritten körperlichen Abstands von der ersten Bankreihe heilsam manifestierte.

Heilsam bis zu einem bestimmten Tag. An diesem Tag stellte er eine Scherzfrage. Den Gedanken an eine solche Frage erlaubte ihm erst der Abstand, früher wäre ihm beim besten Willen keine Scherzfrage eingefallen. Er fragte: »Kotheneder, wie lange dauerte der Dreißigjährige Krieg?«

Vor einem Jahr war Kotheneder vom Mathematiklehrer gefragt worden: »Kotheneder, wieviele Ecken hat ein Dreieck?« Kotheneder hatte zuerst »Sechs« geantwortet, dann »Vier«, dann »Fünf«. Und als der Mathematiklehrer erheitert seine Frage wiederholte, sagte er: »Ich weiß es nicht.« Die Klasse hatte nicht nur damals einen großen Spaß, sondern noch lange nachher fragten sie ihn immer wieder die gleiche Frage, und obwohl Kotheneder kein Geisteskind war, hatte er doch durch dieses ständige Wiederholen der gleichen Frage gelernt, worauf es ankam. Er gewann allmählich sogar das Gefühl, daß er sich damals blamiert hatte, und auf die Frage Zawischas antwortete er in einer ungewöhnlichen Erleuchtung: »Neunundzwanzig Jahre.«

»Kotheneder, wie lange dauerte der Dreißigjährige Krieg?« fragte Zawischa noch einmal. Und hier war es, wo sein Abstand von der ersten Bankreihe zum ersten Mal nicht heilsam war. Wäre er so nahe gestanden wie früher, hätte er an diese Frage vielleicht gar nicht gedacht, sicher aber hätte er bemerkt, daß Kotheneder, ohne zu zwinkern, doch den Umsitzenden zuzwinkerte.

»Achtundzwanzig Jahre«, sagte Kotheneder. Zawischa lächelte und wunderte sich nicht, daß niemand in der Klasse lachte. »Schichl, wie lange dauerte der Dreißigjährige Krieg?« fragte er weiter.

»Siebenundzwanzig Jahre«, sagte Schichl.

»Aber Kinder, wie lange dauerte der Dreißigjährige Krieg?« fragte er noch einmal, hob die rechte Hand dabei und zeigte Drei.

»Dreiunddreißig Jahre«, sagte ein anderer.

Zawischa besann sich eine Weile. Hätte er weniger als diesen heilsamen Abstand von der Klasse gehabt, dann hätte er bemerkt, welch ein Gelächter in der Klasse war. Freilich, es war kein Gelächter mit dem Mund oder mit der Miene. Aber die Bäuche der Schüler hatten Krämpfe. Sie hielten eine gute Disziplin, wenn man den Abstand Zawischas und seine Kurzsichtigkeit einrechnet.

Noch einmal stellte er seine Frage und zeigte bei den Worten »Dreißigjähriger Krieg« dreimal alle zehn Finger. »Fünfundzwanzig Jahre«, rief einer, »Fünfundvierzig Jahre«, rief ein anderer, »Achtunddreißig«, »Einundzwanzig«, »Zwölf«, »Siebenundsechzig« … klang es ihm aus der Klasse entgegen. Er wehrte mit den Händen ab, doch da wurden die Zahlen, die man ihm zurief, noch rascher, noch lauter, und schließlich erfüllte ein gleichmäßiges Brausen das Klassenzimmer. Er hielt sich die Hände an die Ohren, und als der Lärm immer noch weiter wuchs, schloß er auch die Augen. Diesen Augenblick benützte Kotheneder, um sein Butterbrotpapier rasch zusammenzuknüllen und ihm ins Gesicht zu werfen. Damit erreichte der Lärm seinen absoluten Höhepunkt und war auch kein Zahlenrufen mehr, sondern nur noch ein ohrenbetäubendes Johlen und Gelächter. Nach einer Weile ging es wieder in Zurufe über, die sich langsam zu einem Sprechchor formten. »Hinaus! Hinaus! Hinaus! ...« dröhnte es ihm entgegen, immer organisierter, immer rhythmischer.

Zawischa hielt sich noch immer die Ohren zu und hatte die Augen geschlossen. Er dachte, daß das alles eine Sinnestäuschung sei. Sie würde vorüber sein, sobald er die Hände von den Ohren nahm und die Augen wieder öffnete. Es konnte nicht anders sein. Es war eine Sinnestäuschung. Und obwohl er wußte, daß er sich damit nur Mut machen wollte, Augen und Ohren wieder zu öffnen, und eigentlich gar keine Lust verspürte, es zu tun, tat er es schließlich doch. Da stand er nun der Klasse Aug in Aug gegenüber wie einem dreißigköpfigen Tier, und alle dreißig Köpfe starrten ihn frech an und schrieen: »Hinaus! Hinaus! Hinaus!«

Er drückte noch einmal kurz die Augen zu und schüttelte den Kopf, zog dann seine Füllfeder aus der Rocktasche und schritt zum Klassenbuch. Aber noch bevor er hinkam, hatte schon einer der Schüler das Klassenbuch ergriffen und in die Klasse geworfen. Zawischa versuchte, das Klassenbuch zu erjagen und sprang zwischen den Bankreihen hin und her, doch die Schüler waren viel flinker. Sie reichten sich das Klassenbuch wie eine Stafette zu, verwandten trotz dieser Präzisionsleistung kein Auge von ihm und schrieen ihm ins Gesicht: »Hinaus! Hinaus! Hinaus! ...« Wenn er gerade über die Bankreihen hinweg nach dem Klassenbuch haschte, war der Abstand zwischen seinem Gesicht und dem eines Schülers manchmal nur wenige Zentimeter und trotzdem starrte und schrie ihn der jeweilige Schüler genauso an wie jeder andere. Schließlich war das Klassenbuch spurlos verschwunden.

Zawischa begab sich wieder nach vorne und versuchte, sich verständlich zu machen. Er rief: »Bitte, geduldet euch noch ein wenig, die Stunde ist ja gleich zu Ende.« Er hatte große Mühe, in den kurzen Pausen zwischen jedem »Hinaus« seine Äußerung unterzubringen. Er flickte sie sozusagen in diese Pausen hinein. Doch sie wurde nicht zur Kenntnis genommen. Noch einmal probierte er, seinen Satz in die Ohren seiner Schüler zu bringen, dann lief er zur Türe hinaus.

Die Geschichte wäre an sich nichts besonderes. Was mich aber bewog, sie zu erwähnen, ist dies: In der nächsten Geschichtsstunde kam Zawischa herein, als ob nichts geschehen wäre, stellte sich ganz dicht an die erste Bankreihe und fing an zu sprechen. Die kleinen Speicheltropfen, die wie immer von seinem Mund sprangen, veranlaßten die Schüler in der ersten Reihe wie früher mit viel Aufwand ihr Gesicht und ihr Pult abzuwischen. Er begann wieder, den Schülern die richtigen Gedanken von den Lippen zu locken, sobald er sie nur irgendwie vermutete, die falschen Gedanken und Antworten übersah er.

Und beide Teile waren es zufrieden.

Werner Kofler
Mutmaßungen über die Königin der Nacht

Die Baracken der beiden Lager befinden sich neben den Stolleneingängen, diesseits und jenseits des Gebirges, an der alten Paßstraße. Das Lager am Nordportal des künftigen Tunnels ist kleiner als das am Südportal gelegene. Im Südlager sind die Büros der Kommandantur untergebracht, der Kommandant des Südlagers ist dem Kommandanten des Nordlagers vorgesetzt; dieser eigentliche Lagerkommandant heißt Winkler, er ist ob seiner Strenge gefürchtet. Post, Lebensmittel, sonstiger Nachschub, auch neue Häftlinge kommen über den Ort Neumarktl, den Endpunkt einer Eisenbahnlinie unten im Tal. Die Wachmannschaften tauschen bei den Bauern Seife und Matratzen gegen Schnaps ein. Manchmal, des Nachts, werden Häftlinge mit Hunden über die Lagergrenze gejagt, um dann hinterrücks auf der Flucht erschossen zu werden.

In Prag, in einer Inszenierung der Zauberflöte, sie mochte etwa fünfzig Jahre zurückliegen, verschwand, nach ihrem auf der Bühne erfolglosen Versuch, in das Sonnenheiligtum einzudringen, und, laut Opernführer, von Donner und Blitz *in ewige Finsternis geschleudert*, die Königin der Nacht mitsamt den Ihren in der Versenkung. – In einer Einstudierung derselben Oper in Breslau entschwand die Königin der Nacht, *unter Feuer und Rauch*, wie im Programmheft angegeben, *der Verdammnis überantwortet*, indem sie, gefolgt von Monostatos und den drei Damen, hinter die rechtsseitigen Kulissen taumelte. – In einer Salzburger Zauberflöten-Festaufführung jener Zeit wurde der Abgang der Königin der Nacht so gehandhabt, daß sie, von der Vorsehung, so das Programmheft, an ihrem ruchlosen Vorhaben – nur stille, stille/stille/stille –, in den Isistempel einzudringen, gehindert und *in ewige Finsternis verbannt*, wie vom Blitz erschlagen auf den Bühnenboden niedersank und dort, bis zur Verwandlung, reglos ausharrte. – Auch in Aachen wurde zu jener Zeit die Zauberflöte gespielt; dort war die Darstellung der Vernichtung der Königin der Nacht und ihres Gefolges einfach gestrichen worden. – Die Königin der Nacht in einer Regensburger Zauberflöte versuchte, über eine Treppe in den Sonnentempel zu gelangen; von Sarastro mit Donner und Blitz empfangen und, laut Programmheft, *vom Orkus verschlungen*, stürzte die Königin der Nacht hintenüber ins Nichts, auf hochaufgeschichtete Matten und Pölster – In einer KdF-Vorstellung der Zauberflöte in Graz letztlich torkelten, wie geblendet, *Sieg des Geistig-Männlichen über* dar *Chtonisch-Weibliche*, hatte es im Einführungsvortrag geheißen, die Königin der Nacht und der Mohr nach rechts, die drei Damen nach links in den Bühnenhintergrund, um, Verwandlung, Platz zu machen dem hohen Paar im strahlenden Glanz des Sonnenheiligtums.

Als eines Abends die Königin der Nacht in der Prager Zauberflöte, nachdem sie, von Donner und Blitz in ewige Finsternis geschleudert, in der Versenkung verschwunden und im Bühnenuntergrund dieser wieder entstiegen, für kurze Zeit ihre Garderobe aufsuchen wollte, wurde sie dort von drei Männern in Straßenanzügen und mit Mienen, als hätten sie über diese Räumlichkeit zu verfügen, bereits erwartet. Jemand mußte die Sängerin verleumdet haben, denn ohne daß sie etwas Böses getan hätte, wurde sie von den Männern verhaftet, sodaß sie sich auch nach der Schlußapotheose – das ganze Theater verwandelt sich in eine Sonne – nicht mehr auf der Bühne zeigen durfte. Ein erstes Verhör fand noch in der Garderobe statt; die von den Herren erhobene Anschuldigung lautete auf staatsfeindliche Betätigung: Sie habe sich, als Sopranistin in einer *deutschen Kantate* des Fidelio F. Finke eingesetzt, eines allerersten Tondichters und Parteimitglieds, über dessen Werk vor Zeugen mehrmals in maßlos abfälliger und gehässiger Weise ausgesprochen; so habe sie den Komponistennamen Fidelio F. Finke verballhornt und nur von *Fidelio Schmutz-Finke* gesprochen, sein Chorwerk *O Herzland Böhmen*, einen Hymnus auf Böhmens Befreiung, dadurch in den Schmutz gezogen, daß sie, in bösartiger kulturbolschewistischer Absicht, dem Titel *O Herzland Böhmen* den unsinnigen Zusatz: *Land am Meer* beigegeben habe; ferner habe sie sich durch die Äußerung, der Tag werde kommen, an dem die auf der Prager Burg gehißte Reichsfahne nur noch ein Fetzen im Sturm sein würde, vollends ihrer Rechte und der Zugehörigkeit zur Volksgemeinschaft begeben.

Ohne daß sie auf oder außerhalb der Bühne etwas Böses getan hätte, wurde die Breslauer Königin der Nacht während einer Sonntagnachmittagsvorstellung als sie, unter Feuer und Rauch der Verdammnis überantwortet, hinter die Kulissen taumelte, von dort wartenden Beamten der Geheimen Staatspolizei in Gewahrsam genommen; die Zivilen hatten sich schon vor dem letzten Auftritt der Königin der Nacht, während noch Tamino zu den Schreckenspforten geleitet worden war, um den Gang durch Feuer und Wasser zu wagen, im Theater verteilt. Die Königin der Nacht wurde ins Kulissendepot gebracht, wo ihr eine vom Inspizienten gegen sie vorgebrachte Anschuldigung eröffnet wurde, nämlich daß sie sich wiederholt über den nationalsozialistisch-visionären Gehalt der Zauberflöte, namentlich über die Lichtgestalt des Sarastro, lustig gemacht habe, Sarastro müsse mit Doppel-R und Doppel-S, also Sarrasstro, geschrieben werden, damit die Gedankenverknüpfungen *Arrest*, auch, englisch – englisch! –: *Ass*, oder, französisch – französisch! –: *Assassin* deutlich würden; und daß sie, schlimmer noch, gesagt habe, der Krieg wäre längst verloren, also Wehrkraftzersetzung und Feindbegünstigung betrieben habe.

Als die Königin der Nacht in der Salzburger Festaufführung – der Premiere hatten höchste Gau- und Reichsfunktionäre in einer Ehrenloge beigewohnt – nach der letzten Vorstellung, von der Vorsehung in ewige Finsternis verbannt und wie vom Blitz erschlagen auf den Bühnenboden hingesunken, das Theater verlassen wollte, wurde sie daran lediglich von Opernfreunden, die sie um Autogramme baten, für kurze Zeit gehindert. Am Morgen des darauffolgenden Tages jedoch erhielt sie in ihrem

Hotelzimmer ungebetenen und groben Besuch. Polizeibeamte eröffneten ihr Verhör mit der Frage, wo und mit wem sie, die Sängerin, die Nacht nach der Premiere verbracht habe. Da die Antworten: Alleine in ihrem Hotelzimmer, und: Daß das die Herren wohl kaum etwas anginge die Schergen nicht zufrieden stellten, sie vielmehr zu einer immer bedrohlicheren Haltung veranlaßten, erklärte die Sängerin, sie habe die Nacht in ihrem Hotelzimmer mit einer hochgestellten Persönlichkeit des Reiches zugebracht, die sich an jenem Abend zum Zeichen der Verehrung mit Blumen in der Garderobe eingefunden habe, und in deren Schutz sie sich befehlen werde, wenn die Herren nicht augenblicklich das Zimmer verließen. Die Geheimen blieben davon unbeeindruckt und gingen nicht, im Gegenteil, sie versicherten, gerade zum Schutz jener hohen Persönlichkeit diese Amtshandlung zu führen. Ihnen sei nämlich Ungeheures hinterbracht worden: Sie, die Königin der Nacht, habe in der Garderobe, vor einer Vorstellung, ihrer Bühnentochter Pamina, hinter vorgehaltener Hand und unter großem verächtlichem Gekicher, von ihrer Nacht mit Reichsleiter Bormann erzählt, doch nicht nur das, wenngleich schon schlimm genug, nein, sie habe sich zu einer Behauptung verstiegen, die im gelindesten Fall an ihrem Verstand zweifeln lasse, daß nämlich, man wage gar nicht es laut zu wiederholen, Reichsleiter Bormann Jude wäre, er wäre nämlich – *beschnitten*, Bormann, beschnitten! brüllte der Wortführer plötzlich mit hochrotem Kopf, das werde die Sängerin teuer zu stehen kommen, eine Königin der Umnachtung wäre sie, wenn sie solches verbreite! Nun, die Maskenbildnerin sei auf der Hut gewesen, sie habe alles belauscht, alles gehört, und unverzüglich die Behörde davon in Kenntnis gesetzt.

In Aachen kam es an einem Winterabend, kurz vor Schluß der Zauberflötenvorstellung, zu folgendem, kaum bemerkten, diskret inszenierten Zwischenfall. Während die Königin der Nacht auf der Bühne noch ihre Koloraturarie »Der Hölle Rache kocht in meinem Herzen« meisterte, durchsuchten einige Herren in Ledermänteln die im ersten Stock des Theaters gelegene Garderobe der Sängerin, was, nach einem vertraulichen Hinweis des zweiten Kapellmeisters, mit Billigung des Intendanten und des Staatskapellmeisters geschah. Eine Stunde zuvor schon, als auf der Bühne Sarastro die Priesterschaft des Sonnenkreises versammelt hatte, hatten die Beamten die Privatwohnung der Sängerin durchwühlt. Nach den Schlußvorhängen, während der eiserne Vorhang langsam niederging, wurde die Sängerin unter der Beschuldigung, sich mit gefälschten Nachweisen die Zugehörigkeit zur Reichsmusikkammer und zur Deutschen Volksgemeinschaft erschlichen zu haben, verhaftet und fortgebracht.

Ein als Liebhaber abgewiesener, aus gekränktem Stolz auf Vergeltung sinnender Korrepetitor am Regensburger Stadttheater sollte der dortigen Sängerin der Königin der Nacht zum Verhängnis werden. Der Korrepetitor hatte bei seinem Liebeswerben, das sich mehr und mehr in heimliche eifersüchtige Überwachung der alleinstehenden Sängerin wandelte, Wahrnehmungen gemacht, die vermuten ließen, daß es mit der Wohnung der observierten Geliebten eine verdächtige Bewandtnis habe, deretwegen sie ihm die begehrten Früchte der Nacht so beharrlich vorenthalten haben mochte. Tatsächlich hatte er einmal nachts einen Mann beobachtet, der eilig, ohne im Flur das Licht eingeschaltet zu haben, das Haus verlassen hatte und in ein wartendes Lastauto gestiegen war, das sich in rascher Fahrt entfernt hatte; gleichzeitig hatte sich, in der dunklen Wohnung der Sängerin, hinter einem Fenster ein Vorhang, wie beiseitegeschoben, bewegt. Bald darauf ging bei der Geheimen Staatspolizei ein telephonisch vorgebrachter anonymer Hinweis, die Sängerin betreffend, ein. Eines Abends, während die Königin der Nacht auf der Bühne gerade die Arie »Oh zittre nicht, mein lieber Sohn« sang, befragte die Geheimpolizei Wohnungsnachbarn der Sängerin; während die Königin der Nacht die Treppe zu einer Nebenpforte des Tempels hinaufschlich, um, von Donner und Blitz empfangen und vom Orkus verschlungen, hintenüber ins Nichts, auf hochaufgeschichtete Matten und Pölster zu stürzen, waren die von den Befragungsergebnissen außerordentlich zufriedengestellten Beamten – ein Zahnarzt und SS-Scharführer Coldewey vor allem hatte sie mit wertvollen Hinweisen bedient – schon unterwegs zum Theater. Die Königin der Nacht wurde beim Verlassen des Hauses am Bühneneingang festgenommen, wegen Beihilfe zur Flucht eines gesuchten Staatsfeindes und Volksschädlings. Der Korrepetitor, dessen Warnungen die Sopranistin mit dem Bemerken, er wolle sich als Retter nur ihrer Dankbarkeit versichern, oder sich einfach wichtig machen, in den Wind geschlagen hatte, ließ sich darauf im Theater einschließen und stürzte sich vom höchsten Punkt des Schnürbodens auf die Bühne, wo er während der Nacht seinen Verletzungen erlag.

Die Königin der Nacht und der Mohr Monostatos der Grazer Kraft-durch-Freude-Gemeinschafts-Zauberflöte waren mit einem Sängerehepaar besetzt worden. Als die beiden eines Abends, wie geblendet, Sieg des Geistig-Männlichen über das Chtonisch-Weibliche, in den Bühnenhintergrund torkelten, taumelten sie, zur Überraschung der Frau, zum Entsetzen des Mannes, geradewegs in die Hände steirischer Staats- und Sittenpolizisten von gewaltigen körperlichen Ausmaßen, die jene für verhaftet erklärten, den Monostatos wegen Rassenschande, die Königin der Nacht wegen möglicher Mitwisserschaft. Der Wortführer der Kolosse zog zum Beweis einen an den Sänger des Monostatos adressierten, von einem Spitzel im Theater, jemand mußte den Mohren verraten haben, abgefangenen Brief hervor: Ob die werte Frau Gemahlin wirklich keine Ahnung habe davon, daß der Herr Mohrenhäuptling seine Neger- und Verräterrolle so genau nehme, daß er Bühne und Wirklichkeit nicht mehr auseinanderzuhalten wisse und es, gleich und gleich geselle sich, mit einer *Zigeunerin* treibe, getrieben habe, um genau zu sein, denn damit habe es jetzt ein Ende, außer, der Herr führe, zu seiner wirklichen *Königin der Nacht*, wie er die Zigeunerhure in einem Brief genannt habe, ins Lager Lackenbach; dort allerdings würde das besagte Organ, die, Gelächter, *Zigeunerfut* für andere, *höhere*, Lachen, *Zwecke* gebraucht ...; in der Tat sollte die Frau für Sterilisationsversuche mit der südamerikanischen *Schweigrohr*pflanze, *Caladium Seguinum*, durchzuführen von einem ausgewählten Ärztestab in Zusammenarbeit mit dem pharmakologischen Institut, und, nach deren Fehlschlagen, für Versuche mit Röntgenstrahlen ausgewählt werden. – Die Sängerin der Königin der Nacht, über den angeblichen Ehebruch weniger bestürzt als über die ekelhaft steirische, gewalttätige Art der Vorhaltungen, durfte schließlich die Garderobe aufsuchen; der Monostatos aber wurde zu einer ersten Einvernahme in den Theaterkeller verbracht, wo er von den Beamten Müller und Aurich auf das schwerste mißhandelt wurde.

Die Prager Königin der Nacht, in der Versenkung verschwunden – Donner und Blitz, ewige Finsternis – und kurz darauf von Männern in Straßenanzügen in ihrer Garderobe festgenommen und verhört, wurde anschließend in einer Limousine ins Hauptquartier im Hotel Eden gebracht, dort in eine Zelle geschlossen und, im Lauf der nächsten Tage, von einem Doktor Groß auf eine Geisteskrankheit, ein Nervenleiden hin untersucht. Zur Überstellung in eine Nervenheilanstalt, in eine *Irrenanstalt Cholm*, wie behauptet wurde, wurde die Sängerin eines Morgens in einen als Rotkreuzwagen nur nachlässig getarnten Vergasungswagen gezerrt; in diesem sogenannten S-Wagen fand sie, auf einer Fahrt ins Blaue, den Tod.

Die Königin der Nacht der Breslauer Zauberflöte, Feuer und Rauch, Verdammnis, während einer Sonntagnachmittagsvorstellung in Haft genommen und im Kulissendepot einem ersten Verhör unterzogen, wurde anschließend wieder auf freien Fuß gesetzt, um einige Stunden später, bei Vorbereitungen zu überstürzter Flucht betreten, in ihrer Wohnung erneut verhaftet, ins frühere Strafgefangenenhaus überstellt und dort wegen Wehrkraftzersetzung und Feindbegünstigung hingerichtet zu werden.

In Salzburg, am Vormittag nach der letzten Vorstellung der Festaufführungs-Zauberflöte, ewige Finsternis, Verbannung, wurde die Königin der Nacht, in ihrem Hotelzimmer von drei

Zivilen überfallen, nach einem heftigen Wortwechsel in Gewahrsam genommen und, um Aufsehen zu vermeiden, durch einen Lieferanteneingang abgeführt und ins Hauptquartier der Geheimen Staatspolizei im Kloster Sankt Peter verbracht. In den nun folgenden Verhören wurde das Delikt bald als Unaussprechlichkeit, bald in wütend erörterten Einzelheiten als Verschwörung, deren Hintermänner und Drahtzieher die Sängerin, wenn ihr das Leben lieb sei, bloß preisgeben möge, verhandelt. Nachfragen besorgter Künstlerkollegen wurden mit unmißverständlichen Drohungen abgewiesen. Was mit der Salzburger Königin der Nacht weiter geschah, kann nur vermutet werden; Tatsache ist, daß entfernte Verwandte der Sängerin etwa ein halbes Jahr später eine amtliche Benachrichtigung erhielten des Inhalts, die Sängerin sei auf der Reise nach Theresienstadt einer Lungenentzündung erlegen.

Die Spur der Königin der Nacht in Aachen, die unter der Anschuldigung, entscheidende Zugehörigkeiten sich erschlichen zu haben, mit Billigung der Theaterleiter, während der eiserne Vorhang niederging, verhaftet und an einen unbekannten Ort verbracht wurde, die Spur jener Sängerin verliert sich am Bühneneingang; einer Mutmaßung zufolge soll die Sängerin im Lager Natzweiler umgekommen sein, nach einer anderen Vermutung soll ihr über Casablanca die Flucht nach Südamerika geglückt sein.

Aufgrund einer Denunziation eines ohne Hoffnung auf Gehör verliebten Korrepetitors wurde die Königin der Nacht der Regensburger Zauberflöte, Treppe ins Nichts, unter dem Verdacht der Beihilfe zur Flucht eines Staatsfeindes festgenommen und ins Gefängnis eingeliefert. Während der über die Nacht sich hinziehenden Einvernahmen, den Aufenthaltsort des Volksschädlings betreffend, machte sich die Sängerin eine kurze Unaufmerksamkeit der ermittelnden Beamten zunutze und sprang, ohne auch nur eine Einzelheit preisgegeben zu haben, aus einem Bürofenster in den Tod.

Die Sängerin der Königin der Nacht, die, zusammen mit ihrem Mann, dem Sänger des Monostatos, in die Grazer Kraft-durch-Freude-Zauberflöte, Sieg des Geistig-Männlichen über das Chtonisch-Weibliche, steirischen Staats- und Sittenpolizisten in die Hände gefallen war, durfte, während ihr Mann, noch *als Mohr* geschminkt, was zu zusätzlicher böswilliger Belustigung Anlaß gab, im Theaterkeller, unter schwersten Mißhandlungen, von den Beamten Müller und Aurich zur Anschuldigung der sogenannten Rassenschande mit einer Zigeunerin, Lager Lackenbach, Unfruchtbarmachung, Schweigrohr, einvernommen wurde, unter Bewachung ihre Garderobe aufsuchen, um sich umzuziehen. Sie wurde in weiterer Folge auf freiem Fuß belassen, sollte allerdings ihren Mann, den Monostatos, dessen späterer Abtransport in ein Lager in Grazer Theaterkreisen durchaus gutgeheißen wurde, nie wieder sehen. Die Sängerin geriet daraufhin in eine Nervenkrise, konnte keine Opernbühne mehr betreten und keine Koloraturen mehr singen; sie fristete fortan als Liedsängerin, vornehmlich von Liedern der steirischen Tonschöpfer Hugo Wolf und Joseph Marx, ihr Dasein. – Ihr Mann, der Grazer Monostatos, wurde nach einiger Zeit vom Hauptlager, in das er eingeliefert worden war, in ein heute vergessenes, damals berüchtigtes Außenlager am südlichsten Rand des Reiches zum Stollenbau abkommandiert. Dort wurde er eines Nachts, außerhalb des Lagerzauns, bei einem Fluchtversuch, wie behauptet wurde, erschossen. Beim Ermordeten fand sich ein Stück Papier mit folgenden Notizen:

Die Baracken der beiden Lager befinden sich neben den Stolleneingängen, diesseits und jenseits des Gebirges, an der alten Paßstraße. Das Lager am Nordportal des künftigen Tunnels ist kleiner als das am Südportal gelegene. Im Südlager sind die Büros der Kommandantur untergebracht, der Kommandant des Südlagers ist dem Kommandanten des Nordlagers vorgesetzt; dieser eigentliche Lagerkommandant heißt Winkler, er ist ob seiner Strenge gefürchtet. Post, Lebensmittel, sonstiger Nachschub, auch neue Häftlinge kommen über den Ort Neumarktl, den Endpunkt einer Eisenbahnlinie unten im Tal. Die Wachmannschaften tauschen bei den Bauern Seife und Matratzen gegen Schnaps ein. Manchmal, des Nachts, werden Häftlinge mit Hunden über die Lagergrenze gejagt, um dann hinterrücks auf der Flucht erschossen zu werden. Und doch, es wäre vielleicht durchzustehen, wenn ich eines nur wüßte: Was geschah mit ihr, der Königin der Nacht?

Marie-Thérèse Kerschbaumer
Tonschi

MÜCK, ANTONIE
geschiedene Ludsky, geborene Pospichal
Arbeiterin aus Wien
geboren: 4.6.1912
verhaftet: 17.6.1941
verurteilt: 27.8.1942, zusammen mit
neun Kampfgefährten aus Wiener Betrieben
geköpft: 10.11.1942

Liebe Eltern, ich sitze in der Zelle, der Tag ist gekommen, ich sitze seit Wochen und heute besonders in Gedanken bei Euch. Liebe Eltern, ich sitze in der Zelle, vor mir liegt ein blasses Blatt Papier, für meinen letzten Brief, den fürs Leben, den Brief vor dem Tod. Liebe Eltern, ich bin dreißig geworden, dreißig Jahre, vier Monate und sechs Tage, heute ist der letzte gekommen. Liebe Eltern, Seff, meine Erika, Geschwister, Menschen, der Tag ist gekommen und ich bin ganz ruhig. Vorbei ist die Zeit des Bangens, Schreckens, der Verzweiflung, der Hoffnung, vorbei die Zeit der Fragen, was wissen sie bereits, sind die anderen hochgegangen, wieviele von uns, wer hat gestanden, wer hat die Nerven verloren, wer ist schon tot. Vorbei das Bangen um das Strafausmaß, und, als es die Höchststrafe ist, wird der Krieg aus sein, ehe die Reihe an mich kommt? Liebe Eltern, ich bin ganz ruhig, der Tag ist gekommen, ich wünsche mir nichts als die Zeit, einen langen Brief an Erika zu schreiben, einen Brief, der ihr alles vermittelt, der mein Leben in sich birgt, meine Erfahrungen, meinen Glauben, unseren Kampf und unsere Zuversicht, daß dies alles, die Nacht des Faschismus, bald vorbei ist und Österreich frei in einer friedlichen Welt.

Liebe Eltern, ich sitze in der Zelle, ich bin dreißig geworden, dreißig und einige Wochen und Tage, die Zeit eilt, sie tropft von den Wänden, sie raschelt im Stroh, sie sickert aus den Gräbern, sintert durch die Jahre, zerstäubt auf den Lippen, versprüht an einem Februartag. Liebe Eltern, die Zeit, das Gold der Armen, rauscht in unseren Liedern, braust in unseren Schriften, fegt donnernd über den Abgrund, denn die Zeit ist mit uns. Eltern, Geschwister, Menschen, die Zeit heilt nicht Wunden, dazu fehlt ihr die Zeit, sie strömt, fließt, tritt aus, läuft dahin, rollt davon, reißt mit, hebt auf, trägt weiter, entgleitend, ziehend, ein Blutstrom, austretend aus mir, Leben austreibend, Leben auswerfend, hervorbringend, die Zeit, aus mir heraus fließt Zeit, ein wirbelnder Sturzbach, unaufhaltsam, Kraft, unsagbar, rot!

Liebe Eltern, Ihr habt keine Ahnung von dem, was wir wissen, es ist besser, Mutter, daß Du es nicht weißt, nur der Brief an Erika, ich muß ihn beginnen, den Brief, der die mächtigste Kampfgefährtin für sich will, die Zeit! Ein Brief, der die Zeit überwindet, selbst Zeit wird, Geschichte, Kraft, Volk wird, ausgesandt, die Tochter zu umfangen, einzubetten in den Schoß der Zeit, einzubetten in den Schoß Zeit, ein Brief, der vor uns beginnt, mit der Reihe der werktätigen Ahnen, hinausreicht über uns, ein Geleitbrief kommender Tage, kommender Friedenslegionen.

Liebe Eltern, Seff soll mir alles verzeihen, was er durch mich hat mitmachen müssen, es war gewiß nicht wenig. Seff, mein Lieber, ich schreibe Dir nicht, wir kennen uns so, es bedarf keiner Worte, Seff, wenn Du dort in den Prateraurn mit mir warst, Seff, ich sage mit mir, wenn auch die andern dabei sind, Deine Schultern, Deine Haut, der Duft der Sommer 1938 bis 1940. Seff, ich schreibe Dir nicht, wir sind stark, wir haben die Sonne gesehen, wir waren bereit, es kamen die härteren Tage, Seff, Deine guten, jetzt rissigen Hände, das rote Halstuch auf der bloßen Haut stand Dir gut. Du warst von uns allen der sicherste Schwimmer, das Lachen über den verschreckten Schupo zu Pferd, wir trafen uns heimlich, Seff, mit den Augen, Seff, wenn die Feuer brannten und die Mücken flirrten in der Lobau. Faltboote, bei Langenlebarn zu Wasser gelassen, Seff, weißt Du noch, *Brüder, zur Sonne, zur Sonne,* es brannte im Rücken und vor Wien wars schon kühl.

Seff, mein Lieber, ich schreibe Dir nicht, es braucht keine Worte, Du weißt, wir sind innig vereint, in diesen Mauern, die naß sind von Tränen und drückend von Herzeleid. Ich habe es dem Priester gesagt, ich brauche keinen Trost mehr, reden wir von etwas anderem, reden wir von der Zukunft, hab ich gesagt. Seff, wir haben uns ohne Worte verstanden, bitte verzeih. Seff, wir sind einfache Menschen, Du weißt, wir haben nicht so viel gelesen, wie es anderen vergönnt war, und wenn wir auch Schriften für den Lit-Apparat besorgten, so ist Bildung erst recht eine Klassenfrage geblieben; und so viel ich auch in der Schule zu lernen versuchte, hab ich doch von der Bildung nur die Fetzen und Lumpen sortiert fürs Papier bei Bunzel und Biach, wo sich unsere Genossin so infiziert hat, erinnerst Du Dich, fürs Papier, das der Klassenfeind jetzt für seine Lügen gebraucht. Wenn wir auch in Stadlau unsere Zeitung zuletzt selbst produzierten, so war der Kampf für den Frieden für mich zugleich ein Kampf für mein Recht und Deines und unserer Kinder auf Bildung. Darum verlaß Erika nicht, sie hat nach mir nur noch Dich.

Liebe Eltern, ich sitze in der Zelle, vor mir ein schmales, blasses Blatt Papier, habt Dank für die Liebe und Treue, das Foto, die vertrauten Gestalten, das schöne Tisch-Arrangement, die festliche Stimmung. Du hast es immer verstanden, Mutter, Deinen Kindern ein gutes Zuhause zu geben, um 19 Uhr, Mutter, ist alles vorbei. Mutter, wir waren so viele, Du weißt, ich hätte so gerne gelernt, seid nicht traurig, Ihr habt ja noch so viel andere Kinder und Poldi, der auch einmal sicher bei Euch sein wird. Hier habe ich eine junge Frau getroffen, ihr Freund war Soldat, er ist desertiert, und sie hat ihn zu verstecken versucht. In der Schiffamtsgasse haben wir es leicht gehabt, die Isolierhaft war eine gute Schulung für uns, wir waren niemals allein. Vater, denk Dir, fast alles Frauen unserer Bewegung, eine jede von uns aus der Partei. Vater, ich würde Dir gerne die Zeichnung machen, das Rechteck der Zellen um den Innenhof, an dessen äußerer Front die Treppe heraufführt. Das Gitter zum Stiegenhaus knarrte zum Glück, so haben dem Gestapobeamten seine Filzstiefel gar nichts genützt. Grete Jost auf der einen, Grete Schütte auf der anderen, Poldi Kowarik und Hedy Urach, unser ZK-Mitglied, auf der drüberen Seite, trommeln: sie kommen, sie kommen. Denn wir stehen am Fenster, es gibt eine Pritsche und das Waschbrett, ein Holzbrett für Wäsche, auf die Kante des Bettes und an die Wand gelehnt, die Zehen um die aufgestellte Brettkante klammern, so reicht man genau mit der Nasenspitze ans Fenster und gibt einander per Fingersprache Zeichen, eine von uns hält ganze Vorträge so. Kommt eine Neue und weint und schreit, dann zehrt das an den Nerven; wir sind wie auf Messers Schneide, unsere Zehen sind wie auf Messers Schneide, Messer und Fallbeil, wenn eine tagelang schreit, dann wissen wir, sie ist nicht von der Partei oder zumindest nicht lange. Es braucht viel Geduld und Zeit, so eine Verschreckte zu schulen, die Wände sind dabei Hindernis und Hilfe zugleich. Als die Südamerikanerin links außen von ihrem Konsul befreit wird, weil sich die Gestapo schon einen Schlupfwinkel für ihr unausweichliches Ende sichert, gebe ich nach Gretes Zeichen die Losung weiter und wir rufen, als sie durch den Hof geht und das Hoftor erreicht, aus allen Fenstern im Chor: Auf Wiedersehen in der Freiheit! Auf diesen gemeinsamen Ruf sind wir heute noch stolz.

Liebe Eltern, habt Dank für die Liebe und Treue, ich kann Euch nicht sagen, wie oft ich am Tage das Bild mir noch ansah, zumindest einmal am Tag, zumindest im Geiste. Vater, Du bist in den letzten Wochen gealtert, Mutter, Du sollst mehr auf Dich schaun. Erika, Kind, was wird in der Schule mit Dir sein, ich konnte Dir das nicht geben, was ich immer schon wollte. Mein Kind, das Rad gehört Dir, alles andere Deinem Vater, meinem Mann Josef Mück, er soll damit tun, was er glaubt, nur, verlaß Erika nicht, verlaß sie nicht.

Schwestern, Freunde, verzeiht, wenn ich nicht immer so war, wie ich hätte sein sollen, bitte tragt mir nichts nach. Es war diese schreckliche Frühschicht, der Geruch im Fetzenlager, der Staub, wo sich Anni schon infiziert hat, das ewige Bücken in Zugluft und Kälte. Wenn ich täglich mit dem Rad von der Siedlung Am Riss meinen Weg fuhr, der Nebel vom Marchfeld über Aspern heraufzog, lösten sich eilig die Schatten aus den Parzellen, dort und da glitt ein Fahrrad über den Feldweg, auf das Mühlwasser zu und hinauf zum Damm Kaisermühlen. Da hatte ich oft die Vision eines Sonderappells. Eine Maikundgebung wie vor dem Vierunddreißigerjahr. Kaum ist die Kettenbrücke im Nebel zu sehen, die keinen Blick auf das Zentrum, den Stephansturm, freigibt. Schwestern, in den langen Nächten dieser kalten Mauern kamen Legionen aus dem Nebel hervor, geknechtet, in Ketten geschmiedet, Genossen, auftauchten sie aus allen Kontinenten, schwarze, gelbe und noch nie geschaute Völkerschaften, stumm stehend auf der Brücke, reckten die Hände in Ketten, die Fäuste geballt. Stumme Gesichter rufen und rufen mir zu und ich höre nicht was. Ich fahre über die Brücke, Fäuste in Ketten zerren mich scheinbar vom Rade, ich trete in die Pedale und fahre voran, zum Handelskai ins Lumpendepot, meinen Arbeitsplatz.

Dort warten die Männer der Gestapo auf mich, und diesmal zerren sie mich wirklich vom Rad, und gleich beginnt das Verhör und dann durch die Gefängnisse Wiens. Fast jede Nacht derselbe Traum, und ich fühle ihr Rufen deutlicher und ihr Drängen dringlicher, doch ich kann sie nicht hören. All die Monate, die ich im Gefängnis verbringe, hoffte ich fest, ich käme mit dem Leben davon. Als es das Todesurteil war, begriff ich, was die Genossen mir zuriefen, daß sie mich zu sich riefen.

Poldi, Bruder, Du bist sicher einmal wieder bei den Eltern, schau auf die Noten von Erika und gib ihr etwas für ihre Einser. Behaltet mich lieb, seid nicht traurig und denkt auch manchmal noch an mich. Aber das Wichtigste ist Erika, ich konnte sie nicht mehr begleiten, und als kleines Kind, da hatte ich auch nicht so viel Zeit für sie. Bruder, es kommt darauf an, daß sie die Wahrheit erfährt über uns, daß sie unsere Gedanken weiterträgt. Das kann sie vielleicht besser und überzeugender als wir, wenn sie Gelegenheit hat, sich weiter zu bilden. Wenn der Krieg aus ist, soll sie in eine Schule gehen, sie soll sich einsetzen, soll verhindern helfen, daß es solche Arbeitsbedingungen gibt. Sie soll einen Beruf lernen und kämpfen, daß das Unglück des Krieges niemals vergessen wird, auch nicht diejenigen, die das angezettelt haben. Kämpft, daß so was niemals wiederkommt, das bitte ich Euch.

Liebe Eltern, ich sitze in der Zelle, vor mir ein blasses, bleiches Blatt Papier, der Tag ist gekommen, um 19 Uhr ist alles vorbei. Wir sind hier sehr ruhig, ich habe mit dem Priester geredet, hab ihm meinen Traum erzählt. Wir haben von der Zukunft gesprochen. Monsignore Köck ist ein anständiger Mensch, er hat mir versprochen, Euch meinen letzten Willen mitzuteilen, auch wenn ich nicht mit ihm die kirchlichen Dinge reden wollte. Liebe Eltern, ich sitze in der Zelle, ich hätte noch gerne gelebt, ich versuchte, mein Bestes zu geben, gewiß war Verrat mit im Spiel, wie konnte es kommen, daß sie unsere Gruppe zerschlugen. Wer von uns zum Arbeitsdienst mußte, kommt jetzt zum Glück mit dem Leben davon. Liebe Eltern, wer schreibt die Geschichte der Einzelzellen in der Schiffamtsgasse. Wer schreibt die Geschichte der Zellen im vierten Stock, alle politisch, alle Todeskandidaten, auch die auf Begnadigung hoffen. Liebe Eltern, ich sitze in der Zelle, und ich denke an die Familien der Genossen, die mit mir das Urteil hörten, *zum Tode und ehrlos auf Lebenszeit*. Liebe Eltern, es tut gut, in diesen Zeiten ehrlos zu sein, doch ich denke an die Familien, an die Tränen und Opfer, das viele Geld, das Ihr umsonst für mich noch ausgegeben habt.

Liebe Eltern, Max Schädler und Andreas Morth, die die Schriften bei mir abholten, die ich beim »Bartele« holte. Alfred Svobodnik, Johann Hojdn und Alfred Stelzhammer, auch der Stelzel Franz, das Kind ist noch klein, er hat die Reinschriften hergestellt, an Felix Pfeiffer, der die Matrizen schrieb, an den Obergefreiten Josef Leeb und den Lederarbeiter Franz Mitterndoffer.

Liebe Eltern, der Saal war mit blutroten Tüchern verhängt, damit wir uns fürchten, ihr durftet nicht dabei sein, und unsere

Taktik war, rettet Euch, rettet und spart Euch auf für den Kampf. Wir betraten den Saal. Es war wie ein Schauspiel, kein gutes, der Richter hat wie verzweifelt geschrien, wenn ein Genosse vor Schwäche zu leise geantwortet hat. Liebe Eltern, ich bin froh, daß von zu Hause keiner dabei war, ihr hättet den Anblick Euer Lebtag nicht mehr vergessen. Liebe Eltern, wir konnten einander kaum noch erkennen, blaß, abgezehrt und von Schlägen entstellt. Liebe Eltern, sie haben unsere Schriften gefürchtet, armes Papier, in den Gärten nachts händisch bedruckt. Diese scheinbar so hohen Studierten strafen unsere Schriften mit Blut, mit dem Tod. Eltern, sie fürchten ein schreibendes Arbeiterkind. Liebe Eltern, bei Schlosser Franz Stelzel fanden sie die »Mercedes Superba« und das Rundfunkgerät, das die Stadtleitung beistellte. Beim Maschinisten Johann Hojdn die Schallplatten – Internationale, Marseillaise, Sozialistenmarsch, Brüder zur Sonne. Am meisten traf sie der Brief eines jungen Arbeiters an einen NS-Kameraden, das Flugblatt wurde beim Gerbermeister Alfred Goldhammer entdeckt.

Liebe Eltern, es war ein blauer Augusttag, am Gänsehäufl lag man wohl noch bis spät am Strand, ein Gras nur von dort, einen Halm wenn wir hätten, es ging alles sehr rasch, Türenschlagen. Hämmer-Klopfen, der Richter kreischt, wir haben, so gut wir konnten, geleugnet, unser Tod war jedoch beschlossene Sache. So kam ich nicht wieder in die Schiffamtsgasse zurück. Jetzt ist grauer November und die Saatkrähen bevölkern die Äcker um Wien. Wer mit ihnen im Frühjahr nach Osten ziehen könnte und wiederkehren mit der Roten Armee.

Seff, ich schreibe Dir nicht, es ist keine Zeit mehr, die hat sich zusammengezogen, sie kauert vor mir, ein Berg aus der Papierfabrik. Seff, nur einmal mit Dir und Erika auf dem Rad durch den herbstlichen Prater zu fahren, das verschiedene Grün, das leuchtende Gelb, tiefrote Brombeersträucher und das Rot der Vogelbeere im Busch und dann der blühende Schilf. Ich hab schon gespart, die Genossin aus Kaisermühlen hat mir ein Kinderfahrrad gewußt, aber es hat nicht sollen sein, so bekommt Erika mein Rad, alles andere gehört Dir.

Liebe Eltern, Geschwister, Freunde, Menschen, die Zeit, das Gold der Armen, liegt als Lumpenbündel vor mir. Sie stiehlt sich davon, schleicht mir aus den Augen, entgleitet mir unter der Hand, vor mir ein armes, blasses Blatt Papier. Sie sollen mich furchtlos sehen, besser aufrecht sterben als auf Knien leben, die Zeit, die Zeit, ich seh sie erstehen, unsere Zeit, aus Lumpen und Trümmern, ich sehe Millionen marschieren auf goldenen Straßen, Brüder, Schwestern, zur Sonne, zur Freiheit, in der friedlichen Welt.

Liebe Erika!

Ich schicke Dir viele, viele Grüße und Bussi. Liebe Erika, ich habe nicht vergessen auf Deine Einser, ich habe gesagt, daß ich Dir für jeden, den Du bekommst, 10 Pf. geben werde, ich werde Dir deshalb die 40 RM geben, die ich noch habe, und dann wird Dir für jeden weiteren Einser der Onkel Poldi oder eine von Deinen Tanten das Geld geben. Also sage ich Dir deshalb, sei recht brav und schaue, daß Du recht viele Einser bringst, dann hast Du auch wieder Geld. Servus, mein kleines liebes Mauserl.

Fritz Kalmar
Mei Zwölferl und i

»Und wie vertragen Sie das Klima?« fragte ich den großen, dicken Mann, den meine Frau und ich in La Paz eben kennengelernt hatten. Dies ist so ziemlich die häufigste Frage in der bolivianischen Stadt, die, 3700 Meter hoch gelegen, an die Gesundheit gewisse Anforderungen stellt. Den Dicken hatten wir als Landsmann kennengelernt, die übliche Erkundigung nach seiner Gesundheit war geboten.

»I wer' Ihna was sagen«, erwiderte er in klarem Wienerisch, »in Purkersdorf hab' i mi besser g'fühlt. Hier – na ja, es is net guat und es is net schlecht. Wir zwa schlagen uns halt grad a so durch.«

In der Annahme, daß er von seiner Frau spreche, fragte ich auch nach ihrem Befinden.

»Ah, meiner Frau geht's großartig«, sagte er, »die waaß überhaupt net, was a Klima is, die lebt das ganze Jahr in Cochabamba und dort is des ja viel besser. Aber wir, wir kommen doch immer wieder nach La Paz, da is manchmal kalt, des is net guat für uns. Und hier muß i im Restaurant essen, und da passiert halt immer was, auch wenn man noch so scharf aufpaßt. Ich paß ja auf ihn auf, aber er paßt auf mi noch vül mehr auf. Wir san a schön's Paarl, wir zwa.«

Es war ein wenig verwirrend. Was hatte die Höhenlage von La Paz, die Ursache so vieler Beschweren, mit einem Restaurant zu tun und was hieß »wir«?

»Verzeihen Sie, Herr Hofbauer«, sagte meine Frau. »Von wem sprechen Sie? Haben Sie einen Bruder, der Sie begleitet?«

»Ein' Bruder?« fragte er erstaunt. »I hab' an Bruder, aber der lebt in Australien, ziemlich weit, aber vielleicht wissen S' eh, wo des liegt. Er schreibt mir allerweil, i soll hinkommen. Aber wie kommen Sie auf mein' Bruder?«

»Ja, Sie reden doch immer in der Mehrzahl, immer per ›wir‹. Wer ist es denn?«

Er sah uns verständnislos an.

»Herr Hofbauer«, sagte ich, »Sie sprechen doch immer von zwei Leuten. Sie sagen, daß Sie auf ihn aufpassen, er auf Sie – wer also? Wer ist das ›Paarl‹, von dem Sie sprechen?«

»Na ja, des is doch klar«, antwortete er. »Mei' Zwölferl und i.«

»Wer?« fragten meine Frau und ich gleichzeitig.

»Mei' Zwölferl und i«, wiederholte er. In seiner Stimme lag größtes Erstaunen darüber, daß man etwas so Selbstverständliches nicht gleich erfaßt habe.

»Ihr Zwölferl?«

»Ja, natürlich mei' Zwölferl. Mein ›ulcus duodeni‹, wenn Sie's auf nobel hören wollen. Sie glauben doch hoffentlich net, daß i jedesmal, wenn i von eahm red', ›mein Zwölffingerdarmgeschwür‹ sagen wer'. Wir kennen uns scho lang gnua, daß er mir diese Intimität net übel nimmt.«

»Ach so«, lachte meine Frau. »Einen ulcus – kennen wir.«

Er blickte sie starr an. »Wieso denn? Haben Sie am End' – am End' auch –?«

»Freilich. Seit meiner Jugend.«

Ein Leuchten ging über sein Gesicht. Er strahlte, als hätte er eine lang vermißte Geliebte plötzlich wiedergefunden. Beide Hände streckte er meiner Frau entgegen.

»Gnä' Frau«, rief er bewegt, »gnä' Frau, das is aber eine unerwartete Freud' – also – na so was –« und er beugte sich über ihre Hand, um sie zu küssen.

»Also, gar so eine Freude ist das nicht«, meinte sie. »Ich könnte darauf verzichten.«

»Nein, nein, ich meine die Freud', eine Schicksalsschwester zu treffen«, erklärte er eifrig, und sein rundes Gesicht wurde doppelt so breit. »Was red' i – a Freud' – eine Ehre ist es mir, meine Gnädigste«, er sprach jetzt ein gequältes Hochdeutsch, »eine Ehre, jawohl, für uns beide, daß wir eine so reizende Kollegin finden!«

»Sie beide, das sind wieder Sie und Ihr Zwölferl?« erkundigte ich mich.

»Natürlich, wer sonst? Na, gnä' Frau. Sie war'n mir ja vom ersten Moment an so sympathisch, eine geheimnisvolle Sympathie, aber jetzt versteh i, warum. Jetzt, so Sie sagen, daß Sie selber a Zwölferl hab'n, jetzt schätz i Ihna erst so richtig.« Er wurde ernst und hochdeutsch. »Betrachten Sie mich als Freund, meine Dame, als einen ergebenen Freund, durch Feuer und Flamme, wie man so sagt. Das hört net a jeder vom alten Hofbauer, aber wenn er's sagt, dann gilt's.«

Es galt wirklich. Nie verfehlte der Dicke, uns zu besuchen, wenn er von Cochabamba nach La Paz kam. Das Gesprächsthema bildete ausnahmslos sein Zwölferl. Er hatte den Ulcus vollkommen personifiziert, sprach von ihm wie von einem Mitmenschen, aber nicht etwa, wie es naheliegend gewesen wäre, mit Verbitterung und Haß. Wohl tadelte er ihn gelegentlich, aber selbst dann klang achtungsvolle Vertrautheit, ja beinahe Liebe mit. Das Zwölffingerdarmgeschwür war sein Lebensgefährte, dessen Gewohnheiten er mit beinahe objektivem Interesse beobachtete und über dessen Verhalten er jedermann ausführlich in Kenntnis setzte, den Wissenswunsch des Zuhörers als selbstverständlich voraussetzend.

»Na, wie geht's euch denn?« pflegte er sofort nach dem Gruß zu fragen. Anfangs glaubte ich, das gelte meiner Frau und mir, doch mit »euch« waren nur meine Frau und ihr Ulcus gemeint. Meist ohne die Antwort abzuwarten, erzählte er von seinem Freund.

»I muaß Ihna sagen, er benimmt si großartig«, berichtete er mit leuchtenden Augen. »Man muaß nur immer dran denken, was er gern hat. Na, warum nicht, des is ja sein gutes Recht. I selber hab' auch meine Wünsche beim Essen, eins mag i net, das andere hab' i gern, und er is halt grad a so. Jetzt hab' i herausg'funden, was ihm besonders guat tut, wenn er anfangt, sich zu rühren. Ein Mittel, ein spezielles.«

»Pepsamar?« fragte meine Frau.

Er sah sie mitleidig an. »Aber hörn S' mir auf mit dem! Pepsamar! Des kann a jeder fressen. Is ja ganz guat, aber von dem hat mei Zwölferl schon so vül kriegt, daß er's nimmer mag. Is ja klar, i mag auch ka Polenta mehr, seit i als Kind so vül davon hab' essen müssen. Na, na, i werd' Ihna des Geheimnis verraten: Dermatol!«

»Dermatol!« riefen wir gleichzeitig. »Das ist doch ein Hautpulver!«

»So? Also i kann Ihna nur sag'n: Probiern S' es, gnä' Frau!« Hochdeutsch: »Bitte probieren Sie es. Nehmen Sie Dermatol, wenn Sie wieder etwas spüren.« Zurück ins Wienerische: »Sie müssen's in ein bißchen Wasser auflösen, dann gach schlucken, und Sie wer'n si wundern, wie Ihr Zwölferl si freuen wird. Meiner – i kann Ihna nur sagen, wie i dem das erste Mal Dermatol 'geben hab' – fast geweint hat er vor Freude, meine Dame. So wohl hat ihm des 'tan, daß er mir a ganze Wochen Ruh' 'geben hat. Folgen Sie mir, gnä' Frau, Dermatol! Er wird Ihna dankbar dafür sein, Sie werden staunen.«

Aber nicht immer war der dicke Hofbauer so zufrieden. Manchmal war er auf den Zwölferl schlecht zu sprechen, machte ihm Vorwürfe, belegte ihn sogar mit Schimpfworten. Wütenden Gesichts kam er eines Tages zu uns.

»Der Hundskerl!« rief er erbittert. »Was der mir vorgestern für a Theater gemacht hat, des war überhaupt noch net da!«

»Oh, das tut mir aber leid«, sagte meine Frau voll Mitgefühl.

»Keine Ruh hat er mir 'geben, gewunden hab' i mi, net schlafen hab' i können. I hab' versucht, mit ihm vernünftig zu reden, weil ich mir denk', wenn man mit wem im guten spricht, dann versteht er's doch eher. So hab' i mi mitten in meine Schmerzen hing'setzt und hab' ihm g'sagt: ›Schau‹, hab' i zu ihm g'sagt, ›schau, was hat des alles für an Sinn, was du da treibst. Willst mi vielleicht ruinieren? Was hast denn davon? Wann i stirb, dann stirbst du ja auch, mein Lieber, also sei vernünftig!‹ Aber glauben S', es hat was g'nutzt? Trotzig war er, hat si nix sagen lassen, hat si aus'tobt –«

»Sagen Sie einmal, Herr Hofbauer«, fragte ich, »wieso sind denn diese gar so starken Anfälle gekommen?«

Hofbauer schwieg. Dann blinzelte er uns verschmitzt an. »Also, daß i Ihna die Wahrheit sag' – i bin net ganz unschuldig«. Hochdeutsch: »Ich habe ihn gereizt. Er war ganz brav, und ich habe ihn gereizt. Mutwillig.«

»Aha!« sprach meine Frau. »Was haben Sie gegessen?«

Hofbauer senkte den Kopf. Dann zuckte er die Achseln. »I kann's ja nimmer ändern. A G'selcht's mit Knödel und Sauerkraut und a Bier.«

»Um Gottes willen!«

»Und dann hab' i mir denkt, vielleicht merkt er nix, und da hab' i noch dazua a halbe Tafel Schokolad' 'gessen, als Nachspeis – aber da is er wild g'worden, so wild wie scho lang net. Eigentlich hat er ja recht, i derf ihm des gar net verübeln. Er is a guater Kerl, so lang' man guat zu ihm is, schuld bin nur ich allein.«

»Und warum haben Sie etwas Verbotenes gegessen, wenn Sie doch wissen, was da passiert?«

»No ja, i hab' halt wieder einmal so essen wollen wie zu Haus, bevor wir uns kenneng'lernt haben, er und i. Es is scho so lang her!«

»Haben Sie Heimweh?« fragte ich.

»Heimweh? Des kann i gar net haben.«

»Warum nicht?«

»Weil er mir's net erlaubt. Wissen S', der Doktor hat mir g'sagt, nur keine Aufregung nicht, hat er g'sagt. Na, probiern S' des amal, Heimweh haben ohne Aufregung. Wenn i an unsern Schrebergarten denk', der war für mich so richtig die Heimat, dort hab' i mi glücklich g'fühlt, der war herrlich. Äpfel hab'n wir g'habt, ein' Kirschbaum und Paradeiser, des war so schön im Sommer, sogar die Gelsen hab'n dazug'hört. Wenn i an des alles denk', dann krieg' i Heimweh, aber was für welches, a saftiges Heimweh, kann ich Ihna sagen, dann glaub' ich, ohne mein' Schrebergarten kann i net leben. Aber Heimweh is eine Aufregung, meine lieben Freunde, eine inwendige, und da rührt er sie glei, mei Zwölferl. Ich weiß net, is es, weil er auch Heimweh hat, denn er is ja aus Wien so wie ich, oder ärgert er sich über mi. Jedenfalls rebelliert er, und wie! Man sollt's net glauben, was geht ihn denn mein Heimweh an, aber er mischt sie ein, er schaut net nur auf mein Essen, er kontrolliert auch mein Seelenleben. Jetzt werden Sie's verstehn, ich kann mir a Heimweh net leisten. Manchmal genier' i mi direkt – jeder bessere hat Heimweh, wenn er net z'haus sein kann, nur ich muaß mir's verdrucken und schnell an was anderes denken, weil mein Zwölferl für Heimweh absolut kein Verständnis hat, da kann i machen, was immer, und wenn i mi auf'n Kopf stell', er versteht's net, er versteht es nicht, er sagt nein und dabei bleibt's. Aber ich darf ihm nicht böse sein –«, in feierlichem Hochdeutsch, »– er schaut halt auf mich und will mich vor Aufregung schützen. Eigentlich anständig von ihm.«

Hofbauers und seines Zwölferls Zusammenleben geriet in ernste Gefahr. Der Dicke erschien eines Tages bei uns in bedenklicher Verfassung, mit trübem Blick, völlig niedergeschlagen. Erschöpft sank er in einen Sessel. »Man will mich operieren!«
»Operieren?«
»Ja. Sie haben keine Ahnung, was mei Zwölferl in der letzten Zeit aufzulösen gibt. Jetzt hat man alle möglichen Untersuchungen g'macht, und der Doktor sagt, so geht's nimmer weiter, jetzt muß operiert werden. Aber i mag net.«
»Ja, aber lieber Herr Hofbauer, was wollen Sie machen?« ermahnte ihn meine Frau. »Wenn der Arzt sagt, daß es sein muß, dann muß es wohl sein.«
»Das is es ja grad! Ich hoff' noch allerweil, daß es nicht sein muß. Mein Bruder schreibt mir aus Australien, ich soll hinkommen, dort is so ein gutes Klima.«
»Was nützt Ihnen das Klima?« warf ich ein.
»Ah, sagen S' des net!« ereifert er sich. »Mein Bruder lebt in Melburne.« (Er sprach das Wort wirklich so aus: Melburne.) »Aber er schreibt, es gibt ganze Gegenden ohne Jahreszeiten, oder fast ohne. Sie wissen ja, gnä' Frau, im Frühling und im Herbst, da fühlt so a armes Zwölferl sich am schlechtesten. Jetzt, wenn i wohin geh, wo's kein' Frühling und kein' Herbst

gibt, vielleicht daß er si derfangt und daß man net operieren muß.«

Er sah uns hilfesuchend an. »I hab nämlich a schreckliche Angst vor der Operation.«

Wir versuchten ihn zu beruhigen, wiesen auf den hohen Stand der modernen Chirurgie hin, sprachen ihm Mut zu, baten ihn, sich doch vorzustellen, wie herrlich er nach gelungener Operation leben werde, aber Hofbauer blieb traurig.

»Wann i amal nimmer zu Ihna komm'«, sagte er, als er sich zum Weggehen anschickte, »dann wissen Sie, daß i mi nach Australien verbreselt hab'.«

Meine Frau lachte über den Ausdruck »verbröseln«. »Und warum nicht nach Hause, Herr Hofbauer, nach Wien?«

»Warum? Zu Haus hab' i niemand' mehr, keine Verwandten, keine Freund' von früher, kein' Schrebergarten mehr. Dort, wo er war, das Gelände, dort is jetzt das meiste verbaut, hab' i g'lesen, zufällig, in einer alten Wiener Zeitung. In Australien, da hab' ich doch wenigstens mein' Brudern.«

Die Operation blieb ihm nicht erspart. Zum Glück gelang sie vortrefflich. Eines Tages kam ein Brief mit der kurzen Mitteilung, daß alles gut abgelaufen sei, er fühle sich noch ein bißchen schwach, aber sonst in Ordnung, in etwa zwei Monaten werde er uns besuchen. Es dauerte fast vier Monate. Als er, groß und dick, im Türrahmen standen, stürzten wir auf ihn zu, um ihn zu beglückwünschen. Aber unser Freund blieb still. Unsere Gratulation nahm er schweigend entgegen. Endlich sprach er.

»Ich danke Ihnen, liebe gnädige Frau, lieber Herr, ich danke Ihnen sehr, aber – aber –« und dann brach es wienerisch heraus: »Des is ka Leben mehr. Des is ka Leben. Net für mi!«

Wir faßten es nicht. »Fühlen Sie sich noch immer nicht wohl?« fragte ich. »Sie haben sich doch gewünscht, wieder alles essen und trinken zu dürfen. Jetzt geht das doch. Oder nicht?«

»Alles geht. Ich fühl mich wohl. Aber nur körperlich. Seelisch geht's mir hundsmiserabel. Noch nie hab' i mi so niedergeschlagen, so traurig, so deprimiert gefühlt.«

»Was is passiert?« erkundigten wir uns. »Haben Sie schlechte Nachrichten von Ihrem Bruder? Ist Ihre Frau nicht gesund? Was ist los?«

Er sah uns an, seine Augen waren feucht. »Mei' Zwölferl«, sagte er leise.

»Aber – der ist doch weg!« rief ich.

»Eben. Das is es ja. Und jetzt fehlt er mir. Er fehlt mir, daß ich's gar net sagen kann.« Hofbauer schneuzte sich. »Wenn ich jetzt beim Gulasch sitz', dann denk' ich mir, was er wohl g'sagt hätt'. Wie er protestiert hätt', denn Gulasch hat er net mögen. Und bei ein' Milchreis, da stell' ich mir vor, wie ihm der g'schmeckt hätt'. Ich kann ihn nicht vergessen. Und ich hab' so ein schlechtes Gewissen ihm gegenüber.«

»Schlechtes Gewissen?«

»Natürlich. Ich hab' ihn doch umbringen lassen, mit der Operation. Auf mir lastet ein Schuldgefühl. Immer hab' ich ihm g'sagt: Stirb i, stirbst a'. Und jetzt is er g'storben und i leb' und bin sei' Mörder g'worden. Sie müssen das verstehen, wenn man dreißig Jahr' und mehr miteinander lebt, wenn man sich so gut kennt, wie wir uns 'kennt hab'n –«

Wieder mußte er sich schneuzen. »Er war ja so g'scheit, wie ein Mensch, sag' ich Ihna. Er hat g'wußt, was i will und i hab' g'wußt, was er will, wir haben uns besser verstanden als ein Ehepaar – pardon, nix für ungut. Und jetzt is er von mir gegangen, und ich steh' allein auf der Welt.«

»Doch nicht allein«, sagte ich. »Sie haben doch eine brave Frau.«

»Das is nicht dasselbe«, beharrte er. »Sie ist a brave Frau, das schon, aber wissen Sie – ich werd' Ihnen ein trauriges Geheimnis verraten: I bin aus Wien, aber meine Frau, meine Frau – die is – na ja –«

»Die ist – von wo?«

»Ich betone noch einmal, sie is eine brave Frau, aber sie is – ich sollt's eigentlich net verraten – also, sie is aus Neulengbach. Und zwischen Wien und Neulengbach is ein Unterschied, der geht bis in die feinsten Teile der Seele. Jemand, der aus

Neulengbach is, so jemand kann mir mei' Zwölferl net ersetzen.«

Er erhob sich und ging zur Tür, wir begleiteten ihn. Tieftraurig wandte er sich noch einmal zu uns. »Erinnern Sie sich? Wir haben amal vom Heimweh gesprochen. Jetzt könnt' ich mir's leisten, jetzt protestiert niemand mehr, alles is still und ruhig da drinnen. Aber jetzt macht mir das ganze Heimweh ka Freud' mehr. Und wenn's nur des wär'! Aufrichtig gesagt: Mei' ganzes Leben freut mi nimmer.«

Er ging rasch davon.

Lange hörten wir nichts von ihm. So lange Zeit, daß wir ihn fast vergessen hätten, doch nach vielen Monaten erhielten wir ein Aerogramm. Er hatte es nicht ertragen, ohne Zwölferl in Bolivien, wo er so viele Jahre mit ihm verbracht hatte, weiterzuleben. Und so hatte er sich nach Australien »verbreselt«.

Michael Köhlmeier
Rosenkranz und Radio

Als ich das Radio für mich entdeckte, kam das einer Rettung in höchster Not gleich. Ich litt an einem gefährlichen Mangel an Einsamkeit, der bisweilen hysterische Züge annahm. Ich war zehn Jahre alt und seit drei Monaten nicht eine Minute wirklich allein gewesen. Ich war im Internat.

Mein Eigentum paßte in einen Koffer – etwas Unterwäsche, ein Sonntagsanzug, ein paar frische Hemden, Socken und mein königsblauer Samtpullover, den ich von meiner Tante aus Coburg zu meinem Geburtstag geschenkt bekommen hatte und dem ein wenig das Flair des Städtischen anhaftete, das mütterlicherseits in unsere Familie eingebracht wurde. Mein Vater hatte mich im Internat abgeliefert, das einfach nur das Heim genannt wurde, wohl deshalb, damit es nicht mit dem vornehmen, teuren Jesuiteninstitut in derselben Stadt verwechselt werden konnte. Mein Vater sagte: »Warte hier«, dann ging er zu den drei Kapuzinern, die, aus bärtigen Gesichtern lächelnd, beim Eingang standen, und redete mit ihnen. Zeigte auf mich. Lachte kumpanenhaft. Gab ihnen ein Kuvert. Dann boxte er mich in den Oberarm und fuhr ab. Und ich dachte: Zum ersten Mal in meinem Leben bin ich verlassen und allein.

Welch ein Irrtum! Wir waren zu hundert. Schwer war die Umstellung von dem umhätschelten Liebling der Mutter und Großmutter, dem Einzigartigen, zu einem alphabetisch einordenbaren Ding. Meine Freunde rekrutierten sich von nun an aus Trägern von Familiennamen aus dem Umfeld des Buchstabens K. Wir aßen, schliefen, studierten, marschierten und beteten in alphabetischer Ordnung. Das Problem war, daß ich, der ich mich bis dahin als einen Einzigartigen gesehen hatte, als einen nicht Kompatiblen, von nun an keine Minute mehr allein war.

Weil ich mich nicht mehr als mein Eigentum erfuhr, behandelte ich mein Eigentum wie einen Teil von mir selbst. Eines Tages im Oktober vergaß ich meinen königsblauen Samtpullover auf dem Fußballplatz, erst in der Nacht, als ich längst schon im Bett lag – in einem Schlafsaal gemeinsam mit fünfzig anderen Schülern –, fiel es mir ein. Ein Kummer erfaßte mich, der so ungewöhnlich schwer war, daß ich mich selbst darüber wunderte, daß mir sogar mitten in diesem Kummer klar war, daß mein Schmerz in gar keinem Verhältnis zu dem Ereignis stand. Mir wurde bewußt, daß ich irgendwie verrückt geworden war. Ich fürchtete, mein Pullover könnte sterben. Ich sah dieses königsblaue Eigentum, wie es neben der Weitsprunganlage im Sand lag. Über ihm der Himmel, die Welt grauenhaft offen, über das Weltall wußte ich damals Bescheid. Andererseits – so sagte mein Verstand: Wer würde schon so einem Pullover etwas antun wollen! Ohne jeden Zweifel würde er morgen an derselben Stelle liegen, vielleicht etwas feucht vom Tau, aber immer noch mein Eigentum, von niemandem begehrt, von keinem verflucht. Das Heim in der Nacht zu verlassen war streng verboten und bestraft wurde brutal und ohne Verhandlung. Dennoch schlich ich mich hinaus, um mein Eigentum zu bergen. Ich drückte das schmutzige, feuchte Ding an mein Herz, und den Rest der Nacht schlief ich mit dem Pullover unter meinem Kopf.

Der Mangel an Einsamkeit drohte mich zu veridioten. Ich hatte bald keine eigenen Gedanken mehr, keine Phantasien, keine eigenen Interessen, keine Vorlieben, nicht einmal eigene Laster. Wenn es sich durch einen Zufall ergab, daß ich zum Beispiel allein auf der Personalstiege saß, die durch den hinteren Teil des Heims führte, dann befiel mich eine altbackene, erwachsene Nostalgie: Ja, ja, sagte ich mir dann, so war das früher.

Und dann eines Tages wurde ich krank. Ich hatte über achtunddreißig Grad Fieber, und das hieß, ich wurde ins Krankenzimmer gebracht. Das Krankenzimmer lag abseits allen Geschehens, es war ein kleiner, heller, ruhiger Raum mit Blick auf Laub und Himmel. Hier war ich allein. Es duftete nach frischer Wäsche, es roch wie zu Hause, wenn meine Großmutter bügelte.

Weil meine Krankheit als ansteckend galt, durften mich meine Mitschüler nicht besuchen. Ich bekam das Essen ins Zimmer gestellt, nicht dasselbe Essen wie die Schüler, nein, Tellerchen und Becherchen vom Essen der Kapuziner waren es. Einmal am Tag kam ein Pater, der beugte sich über mich, drückte mit dem Griff eines Löffels meine Zunge nach unten, maß meine Temperatur und sagte: »Eine Woche wird es sicher dauern.«

Im Krankenzimmer gab es außer dem Mobiliar nur zwei Gegenstände, nämlich einen Rosenkranz aus großen Holzperlen und ein Radio.

Ich hörte Radio. Ich hörte das erste Hörspiel meines Lebens. Ich war vorher weder im Theater gewesen noch im Kino. Einmal hatte ich eine Kindervorstellung eines Puppentheaters erlebt, Kasper, Krokodil, Großmutter und so. Ich hatte die ganze Sache verachtet. Und nun hörte ich Radio. Es wurde das Hörspiel »Dickie Dick Dickens« gesendet, ein Kriminalstück in Fortsetzungen, jeden Tag eine Folge.

Wenn ich sage, damals erlebte ich zum ersten Mal eine erfundene Geschichte, so ist das objektiv natürlich nicht richtig, subjektiv gesehen aber trifft es zu. Wir waren eine erzählsüchtige Familie. Mein Vater redete ununterbrochen, immer hatte er Spannendes, Neues, Interessantes auf Lager. Von den Tagesereignissen berichtete er, aus der Geschichte, aus der Mythologie – mir war das ein und dasselbe. Meine Mutter und meine Großmutter kämpften mit permanentem Erzählen von Wie-es-früher-draußen-in-Coburg-war gegen ihr Heimweh; meine Großmutter verwob in diese Erzählungen obendrein ihren riesigen Märchen- und Sagenschatz, und sie tat das so geschickt, so übergangslos, so ohne zu unterscheiden, daß ich getrost davon ausgehen durfte, Hänsel und Gretel seien Nachbarskinder jenes Fräulein Montag in der Malmedystraße in Coburg gewesen, bei der meine Großmutter in den frühen zwanziger Jahren die Wäsche gewaschen und gebügelt hatte.

Ich war der Zuhörer.

Nichts von all dem, was zu Hause erzählt worden war, keine dieser vielen, bunten, wirren, phantastischen, eigentlich nie lehrreichen Geschichten war mir je erfunden vorgekommen, nicht real, nicht in der mich umgebenden Wirklichkeit von Tisch und Stuhl und Hose und Hemd geschehen. Meine Schwester las, sie war eine der besten Kundinnen der Leihbibliothek, verschlungen hat sie die Bücher. Sie wußte zwischen Fiktion und Wirklichkeit sehr sauber zu unterscheiden. Ich habe nicht gelesen. Warum auch, mir wurde ja erzählt.

Ich nahm alles für bare Münze. Ja hieß ja. Nein hieß nein. Grau war nichts weiter als eine Mischung von Schwarz und Weiß. Es gab für mich nur die Realität. Erfindung war für mich gleichbedeutend mit Lüge. Fiktionen kannte ich nicht. Ich war nur an handfesten Wahrheiten interessiert – Schrauben, Drähte, Karl der Große, Weltall, Geißen in Uhrenkästen, Wolfsbäuche voller Wackersteine, Fahrradklingeln, Zement, Kaiser Augustus, der Heilige Antonius in der Wüste und so weiter ...

Die Geschichten von Dickie Dick Dickens aber, das wußte ich, daran zweifelte ich nicht einen Augenblick, die waren erfunden. Hier wurde aus einer erfundenen Welt erzählt. Auch die Atmosphäre des Krankenzimmers kam mir unrealistisch vor, aber doch war der Raum Realität genug, daß er einen Kontrast bildete zu dem, was da aus dem Radio kam.

Dieser Kontrast störte mich. Zu der künstlichen Geschichte wollte ich mir eine künstliche Umgebung schaffen. Ich nahm den Radioapparat unter die Zudecke. Ich zog die Pappröhren aus den Klopapierrollen, steckte drei ineinander und legte so einen Schnorchel in meine Unterwelt, damit ich genug Luft bekam. Das Tageslicht schimmerte durch die Zudecke, ich konnte die Bettfedern als Schattenmuster sehen, es war warm, ich hatte ein wenig Fieber, ich hörte »Dickie Dick Dickens«.

Ein eigenartiger Gedanke kam mir damals. Ich wußte, hier wird aus einer erfundenen Welt erzählt. Ich fragte mich: Was ist das für eine Welt? Wo existiert sie. Und die entscheidende Überlegung: Wenn hier aus einer erfundenen Welt erzählt wird, dann beherbergt diese Welt wohl auch Geschichten, die noch gar nicht erzählt wurden. Das heißt – und hier wird es sophisticated –, daß heißt, die Erfindung betrifft die Welt, nur die Welt; wenn diese

Welt aber erst einmal erfunden ist, dann braucht man sie nur noch nach Geschichten abzusuchen.

Eine kuriose, eine phantastische, aber eine für einen Schriftsteller, einen Geschichtenerzähler, durchaus brauchbare Überlegung: Man muß lediglich so tun, als ob diese Welt existiert, alles andere ergibt sich von selbst. In dem Einsilberwortpaar *als ob* lag also das Geheimnis. Und in meiner Welt unter der Zudecke dachte ich: Ja, du hast das Geheimnis gefunden.

Die Welt von Dickie Dick Dickens war das Gangstermilieu von Chicago. Darunter ließ sich viel verstehen. Wenn eine Folge zu Ende war, schaltete ich den Radioapparat ab, blieb aber unter der Zudecke, saugte Luft aus meinem Pappschnorchel und suchte und fand eine andere, eine neue Geschichte aus dieser Welt. Ich bildete mir nicht ein, ich hätte diese Geschichte *erfunden*.

Nun sind aber eine Geschichte erzählt zu bekommen und eine Geschichte zu erzählen zwei verschiedene Dinge, und die Sache wird bald unhandlich und langweilig, auch für den Erzähler, wenn es an Dramaturgie mangelt. Was aber ist Dramaturgie? Wie kann man Dramaturgie erlernen? Und damit komme ich auf den zweiten Gegenstand in dem Krankenzimmer des Internats zu sprechen: auf den Rosenkranz.

Wenn ich nicht Radio hörte oder Geschichten fand, vertrieb ich mir die Zeit mit Rosenkranzbeten. Ich habe immer gern den Rosenkranz gebetet, es erinnerte mich an die Abende, wenn meine Großmutter zu Hause erzählte. Sie sprach beim Erzählen mit leiser, schleppender, nur wenig betonender Stimme. Ähnlich kamen einem die Worte beim Beten aus dem Mund.

Nachdem ich nun die Welt der Fiktionen als eine Welt des dramatisierten *Als Ob* entdeckt hatte, sah ich den Rosenkranz unter einem ganz neuen Blickwinkel. Was wenn die Geschichte, die in diesem Gebet erzählt wird, genauso erfunden ist wie die Geschichte von Dickie Dick Dickens?

Der Rosenkranz ist die beziehungsreich umschmückte Biographie eines Gottes. Und die Erzählung hat eine erstaunliche Dramaturgie. In einem großen Psalter, der den Freudenreichen, den Schmerzensreichen und den Glorreichen Rosenkranz umfaßt, sind die Forderungen aller abendländischen Poetiken von Aristoteles über Gustav Freytag bis zum Filmtheoretiker Syd Fields erfüllt. Im Großen Psalter sind drei Dramen verwoben, jedes dieser Stücke umfaßt, wie es sich für ein klassisches Drama gehört, fünf Akte, es sind dies die sogenannten Geheimnisse. Motive kehren über alle drei Teile wieder, zum Beispiel der Heilige Geist, von dem die Jungfrau im Freudenreichen ihren Sohn empfangen hat, und den Jesus uns im Glorreichen vom Himmel herab sendet; oder das Motiv der Krönung, das die Dornenkrone ebenso einschließt wie die himmlische Krönung der Jungfrau.

Der Rosenkranz ist streng dramatisch gebaut. Betrachten wir die Abfolge der Glorreichen Geheimnisse. Die Sache beginnt mit einem Paukenschlag: Der von den Toten auferstanden ist. Die Hörfunkfolgen von Dickie Dick Dickens begannen ebenfalls immer mit einem Paukenschlag, der zwar inhaltlich meist vom Gegenteil berichtete, einem Mord zum Beispiel, aber die Botschaft war ähnlich: Herhören, etwas Außergewöhnliches ist geschehen. Die Himmelfahrt Christi, von der im zweiten Geheimnis berichtet wird, entspricht sogar in der Richtung der Bewegung dem, was in der Technik des Dramas von Gustav Freytag die steigende Handlung genannt wird. Welche Folge – übertragen auf Dickie Dick Dickens – hat der Mord am Anfang? Die Gangstersyndikate formieren sich. Im dritten, dem zentralen Akt folgen Höhepunkt und Peripetie knapp aufeinander. Der Held setzt eine Tat, deren Folgen nicht mehr aufzuhalten, nicht mehr umzukehren sind. Dickie Dick Dickens, der Detektiv, spielt die Bosse gegeneinander aus. Jesus Christus sendet uns den Heiligen Geist. Es folgen die sogenannte fallende Handlung und der Augenblick der letzten Spannung.

Rosenkranz und Radio verdankte ich, daß ich die Einsamkeit zurückgewann, in der allein wir tun können, als ob wir einsam wären, was wiederum die Grundvoraussetzung dafür ist, daß wir der wirklichen Einsamkeit, dem Verlust des Eigenen nämlich, entgehen.

Marlene Streeruwitz
Manons Exilierung

Manon fuhr. Sie atmete Sauerstoff ein. Damit sie im Restaurant noch Vorrat habe, sagte sie. Sie fuhren auf Wilshire und dann wieder nach rechts. Hinauf und hinunter. Margarethe verlor die Orientierung. Manon fuhr auf einen Parkplatz. Sie gingen vom Parkplatz in das Lokal. Sie kamen in einen großen, hellen Raum. Der vordere Teil tiefer. Graue Tische und Sessel. Graue Ledersitzbänke die Wände entlang. Ein Asiate führte sie zu einem Tisch. Sie saßen an der Stufe zum vorderen Teil wie auf einem Balkon. Manon ließ sich auf die Bank fallen. Margarethe saß auf dem Sessel gegenüber. Sie bestellten Wasser. Studierten die Speisekarte. Sie nahmen drei Gerichte. Huhn mit Cashewnüssen, knusprig gebratenes Rindfleisch und knusprige Ente. Manon wollte den Rest als Abendessen mit nach Hause nehmen. Margarethe sah Manon an. Hier. In dieser sachlichen Umgebung sah sie erst, wie schön Manon war. Konnte ahnen, wie die junge Frau ausgesehen. Blond. Die blauen Augen groß und klar. Die Wangenknochen hoch. Die Stirn breit und noch immer glatt. Manon verzog ihren Mund. Fragte, ob sie gerade bewertet würde. Was sie für eine schöne Frau sei, sagte Margarethe. Gewesen, antwortete Manon. Das war einmal. Nein, beteuerte Margarethe. Manon wäre jetzt schön, und sie wolle auch so aussehen. Einmal. Manon tätschelte ihre Hand. »Buttercup«, sagte sie. Und es wäre zu nett von ihr. Aber es könne gar nicht sein. Das Leben wäre zu hart zu ihr gewesen. Hätte sich tief eingegraben. Sie drückte mit beiden Händen gegen ihre Wangen. Der Mund stülpte sich nach vorne. Sie verdrehte die Augen. Sie solle nicht den Clown spielen, meinte Margarethe. Manchmal müsse man eben die Wahrheit ertragen. Und die konnte ja auch einmal gut sein. Sie lachten. Das Essen kam. Sie füllten ihre Schüsselchen. Sie aßen beide mit Stäbchen. Aber wirklich, sagte Manon. Sie hätte sich ihr Leben schon anders vorgestellt. Nichts wäre so gekommen, wie sie es sich vorgestellt hatte. Sie hätte sich nie im Leben gedacht, daß sie in Amerika landen würde. Ob Margaux die Geschichte ihrer Emigration wissen wolle. Margarethe nickte. Manon erzählte. Sie war bei ihrem Vater und ihrer Stiefmutter in New York gewesen. Die Stiefmutter war Opernsängerin und an der Met verpflichtet. Da marschierte Hitler in Österreich ein. Sie fuhr sofort nach Wien zurück, um ihre Brüder herauszuholen. Die US-Visa waren von Amerika aus vorbereitet, und sie ging zum Konsulat. Die Menschen waren weit rund um den Block angestellt. Es war sinnlos zu warten. Sie ging nach Hause. Dort zog sie einen schwarzen Mantel mit Pelzkragen an, steckte eine Orchidee an den Pelz, setzte einen Hut mit Schleier auf und fuhr mit dem Taxi zurück zum Konsulat. Dem SS-Mann am Eingang zum Konsulat erzählte sie, daß sie den Konsul sprechen müsse. Sie hielt dem SS-Mann ein Telegramm aus New York hin. Das Telegramm war auf englisch. Ihr Vater wollte, daß sie bestimmte Papiere mitbrächte. Der SS-Mann schlug die Hacken zusammen und brachte sie sofort zum Konsul, und da waren dann die Visa. Herbert Heinrich war ein Verehrer von ihr gewesen. Er hatte sie heiraten wollen, bevor sie nach Amerika gefahren war. Er brachte sie zum Bahnhof. Sie kam aus dem Haus in Hietzing, und da stand ein Daimler mit Hakenkreuzfahnen an beiden Seiten. Sie fuhren zum Bahnhof und redeten kein Wort. Vor dem Bahnhof bat sie ihn dann um Geld. Ihre Konten waren ja gesperrt worden. Er gab ihr eine große Summe. Später hatte sie dann gehört, daß er eine andere geheiratet und sich zu Tode gesoffen hatte. Nach dem Ersten Weltkrieg hatte Manons Mutter ihre Kinder nach Böhmen gebracht. Sie hatte ein sehr wertvolles Diadem verkaufen müssen, um ihre Kinder ernähren zu können. Ein gewisser Baron Bocksberg war mit ihnen gekommen. Er war ein Freund der Familie. Er war krank und schwach und war mitgefüttert worden. Nun. Im Mai 38 war der jüngste Bruder schon beim Heer. Manon ging in das Büro, in dem die Pässe ausgestellt wurden, und der Leiter des Büros war, man stelle sich vor, ein gewisser Baron Bocksberg. Die Pässe waren in 24 Stunden ausgestellt. Das Diadem war also eine gute Investition gewesen. Sie hatten dann den Orientexpress genommen. Sie hatten ein wunderbares Abendessen gegessen und gewartet, was da käme. Ihre Ausreise war vollkommen illegal. Sie hatten die Ausreisesteuer nicht bezahlt. Das hatten sie nun ja nicht gekonnt, weil ihre Konten gesperrt worden waren. Manon sprach mit dem Schaffner. Sie zeigte ihm, daß sie Geld hatte. Der Schaffner sagte, es wäre nicht erlaubt, Geld aus dem Land zu schaffen. Manon gab ihm das Geld und sagte, er solle es nehmen. Der Schaffner nahm das Geld. Bei der Paßkontrolle geschah nichts. Als sie dann Paris erreicht hatten, kam der Schaffner und brachte das Geld zurück. Manon sagte ihm, er solle dieses Geld nehmen, und so vielen Leuten wie möglich heraushelfen. Es war das Geld von Herbert Heinrich gewesen. Manon aß weiter. Margarethe sagte, sie hätte das alles nicht gekonnt. Sicher hätte sie das alles nicht gekonnt. Und Manon wäre eine Heldin. Manon zuckte mit den Achseln. Vergangene Nacht habe Albrecht sie angerufen und gesagt, er wäre in Japan und ob sie ihn holen könne. Man erwarte eben von ihr, gerettet zu werden. Sie lachte. Ob Albrecht das oft mache, fragte Margarethe. Nein. Das käme nicht oft vor. Und er bliebe ja immer freundlich. Sie hätte Schlimmeres erlebt. Ihr Mann zum Beispiel. Er war Ire und sollte Priester werden. Man wollte einen Priester in der Familie haben. Er entkam knapp vor den letzten Weihen. Er hatte beschlossen, Schauspieler zu werden. Er machte das auch und spielte zwei Jahre lang. Dann schrieb ihm sein Vater, daß er ihn nicht weiter unterstützen werde. Manon hatte ihn getroffen, da war sie Nachtkellnerin in einem Diner gewesen. Gegenüber der Fabrik in Pasadena, in der er gearbeitet hatte. Er kam immer und trank seinen Kaffee. Er meldete sich zum Kriegsdienst und landete sofort in einer Offiziersausbildung. Manon folgte ihm an all die Orte, an die er da beordert worden war. Das war meistens irgendwo im Mittelwesten, und sie mußten in die Offiziersmesse gehen, um unter Leute zu kommen. Er rief dann an und fragte sie, ob sie ihn heiraten wolle. Sie war dann nach

Wichita gefahren, und an diesem Wochenende hatte sie begriffen, daß er Alkoholiker war. Jedes Wochenende war verdorben gewesen wegen seines Trinkens, und in Wichita war es ihr klar geworden. Das war gerade vor seinem Transfer nach Europa. Er war bei der Luftwaffenaufklärung. Was hätte sie tun sollen. Sie heirateten. Er kam dann zurück, und Lynne wurde geboren, und alles war in Ordnung. Es war eine wirklich gute Zeit gewesen. Sie hatten dieses Haus in Encino mit seiner GI-Abfindung gekauft. Aber dann hatte es wieder begonnen. Es begannen die Anrufe bei den Spitälern, ob er eingeliefert worden war. Bei Freunden, ob sie wüßten, wo er sein könnte. Eines Nachts rief jemand an und sagte »Ich bin Sergeant Soundso. Ihr Mann ist hier, und wenn Sie ihn haben wollen, holen Sie ihn aus dem Gefängnis.« Manon hatte erst gedacht, es wäre ein Freund und er machte einen Scherz. Sie sagte. »Oh, come on.« Aber der Mann sagte, nein, er spräche vom soundsovielten Revier. Es sei ernst. Sie weckte die Nachbarn auf, und die Frau nahm Lynne. Manon war dann zum Gefängnis gefahren und hatte ihren Mann herausgeholt. Als sie von einer Europareise zurückkam und das Auto verkauft war und das Haus so schrecklich verwahrlost, da verließ sie ihn. Am Tag der Scheidung hatte er dann zu trinken aufgehört und nie wieder getrunken. Sie schickten Lynne auf ein Internat, und er kam, wieder bei Manon zu wohnen. Aber es ging nicht mehr. Sie hatte ihn unendlich geliebt, und es war nie häßlich geworden zwischen ihnen. Aber es ging nicht mehr. Er lebte dann in besseren Untermieten. Alles war immer nett. Aber er schaffte es nicht mehr. Er hatte nie mehr Erfolg in einem Job. Manon hatte ihm einen Wagen kaufen müssen. Wie sollte man in L. A. überleben ohne Wagen, und er war immer liebevoll gewesen. Einmal hatte er gemeint, sie bräuchte bestimmte Tabletten. Er fuhr den ganzen Weg zu ihr und stellte ihr die Tabletten auf die Türmatte um zwei Uhr am Morgen, damit sie sie am nächsten Tag nehmen konnte. Und dann riefen sie Manon an. Sein Wagen, sein eigener Wagen, war über ihn gerollt. Er war unter seinen Wagen gekommen in einer Garage. Er hatte die Bremsen nicht angezogen. Seine Schulter und Rippen waren gebrochen. Da war er noch gesund geworden. Dann bekam er Tuberkulose. Man gab ihm ein Medikament, und er starb nach drei Tagen an diesem Medikament. Manon war bei ihm gewesen. Er war ein so beeindruckender Mann gewesen. Er hatte so gut ausgesehen, und wenn sie in einem Restaurant gewesen waren, waren immer wieder Leute zu ihnen gekommen und hatten gesagt »Sollte ich Sie nicht kennen?« Er war mit dem Leben nicht fertig geworden. Irgendwie hatte er nicht leben können. Manon hatte während des Erzählens weitergegessen. Sie setzte sich zurück und holte tief Luft. Margarethe saß da. Aß. Steckte kleine Stückchen Huhn in den Mund. Spielte mit den Stäbchen. Trank Wasser. Was das für ein Roman sei, sagte sie. Schrecklich und beneidenswert. Ein Leben eben. Und eigentlich müßte sie jetzt weinen. »No Buttercup«, sagte Manon. Sie sollten es sich jetzt gutgehen lassen. Sie ließ die Karte kommen. Bestellte eine halbe Flasche Champagner. Einen kalifornischen. Das wäre richtig. Man sollte die Weine trinken, wo man sich gerade befand. Und die Wiener Weine wären doch ohnehin immer ein »Schmarrn« gewesen. Sie sagte »Schmarrn« amerikanisch ausgesprochen. »Manon«, sagte Margarethe, »you are the most wonderful person.« Und sie hätte sich eine Mutter gewünscht, die wie Manon gewesen wäre. Der Kellner brachte die Gläser. Manon ließ die Reste vom Essen einpacken. Sie saßen da. Manon atmete schwer. Margarethe getraute sich nicht, sie zu fragen. Ob sie nicht doch lieber nach Hause fahren sollten. Der Champagner kam. Sie prosteten einander zu. Der Champagner war scharf. Dünn. Sie tranken langsam. Margarethe suchte nach einer Frage. Sie sollte reden. Fragen. Anteil nehmen. Es fiel ihr nichts ein. Sie war traurig. Dashiell Hammett fiel ihr ein. Die Schilderung des TBC-Sanatoriums. Die Hoffnungslosigkeit dieser Krankheit. Wie diese Männer alle heil aus dem Zweiten Weltkrieg zurückgekommen und dann hier in der Sonne gestorben waren. Sie lächelte Manon an. Manon war bläulich um den Mund. Margarethe trank ihr Glas aus. Sie müßte zurück, sagte sie. Ihr Interview. Nach Topanga wäre es doch weit. Und sie wolle zahlen. Sie bat den Kellner um die Rechnung. Manon wollte dieses Essen bezahlen. Sie bestand darauf. Margarethe ließ sie dann zahlen, damit sie ins Auto kämen. Und Manon zu ihrem Sauerstoff. Sie gingen. Nahmen die Doggy bags und die Fortune cookies mit. Auch für Lynne und Charly. Im Auto schloß Manon sich sofort an den Sauerstoff an. Sie saß zurückgelehnt. Hielt die Sauerstoffflasche und atmete tief. Sie fuhr los. Sie erklärte Margarethe noch einmal den Weg zu Syd. Fragte, ob Margaux wirklich in dieses Theaterstück gehen müsse. Sie mache sich schreckliche Sorgen, wie sie in der Nacht nach Hause finden würde. Und gesprayt würde weiterhin. Obwohl eine Mehrheit für ein Einstellen der Malathion-Aktion war. 58 % wollten dieses Sprayen nicht. Und trotzdem ginge es weiter.

Ilse Aichinger
Zweifel an Balkonen

Die Balkone in den Heimatländern sind anders. Sie sind besser befestigt, man tritt rascher hinaus. Aber man sollte sich vorsehen, weil die Balkone in den Heimatländern anders sind. Weil ihre Bauart Dinge ermöglicht, die auf anderen Balkonen nicht möglich wären. Weil ihre Verankerung, selbst in den schwächsten Mauern, gleichgültig, ob sie von leichtfertigen oder von ängstlichen Bauleuten zustande gebracht wurde, durchaus verschieden von der Verankerung der Balkone in den Ausländern ist. Sie ist identisch mit der gefährlichen Verankerung der Treue, die sich nicht kennt. Man tritt hinaus, die Luft umschmeichelt einen freundlich, man merkt es nicht gleich. Man tritt wieder hinaus, man merkt es noch immer nicht. Es steht mit blanker Schrift xaíre über den Balkonen oder es steht nichts darüber als die bloße Wand, keins von beidem ändert etwas. Sie werden dadurch weder erklärt noch begriffen. Ihre Bauart tut nichts zur Sache, die Form ihrer Geländer schon gar nicht. Sie sind die Balkone der Heimatländer und das allein läßt ihre Stellung innerhalb der Balkone der restlichen Welt ahnen. Ein Acker zieht sich zur Rechten hin, aber was soll ein Acker einer Sache, die durch sich selbst bestimmt ist? Was sollen Vorstadtstraßen, Tankstellen, Ententeiche den Balkonen der Heimatländer? Alte Sagen schaden ihnen nichts, Birnbäume lassen sie gleichgültig. Es geht aus verschiedenen Auslegungen hervor, daß sie beim Jüngsten Gericht gesondert aufgerufen werden und vermutlich landen sie rechts bei den Engeln, sie werden Vorwände finden. Man kann es sich gut vorstellen, wie die Balkone ineinander verkrallt zu den Engeln stürzen, liebevoll von Flügeln getragen, und man wagt nicht zu bedenken, was sich daraus ergeben könnte, in welcher Form sie daraus Nutzen zögen. Durch Namensänderung vielleicht. Himmlische Heimatbalkone oder Balkone der ewigen Heimat. Das ist alles nicht auszudenken. Und wie sie sich verankerten. Ob die himmlischen Wohnungen, die vielen, darauf angelegt sind. Oder ob sie einfach als ein Drahtspielzeug, verkrallt ineinander wie sie sind, die ewigen Haine schmücken. Man wird sehen. Aber rechts landen sie und sie strahlen ihre eigene Sicherheit darüber schon von ferne aus. Schon jetzt, schon gestern und vorgestern. Es schmälert diese Sicherheit nicht, daß sie von woanders, von der Fremde her als fremdländische Balkone angesehen werden könnten. Das ergibt keinen Sinn für sie. Und das macht ihre Gefahr aus. Die Kaffeegesellschaften oder die einsamen Männer, die auf ihnen an den langen Frühsommernachmittagen Platz finden, ahnen nichts. Keine Kaffeegesellschaft ahnt auch nur, welcher ihrer Teilnehmer am jüngsten Tag links oder rechts landen wird, kein Mann, keine Frau weiß es von sich, aber die Balkone der Heimatländer wissen es. Ihre Schuld ist unbeweisbar, ihre Vorzüge nicht zu bestreiten. Balkon, Heimatland, Ausblick, aber immer wieder der Weg ins Balkonzimmer zurück. Obgleich unbeweglich, wiegen sie doch den, der sie betritt, in einer Sicherheit, die nicht zutrifft, übertragen, was nicht zu übertragen ist, spielen die jungen Tage, den jüngsten inbegriffen, als die alten Tage aus und grüßen den Vorübergehenden womöglich noch mit ihrem unverschämten χαιρε. Unverschämt, das sind sie, sie haben den Frieden für nichts gepachtet und lenken vom Denken ab. Und sie entstehen immer neu. Abschiede werden auf ihnen vollzogen, Häkelmuster oder Betrügereien besprochen. Niemand kann ihnen etwas anhaben, solange es gibt, was sie bestimmt: Balkone und Heimatländer. Und beides wird es immer geben, dafür sorgen die Berufenen. »Junge« rufen die Mütter überrascht und springen von ihren luftigen Plätzen auf, wenn die Söhne aus den Manövern kommen und ihre Mützen auf die Balkonböden gleiten lassen, »Junge, daß du da bist!« Und da sind sie dann, schon wieder auf den Balkonen. Erinnerungen werden ausgetauscht, die Balkone der Heimatländer sind windgeschützt. »Weißt du noch, wie wir hier Halma spielten?« Ja, Harmlosigkeiten, das ist es, Harmlosigkeiten haben diese Balkone immer bereit, Halma und Tee, Hausaufgaben, die Soldatenmützen liegen unbeachtet auf ihren Böden, die Mütter sind zufrieden. Das macht auch der Sauerstoff, die frische gute Luft, und je seltener sie wird, desto mehr werden die Balkone der Heimatländer daraus Nutzen ziehen.

Anders die fremdländischen Balkone. Auf sie stürzt man, womöglich über eine Schwelle, die man nicht beachtet hat, betrachtet unsicher das ungewohnt niedrige Gitter und die fremdsprachigen Aufschriften der Versicherungsgesellschaften auf den Häusern gegenüber, bekommt einen Windstoß ins Genick, den man nicht vorgesehen hat, und zieht sich erschrocken wieder in die Innenräume zurück, sobald immer es möglich ist, die Höflichkeit den fremden Gastgebern gegenüber es erlaubt. Keine Rede davon, daß man sich auf einem fremdländischen Balkon für länger niederließe. »Ausländerbalkone« denkt man bei sich und nichts weiter. Man hat nicht erwartet, daß man seinen Wolfshund dorthin mitnehmen könne, daß es ihm gestattet sei, an den fremden Gittern zu schnüffeln, sich an den Beinen der ausländischen Gastgeber vorbei darauf zu drängen und neugierig die fremde Luft einzuziehen. Man hat gar nichts erwartet. Es gibt auf ausländischen Balkonen keine Enttäuschung, man weiß Bescheid.

Auf den Balkonen der Heimatländer sind Tiere selbstverständlich. Sie drängen sich zwischen den Blattpflanzen hindurch darauf, sie ruhen unter den Balkontischen, obwohl sie am Tage des Jüngsten Gerichts weder für rechts noch für links vorgesehen sind. Den Balkonen der Heimatländer macht das nichts aus. Sie sind unbeteiligt. Daß diese Unbeteiligung einer Täuschung gleichkommt, fällt niemandem auf. Daß ein Wolfshund unter dem Balkontisch eines heimatlichen Balkons meinen könne, er käme in den Himmel, wer bedenkt das schon? Da sind die Balkone der Ausländer ehrlicher. Auf ihnen erwartet kein Tier die ewige Seligkeit, es sei denn ein ausländisches Tier. Da liegt dann der Fall aus den bekannten Gründen anders. Nur ausländische Lämmer könnten auf ausländischen Balkonen auf die

Idee kommen, daß ihnen die ewigen Weiden sicher wären. Weshalb, wissen wir ja. Vermutlich haben wir lange schon begonnen, zuviel zu wissen, zuviel über abwegige Dinge nachzudenken wie etwa über die Balkone der Heimatländer. Niemand hat es von uns verlangt. Unterscheidungen von Aus- und Inländerbalkonen führen zu einer Zersplitterung, deren Ausgang nicht abzusehen ist. Wer, der einmal damit begonnen hat, sollte noch unbefangen, an ein Balkongitter gelehnt, Sonnen- oder Mondaufgänge auf sein Gemüt wirken lassen?

Die Sonne der Heimatländer, der Mond der Heimatländer. Das führt weit. Es zeigt, daß die Fähigkeit, zu unterscheiden, nicht geweckt werden sollte, wenn sie nicht schon wach ist. Bis zu Balkonen dürfte sie nicht vordringen, da liegen sicher ihre Grenzen. Aber können wir zurück? Kann, wer einmal die Balkone der Heimatländer als die Balkone der Heimatländer erkannt hat, diese Erkenntnis abweisen? In ihre Grenzen rufen? Oder auch nur in seinem Herzen bewahren? Das ist zu bezweifeln. Nicht einmal das sichere Ende zum Beispiel im Abriß befindlicher Balkone oder Häuser mit Balkonen kann ihn beruhigen. Er wird unsicher bleiben, er ist in seinem Heimatland.

»Ich lieb das schöne Örtchen, wo ich geboren bin«, das hat er in der Schule gelernt. »Dort blüht mein junges Leben, von Lieben rings umgeben, in immer heiterm Sinn.« Später kam leider der Gedanke an die Balkone dazu. An die Undurchschaubarkeit der Balkone der Heimatländer. Seither hat sein Sinn die Heiterkeit verloren. Lauben gingen noch an, aber mit Lauben hat er es hier nicht zu tun. Er hat es mit Balkonen zu tun, und das beschwert ihn, verfinstert seine Laune. Er kann auch mit Freunden nur mehr wenig besprechen. Zuerst lachten sie oder wurden ernst, erörterten jedenfalls den Gegenstand einige Nachmittage lang. Dann wurden sie ungeduldig. Er ist jetzt mit seinen Balkonen allein, mit seiner verzweifelten Erkenntnis, mit seiner messerscharfen Unterscheidung, die ihn nicht mehr ruhen läßt. Wann kam sie, wann fiel es ihm ein?

Die Balkone der Heimatländer. »Unmaßgeblich«, hat ihm einer entgegnet. Das Wort geht ihm nicht aus dem Sinn. Sind Balkone nicht mehr oder weniger eine Maßgabe? Nach Maß zugegeben, um die Heimat besser betrachten zu können? Und können Maßgaben unmaßgeblich sein? Nein, nein, er hat recht, aber dieses Recht macht ihn verlassen. »Du meinst dich selber«, sagte ihm einer. Sich selber? Gott bewahre. Was hat er mit Balkonen gemeinsam? Das ist zu weit gegriffen, aber so weit griffen sie. Er wird sich keinem mehr anvertrauen. Er ist kein Balkon, soviel ist sicher, und schon gar nicht der Balkon eines Heimatlandes. Er ist unbegehbar und rechnet nicht damit, rechts zu landen, wenn der jüngste Tag anbricht. Er macht den Tieren nichts vor, er bedenkt sie. Er ist nicht jemand, den man mit vollem Recht treten kann und der sich doch engelhaft gebärdet. Er hat Fehler; aber nicht diese, er gewährt keine täuschenden Ausblicke. Sagen und Birnbäume lassen ihn nicht unbeeinflußt. Weltrichtungen sind ihm nicht gleichgültig. Er ist anders als die Balkone der Heimatländer. Er gibt sich nicht zufrieden.

Wie aber, wenn er es doch wäre? Er selbst der Balkon eines Heimatlandes in einem Heimatland. Er wird verreisen, um dieser Frage auszuweichen, er wird weit weg fahren. Man wird vielleicht mit ihm rechnen können, aber nicht so, das wird er zu vermeiden wissen. Er wird in der Ferne sein Unglück suchen, da, wo es hingehört. Nein, er selbst ist es nicht. Aber wer ist es, wer sind sie, die Balkone der Heimatländer, die großen unscheinbaren Täuscher? Soll er sie lassen, weiter täuschen lassen? Immerhin nur den, der getäuscht werden will. Oder getäuscht werden soll. Mit dieser Frage wird er sich weiter befassen, er wird den Himmel absuchen. Er wird darauf kommen, aber nicht hinein. Er macht kein gemeinsames Spiel mit den Balkonen der Heimatländer. Sollen sie die Engelsflügel, die himmlischen Hausmauern, die ewigen Heimatländer besetzen. Er wird nicht dabei sein.

Fritz Popp
Schlechte Jahrgänge
Drei Männer

> Selig der Sohn, der seinen Vater
> in der Hölle weiß.
>
> *Genueser Sprichwort*

Wenn Vater von 68 spricht klingt das wie bei Großvater, wenn er vom Krieg erzählt. Beide besoffen von alten Geschichten und dankbar, sie erlebt und überlebt zu haben. Über ein überstandenes Unheil ist gut erzählen, sagt ein chassidisches Sprichwort. Heilsgeschichten setzen gegenteilige voraus. Eroberer im Ruhestand werden Maulhelden.

Ich bin Jahrgang 68 und war so wenig geplant wie diese »Revolution«, die genauso danebenging. Die alten Bilder von Sitins und Demos sollten mir Respekt einflößen wie Opas Feldzüge. Allmachtsmärchen für Kinder. Märchen stammen immer von Erwachsenen, die ihre Kinder nicht mehr verstehen. Großvater kam bis Nordafrika (»der Wüstenfuchs«, meine erste Märchenfigur aus Großvaters Mund) und wurde nach dem Krieg Eisenbahnschaffner. Vater kam in die Zeitung (»der dritte von links, der bin ich«) und ist schon fünfzehn Jahre lang Mittelschullehrer. Pragmatisiert, schulfeste Stelle. Es kommt ihm selbst manchmal unglaublich vor, ein Irrtum des Landesschulrates, sagt er. Und ich, ich bin wohl der typische Versager der 80er Jahre und habe zwei Generationen gegen mich.

Die Riesen sind kleiner geworden. Die Hand, die große Hand des Vaters, gleicht jetzt der deinen. Du ähnelst den Gespenstern, die du fürchtetest. Vielleicht erstarren auch Kinder vor dir, rennen an dich an und weg. Wer weiß, wen du ängstigst. So wie dich die Pranke des Vaters, der biblische Züchtigungsarm, der gewaltige Arbeitshebel, den nur die Schaffneruniform bändigen konnte. Der dir zeigte, was du nicht vermochtest, nicht schaffen konntest, und dich dafür bestrafte. Du liefst davon, sooft es dir gelang, doch noch vom Zaun holte dich der Arm herunter. Er legte ein Scheit, ein dreikantiges, spitzes Holzscheit auf den Boden und ließ dich darauf mit erhobenen Armen, zittrigen, unfähigen Armen, knien. Am Zaun standen die Nachbarskinder und kommentierten mit kindlicher Bösartigkeit. Der starke Arm des Vaters arbeitete ungerührt und beobachtete dich.

Versuche dich zu verstecken in einem Glashaus, das Kindheit heißt. Nur Wurzeln können dich retten. Hüte dich vor allzu auffälligen Blüten. Man reicht dich sonst herum auf Muttertagen oder in Erziehungsheimen. Unauffällig verblüh! Und sing beim Beschneiden!

Der Arm, der Haßmuskel, allsehender Hammer! Noch schlimmer aber die Stimme, das Brüllen, das um den Tisch lief und durchs Haus. Die Ruhe, wenn die Stimme schlief, war doch nur die Ruhe davor oder danach, dunstig wie die verordnete Stille beim Essen.

Liest sich wie aus einem halbverblichenen Tagebuch aus der Jahrhundertwende. Oder: Franz K. träumt. Jan hat viele Brüder, aber keine Freunde. Es gibt keine Solidarität der Söhne.

Sprachloses Gebrüll, Gehorsam am Stimmband, Schrei-Detonationen in spielende, unerwünschte Kinder. Aber wie der Arm ist die Stimme schlaff geworden, und manchmal hast du Mitleid mit dem alten Mann, der so von früher abgeschnitten worden zu sein scheint. Wie ein Toter vom Baum, fällt dir ein. Der schlaffe Arm, ein Finger fehlt bereits, noch immer behaart, komisch behaart bis in den Handrücken, die Stimme, eingezwängt im schlecht sitzenden, allzu billigen Zahnlaboratoriumsgebiß. Arm und Stimme, beide kommen von weit her und nähern sich kaum noch, eher ein verlegenes Winken und müdes Rufen. Ein klein gewordener Riese, vor dem sich niemand mehr fürchtet, höchstens im Traum. Du, du ähnelst dem, der er war.

Hat sich eine Bibliothek aufgebaut. Wie eine Festung. Verschanzt sich dahinter, hinter den immer breiter werdenden Rücken seiner Bücher. Bei jedem Besuch – liegt ja auch meistens ein Jahr dazwischen – eine neue Bastion. Glaubt, daß mir das imponiert. Sein Bub hält sich da mehr ans Konkrete, aber auch ein Schwärmer, nur halt mehr für die Natur. Jedoch vernünftiger als sein Vater, verständlicher für unsereins. Hat sich ja immer schon trotzig hinter Büchern und Phrasen versteckt, der übergescheite Bettnässer, unser Herr Sohn. Die Natur sieht man wenigstens. Da weiß man, wovon die Rede ist. Aber auf die Schnecken und Krautwürmer vergessen's halt in ihrer Schwärmerei. Die Natur ist auch der Feind, der natürliche Feind des Menschen. Naturkatastrophen sind auch biologisch wie auch der Fliegenpilz. Der Mensch ist auch biologisch und ganz natürlich und meistens eine Katastrophe. Nicht alles, was natürlich ist, ist schön und appetitlich, gelt Mutter. Der Mensch ist die stärkste biologische Waffe, so seh ich das. Ein Mörder, zu allem fähig, jemand, den man ständig in Schranken weisen muß, auch wenn man nichts mehr glaubt. Unser Herr Sohn, der Geschichtsprofessor, schaut mich eh oft so an, als ob er mich für einen Mörder halten␣tät. Oder wie wenn er Angst hätt, ich möcht ihm wieder einmal eine runterhaun. Das hat er mir nie vergessen, der Weichling. Ein gutes Gedächtnis, aber schlechte Nerven. Manchmal zuckt er so komisch, und ich mein schon, jetzt haut er zu. Kinder zahlen alles mit Zinsen und Zinseszinsen zurück. Das späte Lehrgeld. Mein Vater hat viele Stöcke an mir zerbrochen. Und unsere Lehrer warn auch aus ganz anderem Holz. Behauptet doch glatt, Lehrer geworden zu sein, um den Kindern zu zeigen, es gehe auch anders! Wer weiß, was er so macht, im Unterricht. Die Kinder heutzutage werden ja auch nicht netter. Mittlerweile besucht er ja auch die Festspiele, die er immer in Grund und Boden verdammt hat. Da kann sich vieles bei ihm geändert haben, auch im Unterricht. Ähnlich ist er mir auch geworden, seit er sich den Bart wieder abgenommen hat. Als Schaffner schau ich mir die Leut an, gelt Mutter.

»68er«: klingt wie eine Konfessionsbezeichnung. Eine von diesen vielen Sekten mit Sammelerlaubnis, Radikale mit beschränkter Haltbarkeit, pragmatische, leicht apathische Realitätsbekehrte, steckengeblieben beim Marsch durch die Institutionen; von der Ho-Chi-Minh-Tour zur Vitaminkur, der Gang durchs Reformhaus zur Reform des ganz und gar nicht geistigen Überbauchs. Ein bisserl dafür und ein bisserl dagegen: private Dialektik, Kritik für den Hausgebrauch. Jeans alleine machen's noch nicht. Könnte ein Buch schreiben, Memoiren. Titel: Die Revolution ist mein Hobby. Gesammeltes Plappern über Gott und die Welt, vornehmlich die Dritte. Nein, Gott nicht, auch wenn sein Sohn so aussieht wie Che Guevara oder umgekehrt. Darf ich Ihnen mein Revolutionsalbum zeigen? Mit diesem unzüchtigen Antrag hat er wahrscheinlich Mutter verführt. Oder hat man sich damals schon geduzt?

In guten Zeiten ist gut revoluzzen, sagt euch euer Wirtschaftswunderenkelekel. So seh' ich das jedenfalls, Kind der unvergessenen Revolution und vergessener Pillen, der Grünschnabel aus dem roten Reich der Träume und Sinne. Ist nicht viel geblieben von damals: statt Sex Angst vor Aids; Studienverschärfung, Arbeitslosigkeit und Umweltvernichtung. Die Alten wissen, wie's läuft und wie man's schmiert. Meiner weiß nicht einmal das so genau. Dabei ist das Trittbrett wahrscheinlich seine wichtigste Entwicklungsstufe, das Brett, das die Welt, und wenns nur die Berufswelt ist, bedeutet. Ein Brett zum Abputzen der Unterwanderschuhe. Mit seiner begnügsamen Eitelkeit macht er eines Tags dann beim Oberstudienrat halt. Das Herz spricht traditionell, das Hirn funktioniert dialektisch, ein institutionalisierter Schizophrener. Gehirnzelleninsasse.

Aber geschlagen hat er mich nie: antiautoritäre Erziehungsversuchsanstalt. Hätt' er es getan, könnt ich ihn wenigstens spüren.

Nur beim Friseur hältst du deinen Kopf hin.

Dieser Satz könnte von deinem Sohn stammen. Und selbst beim Friseur kostet es dich etliche Überwindung, den Kopf freizugeben: Brille ab, wehrlos dem Schneidegerät ausgesetzt, einer auf- und abspringenden Schere, schemenhaft rasende Hand, die Föngeräte dröhnen rundum, einsilbig hockst du, hängst du im Sessel, jeden Augenblick den Schnitt durch die Gurgel erwartend, auch hereinschießende Mafiosi oder eine Bemerkung über die schütter werdenden Haare. Eine Bemerkung, die du immer erst beim zweiten Mal verstehst, denn ohne Brille hörst du schlechter, auch wenn dir's niemand glaubt.

Dabei war der erste Friseurbesuch schon ein Teil deiner Befreiung gewesen. Nicht einer der seltenen unter Begleitung des Vaters, der dir bis zum zehnten Lebensjahr die Haare am liebsten selbst schnitt, selbst schor mit einem gefühllosen Rasierapparat, der rupfte und riß und kratzte. Nur zu besonders feierlichen Anlässen wie Erstkommunion und dergleichen schleppte er dich zum Friseur. Der hieß Friedrich Schiller, das merkst du dir bis zum Lebensende. Ihm fehlte die Nase, an deren Stelle erinnerst du dich, ein großes Pflaster gesehen zu haben. Friedrich Schiller sah aus wie ein Metzger, sein Haarschnitt war nicht klassisch, eher militärisch – genau nach Anweisung des Vaters polierte er deinen Kopf. Diese Anweisung war sehr einfach zu befolgen: kurz und sauber. Rasierer hätte er werden sollen, Scherer, aber nicht Friseur und Kinderschreck. Meist aber packte der Vater dich, wenn er es für nötig hielt, schnitt stufenartig den Kopf an, begleitet von den ständigen, aber nutzlosen Bitten der Mutter, dich zu schonen. Dein erster selbständiger Friseurbesuch war ein Akt der Befreiung gewesen. Das Gebrüll des Vaters über die viel zu langen Haare und vor allem über das hinausgeworfene Geld zeigten dir deine künftige Stärke. Ein paar Jahre später gingst du überhaupt nicht mehr zum Friseur.

Und jetzt sitzt du in diesem parfümierten Salon und verlangst einen ordentlichen Kurzhaarschnitt. Vater würde sich freuen. Versucht sich seine letzten Haare von hinten über die Glatze zu kämmen. Wenn der Wind weht, reißt er lange, gelblich-braune Haare vom Kopf. Lange Haare, wie deine damals. Du könntest fast lachen.

Für jede Lösung ein Problem: Strukturen, Faschismus, Industrie, Autos, Kapitalisten. Tun, als hätten wir keine Probleme gehabt. Scheinheilige Hypochonder. Mit 18 in den Krieg, nicht ungern, geb ich ja zu. War aber kurz, die Begeisterung. Beneidenswerter Jahrgang 1922, schöne Jugend nach einer noch luxuriöseren Kindheit. Der Vater ist noch mit dem Handwagerl von Dorf zu Dorf gegangen, von Haus zu Haus, Bauernhof zu Bauernhof. Geflügel, Eier, Käse. Sommers und winters. Und wir – zu Hause zu fünft in einem Zimmer.

Schöne Kindheit, herrliche Jugend, großartige Bildungsmöglichkeiten. Natürlich war der Hitler unsere Rettung, unser Anschluß an einen bescheidenen Wohlstand, der Anschluß an eine größere Gemeinschaft. Schön war's, auch wenn ihr's nicht und nicht hören könnt. Alle Geschichtsprofessoren zusammen nicht. Jeder Hund braucht seinen Herrn, besser als keiner und nichts zum Fressen. Haben wir das ahnen können, was der vorhat? War ja kein Professor, der das Ganze schon im Buch druckfertig, schwarz auf weiß nachschlagen kann.

Erinnere mich eben nicht nur an die Sachen, die ihr hören wollt: Massaker, Deportationen, Folterungen. Glaubt ihr, die unsrigen sind nicht gestorben? Auch unsre Freunde sind verreckt. Eine Riesenschweinerei war's und ich vergönn's euch, daß ihr keine solche erleben müßt. Ihr redet genausoviel wie ich, aber ihr wißt nicht, wovon ihr da redet. Das ist der Unterschied. Und schaut's mich nicht an wie einen Mörder, wie er in euren Büchern steht. Weil's wahr ist, Mutter, ich sag' eh nix mehr.

Der Betonabstand wird immer geringer. Unharmonische Betonfolgen, steinharte Dissonanzen. Vater fühlt sich wohl darin, Großvater haßt die Stadt. Meine Wohnung in der Vorstadt ist wahrscheinlich ein Kompromiß. Aber sie werden sich auch auf diesem Boden nicht treffen, schon gar nicht bei mir. Ist ja keine Mülldeponie. Das haben sie ja beide gekonnt. Müll zu hinterlassen, Müll und Schrott. Zerbombte Städte, Schrottleichen, Menschendeponien, Gefühlsdeponien, Fernsehmüll, das eigene Wrack, das niemand heben will. Und rechnen's uns an. Die berühmte Rechnung ohne den Wirt, der uns das eingeschenkt hat. Auf Kosten der saublöden Allgemeinheit, die alles bezahlt. Die blinden Flecken im Ideologiepuzzle nehmen zu, Teilchen fehlen.

»Ein grüner Junge, zu grün, Grünschnabel, zu gescheit.« Jugend als Überheblichkeitssynonym. »Als ich so alt war ...«

Ja, da warst du in Afrika, aber nicht als Urlauber. Und du hast deinen Marx schon zum zweiten Mal gelesen, im Urtext. Und vermutlich auch dann nicht verstanden. Wir sind von verschiedenen Bäumen, wenn auch aus dem gleichen, kranken Wald. Und der Baumabstand wird immer größer.

Zusammen sind wir 125 Jahre alt. Und 100 Jahre auseinander.

Was lächerlich ist: ein altgewordenes enfant terrible. Sagt mit vierzig zu seiner Frau »Mutti«. Geniert sich für den Arbeitervater, auf den er doch 68 kurzzeitig so stolz war. Anfälle von Hypochondrie, Worte, Worte, Sentimentalitäten, theoriebewehrt im Rückwartsgang, Krebsgang. Noch zwanzig Jahre schimpfend über Direktoren, Postenbesetzungen, Schiebereien, hinter vorgehaltener Hand, die einzige Handlung, wozu er noch fähig ist, im Frustriertenzirkel der Schule.

Die Stadt, das Internat, das war deine Rettung. Keine Schläge, keine Schreie erreichten dich mehr, nicht im Traum. Der Bettnässer blieb zu Hause zurück. Eine feste Burg die Schule, die Heimbibliothek. Buchstaben, Bücher, Fremdwörter gegen Väter, Mordsvokabular, Bücher als Verhütungsmittel. Mit Büchern macht man Väter mundtot. Mundtötung, Vatermord. Nach dem katholischen Internat (das Vaterunser immer nur gemurmelt und undeutlich gesprochen) wie die meisten Zöglinge in linken Studentengruppen gelandet, christlich und links, was sich für dich noch immer nicht ausschließt, für den Vater schon.

Mit dem Studium steigt dein Ansehen; immer kleiner ist er geworden, ängstlicher und ruhiger, beängstigend ruhig manchmal. Der Akademiker im Haus ersetzt den Proletenvater. Gebremste Wutschreie nur beim Ansehen der »Studentenkrawalle« (Krawall war alles, was anders und laut dachte) im Fernsehen. Deine Haare wachsen von selber, aber nur für deine Generation. Eine Generation, die draufkommen muß, vaterlos oder Kinder von Nazivätern zu sein. Aus dem furchtbaren, furchtbaren Schoß. Wer die Erbschaft verweigert, wird verstoßen. Dein Krieg beginnt erst jetzt. Dein Krieg gegen seinen, deine Führer gegen seine. Die Anhänger der Brachialgewalt halten Demos für gefährlich. Kennen die Wirkung der Propaganda.

Vorfahren haben Vorfahrt, freie Fahrt. Die Nachkommen das Nachsehen. Einsteigen bitte, aber sprechen Sie nicht mit dem Fahrer! Hinten einsteigen! Die Fahrer wissen schon, wo's langgeht. Nach einigen Stationen darfst du nach vorne aufrücken. Über die Verkehrsordnung kann man doch nicht demokratisch abstimmen! Gefahren wird halt noch rechts.

Bin ich aggressiv? Wie mein Vater? Nein, mein Vater war nie aggressiv. Kein lautes Wort im Hause des Professors, aber viele Worte dafür. Vorträge, Geschichtsunterricht als Moralerziehung. Das gebildete Lehrerkind wird zum Lehrerschreck. Nach dem Elternsprechtag sind Lehrerkinder noch verhaßter. Welcher Lehrer läßt sich schon in die Karten schaun? Auf den Sohn des Kollegen wird man ein Auge haben. Vorsicht, Lehrerkind!

Es gibt eine Hölle für Pedanten und Sentimentale, hab ich gelesen. Muß sehr geräumig sein. Vater kommt in den Himmel für Pedanten und Sentimentale. Wahrscheinlich hat er Angst, dort Großvater zu treffen, der ihm mit himmlisch erstarkten Kräften eine runterhaut.

Seit die Mutter tot ist, redet er wieder mit ihr, sagen die Nachbarn. Erzählt ihr wahrscheinlich die alten Geschichten. Die mit dem Handwagerl, den fünf Kindern in einem Zimmer, der verpatzten Jugend. Die erzählt er jedem. Wie oft hast du das hören müssen, wenn er dich über's Knie gelegt hat. Prügelgeschichten zum Einprägen. Mit alten Geschichten macht man Kinder mundtot. Die gesetzlich erlaubte Form des Totschlags.

Hinfällig ist er geworden, der Vater. Fällt auf dich zu wie ein lästiger Bettler. Stürzt die Stiege runter, bedusselt, stößt sich ein

Auge aus. Fehlt schon ein Finger, jetzt noch das Auge. Will sich dem Tod anpassen, in der Hoffnung, übersehen zu werden.

Er braucht deine Pflege, deinen Dank, schreibt er. Selbst in die verhaßte Stadt will er ziehn, nur nicht ins Altersheim. Du siehst deine Frau, die getrennt von dir lebt, lächeln. In deinem Haus haben zwei Männer nicht Platz, zwei alte Männer. Du hast gedacht, die Schüler halten dich jung. Der Haß auf den Vater damals war viel belebender. Nimm ihn auf, vielleicht hält er dich jung! Du brauchst es. Für deinen Sohn, der deine Existenz und deine entscheidenden Erfahrungen in zwei, drei Bonmots zusammenfaßt. Alle Söhne zielen auf ihren Vater, die meisten mit Platzpatronen. Vater will die Deckung verlassen. Er fällt dir entgegen.

Menschen mit gleichen Zielen sucht man am besten auf dem Bahnhof. Aber wenn der Zug schon abgefahren ist?

Der Urahn zieht mit dem Handwagerl durchs Gedächtnis. Sein Kehlkopf hat schon zu Lebzeiten zu verfaulen begonnen. Großvater hat immer überlaut geschrien. Vater hat den Kehlkopf gehütet und ist trotzdem Lehrer geworden. Ich hab auch nur eine Stimme.

Großvater will bei Vater unterkommen. Bei uns wär sowieso kein Platz, jetzt, da das Kind unterwegs ist. Bis zur Geburt ist ein Kind unterwegs, dann wird es eingebremst, gestoppt, umgeleitet. Eine Generation schlägt der nächsten ein Loch in den Kopf, die wiederum redet ihren Kindern Löcher in den Bauch. Ständige Penetration der Nachkommen.

Verstehst du jetzt, warum ich mich gar nicht so freue über unser Kind? Könnte allerdings Vater zum Großvater machen, zum Apo-Opa. Könnte den Ölfilm vor seinem Gesicht aufreißen.

Aggressiv? Du hast recht. Ich wünsche mir auch keinen Sohn.

Biographien

ILSE AICHINGER, kam zusammen mit ihrer Zwillingsschwester Helga am 1. November 1921 auf die Welt. Ihre Kindheit verbrachte sie in Linz und Wien und führte als Tochter einer Jüdin seit der Machtergreifung der Nazis eine bedrohte Existenz. 1953 heiratete sie Günter Eich. Sie wurde mit wichtigen Preisen bedacht. Zu ihren wichtigsten Büchern zählen der Roman *Die größere Hoffnung*, die Erzählungen *schlechte wörter* und der Gedichtband *verschenkter rat*. Sie lebt heute in Wien.

GERHARD AMANSHAUSER wurde 1928 in Salzburg geboren, wo er heute noch lebt. Für seine schriftstellerische Entwicklung waren die fünfziger Jahre in Wien entscheidend, wo er mit einer aufmüpfigen Literaten-Generation um H. C. Artmann in Verbindung stand. Mit dem Roman *Schloss mit späten Gästen* wurde er einem großen Publikum bekannt.

H. C. ARTMANN, geboren 1921 in Wien, gehörte in den fünfziger Jahren zum inneren Kreis der Wiener Gruppe, die gegen den herrschenden Literaturbetrieb angetreten war, um neue Schreibweisen zu erproben. Der Gedichtband *med ana schwoazzn dintn* gelang ihm gleichermaßen ein Kultbuch und die Inszenierung eines Skandals. Wichtige Preise, darunter der Georg-Büchner-Preis, wurden ihm zugesprochen. Er lebt heute bevorzugt in Wien.

INGEBORG BACHMANN, geboren 1926 in Klagenfurt, studierte in Innsbruck, Graz und Wien und dissertierte mit einer Arbeit über die Rezeption der Philosophie Martin Heideggers. Mit ihrem unvollendet gebliebenen Zyklus *Todesarten* setzte sie bewußt eine weibliche Weltsicht dem männlichen Blick entgegen. 1975 starb sie in Rom.

ALOIS BRANDSTETTER wurde 1938 in Pichl bei Wels geboren. Mit einer Arbeit über die Rezeption höfischer Epik in frühneuhochdeutschen Prosaromanen habilitierte er sich zum Professor für Deutsche Philologie, seit 1974 ist er an der Universität für Bildungswissenschaften in Klagenfurt tätig. Zu seinen letzten Veröffentlichungen zählen *Schönschreiben* und der Roman *Groß in Fahrt*.

MELITTA BREZNIK wurde 1961 in Kapfenberg/Steiermark geboren. Sie studierte Medizin und lebt heute als Ärztin in Zürich. Mit ihrem literarischen Debüt *Nachtdienst* erregte sie sofort Aufmerksamkeit, inzwischen liegt ein zweiter Erzählband vor, *Figuren*.

ELIAS CANETTI wurde 1905 als Kind sephardischer Juden im damals türkischen, heute bulgarischen Rustschuk geboren. Über die Stationen Manchester, Wien und Zürich kam er 1924 nach Wien, wo er das Studium der Naturwissenschaften aufnahm. Karl Kraus war die prägende Figur seiner frühen Jahre. 1935 erschien sein Roman *Die Blendung*, 1938 emigrierte er mit seiner Frau Veza nach London. Die Untersuchung *Masse und Macht* beschäftigt sich mit den Gefahren der Verführbarkeit des Menschen. Canetti starb 1984 in Zürich.

VEZA CANETTI wurde 1897 in Wien geboren und entstammt einer alten sephardischen Familie. Sie emigrierte 1938 gemeinsam mit ihrem Ehemann Elias nach London, wo sie 1963 starb. Ihr literarisches Werk, darunter der Erzählband *Geduld bringt Rosen* und der Roman *Die Schildkröten*, beobachtet kritisch die Umbrüche, die im 20. Jahrhundert Menschen immer wieder zu Opfern werden ließ.

HEIMITO VON DODERER wurde 1896 in Hadersdorf bei Wien geboren, wuchs in Wien auf, verbrachte den größten Teil seines Lebens dort und starb 1966 ebenda. Er hat Wien zum Ort seiner weit ausschweifenden und ironisch gebrochenen Literatur gemacht. Der Roman *Die Strudlhofstiege* gilt als jenes Werk, in dem österreichische Identität aufgehoben ist. Als Ideal strebte er den »totalen Roman« an, der sich der Linearität einer gemächlich voranschreitenden Erzählung verweigert und ein gesellschaftliches Gesamtbild ausmalt.

CLEMENS EICH wurde 1954 in Rosenheim am Inn als Sohn von Ilse Aichinger und Günter Eich geboren. Er besuchte die Schauspielschule in Zürich und nahm Engagements in Landshut, Frankfurt am Main und Wien wahr. Er schrieb Lyrik, Prosa und für das Theater, 1998 stürzte er sich in Wien zu Tode. In seinem letzten Buch, *Aufzeichnungen aus Georgien*, verbindet er Reportage mit den Mitteln der Literatur.

ANTONIO FIAN kam 1956 in Klagenfurt auf die Welt und lebt seit 1976 in Wien. 1990 erhielt er den Österreichischen Staatspreis für Kulturpublizistik. Er schreibt Prosa (*Schratt*, Roman) und Essays (*Es gibt ein Sehen nach dem Blick*), einer größeren Öffentlichkeit ist er aber vor allem durch seine Dramolette bekannt, die immer wieder österreichische Zeitverhältnisse pointiert karikieren.

BARBARA FRISCHMUTH, Jahrgang 1941, besuchte für mehrere Jahre ein Internat. Diese Erfahrung schlug sich in ihrem Debüt-Roman *Die Klosterschule* nieder. Sie hatte sofort Erfolg, bis heute ist sie eine der verläßlichsten Autorinnen, die regelmäßig Bücher veröffentlicht, die literarischen Ansprüchen genügen und auch breite Leserschichten ansprechen. *Die Schrift des Freundes* gilt als ihre wichtigste Veröffentlichung der letzten Zeit.

CHRISTIAN FUCHS wurde 1952 in Wien geboren und arbeitet heute als Chefdramaturg am Salzburger Landestheater. Er hat mehrere Prosabände veröffentlicht.

CHRISTIAN FUTSCHER, Jahrgang 1960, lebt in Wien. Er hat in Salzburg studiert und hat einen Band mit skurriler Prosa veröffentlicht, *Ein gelungener Abend*.

REINHARD P. GRUBER wurde 1947 in Fohnsdorf in der Steiermark geboren, heute lebt er in Kothvogl bei Stainz in der Steiermark. *Aus dem Leben Hödlmosers*, 1973 erstmals erschienen, ist jener Roman, der Gruber rasch berühmt gemacht hat.

PETER HANDKE, 1942 in Griffen (Kärnten) geboren, lebt heute in Paris. Mit seinem Engagement in Sachen »Gerechtigkeit für Serbien« hat er sich in den letzten Jahren auf politisch nicht konsensfähiges Terrain begeben. Er schreibt Prosa und Theaterstücke, zuletzt erschien der Roman *In einer dunklen Nacht ging ich aus meinem stillen Haus* und das Stück *Zurüstungen für die Unsterblichkeit*.

JOSEF HASLINGER wurde 1955 in Zwettl/Niederösterreich geboren und studierte Philosophie, Theaterwissenschaft und Germanistik in Wien. Er ist ein politischer Autor, der in seiner Literatur einen aufklärerischen Anspruch einlöst. Als kluger und kritischer Beobachter seines Landes verfaßte er Essays, die das Gespräch über Österreich in neue Bahnen lenken (*Politik der Gefühle – Ein Essay über Österreich*). Besonderen Erfolg hatte er mit seinem Roman *Opernball*, der für das Fernsehen auch verfilmt wurde.

MONIKA HELFER wurde 1947 in Au im Bregenzerwald geboren und lebt mit ihrem Mann Michael Köhlmeier und zwei Kindern in Hohenems/Vorarlberg. Sie hat zahlreiche Romane und Theaterstücke geschrieben, zuletzt hat sie den Roman *Mein Mörder* veröffentlicht. Mehrere Preise haben ihre literarische Qualitäten bestätigt.

FRITZ VON HERZMANOVSKY-ORLANDO wurde 1877 in Wien geboren und verstarb 1954 auf Schloß Rametz bei Meran. Er arbeitete als Architekt in Wien, bevor er sich als freier Schriftsteller nach Südtirol zurückzog. Zu Lebzeiten erschien außer dem Roman *Der Gaulschreck im Rosennetz* kaum etwas von ihm. Bekannt wurde er erst durch das Engagement Friedrich Torbergs für den in literarischen Kreisen nahezu Unbekannten, er stellte dessen Werk allerdings nur in stark bearbeiteten Fassungen zur Verfügung.

ÖDÖN VON HORVATH wurde 1901 in einem Vorort von Fiume geboren. 1908 übersiedelte er nach Budapest, 1913 holten ihn die Eltern nach München, er wechselte nach Preßburg, dann Budapest und Wien. Seßhaft war er nie lange irgendwo. Seine Stücke (*Italienische Nacht, Geschichten aus dem Wienerwald*) revolutionierten die Tradition des Volksstücks. 1938 wird er durch einen herabstürzenden Ast in Paris getötet.

ELFRIEDE JELINEK kam 1946 in Mürzzuschlag (Steiermark) auf die Welt, lebt heute in Wien. Ihre Prosa und Theaterstücke schaffen es stets wieder, das Publikum zu provozieren, weil sie Grenzen des Verschweigens übertreten. Zu ihren jüngeren Arbeiten gehören der Roman *Die Kinder der Toten* und *Sportstück*. Sie wurde u.a. mit dem Georg-Büchner-Preis ausgezeichnet.

GERT JONKE wurde 1946 in Klagenfurt geboren, er lebt heute noch dort und in Wien. Er wurde u.a. mit dem Erich-Fried-Preis und dem Franz-Kafka-Literaturpreis ausgezeichnet. Zuletzt erschienen das Theaterstück *Es singen die Steine* und der Prosaband *Himmelstraße – Erdbrustgase oder Das System von Wien*.

FRANZ KAFKA wurde 1883 als Sohn eines jüdischen Kaufmanns in Prag geboren. Von 1901 bis 1906 studierte er zuerst Germanistik, dann Jura. 1908 trat er als Jurist in die »Arbeiter-Unfall-Versicherungs-Anstalt« ein, wo er bis zu seiner Pensionierung im Jahr 1922 blieb. An den Folgen einer Tuberkulose starb er 1924.

FRITZ KALMAR kam 1919 in Wien auf die Welt. Nach dem »Anschluß« flüchtete er auf einem norwegischen Tanker, auf dem er sich als Seemann verdingt hatte, nach Südamerika und fand in Bolivien Aufnahme. Er ist Mitbegründer der Exilorganisation »Federación de Austríacos Libres en Bolivía« und einer deutsprachigen Bühne in La Paz. Seit 1953 lebt Kalmar, der eigentlich Jura studiert hatte, in Uruguay, wo er sich der Theaterarbeit widmete.

DANIEL KEHLMANN wurde 1975 in München geboren und lebt seit 1981 in Wien. Er studiert Philosophie und Literaturwissenschaft und wird seit seinem Debüt *Beerholms Vorstellung* als literarische Hoffnung gehandelt.

MARIE-THERESE KERSCHBAUMER wurde 1936 als Tochter einer Österreicherin und eines Kubaners in der Nähe von Paris geboren. 1939 kam sie nach Tirol. Nach Haupt- und Berufsschule hielt sie sich als Fremdarbeiterin über Wasser und holte dann die Abendmatura nach. Sie studierte Romanistik und Germanistik und hielt sich längere Zeit in Italien und Rumänien auf.

RADEK KNAPP kam 1964 in Warschau auf die Welt und lebt seit 1976 in Wien. Für seinen Erzählband *Franio* wurde er mit dem Aspekte-Preis des ZDF ausgezeichnet. Zuletzt erschien der Roman *Herrn Kukas Empfehlungen*.

WERNER KOFLER, 1947 in Villach geboren, lebt seit 1968 als freier Schriftsteller in Wien. Seit dem Band *Guggile. Vom Bravsein und vom Schweinigeln* ist er eine feste Größe in der österreichischen Literaturlandschaft.

MICHAEL KÖHLMEIER, 1949 in Hard/Vorarlberg geboren, hat sich als Erzähler einen Namen gemacht. Ein großes Publikum hat er sich mit Nacherzählungen griechischer Mythen geschaffen, die er in freier Rede über das Radio verbreitete. Zu seinen wichtigen Büchern zählen daneben die Romane *Spielplatz der Helden* und *Die Musterschüler*; zuletzt erschien der Erzählband *Der traurige Blick in die Weite*.

HERTHA KRÄFTNER, 1928 in Wien geboren, schied 1951 freiwillig aus dem Leben. 1946 nahm sie in Wien ein Studium auf, in dieser Zeit fallen erste lyrische Versuche, ab 1948 veröffentlichte sie Gedichte in literarischen Zeitschriften. Ab 1950 hatte sie Kontakt zu literarischen Kreisen, in denen sie Anerkennung fand.

KARL KRAUS wurde 1874 im böhmischen Jicin (heute Tschechien) geboren. Er war in Wien ein gefürchteter Sprach- und Kulturkritiker, dessen Waffe seine literarisch-politische Zeitschrift »Die Fackel« war, die er 1899 gegründet hatte. Zwischen 1911 und 1936 erschienen darin nur noch von ihm verfaßte Texte. Während des Ersten Weltkriegs arbeitete er an dem monumentalen Drama *Die letzten Tage der Menschheit*. Er starb 1936 in Wien.

ANTON KUH, geboren 1890 in Wien, gilt als einer der typischen Kaffeehausliteraten, die in Wien in den frühen Jahren unseres Jahrhunderts maßgeblich das literarische Klima der Stadt ausmachten. Er war ein Meister der kleinen Form, der, als sich politisch die Lage verschärfte, vehement gegen die faschistische Ideologie anschrieb. 1938 emigrierte er nach Prag, 1939 in die USA, 1941 verstarb er in New York.

MANFRED MAURER wurde 1958 in Steyr, Oberösterreich, geboren und lebt seit 1981 in Wien.

ROBERT MUSIL wurde 1880 in Klagenfurt geboren und starb 1942 in Genf. Sein unvollendet gebliebenes Opus magnum *Der Mann ohne Eigenschaften* ist ein zentrales Werk der Weltliteratur des 20. Jahrhunderts. Zu Lebzeiten wurde er kaum beachtet und lebte unter katastrophalen finanziellen Verhältnissen. Erst in den fünfziger Jahren wurde er entsprechend seinem Rang gewürdigt.

KARL MERZ/HELMUT QUALTINGER schrieben als Autorenteam in den fünfziger und sechziger Jahren Kabarett-Texte, mit denen sie in den fünfziger Jahren in legendären Wiener Kellertheatern eine Blütezeit der satirischen Kulturzeit einleiteten. 1961 stand Helmut Qualtinger erstmals als *Der Herr Karl* auf der Bühne und stellte damit den Prototypen österreichischer Mentalität dar. Qualtinger kam 1928 in Wien auf die Welt und verstarb ebenda 1986.

FRANZ NABL wurde 1883 in Lautschin nordöstlich von Prag geboren. Er wuchs in Niederösterreich und Wien auf und studierte Jura und Germanistik. Mit dem Roman *Ödhof* hatte er Erfolg, nach dem Ersten Weltkrieg verlor er, der begüterten Verhältnissen entstammte, seinen ökonomischen Rückhalt. In den siebziger Jahren entdeckte eine junge Autorengeneration Franz Nabl, der 1974 in Graz starb, für sich.

LEO PERUTZ (1882 bis 1957) übersiedelte früh von Prag nach Wien, wo er bis 1938 seine Romane und Novellen schrieb. Von Beruf war er Versicherungsmathematiker, seine Leidenschaft gehörte der Literatur. Er schuf ein Werk, das der Phantasie breiten Raum zugesteht. Zu seinen bekanntesten Arbeiten gehören die Romane *Nachts unter der steinernen Brücke* und *Der Meister des Jüngsten Tages*.

FRITZ POPP wurde 1957 im oberösterreichischen Vöcklabruck geboren. Er studierte Germanistik und Religionspädagogik in Salzburg, wo er heute lebt. Er schreibt Gedichte und Prosa und erarbeitet Texte für Kabarettprogramme.

CHRISTOPH RANSMAYR wurde 1954 in Wels/Oberösterreich geboren, studierte in Wien und lebt jetzt in West Cork, Irland. Bevor er freier Schriftsteller wurde, arbeitete er als Journalist. Seine Romane *Die letzte Welt* und *Morbus Kitahara* tragen wesentlich zur Identität der österreichischen Literatur bei. Er erhielt bedeutende Preise, darunter den Franz-Kafka-Preis und den Europäischen Aristeion-Literaturpreis.

ELISABETH REICHART wurde 1953 in Steyregg/Oberösterreich geboren. Sie studierte Geschichte und promovierte in Salzburg zum Dr. phil. Ihre Literatur leuchtet die dunklen, ungeliebten Flecken österreichischer Geschichte aus. Mit dem Roman *Februarschatten*, der Geschehnisse in der österreichischen Provinz während der Nazizeit nachzeichnet, machte sie sich rasch einen Namen.

PETER ROSEI wurde 1946 in Wien geboren, wo er auch heute wieder lebt. Seit den siebziger Jahren hat er ein umfangreiches literarisches

Werk geschaffen, zu dem Romane (*Rebus*, *Persona*), Erzählungen (*Landstriche*), Essays und Gedichte gehören.

JOSEPH ROTH stammt aus Brody/Ostgalizien (geboren 1894). Er arbeitete als Journalist und hinterließ ein bedeutendes literarisches Werk (*Radetzkymarsch*, *Die Kapuzinergruft*). Er ging den inneren Widersprüchen der zum Untergang verdammten österreichisch-ungarischen Monarchie nach und verarbeitete die Erfahrung von Emigration und der vom Antisemitismus bedrohten Juden. Roth starb 1939 in Paris.

ROBERT SCHINDEL wurde 1944 als Kind kommunistischer und deportierter Eltern in Bad Hall geboren und überlebte in einem Versteck in Wien die nationalsozialistische Herrschaft. Er lebt als freier Schriftsteller in Wien. Er ist ein kritischer Beobachter österreichischer Gegenwart und Zeitgeschichte und gibt literarisch und essayistisch Auskunft über seine Ansichten und Einsichten. Er hat einen Roman (*Gebürtig*), Erzählungen (*Die Nacht der Harlekine*) und mehrere Gedichtbände (*Ein Feuerchen im Hintennach*) veröffentlicht.

ARTHUR SCHNITZLER wurde 1862 als Sohn eines Professors der Medizin in Wien geboren. Er studierte Medizin und war als Assistenzarzt an der Poliklinik und dann als praktischer Arzt in Wien tätig. Er schrieb Prosa und Theaterstücke und gilt als einer der bedeutendsten Autoren, den Österreich hervorgebracht hat. Er starb 1931 in Wien.

MARLENE STREERUWITZ wurde 1950 in Baden bei Wien geboren und studierte Slawistik und Kunstgeschichte in Wien. Mit ihren Theaterstücken *Waikiki Beach*, *Sloane Square*, die an wichtigen Bühnen aufgeführt werden, erregt sie seit den frühen 90er Jahren Aufmerksamkeit. Sie schreibt Romane, zuletzt erschien der Roman *Nachwelt*. Zahlreiche Preise krönen ihren literarischen Weg.

WALTER TOMAN, geboren 1920 in Wien, lebt in Erlangen und Wien. Er ist Psychologe und Psychotherapeut und hat darüber auch Bücher veröffentlicht. Seit 1946 ist er auch literarisch in Erscheinung getreten.

JOSEF WINKLER wurde 1953 in Kamering/Kärnten geboren. Lebt als freier Schriftsteller. Zuletzt erschienen die Bände *Domra. An den Ufern des Ganges* und *Wenn es soweit ist*.

Textnachweise

ILSE AICHINGER: *Zweifel an Balkonen*. In: Schlechte Wörter. © S. Fischer, Frankfurt/Main.

GERHARD AMANSHAUSER: *Generalsanierungsplan für Salzburg*. In: Fahrt zur verbotenen Stadt. Satiren und Capriccios. S. 9–11. aigner, Salzburg 1987 (= salzburger edition 6). © Gerhard Amanshauser.

H. C. ARTMANN: *Auftritt eines rowdys*. In: How much, schatzi? S. 43–51. © Suhrkamp Verlag, Frankfurt/Main 1982.

INGEBORG BACHMANN: *Das Gebell*. In: Werke in vier Bänden. Hg. von Christine Koschel, Inge von Weidenbaum, Clemens Münster. Bd. 2, S. 373–393. © Piper Verlag, München 1978.

ALOIS BRANDSTETTER: *Weltkriege*. In: Meine besten Geschichten. S. 38–41. © Residenz Verlag, Salzburg und Wien 1999.

MELITTA BREZNIK: *Die Spinnen*. In: Figuren. Erzählungen. S. 63–76. © Luchterhand Literaturverlag, München 1999.

ELIAS CANETTI: *Ausbruch des Krieges*. In: Die gerettete Zunge. Geschichte einer Jugend. S. 128–133. © Carl Hanser Verlag, München 1977.

VEZA CANETTI: *Drei Helden und eine Frau*. In: Geduld bringt Rosen. Erzählungen. © Carl Hanser Verlag, München 1992.

HEIMITO VON DODERER: *Neun Kürzestgeschichten*. In: Die Erzählungen. S. 315–318. © C. H. Beck'sche Verlagsbuchhandlung, München 1972.

CLEMENS EICH: *Zustände*. In: Zwanzig nach drei. Erzählungen. S. 67–68. © S. Fischer Verlag, Frankfurt/Main 1987 (= Collection Bd. 56).

ANTONIO FIAN: *Die Büchermacher*. In: Was bisher geschah. S. 81–88. © Literaturverlag Droschl, Graz 1994.

BARBARA FRISCHMUTH: *Glück*. In: Traumgrenze. Erzählungen. S. 62–72. © Residenz Verlag, Salzburg und Wien 1983.

CHRISTIAN FUCHS: *Die Katze*. In: Die Zeit des Südens war vorbei. Erzählungen. S. 99–104. © Residenz Verlag, Salzburg und Wien 1996.

CHRISTIAN FUTSCHER: *Ein Traumtag u.a.* In: Ein gelungener Abend. Grotesken. © Verlag Volk & Welt GmbH, Berlin 1997.

REINHARD P. GRUBER: *Das Wunschkonzert.* In: Vom Dach der Welt. Schicksalsnovellen. S. 47–48. © Literaturverlag Droschl, Graz 1987.

PETER HANDKE: *Das Umfallen der Kegel von einer bäuerlichen Kegelbahn.* In: Der gewöhnliche Schrecken. Horrorgeschichten. © Residenz Verlag, Salzburg und Wien 1969.

JOSEF HASLINGER: *Der Ingenieur.* In: Opernball. Roman. S. 179–196. © S. Fischer Verlag, Frankfurt/Main 1995.

MONIKA HELFER: *Saba.* © Monika Helfer.

FRITZ VON HERZMANOVSKY-ORLANDO: *Pater Kniakals erbauliche Predigt.* In: Sämtliche Werke. Bd. 4, S. 78–80. Hg. von Klaralinda Ma-Kircher und Wendelin Schmidt-Dengler. © Residenz Verlag, Salzburg und Wien 1991.

ÖDÖN VON HORVATH: *Der Vater aller Dinge.* In: Ein Kind unserer Zeit. Roman. S. 17–18. © Suhrkamp Verlag, Frankfurt/Main 1970.

ELFRIEDE JELINEK: In: *Die Kinder der Toten.* Roman. S. 7–13. © Rowohlt Verlag, Reinbek 1995.

GERT JONKE: *Tischrede.* In: Stoffgewitter. S. 207–209. © Residenz Verlag, Salzburg und Wien 1996.

FRANZ KAFKA: *Das Urteil.* In: Gesammelte Werke. Hg. von Max Brod. Erzählungen. S. 41–53. © Fischer Taschenbuch Verlag, Frankfurt/Main 1989.

FRITZ KALMAR: *Mei Zwölferl und i.* In: Das Herz europaschwer. Heimwehgeschichten aus Südamerika. © Picus Verlag, Wien 1997.

DANIEL KEHLMANN: *Auflösung.* In: Unter der Sonne. Erzählungen. S. 67–74. © Franz Deuticke Verlag, Wien 1998.

MARIE-THÉRÈSE KERSCHBAUMER: *Tonschi.* In: Der weibliche Name des Widerstands. Sieben Berichte. S. 259–272. Walter Verlag, Olten und Freiburg im Breisgau 1980. © Marie-Thérèse Kerschbaumer

RADEK KNAPP: *Julius geht nach Hause.* In: Franio. Mit einem Vorwort von Stanislaw Lem. S. 123–136. © Franz Deuticke Verlag, Wien 1994.

WERNER KOFLER: *Mutmaßungen über die Königin der Nacht.* In: Hotel Mordschein. Drei Prosastücke. S. 7–20. © Rowohlt Verlag, Reinbek 1989.

MICHAEL KÖHLMEIER: *Rosenkranz und Radio.* In: Der traurige Blick in die Weite, Erzählungen S. 67–73. © Franz Deuticke Verlag, Wien 1999.

HERTHA KRÄFTNER: *Die Versuchung.* In: Kühle Sterne. Gedichte, Prosa, Briefe. Aus dem Nachlaß herausgegeben von Gerhard Altmann und Max Blaeulich. Mit zwei Nachworten. S. 98–100. © Wieser Verlag, Klagenfurt 1997.

KARL KRAUS: Aus: *Die letzten Tage der Menschheit.* Tragödie in fünf Akten. Schriften Band 10. © Suhrkamp Verlag, Frankfurt/Main 1986.

ANTON KUH: *In der Filmkantine.* In: Zeitgeist im Literatur-Café. Feuilletons, Essays und Publizistik. Neue Sammlung. Hg. von Ulrike Lehner. S. 161–164. © Verlag Kremayr & Scheriau, Wien.

MANFRED MAURER: *der sieger.* In: Land der Hämmer. Prosa. S. 19–28. © Europaverlag, Wien, München, Zürich 1985.

ROBERT MUSIL: *Grigia.* In: Gesammelte Werke in neun Bänden. Hg. von Adolf Frisé. Bd. 6, S. 234–252. © Rowohlt Verlag, Reinbek 1978.

CARL MERZ/HELMUT QUALTINGER: *Das Schreckenskabinett des Dr. Österreicher.* In: »Brettl vorm Kopf« und andere Texte fürs Kabarett. Werkausgabe, Bd. 2, S. 201–213. Hg. von Traugott Krischke. © Franz Deuticke Verlag, Wien 1996.

FRANZ NABL: *Charakter.* In: Charakter/Der Schwur des Martin Krist/Dokument. Frühe Erzählungen. Hg. von Peter Handke. S. 25–51. Residenz Verlag Salzburg und Wien 1975. © Franzl-Nabl-Institut.

LEO PERUTZ: *Das Gespräch der Hunde.* In: Nachts unter der steinernen Brücke. S. 34–47. © Paul Zsolnay Verlag GmbH, Wien 1988.

FRITZ POPP: *Schlechte Jahrgänge.* In: Schlechte Jahrgänge. Erzählungen. S. 7–17. © Otto Müller Verlag, Salzburg 1990.

CHRISTOPH RANSMAYR: *Kaprun.* In: Der Weg nach Surabaya. Reportagen und kleine Prosa. S. 75–90. © S. Fischer Verlag, Frankfurt/Main 1997.

ELISABETH REICHART: *Die Narbe*. In: La Valse. Erzählungen. S. 66–75. © Otto Müller Verlag, Salzburg 1992.

PETER ROSEI: *Ja und Nein*. In: Frühe Prosa. Landstriche / Wege / Verstreutes. S. 39–53. © Klett-Cotta, Stuttgart 1995.

JOSEPH ROTH: *Barbara*. In: Werke. Bd. 4. Hg. und eingeleitet von Herman Kesten. © Kiepenheuer & Witsch, Köln, und Verlag Allert de Lange, Amsterdam 1989.

ROBERT SCHINDEL: *Der Spazierstockjohnny*. In: Die Nacht der Harlekine, Erzählungen. © Suhrkamp Verlag, Frankfurt/Main 1994.

ARTHUR SCHNITZLER: *Ich*. In: Spiel im Morgengrauen. Erzählungen 1923–1931. Mit einem Nachwort von Michael Scheffel. S. 304–311. © S. Fischer Verlag, Frankfurt/Main 1961.

MARLENE STREERUWITZ: *Manons Exilierung*. In: Nachwelt. Roman. S. 309–316. © S. Fischer Verlag, Frankfurt/Main 1999.

WALTER TOMAN: *Die Geschichtsstunde*. In: Heilsame Abstände. Erzählungen. S. 68–71. © Franz Deuticke Verlag, Wien 1994.

JOSEF WINKLER: *Wenn es soweit ist*. In: Wenn es soweit ist. Erzählungen. © Suhrkamp Verlag, Frankfurt/Main 1998.

DER HERAUSGEBER:

Anton Thuswaldner, geboren 1956 in Lienz, studierte Germanistik und ist ausgewiesener Kenner der österreichischen Literatur. Er hat zahlreiche Anthologien herausgegeben, arbeitet als Feuilletonredakteur bei den *Salzburger Nachrichten* und ist seit 1993 Jurymitglied des Aspekte-Literaturpreises. 1996 Österreichischer Staatspreis für Literaturkritik.

PIPER

Ingeborg Bachmann
Sämtliche Erzählungen

486 Seiten. Geb.

Ingeborg Bachmanns Erzählungen gehören zum klassischen Bestand der deutschsprachigen Prosa unserer Zeit. Kühnheit des Themas, Wagnis der Sprache, Schärfe der Erkenntnis und Energie des Gefühls waren von Anfang an die unverwechselbaren Merkmale ihrer Prosa. Ingeborg Bachmanns Geschichten zeigen Menschen in den Schnittpunkten ihrer Existenz, vor Entscheidungen, bei denen es um die Liebe geht, um Leben und Tod.

»Es geht Ingeborg Bachmann«, schrieb Horst Bienek über den Erzählungsband ›Das dreißigste Jahr‹, »niemals um ein Schicksal oder um eine Handlung, sie werden nur benutzt, um in der Sprache der Bilder und Symbole alles über die Liebe, alles über die Wahrheit, alles über den Menschen, alles über die Verzweiflung zu sagen. Ihre Gestalten sind alltäglich – und doch von mythischer Ausstrahlung; sie sind Hausfrau und Medea, Richter und Ödipus, Student und Hamlet.«

Michael Köhlmeier
Bevor Max kam

Roman. 226 Seiten. Geb.

»Mit ›Bevor Max kam‹ läßt der Österreicher Michael Köhlmeier einen Wiener Mythos wieder aufleben: das Kaffeehaus, Treffpunkt gescheiterter Existenzen und hoffnungsfroher Glücksritter. Mittendrin ein Erzähler, der mit der gelassenen Neugier des gleichgültig Reisenden das Gute wie das Schlechte, gelebtes wie erzähltes Leben durchschreitet und dabei nie den Respekt vor seinen Figuren verliert. 55 Momentaufnahmen verwebt Köhlmeier zu einem Kaleidoskop menschlicher Sehnsüchte und Ängste... Gewürzt mit der Melancholie verzweifelter Optimisten erinnern Köhlmeiers Charaktere an den Erzähler Oscar Wilde. Dessen Überzeugung, daß das Leben viel zu wichtig sei, um es wirklich ernst zu nehmen, scheint ihr Dasein zu bestimmen. Liebevoll nachsichtig widmet sich der Roman dem scheinbar ›kleinen Leben‹, läßt seine wahre Größe für einen kurzen Augenblick im Erzählen aufflackern und macht selbst aus dem banalen Warten ein Ereignis.«
Berliner Morgenpost

PIPER

Monika Helfer
Mein Mörder

Roman. 160 Seiten. Geb.

Niemand darf erfahren, daß Tschakko im Keller sitzt. Tschakko ist Ferdinands neuer Freund. Und er hat seinen Vater und dessen Geliebte erschossen. Glaubt Ferdinand. Doch am Ende ist er der einzige, für den Tschakkos Geschichte zum Verhängnis wird. Eines Tages hatte Tschakko einfach im Keller des Miethauses gesessen, in dem Ferdinand wohnte. Tschakko war Ferdinands Freund. Und natürlich würde Ferdinand ihn nicht verraten. Statt dessen brachte er ihm einen warmen Schlafsack und den dicken Fellmantel seiner Oma. Immerhin hatte Tschakko mit dem Gewehr seiner unglücklichen Mutter beigestanden. Ferdinand war froh, daß es Tschakko gab. Denn Tschakko hatte etwas zu erzählen. Er begriff nicht alles, was ihm Tschakko da berichtete. Aber er glaubte es. Und deshalb stimmte er auch zu, als Tschakko ihn bat, das Gewehr für eine Weile bei sich zu verstecken. Leise und fast unmerklich gewinnt Monika Helfers Geschichte vom kleinen, einsamen Ferdinand an Dramatik, bis zum ebenso erschütternden wie lakonischen Finale.

PIPER

Radek Knapp
Herrn Kukas Empfehlungen

Roman. 251 Seiten. Geb.

Der Zufall führt ihn nach Wien. Genauer gesagt die Empfehlung seines weltläufigen Nachbarn Herr Kuka. Und für eine Flasche Wodka hat er Waldemar gleich noch den Namen des preiswertesten polnischen Reiseunternehmens mitgeliefert: »Dream Travel«. Nun also sitzt Waldemar in dem einzigen Fahrzeug des Unternehmens und rollt Richtung Westen. Zwischen sich und dem großen Reiseziel nur die österreichische Grenze. Während alle übrigen Insassen hastig damit beschäftigt sind, Zigaretten in den Hohlräumen des Busses zu verstauen, widmet Waldemar sich reinen Gewissens dem einzigen weiblichen Wesen an Bord. Doch die abenteuerliche Grenzüberquerung, die nun folgt, und Waldemars nur mäßig erfolgreicher Charme geben ihm einen ersten Vorgeschmack darauf, was ihn, unbekümmert, polnisch und völlig mittellos, im Goldenen Westen so alles erwartet.
Literaturpreisträger Radek Knapp erzählt einen erfrischend modernen Schelmenroman.

PIPER

Michael Köhlmeier
Das große Sagenbuch des klassischen Altertums

632 Seiten. Geb.

Vom Ödipus-Komplex bis zur Achilles-Ferse, von den Tantalos-Qualen bis zum Trojanischen Pferd sind uns die Begriffe noch immer vertraut. Aber wer hat heute noch all die Götter und Helden im Kopf und vor allem – ihre abenteuerlichen und zutiefst menschlichen Geschichten? Sie wurden mündlich überliefert, und mündlich und frei hat Michael Köhlmeier sie im Rundfunk neu erzählt. Wie die antiken Sänger läßt sich Michael Köhlmeier forttragen von den Ereignissen, erzählt er in leichtem und lockerem Ton die bewegenden, erschütternden und oft grausamen Geschichten der griechischen Mythologie. Und plötzlich steigen die mythischen Gestalten herab von ihrem Podest und werden zu lebendigen Figuren mit einer Seele und bewegten Gefühlen: So erfahren wir von der kindischen Eifersucht Aphrodites, von der Verführungskunst des Zeus und der leidvollen Unsterblichkeit des Prometheus.

PIPER

Bayerisches Lesebuch

Herausgegeben von Elisabeth Tworek. 399 Seiten. Geb.

Mehr als hundert Jahre bayerischer Literatur, von Lena Christ bis Carl Amery, von Grete Weil bis Herbert Rosendorfer. Bayern für Kenner, Liebhaber oder Neugierige – mal anregend und aufschlußreich, mal geistreich und hinreißend komisch.

»Die Bayern machen, was sie immer machen, nämlich Mist aufladen«, schreibt Herbert Achternbusch provokant über seine Heimat. Und tatsächlich lebt kaum ein Land mit so vielen Vorurteilen wie Bayern: weißblauer Himmel, Brezn und Weißbier und das notorische bayerische Granteln. Was daran wahr ist, und was es überhaupt bedeutet, bayerisch zu sein, davon erzählen die aus hundert Jahren zusammengestellten Geschichten von Autoren aus Bayern: Ob so kantig wie Oskar Maria Graf oder so komisch wie Karl Valentin, volksnah wie Ludwig Thoma oder unberechenbar wie Herbert Achternbusch – sie alle schreiben von bayerischer Lebensart, von Stadt und Land, von Bayern und davon, wie es dort heute ist.